KB232986

의사표시론

의사표시론

임형택 지음

의사표시의 효력의 근거를 살펴보고, 비정상적인 의사표시에서 표의자와 상대방의 이익관계를 조정하기 위해서, 표의자가 어떠한 책임을 지는가의 문제와 그 책임의 근거를 밝혀내는 것을 연구의 목적으로 한다.

한국학술정보[주]

의사표시론은 민법의 가장 근본적인 기초이론이라고 할 수 있다. 이러한 의사표시론에 관해서 필자가 관심을 가지게 된 계기는 은사이신 건국대학교 이상태 교수님이 담당하셨던 대학원 석사과정의 민사판례 세미나에서 의사표시의 해석에 관한 대법원 판례(대판 1994.3.25, 93다 32668)를 분석하면서부터였다. 당시 이와 관련해서 우리 민법에서 주장되고 있는 의사표시의 해석론에 관한 여러 문헌을 조사하였지만, 이에 관해서 주장되고 있던 여러 의사표시의 해석론에 대해서 각각 적지 않은 문제점이 있다는 생각을 하게 되었었다.

이러한 의문을 가지고 독일 Trier대학에서 민법을 공부하던 중, 전통적인 의사주의에 기초한 동 대학의 Wieling 교수님의 「die Bedeutung der Regal "falsa demonstratio non nocet" im Vertragsrechts」라는 논문을 읽으면서, 필자는 현대 민법에서 주장되고 있는 의사표시론 전반에 대한 비판적 의식을 가지게 되었으며, 이에 따라 의사표시론 전반에 대한 새로운 이론적 체계를 세우려는 욕심이 들게 되었다.

적지 않은 기간 동안 새로운 의사표시론 체계를 세우기 위한 여러 가지 구상을 하던 중, Windscheid의 Pandekten 교과서를 접할 수 있게 된 것은 크나큰 행운이었다. 이 교과서의 탐독을 통해서 그동안 필자가 구상하였던 내용은 보다 깊은 차원에서 이미 19세기의 의사주의에 의해서 주장되었었다는 사실을 알 수 있게 되었다. 이후 Savigny의 문헌을 시작으로 의사표시에 관한 여러 문헌을 시대순으로 탐독하여 가면서, 본래 의사주의에 의해서 주도되었던 독일민법에서의 의사표시에 관한 여러 규정이 Larenz 이후의 효력주의를 거치면서 적지 않게 오해된 의미로 이해되어 왔다는 판단을 하게 되었다.

이러한 판단을 기초로 필자는 전통적인 의사주의의 관점에 따라서 의사표시론을 재정립하였고, 이를 「의사표시의 법리에 관한 연구―독일 법제사를 중심으로」라는 제목으로 이미 건국대학교 대학원에 박사학위논문으로 제출한 바 있다. 본서는 필자의 박사학위논문을 기초로 하고 있다. 다만 박사학위논문을 쓸 당시에 독일 문헌을 자주 접하면서 그 문체가 독일식의 문체에 영향을 받은 부분이 적지 않았다. 본서에서는 이를 수정하려고 노력하였다. 이 외에도 반드시 필요한 부분이 아니면 한자를 사용하지 않는 것을 원칙으로 하였으며, 법리상 다소 문제가 있다고 생각되는 부분도 수정하였다. 그럼에도 불구하고 본서는 기본적으로 필자의 박사학위논문과 대동소이한 내용을 담고 있다. 이와 같이 이미 박사학위논문으로 제출된 내용을 다시 서적의 형태로 출판하게 된 것은 비록 졸필이지만 적지 않게 노력을 기울였던 본서의 내용이 보다 널리 읽혀지기를 바라는 욕심에서 비롯되었다.

이 논문을 준비하면서 기억에 남는 적지 않은 에피소드가 있었다. 예컨대 Savigny 교수님의 「현대 로마법의 체계」 3권을 읽던 중, Savigny 교수님이 적지 않은 부분에서 의사(Wille)가 아닌 의사자체(Wille an sich)라는 표현을 사용한 점에 대해서 의문을 품고 자체(an sich)라는 표현이 갖는 의미를 조사하다가, 이 표현이 본래 Kant 철학의 사물자체(Ding an sich)이론에서 사용되는 특수한 용어이며, Savingy 교수님의 의사표시론이 기본적으로 Kant의 사물자체이론을 기초로 하였다는 점을 알 수 있게 되었다. 이후 Kant 철학의 사물자체이론에 대한 일반적인 지식을 습득한 뒤, 다시 Savigny 교수님의 저서를 읽으면서 의사표시론의 핵심 중의 하나인 의사와 표시 사이의 관계를 보다 명확하게 이해할 수 있었다. 착오로 인한 의사표시의 법률효과인 취소가능성의 의미에 대한 이해 역시 많은 회상을 가지게 한다. 필자가 Willing 교수님의 문헌에서 취소는 무효의 일종에 불과하다는 글을 읽은 뒤, 표의자가 취소하지 않는 경우에 비정상적인 의사표시가 유효로 되는 경우에는 이 논리가 성립되지 않을 수도 있다는 의문을 가진 적이 있었다. 이후 오랜 사고를 통해 필자는 착오로 인한 의사표시를 표의자가 취소하지 않는 경우에는 표의자의 사후적인 자기결정권에 의해서 그 의사표시가 유효로 된다는 논리를 주장하려는 구상을 하였었다. 이후 Zitelmann의 문헌을 읽던 중, 이는 필자가 처음으로 생각한 것이 아니라, 이미 의사주의자인 Unger와 Zitelmann이 독일민법 제1초안에서 착오로 인한 의사표시의 법률적 효과가 무효인 것에 반대하면서, 필자의 생각과 동일한 논리로, 그 법률효과를 취소가능성으로 개정할 것을 주장하였었고, 이러한 주장이 독일민법 제2초안에서 받아들여졌다는 사실을 발견할 수 있었다. 이 외에도 의사표시론을 공부하면서 학문의 즐거움을 어렴풋이나마 느낄 수 있었던 점은 망외의 소득이다. 이때의 즐거움을 많은 사람들과 공유하고 싶은 것이 이 서적을 출판하게 되는 또 다른 이유이다.

이 서적을 출판하기까지는 많은 분들의 도움이 있었다. 특히 은사이신 李相泰 敎授님은 언제나 자상하신 가르침으로 필자를 학문의 길로 이끌어 주셨다. 과분한 사랑과 은혜에 감사드린다. 또한 이 글을 쓰는 동안에 건국대학교의 梁炳晦 敎授님, 鄭淇雄 敎授님과 연세대학교의 金相容 敎授님 그리고 한양대학교의 趙誠民 敎授님이 주셨던 많은 가르침에 감사드린다. 독일 Trier에서 공부할 당시에 법학과 철학에 대한 여러 주제를 같이 토론하면서 필자의 학문에 많은 도움을 주었던 지인들의 따뜻한 우정도 잊을 수 없다. 그리고 본서의 출판을 허락해 주신 한국학술정보(주)의 채종준 사장님과 하염없이 지연되는 원고를 묵묵히 기다려 주면서 출판에 많은 도움을 주신 강태우 선생님에게도 감사드린다. 언제나 깊은 사랑을 베풀어 주시는 부모님과 사랑하는 아내 희수 그리고 맑은 웃음을 주는 딸 채린이에게도 고마운 마음을 전하고 싶다.

2007년 9월

林亨澤

▶ 목 차

제3장 獨逸民法 制定 當時의 意思表示理論 ·················· 107

略語(Abkürzungsverzeichnis)

Aufl.	Auflage
AcP	Archiv für die civilistische Praxis
AT	Allgemeiner Teil des Bürgerlichchen Rechts
Bd.	Band
Beratung	Die Beratung des Bürgerlichches Gesetzbuchs
BGB	Bürgerliches Gesetzbuch
BGHZ	Entscheidungen des Bundesgerichtshofs in Zivilsachen
C.	Codex
D.	Digesten
ders.	derselbe
DJT	Deutscher Juristentag
DJZ	Deutsche Juristenzeitung
DStR	Deutsches Steuerrecht
Entwurfe	Entwurf eines bürgerlichen Gesetzbuches für das Deutsche Reich
f.	folgende, folgender
ff.	fortfolgende, mehrere folgende
Fn.	Fussnote
FS.	Festschrift
GrünhutsZ.	Zeitschrift für das Öffentliche Recht der Gegenwart.
HGB	Handelsgesetzbuch
Hrsg.	Herausgeber
JA	Juristische Arbeitsblätter
Jher.Jb.	Jherings Jahrbücher für die Dogmatik des bürgerlichen Rechts
JR	Juristische Rundschau
JurA	Juristische Analysen
JuS	Juristiische Schulung
JZ	Juristenzeitung
KritVj.	Kritische Vierteljahresschrift für Gesetzgebung und Rechtswissenschaft
MDR	Monatsschrift für Deutsches Recht
Motive	Motive zu dem Entwurf des BGB.

Mugdan	Die gesamten Materialien zum des Bürgerlichen Gesetzbuch für das Deutschen Reich
MünchKomm	Münchener Kommentar zum Bürgerlichen Gesetzbuch
NJW	Neue Juristische Wochenschrift
Protkolle I	Protokolle der Kommission für die 1. Lesung des Entwurfs des Bürgerlichen Gesetzbuches
Protkolle II	Protokolle der Kommission für die 2. Lesung des Entwurfs des Bürgerlichen Gesetzbuches
Rn.	Randnummer
RG	Reichsgericht
RGZ	Entscheidungen des Reichsgerichts in Zivilsachen
S.	Seite
u.	und
v.	von
Vorentwürfe	Vorlagen der Redaktoren für die erste Kommission zur Ausarbeitung des Entwurfs eines Bürgerlichen Gesetzbuches
w.o.	wie oben
ZDR	Zeitschrift für deutsches Recht und deutsche Rechtswissenschaft
ZEuP	Zeitschrift für Europäisches Privatrecht
20.DJT	Verhandlungen des Zwanzigsten Deutschen Juris−tentags

序　論

　　　　　　　법률관계의 변동, 즉 권리의무관계의
발생·변경·소멸을 가져오는 원인 가운데 가장 중요한 것은 법률행위
이다. 이 경우에 법률행위는 자유민주주의의 국가 체제에서 개인의 자유
로운 의사에 따라서 법률관계가 변동하는 사적자치의 원칙을 구현하는 기
능을 담당한다. 이러한 법률행위는 하나 이상의 의사표시를 반드시 그 요소
로 한다.

　이와 같은 의사표시와 관련해서는, 그 의사표시의 효력이 인정되는
가장 중요한 효력요소가 무엇인지에 대한 문제가 끊임없이 논란이 되
어 왔다. 이는 의사표시의 본질론에 관한 문제이다.

　특히 이러한 의사표시의 본질론은, 의사와 표시가 일치하는 정상적
인 의사표시보다는, 의사와 표시가 불일치하는 비정상적인 의사표시의
경우에, 상응하는 의사가 존재하지 않는 표시를 표의자에게 귀책시킬
수 있는지의 문제와 밀접한 관련을 갖고 있다. 나아가 그 비정상적인
의사표시 중에서도 착오로 인한 의사표시의 법률 효력이 논쟁의 핵심
이 된다.

　이와 관련해서는, 표의자의 의사(내심적 효과의사)를 의사표시의 중
심적인 효력요소로 볼 것인가, 아니면 의사보다 외부적으로 나타나는
표시에 중점을 둘 것인가에 따라서, 이른바 의사주의와 표시주의가 크

게 대립되어 왔다.

만약 표의자의 의사만이 의사표시의 효력의 근거라고 하면서, 표의자의 의사가 존재하지 않는 의사표시의 경우에는 표의자에게 어떠한 책임도 발생하지 않는다고 하면, 이는 표의자의 표시를 신뢰한 상대방에게 예측할 수 없는 손해를 주는 결과가 될 수 있다. 반대로 표의자의 의사와는 관계없이 표시만이 의사표시의 효력의 근거라고 하면서, 표의자의 의사가 존재하지 않는 표시의 효력을 인정한다면, 이는 표의자에게 예측할 수 없었던 손해를 주는 결과가 될 수 있다.

따라서 표의자와 상대방의 이익을 어떻게 조정할 것인지에 대한 문제는 의사표시론에 있어서의 핵심적인 과제라고 할 수 있다.

이에 대한 종래 우리나라의 다수설에 의하면, 의사주의와 표시주의의 어느 하나의 입장에 따라서만 의사표시의 본질을 파악하는 것은 충분하지 못하다고 하면서, 표의자를 보호할 필요가 있을 때에는 의사주의에 의하고, 그 상대방을 보호할 필요가 있으면 표시주의에 의한다는 일종의 절충적인 입장을 주장해 왔다.

이러한 절충적인 입장은 의사표시의 해석에서 일정한 경우에는 표의자의 의사만을 해석하여야 하며, 또한 일정한 경우에는 표시만을 해석해야 한다는 의사표시의 해석론이 등장하는 배경이 된다. 그러나 이러한 절충설은, 법률행위의 가장 중요한 유형인 계약의 경우에, 대체로 표시만을 해석하고, 이를 통해서 표의자의 상응하는 의사가 없는 표시의 효력을 인정한다.

그리고 이 경우에 의사주의에 의하면 표의자의 의사가 없는 의사표시는 언제나 무효이고, 이와 관련해서 표의자가 어떠한 책임도 지지 않는 것으로 이해되어 왔다. 또한 표시주의의 경우에는 언제나 표시의 효력을 인정하는 견해로 이해되었다.

그러나 의사표시의 법리를 이와 같이 이해하는 것은, 우리 민법이 계수한 독일민법의 의사주의이론과 표시주의이론과는 많은 차이가 있다. 왜냐하면 의사주의와 표시주의의 대립은 표의자와 상대방의 이해관계를 어떻게 그리고 얼마만큼 보호할 것인가에 대한 견해의 차이로 이해해야 하기 때문이다. 즉 우리가 의사주의와 표시주의의 절충이라고 하는 관념을 표의자 보호와 상대방 보호와의 절충이라고 하는 관념으로 대체한다면, 의사주의와 표시주의는 모두 절충설에 속한다고 할 수 있다.

이러한 주장의 근거를 찾기 위하여, 본 연구에서는 19세기의 Savigny로부터 현재까지 독일에서 이루어진 의사표시론의 발전 과정을 독일민법 제정 이전, 제정 당시와 제정 이후로 나누어서, 고찰하고자 한다. 그 결과, 의사표시의 본질과 관련하여, 독일에서 의사주의, 표시주의, 효력주의 등의 순으로 주장이 진행되었으나, 초기의 의사주의의 내용이 시간이 지나면서 잘못 이해되면서 오늘날의 효력주의에까지 이르게 되었다는 점을 밝히고자 한다.

본래 독일에서의 전통적인 의사주의에 의하면, 의사와 표시가 일치하는 자연스러운 관계에 있어서는 표의자의 자기결정이 인정되고, 이에 따른 법적 효력이 발생한다. 그러나 의사와 표시가 일치하지 아니하는 예외적인 관계에 있어서는 그 표시는 원칙적으로 무효로 되지만, 이에 그치지 않고 표의자에게는 일정한 요건 아래에서 상대방이 신뢰한 소극적 이익에 대한 손해배상의무가 발생한다. 즉 의사주의의 입장에서는 표의자의 소극적 이익의 손해배상의무가 자기책임의 원칙적인 내용인 것이다. 한편 비진의표시나 중과실로 인한 착오에 의하여 의사표시를 한 경우에는, 예외적으로 의사와 일치하지 아니하는 표시에 대하여 표의자는 강제적으로 구속되는 형태로 자기책임을 진다. 의사주의의 입장에 의하면, 이러한 경우에는 표의자가 비윤리적으로 의사를 형성하였으며, 이러한 비윤리적 행위자는 비난을 받아서 마땅하다고 생각하였기 때문에, 이러한 예외적인 책임을 인정하였다.

본 연구는 이와 같은 의사표시의 효력의 근거를 살펴보고, 비정상적인 의사표시에서 표의자와 상대방의 이익관계를 조정하기 위해서, 표의자가 어떠한 책임을 지는가의 문제와 그 책임의 근거를 밝혀내는 것을 연구의 목적으로 한다.

▶ 제2절 研究의 範圍와 構成

Ⅰ. 研究의 範圍

1. 본 연구는 의사표시론에 관한 법사학적 연구를 Savigny 이후의 시대로 한정해서 조명하려고 한다. 본래 의사표시에 관한 법사학적 연구는 로마법을 포함한 중세 시대로부터 Savigny 이전의 근세까지의 발전 과정 역시 그 대상으로 할 필요성이 있다. 이와 같이 연구 대상을 확대한다면 오늘날의 의사표시론에 대한 보다 깊은 이해가 가능할 것이다. 그러나 본 연구에서 단지 Savigny 이후의 의사표시론만을 그 연구의 대상으로 한정한 데에는 몇 가지의 사정이 고려되었기 때문이다.

우선 로마법과 중세로부터 Savigny 이전까지의 의사표시론에 대한 연구는 라틴어에 대한 충분한 지식을 필요로 하지만, 그것을 충분히 소화하기 어려운 점이 있다. 물론 이를 위해서는 각 문헌의 원문을 소개하고 있는 2차적 문헌을 연구하는 방법이 있을 수 있지만,[1] 이는 2차 문헌의 저자가 1차 문헌의 내용에 대해서 오해를 하는 경우, 원전과는 전혀 다른 내용이 소개될 수 있는 위험이 있다. 특히 Savigny 이후의 의사표시론을 다루고 있는 2차 문헌 중에서도 原典과는 상이한 내용이 소개되어 있는 경우가 다수 발견되었다.[2] 따라서 원문을 충분

---

1) 중세 시대로부터 독일민법 제정까지의 기간을 착오론을 중심으로 연구한 연구서로서, 매우 풍부한 내용을 담고 있는 문헌으로는 Martin Josef Schermaier, Die Bestimmung des wesentlichen Irrtums von den Glossatoren bis zum BGB, Böhlau, 2000, S. 41ff.

2) 본 연구에서 참조한 의사표시에 관한 법사학적 문헌으로는 Peter Haupt, Die Entwicklung der Lehre vom Irrtum beim Rechtsgeschäft seit der Rezeption, Böhlau, 1941; Horst Hammen, Die Bedeutung F. C. v. Savignys für die allgemeinen dogma-

히 소화할 수 없는 영역은 향후의 연구 영역으로 남겨 놓는 것이 보다
책임 있는 자세라고 생각된다.

다만 Pandekten이라는 용어가 로마법의 Digesta의 그리스어라는 점에
서도 나타나듯이, Savigny 이후의 Pandekten 법학에서는 로마법상의 여
러 규정이 다수 인용되고 있다. 따라서 이 중에서 중요한 내용들은 본
연구에서도 역시 소개될 것이다.

한편 우리 민법에 직접적인 영향을 미친 독일민법의 의사표시에 관
한 법규정은 Savigny 이래로 발달한 독일민법의 의사표시론을 기초로
제정되었기 때문에, Savigny 이후의 의사표시론을 연구의 대상으로 한
정하는 경우에도 우리 민법의 의사표시에 관한 규정을 이해하는 데는
큰 무리가 없다고 생각한다.

2. 본 연구는 연구의 대상을 원칙적으로 재산법에 한정하고자 한다.
물론 상속법에서의 유언과 같이 의사표시론과 밀접한 관련을 맺는 친
족상속법의 규정이 존재하기는 하지만, 의사표시론이 본래 재산법을 중
심으로 발전되어 온 이론이기 때문에, 연구의 대상을 재산법에 한정하
고자 한다.

3. 본 연구의 주된 연구 대상은 의사표시의 효력 및 책임의 근거, 의

---

tischen Grundlagen des Deutschen Bürgerlichen Gesetzsbuches, Duncker, u. Humblot,
1983; Klaus Luig, Savignys Irrtumslehre, Ius Commune VII, 1979, S. 36−59;
Helmut Möller, Irrtum und Wille in der Rechtswissenschaft des 19. Jahrhunderts,
Rührnschopf, u. Rupprecht, 1936; Ryuichi Noda, Zur Entstehung der Irrtumslehre
Savignys, Ius Commune XVI, 1989, S. 81−130; Burkhard Oebike, Wille und
Erklärung beim Irrtum in der Dogmengeschichte der beiden letzten Jahrhunderte,
Heinr., u. J. Lechte, 1935; Hans−Jürgen Peters, Vertrag und Einigung bei den
Spätpandektisten, Kamp Lintport, 1967; Schermaier, Bestimmung(2000); ders, Euro-
päische Geistergeschichte am Beispiel des Irrtumsrechts, ZEuP. 6, 1998, S. 60−83;
ders, Historisch−kritischer Kommentar zum BGB I, Mohr Siebeck, 1.Aufl. 2003,
§§ 116−124; Stefan Vogenauer, Historisch−kritischer Kommentar zum BGB I,
Mohr Siebeck, 1.Aufl. 2003, §§ 133, 157.

사표시의 해석론과 착오로 인한 의사표시의 내용이다. 이들 문제는 의사표시론에 있어서 유기적으로 연결되어 있는 의사표시론의 핵심에 해당한다. 따라서 본 연구에서는 이들 문제에 대한 독일민법의 법사학적 발전 과정과 입법 규정의 관계를 살펴보고, 이에 기초해서 우리 민법의 의사표시론을 새롭게 조명하려고 한다.

Ⅱ. 硏究의 構成

1. 본 연구는 우리 민법의 의사표시에 관한 규정이 어떠한 관점에서 어떠한 의도로 입법된 것인가를 밝히는 것을 일차적 목적으로 한다. 따라서 본 연구는 일차적으로 입법자의 의사를 명확하게 밝히는 것을 목적으로 하였다.

이러한 입법자의 의사를 탐구하기 위해서는 우리 민법 제정자의 의사를 탐구하는 것이 주된 연구의 대상으로 되어야 하지만, 우리 민법의 입법자료가 부족할 뿐만 아니라 우리 민법이 근본적으로 독일에서 발달한 의사표시론을 기초로 한 독일민법을 계수한 관계로 그 주된 연구의 대상을 독일민법의 입법자의 의사를 탐구하는 것으로 하였다.

다만 우리 민법의 규정이 반드시 독일민법의 규정과 동일한 것은 아니기 때문에, 우리 민법과 독일민법의 차이가 있는 경우에는 그 차이를 밝힘으로써, 법사학적 연구 방법을 통해 얻어진 내용을 우리 민법에 수용될 수 있는 방법을 모색하려고 한다.

2. 제2장에서는 독일민법이 제정되기 이전의 의사표시론을 의사주의와 표시주의를 중심으로 고찰하려고 한다. 이러한 독일민법 제정 이전

의 의사표시론의 탐구는 원칙적으로 법사학적 고찰에 속하게 된다. 다만 이 당시의 의사표시론은 철학으로부터 적지 않은 영향을 받은 것으로 생각되기 때문에, 법사학적 고찰을 위해서 필요로 되는 범위에서 철학적인 고찰방법이 함께 병행된다.

의사표시론의 법사학적 연구의 경우에는 크게 두 가지의 연구 방법을 생각해 볼 수 있다. 그 하나의 방법은 의사표시론에 관한 여러 학설을 크게 의사주의와 표시주의로 구별해서, 각 학설의 공통적 내용을 탐구하고 다른 학설과의 차이점을 규명하는 방법이다. 다른 하나의 방법은 의사표시론에 관한 주요한 학자들의 견해를 개별적으로 검토하는 방법이다.

전자의 방법은 각 학설의 차이점을 명확하게 규명하기에는 용이하지만, 동일한 학설 내에서의 각 학자의 견해의 차이를 부각하기에는 어려운 점이 있다. 이에 반해 후자의 방법은 각 학자의 견해 차이를 명확하게 검토할 수 있다는 장점이 있지만, 그 학자들 간의 공통적 내용을 밝히기 어렵다는 단점이 있다. 따라서 본 연구는 의사표시론을 의사주의와 표시주의로 구별한 뒤, 그 각각의 학설에 속하는 학자들의 견해를 개별적으로 검토함으로써, 각 학설의 차이 및 이에 속하는 학자들의 견해의 차이를 아울러 탐구할 수 있는 방법론을 취하였다.

각 학설에 속하는 학자의 선정에 있어서는 각 학자의 이론과 독일 입법의 제정과의 관련성을 기준으로 하였다. 즉 의사주의의 경우에는 향후 독일민법 제정의 기초를 다진 Savigny의 견해, 계약체결상의 과실책임이론을 통해 계약체결상의 단계에서의 일반적인 손해배상이론을 확립한 Jhering의 견해와 제1초안에 가장 큰 영향을 미친 Windscheid의 견해를 살펴보고자 한다.

이 중에서 Jhering의 계약체결상의 과실책임이론은 의사주의에 대항하였던 표시주의의 견해로 이해되기도 하지만,[3] 그의 이론은 표시주의

---

3) Ernst Kramer, Grundfragen der vertraglichen Einigung, Wilhelm Fink, 1972, S. 120.

와는 엄격히 구분되는 의사주의를 보완하는 이론으로 이해되어야 한다고 생각된다.[4] 왜냐하면 표시주의는 의사와 일치하지 않는 표시의 효력을 통해 의사표시의 상대방을 보호하려고 하였던 이론이지, 소극적 이익의 손해배상의 형태를 통해서 상대방을 보호하려던 이론은 아니었기 때문이다.

다만 그의 견해는 본래 표의자의 귀책의 문제에 관심을 집중하였던 의사주의의 연구 경향과는 달리 상대방의 이익의 관점을 부각시킴으로써 표시주의의 성립에 깊은 영향을 미쳤다고 볼 수 있다. 즉 Jhering의 학설은 계약체결상의 과실책임이론을 발표할 당시까지는 의사주의에 속하는 견해라고 할 수 있지만, 이후 표시주의가 성립하는 가교 역할을 하였다고 평가될 수 있다. 한편 그는 향후 표시주의나 효력주의의 중요한 이론적 근거가 되는 규범적 해석에서의 '수령자 지평설(Empfänger–horizont)'이라는 기준을 주장함으로써, 표시주의와도 깊은 관련성을 맺는다고 할 수 있다.

한편 표시주의의 경우에는 우선 표시주의가 성립하는 데에 매우 큰 영향을 미쳤던 電報事件에 대해서 살펴보기로 한다. 전보사건은 독일민법사에 있어서 의사주의에 대항하는 표시주의가 발생하는 계기가 된 사례이다.

이러한 표시주의에 선행되는 전보사건에 대한 탐구에 이어 표시주의의 여러 견해를 살펴보도록 한다. 다만 본 연구에서는 표시주의의 여러 견해 중, 독일민법의 제정에 있어 그 수용 여부가 고려되었던 학자의 견해만을 살펴보도록 한다. 이는 표시주의가 그 이론의 통일성이 없이 매우 다양한 형태로 주장되었기 때문에, 독일민법 입법과의 관련성의 범위 내에서만 표시주의를 살펴보기 위함이다.

---

4) 이를 명확하게 지적하고 있는 문헌으로는 Ernst Zitelmann, Die jhristische Willenserklärung, Jher.Jb. 16, 1878, S. 418; 또한 Jhering의 이론이 의사주의이론의 보완이었다는 점을 지적하는 견해로는 Choe, Byoung–Jo, Culpa in contrahendo bei Rudolph von Jhering, Otto Schwartz, 1988, S. 198f 참조.

3. 제3장에서는 독일민법의 제정 당시의 의사표시론을 살펴보고자 한다. 여기에서는 독일민법 제1초안, 제2초안과 관련된 의사표시론을 중심으로 실정법의 의사표시에 관한 주요한 규정의 의미를 살펴보려고 한다.

이 중에서 독일민법 제1초안이 성립하는 데 있어서는 제2장에서 소개된 Windscheid의 의사표시론이 매우 큰 영향을 미쳤다. 따라서 제1초안에 대한 고찰에서는 각종 입법자료의 조사를 통해서[5] 그의 의사표시론과 독일민법 제1초안의 관련성을 살펴봄과 동시에, 이를 통해 동 초안의 의사표시에 관한 규정의 의미를 밝히고자 한다. 특히 이 과정에서는 의사표시의 해석에 관한 독일민법 제133조의 의미가 새롭게 해석된다.

한편 제2초안의 입법 내용 역시, 당시의 의사표시론과 각종 입법자료의 조사를 통해, 제2초안의 의사표시에 관한 주요한 규정들의 의미를 해석하고자 한다. 특히 의사표시에 관한 제2초안의 입법과정에서는 제20회 독일 법률가 대회(20. Deutschen Juristentag)에서 제2초안의 입법안으로 건의할 것이 의결된 Zitelmann의 견해가 중점적으로 고찰된

---

5) 본 연구에서는 다음과 같은 독일 입법자료를 참고하였다(각 입법자료의 내용 및 의의에 관해서는 본 연구의 참고문헌에서 간략히 소개되어 있음).
　1. Werner Schubert(Hrsg.), Vorlagen der Redaktoren für die erste Kommission zur Ausarbeitung des Entwurfs eines Bürgerlichen Gesetzß buches, Allgemeiner Teil 2, Walter de Gruyter, 1981.
　2. Horst Heinrich Jakobs / Werner Schbert(Hrsg.), Die Beratung des Bürgerlichen Gesetzbuches, Bd.1, Tb.1, Walter de Gruyter, 1985.
　3. Benno Mugdan(Hrsg.), Die gesamten Materialien zum des Bürgerlichen Gesetzbuch für das Deutschen Reich, Bd. I / II, R. v. Decker, 1899(Nachdruck, Scientia, 1979).
　4. Reichsjustizamt(Hrsg.), Zusammenstellung der gutachtlichen Aeußerungen zu dem Entwurf eines Bürgerlichen Gesetzbuches, Bd. I 1890 / Bd. IV 1891(Nachdruck, Otto Zeller, 1967).
　5. Schriftführer−Amt der ständigen Deputation(Hrsg.), Verhandlungen des Zwanzigsten Deutschen Juristentags Bd. III / IV, Commissions Verlag von J. Guttentag, 1889.
　이 밖에 일본 입법자료로는 廣中俊雄, 民法修正案(前三編)の理由書, 有斐閣, 1987.

다. 이러한 Zitelmann의 의사표시론에 대한 고찰을 통해서, 독일민법 제133조에 대한 새로운 해석의 타당성을 입증하려고 하며, 또한 착오로 인한 의사표시에 있어서의 취소가능성의 의미가 강화된 의사도그마에 기초하고 있었음을 밝히고자 한다.

4. 제4장에서는 독일민법 제정 이후의 의사표시론을 고찰하고자 한다. 다만 독일민법 제정 이후의 의사표시론을 모두 상세히 살펴보는 것은 적지 않은 어려움이 있기 때문에, 그 연구의 주된 대상을 효력주의의 의사표시이론에 한정하고자 한다.

이와 같이 연구의 대상을 축소하는 이유는, 오늘날의 의사표시론의 주된 흐름이 기본적으로 효력주의에 바탕을 두고 있기 때문이다. 이러한 효력주의는, 1930년에 Larenz가 그의 교수자격취득을 위한 청구논문(Habilitationsschrift)인 「법률행위 해석의 방법」6)을 발표한 이후, 오늘날까지 독일민법의 의사표시론에 관한 통설이다. 그러나 이 이론은 독일민법의 법제와 일치하기 힘든 이론이라고 판단된다. 따라서 본 장에서는 효력주의의 내용을 Larenz의 견해와 Flume의 견해를 중심으로 살펴본 뒤, 이 이론을 비판적으로 고찰하고자 한다.

한편 효력주의의 입장을 취하는 매우 다양한 견해가 주장되고 있음에도 불구하고 단지 위의 두 학자의 견해를 중심으로 검토하는 이유는 그들의 견해가 효력주의 안에서도 보다 표시주의적인 이론과 보다 의사주의적인 요소를 가미하는 두 가지의 큰 흐름을 대표하고 있다고 판단되기 때문이다.

우선 양 견해 모두는 표의자의 효과의사가 존재하지 않는 표시를 표의자에게 귀책시킬 수 있다고 주장하기 때문에, 효력주의를 표방하는 표시주의의 한 부류라고 판단될 수 있다. 그러나 이 중에서 Larenz의 이론은 효력표시의 규범적 해석을 보다 강조할 뿐만 아니라, 표의자의

---

6) Karl Larenz, Die Methode der Auslegung des Rechtsgeschäft, Deichert, 1930, S. 1ff.

표시의사가 없는 행위를 표의자에게 귀책시킬 수 있다고 주장함으로써, 보다 표시주의적인 입장을 취하였다.

반면, Flume의 이론은 표의자가 '효력표시의 효력을 정하는 의사(표시의사)'가 있는 경우에, 그 표시를 표의자에게 귀책시킬 수 있다는 점을 강조함으로써, 보다 의사주의적인 견해라고 이해된다.

이들의 학설은 오늘날의 독일민법의 여러 학설을 대표하는 학설로서, 양자의 이론의 이해를 통해 오늘날의 독일민법에서의 의사표시론에 대한 학설의 대체적인 큰 흐름은 정리될 수 있다고 생각된다.

5. 제5장에서는 의사주의의 관점에서 우리 민법의 의사표시론을 검토하고자 한다. 독일민법의 의사표시론에 대한 법사학적 연구는 우리 민법의 의사표시 규정에 대한 보다 정확한 이해와 더불어 올바른 의사표시론을 정립하는 데에 그 목적이 있다. 따라서 본 연구는 법사학적 연구를 통해 밝혀진 내용에 따라 우리 민법의 의사표시에 관한 여러 규정의 의미를 재해석하고, 의사표시론을 의사주의의 관점에 따라서 재구성하고자 한다.

6. 제6장은 본 연구의 결론의 장이다. 여기에서는 위에서의 연구결과를 요약하고 본 연구의 결론을 내리고자 한다.

獨逸民法 制定 以前의 意思表示理論

독일민법이 제정되기 이전의 판덱텐 법학에서는 주로 착오로 인한 의사표시의 효력 및 착오를 한 자가 어떠한 책임을 부담하는지의 문제와 관련해서 의사주의와 표시주의 사이에 극심한 논쟁이 있었다.

이 중에서 착오로 인한 의사표시의 효력에 관한 논쟁은 표의자의 효과의사가 의사표시의 효력요소인지의 여부에 관한 논쟁이었다. 한편 착오를 한 자의 책임의 문제는 착오를 한 자가 상대방에게 단지 소극적 이익만을 배상하면 되는지, 그렇지 않고 효과의사 없이 한 행위의 표시내용에 귀책되어야 하는지의 문제와 관련된 논쟁이었다.

이와 관련해서 의사주의와 표시주의가 주장한 각각의 내용은 대략적으로 다음과 같다.

1. 意思主義에 대한 槪觀

(1) 의사주의는 의사표시의 중심적인 효력요소를 표의자의 효과의사라고 주장하였다. 그러나 이것이 곧 의사주의가 표의자의 효과의사만을 의사표시의 효력요소라고 주장하였다는 것을 의미하지는 않는다. 왜냐하면

의사주의는 표의자의 의사와 표시 및 그 양자의 일치를 의사표시의 효력을 위한 요건이라고 주장하였기 때문이다.[1] 따라서 의사주의에서 표의자의 효과의사가 중심적인 효력요소라고 하는 것은 의사표시의 효력을 위해서는 표의자의 의사가 가장 중요한 목적적인 요소(법질서가 의사표시를 인정하는 이유가 되는 목적으로서의 요소)라는 점을 강조하기 위한 표현이다.

한편 표의자에게 자신의 행위내용에 상응하는 효과의사가 존재하는 경우에는 표의자의 행위의사 및 표시의사가 함께 존재하게 된다. 왜냐하면 표시에 상응하는 표의자의 효과의사가 존재한다는 것은, 표의자가 스스로의 자의적인 행위(행위의사)가 법적으로 의미 있는 행위라고 의식(표시의식)하였다는 것을 의미할 뿐만 아니라, 이때 표의자가 법적으로 결정한 의사내용(효과의사)이 표시의 객관적 내용(객관적인 표시가치)과 일치하다는 것을 의미하기 때문이다. 따라서 일정한 표시내용을 전제로 이에 상응하는 효과의사가 존재하는 경우에 비로소 의사표시의 효력을 인정하는 의사주의의 주장에 따르게 되면, 외부로 표현되어 있는 표시행위에 상응하는 모든 의사가 존재하는 경우에만, 그 표시내용의 효력을 인정하게 된다. 이러한 이유로 의사주의는 원칙적으로 의사에 상응하지 않는 표시의 효력을(취소를 포함하여) 무효라고 주장하였다.[2] 이와 같이 객관적 표시내용을 전제로 해서, 그 표시에 상응하는 의사가 부존재하는 경우에는 그 표시의 효력이 무효로 된다는 이론을 보통 의사도그마(Willensdogma)라고 한다.

이에 반해 의사주의가 표시와 일치하지 않는 의사의 효력까지도 인

---

1) Friedrich Karl v. Savigny, System des heutigen Römischen Rechts Bd.Ⅲ, 1840, S. 99.
2) 의사주의자인 Unger는 의사주의라는 표현이 정확한 표현이 아니라고 지적한다. 왜냐하면 의사주의라고 지칭되는 학설이 표의자의 의사만을 중요시하는 것이 아니라, 표시에도 중요한 지위를 부여할 뿐만 아니라, 특히 의사표시의 효력을 위해서는 의사와 표시의 일치를 요구하고 있기 때문에, 이를 단지 의사주의라고 지칭하는 것은 정확한 이해가 아니라는 것이다. 이에 관해서 Joseph Unger, Über die legislative Behandlung des wesentlichen Irrthums bei obligatorischen Verträgen, GrünhutsZ. 15, 1888, S. 673(Fn. 2).

정하였던 것은 아니다. 즉 의사주의는 객관적인 표시내용을 전제로 그 표시에 상응하는 의사가 존재하지 않는 경우에 표시에 상응하는 의사의 부존재를 이유로 그 표시가 무효로 된다는 의사의 消極的 機能만을 주장하였던 견해일 뿐, 의사와 표시가 일치하지 않음에도 불구하고 그 의사가 효력이 있다는 의사의 積極的 機能을 주장하지는 않았다.3)

또한 의사주의가 의사도그마의 원칙에 입각한다는 것이, 곧 의사주의가 의사도그마만을 절대적 가치로 인정하였다는 것을 의미하는 것도 아니다. 우선 의사주의는 의사도그마의 원칙에 따라서 상응하는 의사가 없는 표시가 무효로 되는 경우에는, 상대방의 신뢰를 보호하기 위해서, 일정한 요건 아래서 표의자에게 소극적 이익의 배상의무를 부과하였다.4) 다만 이러한 소극적 이익의 배상의무는 Savigny의 이론에서는 불분명하게 나타나며, 이것이 확고하게 인정되기 시작한 것은 Jhering의 계약체결상의 과실책임이론이 발표된 이후이다. 다른 한편으로 의사주의는, 상대방의 신뢰 및 표의자의 심리형성의 비윤리성을 근거로, 비진의표시나 중과실에 의한 착오로 인한 의사표시의 경우에는 의사도그마의 예외를 인정함으로써, 상응하는 의사가 없는 표시내용의 효력을 인정하였다.

(2) 의사주의는 객관적인 표시내용을 전제로, 그 표시내용에 일치하는 표의자의 의사가 존재하였는지의 여부에 따라서 표시의 효력을 정하게

---

3) 오늘날 전통적 의사주의를 표시와 일치하지 않는 의사의 효력을 인정하였던 학설로 이해하는 경향이 있지만, 전통적 의사주의 중에서 이러한 견해를 취하였던 문헌은 발견되지 않는다. 오히려 의사주의자인 Windscheid는 의사 없는 표시(die Erklärung ohne Wille)는 표시 없는 의사(der Wille ohne Erklärung)와 마찬가지로 그 법적 효력이 없다고 함으로써, 의사와 표시가 불일치하는 경우에는 그 의사 역시 효력이 없다는 점을 분명히 밝히고 있다. 이에 대해서는 Bernhard Windscheid, Wille und Willenserklärung, AcP 63, 1880, S. 73.

4) 이때 의사주의 내에서는 소극적 이익의 배상의무를 표의자의 과실이 있는 경우에 한해서 인정할 것인지 또는 그 과실의 유무에 관계없이 인정할 것인지에 관해서 학설의 대립이 있었다.

된다. 따라서 의사주의에 따르면, 우선 표시의 객관적인 해석을 필요로 하며, 이를 통해 확정된 표시내용에 상응하는 의사가 존재하고 있는지의 여부를 다시 탐구하여야 한다. 이는 의사표시의 해석을 통해서 밝혀지게 된다.

물론 의사도그마의 예외로서의 비진의표시나 중과실에 의한 착오로 인한 의사표시의 경우에는 표시내용만이 효력을 갖기 때문에 그 상응하는 의사의 존부는 의사표시의 효력에 영향을 미치지 않게 되지만, 이 경우에 있어서도 일정한 표시가 비진의표시나 중과실에 의한 착오로 인해 표시되었는지를 알기 위해서는 의사표시의 해석을 요하게 된다.

이와 같이 의사주의는 방법론상 표시의 해석으로부터 출발한다. 표의자의 내심적 의사는 일반적으로 표시의 객관적 내용과 일치하기 때문에, 일정한 표시의 객관적 내용은 그 상응하는 의사와 함께 표시되었다고 '推定'될 수 있기 때문이다. 다만 표의자가 의사표시를 하던 당시에 표시의 객관적 내용에 상응하는 의사가 존재하지 않았었다는 것을 事後에 立證함으로써, 그 표시와 일치하지 않는 의사를 고려하게 된다.

이러한 이유로 독일민법은 의사표시의 해석의 경우에는 일정한 표시내용이 해석을 통해 확정되어야 할 '뿐만 아니라', 이렇게 확정된 표시내용에 상응하는 의사의 존재 '역시' 탐구해야만 한다는 것을 입법으로 정하였다(독일민법 제133조 참조).

(3) 의사표시의 해석을 통해서 의사와 표시가 일치하지 않았다는 점과, 그 불일치가 어떠한 연유에서 일어나게 되었는지가 밝혀진다면, 이제 그 의사에 상응하지 않는 표시의 효력이 문제된다. 이러한 비정상적인 의사표시의 효력은 효력주의에서 주장하는 의사표시의 해석의 단계가 아니라, 비정상적인 의사표시의 효력에 관한 독일민법 제116조 이하에서 개별적으로 정하게 된다.

이 경우에 독일민법 제116조 이하의 규정내용은 Savigny 이후의 의사주의의 주장과 정확하게 일치한다. 즉 의사주의는 의사도그마를 원칙으로 하기 때문에, 그 상응하는 의사가 존재하지 않는 표시는 원칙적으로 무효로 된다. 특히 비정상적인 의사표시 중에서도 착오로 인한 의사표시의 효력을 어떻게 정할 것인가의 문제가 가장 중요한데, 독일민법 제1초안은 이를 무효라고 정하였다. 나아가 독일민법 제2초안에서 착오의 법률효과를 취소라고 규정한 것 역시 표의자에게는 무효보다 취소가 유리하다는 Unger나 Zitelmann과 같은 의사주의의 주장이 관철된 결과이다.5)

다만 Mommsen이나 Windscheid 등과 같은 의사주의자들은 비진의표시나 중과실에 의한 착오의 경우에는 예외적으로 상응하는 의사가 존재하지 않는 표시의 효력을 인정하였는데, 이 역시 독일민법 제1초안에 수용되었던 바이다. 이후 독일민법 제2초안에서는 착오를 한 자의 과실의 경중을 묻지 않고, 착오를 한 자가 그 착오의 의사표시를 취소하는 경우에는 언제나 손해배상의무를 진다고 규정하였다. 따라서 중과실에 의한 착오의 경우에도 그 착오로 인한 의사표시는 상대적인 무효(취소)로 되고 착오를 한 자에게는 단지 손해배상의무만이 발생하였다. 이 역시 의사주의자인 Zitelmann의 주장이 입법에 수용된 결과이다.

또한 의사와 표시의 불일치로 인해 그 표시가 무효로 되는 경우에는 소극적 이익의 손해배상을 인정한 독일민법 제122조의 규정 역시 Jhering의 계약체결상의 과실책임이론이 수용된 결과이다. 다만 독일민법 제1초안이 표의자의 과실을 기초로 이를 인정하였다면, 독일민법 제2초안은 의사주의자인 Eisele 등의 이론을 받아들여 이를 표의자에게 과실이 없는 경우에도 적용될 수 있는 것으로 그 범위를 확대하였다. 따라서 표의자의 과실로 인해 의사와 표시가 일치하지 않는 경우에도 당연히 독일민법 제122조가 적용되어야 하는 것이며, 이 경우에 독일민법 제

---

5) 錯誤로 인한 意思表示의 법률효과인 취소가능성의 의미를 효력주의는 일시적인 유효라고 이해하고 있는데, 이는 취소가능성의 의미에 대한 오해로부터 비롯된다고 할 수 있다. 이에 관해서는 본 연구 114-8면 참조.

122조 외에 별도로 계약체결상의 과실책임이론이 적용될 필요는 없다
고 할 수 있다.

(4) 문제는 의사도그마가 관철되는 영역의 범위이다. 특히 이와 관련
해서는 착오로 인한 의사표시에 있어서의 의사도그마의 적용범위가 문
제된다. 즉 일정한 표시내용에 상응하는 의사의 부존재가 표의자의 무
의식으로부터 연유하였을 때, 이때의 표시가 언제나 무효로 되는지의
여부이다. 이는 어떠한 착오가 의사표시의 효력에 영향을 미칠 수 있
는 본질적 착오인가의 문제를 둘러싼 본질적 착오론의 문제였다.
　이와 관련해서는 의사주의 내부에서도 학설의 변화가 있었을 뿐만
아니라, 독일민법의 입법에서도 적지 않은 변화가 있었던 부분이다. 이
는 본질적 착오를 객관적인 몇 가지의 유형에 한정해서 인정할 것인가
또는 일정한 자가 事後的으로 판단할 때, 착오를 한 자가 의사표시를
하던 당시에 착오를 알았다면 그 의사표시를 하였을 것인가의 여부에
따라서 본질적 착오의 여부를 정할 것인가에 관련된 문제이다. 또한
후자의 경우에는 다시 표의자의 주관적인 인과관계를 기준으로 할 것
인가, 합리적인 제3자를 기준으로 할 것인가 또는 양자 모두를 기준으
로 할 것인가에 따라서 견해의 대립이 있었다.
　이 외에도 착오로 인한 의사표시에는 의사주의이론이 집약되어 있는
중요한 내용들이 포함되어 있기 때문에, 의사주의자들이 착오로 인한 의
사표시를 어떻게 이해하고 있었는지를 전반적으로 검토할 필요가 있다.

2. 表示主義에 대한 概觀

표시주의는 의사표시의 효력의 근거를 표시에서 찾는 일련의 주장을
의미한다. 이러한 표시주의를 주장하는 견해들은 적어도 의사주의를 반
대하였다는 점에서는 공통점을 찾을 수 있다.

그러나 표시주의라는 하나의 이름 아래서도, 어떠한 근거와[6] 요건[7] 아래서 의사에 대한 표시의 우위를 인정할 것인가에 대해서는 그 일치된 견해를 찾기 힘들다. 왜냐하면 표시주의는 법률행위의 일반적 이론으로 발전한 것이 아니라, 표시기관의 착오를 포함한 착오나 어음, 수표 행위에서의 거래질서 또는 격지자의 의사표시와 같은 개별적 요소에 대해서만 의사주의를 비판하였던 견해이기 때문이다.[8]

이와 같이 표시주의는 법률행위의 일부분에 대해서만 의사주의의 문제점을 지적하면서, 그 부분에 한정해서만 대안을 제시하였기 때문에, 법률행위 전반에 관한 표시주의 내에서의 통일적 이론을 찾기는 힘들다. 따라서 표시주의의 여러 주장 중에서는 독일민법의 입법과정에서 고려되었던 견해만을 살펴보기로 한다.

---

6) 이는 표시의 우월성을 표시 자체의 성질에서 근거를 구하는가, 상대방의 신뢰에 근거할 것인가 등의 문제와 관련된다.

7) 이는 우선 표시내용의 절대성을 계약의 경우에 한정해서 인정할 것인지 또는 모든 의사표시에 대해서 인정할 것인지의 여부 및 生前行爲의 경우에만 인정할 것인지 또는 死因行爲에도 인정할 것인지의 여부에 관한 논쟁으로 구별할 수 있다.

나아가 표의자의 과실이 있는 경우에 표시의 우월성이 인정되는지 또는 표의자의 과실에 상관없이 표시의 우월성이 인정되는지의 문제도 이와 관련된다. 전자의 경우에는 다시 표의자의 경과실을 요건으로 하는가 또는 중과실을 요건으로 하는가의 논쟁으로 구분된다.

이 외에도 오스트리아 민법의 예처럼, 표의자의 과실에 상관없이 표시의 우위를 일반적으로 인정한 뒤, 상대방의 여러 가지 귀책사유를 근거로 표시의 우위를 부정하는 견해도 있었다.

8) Helmut Coing, Europäisches Privatrecht Bd. II, C. H. Beck, 1989, S. 277.

▶ 제2절 意思主義

Ⅰ. Savigny의 意思表示理論

1. 意思表示의 效力要素

Savigny는 의사자체, 표시 그리고 의사와 표시의 일치를 의사표시의 요소라고 하였다.[9] 즉 단지 표의자의 의사만이 의사표시의 효력요소인 것이 아니라, 위의 모든 요소가 의사표시의 효력요소인 것이다. 다만 이들 각 요소는 의사표시의 구조 내에서 다양한 기능을 하고 있다. 따라서 이하에서는 이들 각각의 요소가 의사표시 내에서 어떠한 기능을 하는지를 살펴보고자 한다.

1) 意思自體

독일민법에 있어 권리변동의 근거로서의 의사의 요소를 강조하면서 의사주의의 기틀을 마련한 사람은 Savigny이다.[10]

---

9) Savigny, System Ⅲ(1840), S. 99.

10) Schermaier는 유럽에 있어서의 착오이론, 즉 법률행위이론을 (의사주의로서의) Grotius(1583-1645)나 Savigny(1779-1861)의 공로로 여기려고 하는 것은 네덜란드나 독일 법학자들의 민족적 자부심에 기인하는 것으로 이해하고, 그 첫 공적은 Thomas von Aquin(1225-1274)에게 돌려져야 한다고 주장한다. 이에 관해서는 Martin Josef Schermaier, Europäische Geistesgeschichte am Beispiel des Irrtumsrechts, ZEuP 6, S. 83.
다만, 독일민법의 착오이론을 확립하고, 우리 민법에 결정적 영향을 미친 의사표시론의 전개는 Savigny의 공적이라고 평가할 수 있고, 따라서 그의 이론은 우리 그는 우선 의사표시를 자유로운 행위일 뿐만 아니라, 동시에 그 행위의 의사가 법률관계의 발생이나 소멸에 직접적으로 향해져 있는 법률사실이라고 정의하였다.[11] 그는 이러한 의사표시 중, "본래 意思自體가 유일하게 중요하고 효력이 있는 것으로 생각되어야만 한다(Denn eigentlich muß der Wille an sich als das einzig Wichtige und Wirksame gedacht worden)"고 주장함으로써,[12] 표의자의 의사를 의사표시의 본질적인 요소로 파악하였다.

이러한 점은 Savigny의 권리와 법률관계의 개념 및 의사표시의 기능으로부터 예정되어 있는 당연한 귀결이다.

우선 그에게 있어 주관적 권리(das Recht im subjektiven Sinn)는 법률관계에 있어서 각 인격(Person)에게 귀속하는 힘(Macht)이며, 그 힘은 각 개인의 의사가 지배하거나 또는 다수의 동의(Einstimmung)에 따른 의사가 지배하는 영역을 의미한다.[13]

또한 그는 각 개별적 법률관계가 사인의 법적 규율(Rechtsregel)로서의 자기결정을 통해 인간과 인간 사이의 관계로 나타난다고 하면서, 이는 법질서가 타인의 의사로부터 독립된 각 개인의 의사가 지배하는 영역을 허용하고 있기 때문이라고 생각하였다.[14] 이때 각 법률관계는 두 가지 부분으로 구분되는데, 그 첫째는 법률관계의 실질적 요소로서의 각 관계 자체(jene Beziehung an sich)이고, 다른 하나는 형식적 요소로서 사실로서의 관계가 법적인 자기결정을 통해 규범형식(Rechtsform)으로 고양되

    민법의 해석을 위해 매우 중요하다는 점만은 부정될 수 없을 것이다.

11) Savigny, System Ⅲ(1840), S. 98f.
    Bartholomeyczik는 Savigny의 의사표시에 관한 정의 중, '자유로운 행위'라는 표현으로부터 오늘날의 의미에서의 行爲意思를 도출하며, 법률관계의 변동을 직접적으로 의도하는 의사를 오늘날의 效果意思에 대한 설명으로 이해한다. 이에 관해서는 Horst Bartholomeyczik, Die subjektiven Merkmalen der Willenserklärung, in: FS. für Hans G. Ficker zum 70 Geburgstag, Alfred Metzner, 1967, S. 52.
12) Savigny, System Ⅲ(1840), S. 237.
13) Savigny, System Ⅰ(1840), S. 7.
14) w.o. S. 333.

는 것이었다. 이 경우에 의사표시는 이러한 법률관계의 변동을 직접적으로 지향하는 행위자의 의사가 활동하는 한 방법이었다.15) 따라서 의사표시는 각 개인이 그의 의사를 규범형식의 법률관계로 고양시키기 위한 방법이며, 의사가 — 보다 정확하게는 의사에 따른 법률관계의 변동이 — 의사표시의 목적으로 된다.

이와 같이 Savigny는 의사표시의 가장 중요한 효력요소를 의사라고 생각하였지만, 이것이 곧 의사의 존재만으로 의사표시가 유효하게 된다는 것을 의미하는 것은 아니었다. 왜냐하면 그는 의사자체, 표시 그리고 의사와 표시가 일치할 것을 의사표시의 요소라고 하고 있기 때문이다.16) 이와 같이 표의자의 의사는 그 자체가 의사표시의 목적이기 때문에 의사표시의 효력을 위해서 가장 중요한 요소이지만, 이것이 곧 의사표시의 효력을 위한 全體要素를 의미하는 것은 아니었다.

2) 表 示

Savigny에 있어서의 '의사자체(der Wille an sich)'라는 용어는 Kant의 '사물자체(Ding an sich)'라는 개념을 차용한 개념이라고 생각된다.17) 여기에서 Kant의 사물자체이론에 대한 이해는 Savigny가 의사표시의 중요한 효력요소로서의 의사자체를 어떻게 관념하고 있었는지를 이해하는 데 도움이 될 뿐만 아니라, 의사표시에 있어서 의사 외에 표시가 어떠한 기능을 하는지를 추론할 수 있는 수단이 된다고 생각된다. 따라서 이하에서는 Kant의 사물자체이론에 대한 주요 내용과 Savigny의

---

15) Savigny, SystemⅢ(1840), S. 5f.

16) w.o. S. 99.

17) Savigny가 Kant의 '법학의 형이상학적 기초(Metaphysiche Anfangsgründe der Rechtslehre)'의 일부 내용을 인용하며, 이를 비판한 예로는 Savigny, System I (1840), S. 347f, u. SystemⅢ(1840), S. 318f. 참조.
한편 의사주의의 이론을 Kant의 사물자체이론에서 파생된 법적 사물자체(das juristische Ding an sich)이론으로 이해한 견해로는 Karl Larenz, Die Methode der Auslegung des Rechtsgeschäfts, Deichert, 1930, S. 62 참조.

의사자체와 관련된 내용을 고찰하고자 한다.

 (1) Kant의 사물자체(Ding an sich)이론은 인간의 인식능력의 한계를
기반으로 하고 있다. 예컨대 인간이 신을 인식할 수 없는 것처럼, 인간
이 사물자체를 인식할 수는 없다는 것이다. 다만 인간이 일정한 자연
적인 현상을 신에 의한 기적이라고 믿고, 신의 존재를 믿을 수도 있는
것처럼, 인간은 사물의 外部的인 現象(Erscheinungen)을 통해 사물을
表象(Vorstellung)하게 된다. 이와 같이 인간은 사물자체가 아니라, 단지
사물의 현상을 통해 그 사물을 인식하게 된다.[18]
 이 경우에 사물의 현상은 시간(Zeit)과 공간(Raum)[19] 속에서 인간이 知
覺할 수 있는 형식으로 그 사물을 표현하고 있는 사물의 외부적인 形式이
다.[20] 이러한 사물의 현상은 인간의 感性을 觸發(刺戟)하고(affiziert), 인
간은 感性的인 直觀(die sinnliche Anschauung)을[21] 통해서 그 사물에 대
해서 일정하게 표상(Vorstellung)하면서, 그 표상을 受容(Rezeptivität)한
다. 이때 사물의 현상을 통해 인식의 주체에게 수용된 다양한 표상이 바

---

18) Kant는 현상이 사물에 대한 표상(Vorstellungen von Dingen)이며, 있을지도 모르는
    사물자체의 모습은 인식될 수 없다고 한다. 이에 관해서는 Imanuel Kant, Kritik
    der reinen Vernunft(Hrsg., Jens Timmermann). Felix Meiner, 2003, S. B164(여기
    서 S. 뒤의 B는 Kant의 순수이성비판의 初版인 A판과 再版인 B판 중, B판을 의
    미한다. A판과 B판은 보통 서로 같은 내용을 담고 있지만, 경우에 따라서는 A판
    에만 수록된 내용이 있는가 하면, 경우에 따라서는 B판에만 수록된 내용이 있기
    도 하다. 본 연구에서는 양자가 동일한 내용을 담고 있는 경우에는 B판의 면수만
    을 기재하는 방법을 취하였다).
19) Kant에 따르면, 공간과 시간은 사물자체의 規定(Bestimmungen)이 아니라, 현상의
    규정이라고 한다. 이에 관해서는 Kant, reinen(2003), S. B332.
20) 이러한 이유로 Kant는 공간과 시간은 감성적 직관의 형식(Formen der sinnlichen
    Anschauung)인 '현상으로서의 사물(Ding)'이 존재하기 위한 條件(Bedingungen der
    Existenz)이라고 한다. 이에 관해서는 Kant, reinen(2003), S. BXXVf(여기서 S. 뒤의
    BXXVf.은 Kant의 순수이성비판 B판의 서문인 Vorrede에서의 해당 면수를 의미한다).
21) 직관(Anschauung)은 인식(Erkenntnis)이 대상(Gegenstände)에 대해 직접 관계하는 방
    식으로 모든 사고(alles Denken)가 그 수단(Mittel)으로 삼는 것이며, 감성(Sinnli-
    chkeit)은 우리가 대상에 의해 촉발(자극)되는 것과 같은 방식(Art)을 통해 표상을 갖
    게 되는 능력(Fähigkeit)을 말한다. 이에 관해서는 Kant, reinen(2003), S. B33.

로 인간이 사물을 인식하는 質料(Materie; 材料)이다.

이제 이러한 표상은 思考(Denken)하는 인간의 悟性(Verstand)의 작용에 의해 일정한 範疇(Kategorie)로 분류되고 槪念(Begriff)을 갖게 되어서[22] 결국 일정한 形式(Form; 形象)에 이르게 된다.

이와 같이 사물은 사물자체로서의 대상(Gegenstande als Dinge an sich selbst)이 아닌, 단지 (감성적 직관을 통해) 감성적 직관의 객체(Objektiv)인 현상으로만 인식할 수 있다(Erkenntnis haben können).[23] 따라서 Kant는 현상이 아닌 사물자체에 대해서는 그것이 무엇이든 간에 인식의 주체가 그것에 대해서 아는 바 없고 알 필요도 없다고 주장하였다.[24]

(2) Kant의 '사물자체' 개념을 Savigny의 '의사자체'라는 개념에 대입시킬 때, 표의자의 의사자체는 적어도 인식의 주체인 상대방에게 인식될 수도 없고 인식될 필요도 없는 고립적 내용을 포함하고 있으며, 상대방은 단지 그의 직관의 대상으로서의 현상(Erscheinungen)인 표의자의 표시를 통해 표의자의 의사를 표상(Vorstellung)하게 된다.

이와 관련해서 Savigny는 意志(意思)[25]의 內部的인 發生(das innere Ereigniss des Wollens)이 可視的인 世界(in die sichtbare Welt)에 현상(Erscheinung)으로 나타나는 것이 表示(Erklärung)라고 정의하였다.[26] 또

---

22) 이들 개념(disen Begriffen)에 상응하는 직관이 주어지지 않는 한 오성의 개념(Verstandesbegriff)을 가지지 않으며, 따라서 사물을 인식할 요소(Elemente zur Erkenntnis der Dinge)를 갖지 않게 된다고 한다.

23) Kant, reinen(2003), S. BXXVI.

24) w.o. S. B332f.

25) 여기서의 의지는 의사표시에 있어서의 의사를 의미한다고 볼 수 있다. 다만 Savigny는 경우에 따라서는 Wollen이라는 용어를 사용하기도 하고, 경우에 따라서는 Wille라는 용어를 사용하기도 하는데, 본 연구에서는 전자를 '意志'로 표현하며, 후자를 '意思'로 표현하고자 한다. 이 양자를 모두 의사로 표현하지 않는 이유는 필자가 인식하지 못한 양자 간의 어떠한 차이가 존재할 수도 있다는 점이 고려되었기 때문이다.

26) Savigny, SystemⅢ(1840), S. 237.

한 內部的인 事實(eine innere Thatsache)로서의 의사자체는 단지 간접적(mittelbar)으로 어떤 감성적으로 지각될 수 있는 사실(eine sinnlich wahrnehmbare Tatsach)을 통해서만 인식될 수 있다고 주장하였다.27)

이와 같이 그는 법률관계 변동의 가장 중요한 요소를 표의자의 내심적인 의사로 여겼지만, 그 의사자체는 非可視的이기 때문에 권리관계의 상대방에게 그의 의사를 표명하고 또한 상대방이 이를 인식할 수 있는 수단으로서의 현상을 필요로 하게 되는데, 이러한 타인의 인식을 위한 수단(Erkenntnismittel) 내지 의사의 표명수단(Offenbarungsmittel)이 표시인 것이다.

> 왜냐하면 본래 의사자체가 유일하게 중요하고 효력이 있는 것으로 생각되어야만 한다. 그러나 의사자체는 내부적이고 비가시적인 사건이기 때문에, 우리는 타인에 의해 인식될 수 있고, 그 의사를 표명하는 징표(Zeichen)를 필요로 한다. 이것이 다름 아닌 표시이다.28)

(3) 다만 여기서는 의사의 外部的인 현상과 의사표시에 있어서의 표시의 관계를 정리할 필요가 있다. 즉 의사의 외부적인 현상에는 상대방에게 표현된 외부적인 현상뿐만 아니라 상대방에게 표현되지 않은 외부적인 현상이 있을 수 있다. 이 중에서 상대방이 있는 의사표시에 있어서의 표시는 상대방에게 표현된 의사의 외부적 현상만을 의미한다. 그러나 의사의 외부적 현상은 표시 외에도 존재할 수 있기 때문에, 이러한 표시 외의 외부적인 현상을 법적으로 고려할 것인지의 여부가 문제된다. 이와 관련해서는 의사표시의 해석에 있어서의 認識可能性說과 立證責任說이 대립하였었는데, 이에 관해서는 Savigny의 의사표시의 해석론에서 보다 상세히 살펴보기로 한다.29)

---

27) w.o. S. 242.
28) w.o. S. 258.
29) 이에 관해서는 본 연구의 47−51면 참조.

3) 意思와 表示의 關係

(1) 原則으로서의 自然스러운 關係

Savigny는 의사와 표시가 일치하는 것이 우연한 것(etwas Zufälliges)이 아니라, 자연스러운 관계(naturgemäßes Verhältnis)라고 하였다.[30) 이 문장은 특히 다음의 두 가지 점에서 중요한 의미를 가질 수 있다고 생각된다.

첫째로, 그는 계약에서 양 당사자의 의사가 일치하는 것은 偶然한 現象이지만, 의사표시에서 의사와 표시가 일치하는 것은 매우 一般的인 現象이라는 점을 강조하고 있다는 것이다.

즉 계약의 경우에는 둘 이상의 당사자가 존재하며, 이때 양 당사자는 각각의 自意的인 決定에 따라서 그들의 의사를 결정한다. 따라서 그 각 당사자의 의사가 일치하는 것은 단지 우연일 뿐이다.[31) 그러나 의사표시의 경우에는 표의자가 그의 의사를 결정할 뿐만 아니라, 그 의사의 표명수단인 표시 방법 역시 어떠한 외부적 영향도 받지 않고 자의적으로 선택할 수 있다. 따라서 의사표시에 있어서 의사와 표시가 일치하는 것은 매우 일반적인 현상이라는 점이다.

둘째로, 첫 번째의 결론으로부터 나오는 중요한 점은, 일정한 표시가 존재한다면, 그 표시내용에 상응하는 의사가 존재한다고 '推定'할 수 있다는 점이다. 왜냐하면 외부에서 지각할 수 있는 어떠한 표시가 존재한다면, 그 표시의 배후에는 이에 상응하는 의사가 존재한다고 보는 것이 또한 자연스럽고 일반적이기 때문이다.

(2) 例外로서의 自然스러운 關係의 障碍

비록 의사와 표시가 일치하는 것이 일반적이고 자연스러운 관계이기는

---

30) Savigny, System Ⅲ(1840), S. 258.
31) w.o. S. 257f.

하지만, 경우에 따라서는 이러한 자연스러운 관계의 障碍(Störung)가 발생할 수도 있다. 즉 의사와 표시 사이의 矛盾(Widerspruch zwischen dem Willen und der Erklärung)이 존재하는 경우이다. Savigny는 이러한 의사와 표시의 모순(불일치)으로부터 의사의 잘못된 외관이 출현한다고 하면서, 이를 '意思 없는 表示(die Erklärung ohne Willen)'라고 표현하였다.[32]

그는 우선 이러한 의사 없는 표시 중, 비진의표시(Mentalreservation)의 경우에는 徵表의 信賴性과 함께 표의자가 '은밀히(heimlich)' 표시와 대립하는 의사를 가졌다는 점을 근거로 의사와 표시의 불일치를 인정할 필요가 없다고 하였다.[33]

한편 그 밖의 의사 없는 표시의 경우에는, '행위자와 직접적으로 접촉하는 자에게(für den, welcher mit dem Handelnden in unmittelbare Berührung kommt)'[34] 의사와 표시의 불일치가 인식될 수 있거나 인식될 경우에 한해, 그 불일치가 인정될 수 있다고 하였다.[35]

이러한 불일치가 인정되는 의사 없는 표시는 다시 의도적인 의사 없는 표시(die absichtliche Erklärung ohne Willen)와 비의도적인 의사 없는 표시(die unabsichtliche Erklärung ohne Willen)로 구별되었다.[36]

전자는 행위자가 스스로 의사와 표시의 불일치를 의식하고 있는 경우이다. 그 예로는 i) 완벽한 의사의 표현이라고 할 수 있는 표시가 존재하지만, 표의자는 아직 이 표시의 내용을 확정하지 않은 상태로서, 장래에 진실한 의사로 발전할 수 있는 경우, ii) 농담이나 수업시간의 예문 또는 희곡 등에서의 법률행위로서의 언어가 표현되어 있는 경우,

---

32) w.o. S. 258.

33) Savigny, System Ⅲ(1840), S. 258f; 학설은 일반적으로 Savigny가 비진의표시의 경우에 징표의 신뢰성만을 근거로 의사와 표시의 불일치를 인정할 필요가 없다고 한 것으로 이해하지만, 그 근거는 단지 징표의 신뢰성에만 있는 것이 아니고 징표의 신뢰성과 함께 표의자가 '은밀히' 표시와 대립하는 의사를 가졌다는 표의자의 일정한 귀책을 비교한 결과라고 이해된다.

34) 이 문구의 의미에 관해서는 본 연구 47-51면 참조.

35) Savigny, System Ⅲ(1840), S. 258f.

36) w.o. S. 259.

iii) 법률행위로서의 완전한 의미를 갖는 언어가 사실은 상징적 의미를 가져서, 그 직접적인 언어의 의미는 효력이 없는 경우, iv) 피강박자가 강박을 통해 전혀 읽어 보지 않은 서류에 서명한 경우처럼, 단지 의사의 상징만이 존재할 뿐 의사자체는 없는 경우, v) 허위표시의 경우(Simulation) 등이 예시되어 있다.37)

이에 반해 비의도적인 의사 없는 표시는 행위자가 의사와 표시의 불일치를 의식하지 못하는 경우로서, 의사자체를 배제시키는 착오 때문에 단지 의사의 외관만이 존재하는 경우이다.

2. 意思表示의 解釋論

이미 살펴본 바와 같이, Savigny는 의사와 표시가 일치하는 것이 자연스러운 관계이지만, 양자가 일치하지 않는 경우도 생각할 수 있다고 하였다. 이때 그가 표시에 상응하지 않는 의사를 어떠한 경우에 인정하였는가 하는 점은 오랫동안 논란의 대상이 되어 왔다. 이에 관해서는 그가 認識可能性說을 취하였다고 판단하는 견해와 立證責任說을 취하였다고 판단하는 견해가 대립된다.

---

37) Savigny는 의도적인 의사 없는 표시의 예에서 비진의표시에 관해 기술하고 있지 않다. 이것은 비진의표시가 비록 성질상 의도적인 의사 없는 표시이기는 하지만, 의도적인가 아닌가의 구별은 의사 없는 표시를 인정하는 것을 전제로 한 구별이기 때문이다. 즉 비진의표시의 경우에는 고려되는 의사 없는 표시가 아니기 때문에, 그 인정을 전제로 한 의도적인 의사 없는 표시로 분류되지 않았다고 할 수 있다.
한편 Oebike는 Savigny가 의도적인 의사 없는 표시의 예로서 비진의표시에 대해서 기술하고 있다고 하지만, Oebike가 각주에서 지시하는 곳에는 비진의표시가 아닌 허위표시에 대해서 기술하고 있을 뿐이다. 이에 관해서는 Burkhard Oebike, Wille und Erklärung beim Irrtum in der Dogmengeschichte der beiden letzten Jahrhunderte, Heinr., u. J. Lechte, 1935, S. 39(Fn. 71) 비교.

1) Savigny의 見解에 대한 論議

Savigny가 인식가능성설의 입장이었는지 또는 입증책임설의 입장이었는지의 여부에 대해서 많은 논란이 있는 이유는 그가 이에 대해서 매우 불명확한 내용을 기술하였기 때문이다. 그 논란이 되고 있는 문단과 그 전후의 기술내용은 다음과 같다.

> 그러나 모든 법질서는 바로 징표의 신뢰성에 기초한다. 오직 이 징표를 통해서만 인간은 타인과 일상의 상호작용(Wechselwirkung)으로 나아갈 수 있다. 따라서 생각할 수 있는 가장 단순한 경우로서, 일정한 의사를 표시한 자가 은밀히 그와 대립하는 의사를 가진 경우에는 그 언급된 장애가 인정되어서는 안 된다. 그 상반되는 의사는 다른 장소에서 — 예컨대 서면으로 또는 증인 앞에서 — 명확하게 표현되어 있을 수도 있다. 「따라서 의사와 표시 간의 모순은, 단지 그 모순이 '행위자와 직접적으로 접촉하는 자'에게 인식될 수 있거나 인식될 경우에 한해, 인정되어야 한다.[38]」 즉 그 모순은 행위자의 사고로부터 독립해서 인식될 수 있거나 (장차) 인식되어야 한다. 이는 두 가지 방법으로 일어날 수 있다. ……나는 전자를 의도적인 의사 없는 표시라고 표현하고, 후자를 비의도적인 의사 없는 표시라고 표현한다.[39]

표시주의자들은 여기서의 「 」 안의 문장을 표시에 상응하는 의사의 부존재에 대한 상대방의 인식가능성설의 근거가 되는 것으로 해석하였다. 이 경우에 표시주의자들은 '행위자와 직접적으로 접촉하는 자'를 표시의 상대방을 의미하는 것으로 이해함으로써, Savigny가 상대방이 인식가능한 의사와 표시의 불일치만을 의사와 표시의 불일치의 문제로 인정한 것으로 이해하였다.[40] 따라서 표시주의자들은 이때의 의사를 '表

---

38) 여기서의 「 」 안의 문장은 그 해석에 있어서 많은 논란이 있는 문장이며, 특히 ' ' 안의 문구의 의미에 대해서는 다양한 견해가 주장된다.

39) Savigny, System Ⅲ(1840), S. 258f.

40) Rudolf Leonhard, Der Irrtum bei nichtigen Verträgen nach römischen Rechte, Ferd.

示된 意思(voluntas expressa; der erklärte Wille)'만을 의미한다고 주장하면서, Savigny의 이론이 결국 표시주의에 기초하고 있다고 주장하였다.[41]

이에 반해 의사주의자들은 Savigny가 의사와 표시의 불일치가 인식될 수 있는(erkennbar ist) 경우라고 기술한 것이 아니라, 인식될 수 있거나 또는 인식될(erkennbar ist oder erkennbar wird) 경우라고 기술한 점을 강조하였다.[42] 여기서의 '인식될(erkennbar wird)'의 의미는, 비록 일시적으로는 표시에 상응하는 의사가 있다고 인정될 수 있지만, 事後에 객관적으로 인식할 수 있는 사실로부터 표의자에게 그러한 의사가 없다는 것(Nichtwollen)이 立證된 때에는 표시와 의사의 불일치를 인정해야만 한다는 것이다. 나아가 이러한 주장의 다른 근거로는 Savigny가 의도적인 의사 없는 표시를 설명하면서 '입증될 수 있는(erweislich)'[43]이라는 용어를 사용한 점을 제시한다.

한편 오늘날의 다수의 견해는 Savigny가 비록 의사주의의 입장이지만, 비진의표시의 경우에 한해서는 상대방의 인식가능성설을 수용하였다고 주장한다.[44] 그러나 이에 대해서는 그가 언제나 입증책임설의 입

Dümmeler, 1883. S. 546f; ders., Ein Beitrag zur Irrtumslehre, AcP 72, 1888, S. 45(Fn. 7); ders., Gutachten, in: 20.DJT Ⅲ(1889), S. 35ff.
또한 Schlossmann은 '행위자와 직접적으로 접촉하는 자'라는 표현이 매우 불명료한 말이라고 하면서, 표시에 수반하는 그 밖의 표명이나 행위를 통해서 그 모순이 상대방에게 인식되거나 그 외의 전문용어가 표현되었을 때, 의사와 표시의 모순이 인정될 수 있다는 의미로 동 문장을 이해한다. 이에 관해서는 Siegmund Schlossmann, Der Vertrag, Breitkopf, u. Härtel, 1876, S. 176 참조.
41) Leonhard, Irrtumslehre(1888), S. 45.
42) Bernhard Windscheid / Theodor Kipp, Lehrbuch des Pandektenrechts Bd. Ⅰ, Jurius Buddeus, 9.Aufl. 1906, S. 376(Fn. 1).
43) 'erweislich'라는 용어는 단순히 '명백한'으로도 해석될 수 있다. 그러나 Savigny가 도처에서 'erweislich'라는 용어를 '입증할 수 있는'의 의미로 사용하였다는 점에 관해서는 Ryuichi Noda, Zur Entstehung der Irrtumslehre Savignys, Ius Commune XVI, 1989, S. 125(Fn. 236) 참조.
44) Horst Hammen, Die Bedeutung F. C. v. Savignys für die allgemeinen dogmatischen Grundlagen des Deutschen Bürgerlichen Gesetzbuches, Duncker, u. Humblot, 1983, S. 117; Peter Haupt, Die Entwicklung der Lehre vom Irrtum beim Rechtsgeschäft seit der Rezeption, Böhlau, 1941, S. 41(Fn. 1); Oebike, Wille(1935), S. 39; Hans—Jürgen Peters, Vertrag und Einigung bei den Spätpandektisten, Kamp Lintport,

장을 취하였다고 주장하는 견해45)와 언제나 상대방의 인식가능성설을 취하였다고 주장하는 견해46)도 제기되고 있다.

2) 認識可能性說과 立證責任說의 差異

인식가능성설과 입증책임설 사이에는 다음과 같은 점에서 중요한 차이가 있다.

우선 인식가능성설의 입장에서는, 의사와 표시가 일치하지 않는 경우, 상대방이 표의자의 표시로부터 그 표시의 객관적 의미와 상응하지 않는 표의자의 의사를 인식할 가능성이 있을 때에만, 그 표시의 무효를 인정한다. 따라서 이 견해에 의하면 표의자가 표시에 표현하지 않은 사실상의 의사는 법적으로 고려되지 않는다. 이러한 이유로 의사표시의 해석의 대상은 단지 상대방에 대한 표시에 한정된다.

한편 입증책임설의 입장에서는 상대방에게 표시된 표시의 내용을 우선 의사표시의 내용으로 추정한다. 그러나 표의자가 이러한 표시내용과는 전혀 다른 의사를 가지고 있었거나 또는 그 표시내용에 대해서 어떠한 의식도 가지고 있지 않았다는 것을 입증할 수 있다면, 이제 그 표시는 무효로 된다. 이러한 이유로 의사표시의 해석의 대상에는 상대방에 대한 표시(의사표시의 推定的 效力을 위한 해석의 대상)뿐만 아니라, 표시 시나 그 표시의 전후에 있었던 의사의 모든 외부적 현상(표시내용의 추정에 대한 反證으로서의 해석의 대상)이 포함된다.

이 중에서 표시주의자들은 주로 인식가능성설의 입장을 취했으며, 의사주의자들은 주로 입증책임설47)의 입장을 취하였다.

  1967, S. 11ff.

45) Noda, Irrtumslehre(1989), S. 124f; Martin Josef Schermaier, Die Bestimmung des wesentlichen Irrtums von den Glossatoren bis zum BGB, Böhlau, 2000, S. 489f.

46) Klaus Luig, Savignys Irrtumslehre, Ius Commune Ⅶ, 1979, S. 45f.

47) 특히 독일민법 제1초안의 제정 당시 Windscheid는 명확히 입증책임설을 주장하였으며, 독일민법 제133조는 그의 입증책임설에 기초한 규정이라고 볼 수 있다. 이

3) 檢 討

Savigny가 입증책임설의 입장이었다는 점은 그의 다음과 같은 기술
에서 명확하게 나타난다.

> 의사와 표시의 모순이 단지 행위자의 사고 안에 숨겨져 있는 것이 아
> 니라, 행위자와 직접적으로 관련을 맺는 자들에 의해서 인식될 수 있다
> 는 것을 (나 Savigny는) 實證하였다.[48]

이 문장을 통해 다음의 점들을 알 수 있다.

첫째, 한 사람의 표의자의 의사와 표시의 불일치가 복수의 타인에
의해 인식될 수 있다고 하기 때문에, 문제가 되는 '행위자와 직접적으
로 접촉하는 자'는 상대방만을 의미하는 것이 아니라, 상대방을 포함한
제3자를 의미한다고 할 수 있다.

둘째, 의사와 표시의 모순이 인식될 수 있거나 인식될 '때'라는 조건
적인 표현이 아닌 인식될 수 있다는 사실 자체를 말하고 있다는 점이
다. 즉 Savigny는 표시와 일치하지 않는 의사가 상대방에게 인식가능할
'때', 그 불일치를 고려해야 한다고 주장한 것이 아니라, 단지 표시와
일치하지 않는 의사가 외부적으로 인식될 수 있다는 사실 자체만을 강
조한 것으로 해석될 수 있다.

셋째, Savigny는 '(나는) 위에서 말한 공통적 특징에서 의사와 표시
의 모순이 인식될 수 있다는 것을 實證'하였다고 한다. 여기서의 實證
(實例로서 證明)하였다는 기술은 위에서의 '그 상반되는 의사가 이에
관해 다른 장소에서―예컨대 서면으로 또는 증인 앞에서―명확하게
표현되어 있을지도 모른다'는 문장과 관련된다고 생각된다. 즉 여기서
Savigny가 스스로 실증하였다고 하는 것은 '상대방에 대한 표시와는

에 관해서는 본 연구 81-2면 참조.
48) Savigny, System Ⅲ(1840), S. 262f.

다른 내용을 포함하는 서면이나 증인의 존재'라는 實例를 통해, 그 표시와는 상반되는 의사가 입증될 수 있다는 점을 證明하였다는 것을 의미한다.

이러한 관점에서 볼 때, Savigny는 여기에서 표시와 상반되는 표의자의 의사가—예컨대 서면이나 증인을 통해—외부세계에 인식될 수 있는 현상으로서 나타날 수 있다는 점을 강조하고, 이를 통해 의사와 표시의 불일치를 고려할 수 있다고 주장한 것이라고 해석될 수 있다. 따라서 Savigny의 의사표시론은 표의자의 입증책임설에 기초한 의사주의라고 정의할 수 있다.

3. 錯誤로 인한 意思表示

1) 意 義

(1) Savigny의 착오론의 주요한 특징은 착오를 眞正한 錯誤와 不眞正한 錯誤로 구별한 점이다. 그가 이와 같이 착오의 개념을 구별한 이유는 기존에 통용되던 본래의 착오의 개념으로는 무효로 되는 착오로 인한 의사표시와 유효로 되는 착오로 인한 의사표시를 구별할 수 없다고 판단하였기 때문이다.

이때 본래의 착오의 개념인 진정한 착오는 '認識의 主體가 認識의 對象에 대해서 잘못된 表象을 한 意識의 狀態'를 의미하였다. 여기서 표의자가 진정한 착오를 하는 사례는 매우 다양하게 나타날 수 있다. 예를 들어, 표의자는 소금을 설탕이라고 믿고서 이를 매입할 수도 있으며(오늘날의 종류물에서의 내용의 착오), 피카소의 그림으로 믿고서 모조품을 구입할 수도 있고(오늘날의 특정물에서의 내용의 착오), 또한 개발예정지가 아닌데 개발예정지라고 생각하고 부동산을 구입하는 경우(오늘날의 동기의 착오) 등이 있을 수 있다.[49] 그러나 이러한 모든 착오가 무효로 될 수는 없기 때문에, 진정한 착오의 개념으로는 착오에도 불구하고 의사표시가 유효로 되는 경우와 착오로 인해 의사표시가 무효로 되는 경우를 구별할 수가 없었다. 따라서 Savigny는 진정한 착오는 의사표시의 효력에 영향을 미치지 않는다고 暫定的으로 假定하였다.

한편 그는 진정한 착오의 개념 외에 不眞正한 錯誤의 개념을 만들었다. 이는 의사표시의 효력을 착오와는 분리해서 의사와 표시가 일치하는지의 여부에 따라서 그 의사표시의 효력을 정하는 방법이다. 즉 Savigny는 우선 표시내용을 결정한 뒤, '그' 표시내용에 상응하는 의사가 존재하는지의 여부에 따라서 의사표시의 효력을 결정하는 방법을 취하였다. 이 경우에 '그' 표시내용에 상응하는 의사가 존재하지 않는 경우에는, 표의자에게 사실상 어떤 의사가 있었는지의 여부와는 관계없이, 法律事實로서의 意思가 존재하지 않기 때문에, 그 의사표시가 무효라는 것이다. 이때 표시에 상응하는 의사가 존재하지 않는 원인은 여러 가지가 있을 수 있지만(예를 들어 비진의표시, 허위표시나 농담행위 등), 이 중에서 가장 대표적인 원인이 바로 부진정한 착오의 존재였다. Savigny는 이와 같이 표시에 상응하는 의사가 부존재하는 원인이 되는 착오를 부진정한 착오라고 표현하였다. 그는 이러한 부진정한 착오의 개념을 통해서 동기의 착오를 의사표시의 효력에 영향을 미치는 부진정한 착오로부터 구별하였다.[50]

(2) 그러나 그는 상응하는 의사가 존재하지 않는 표시가 언제나 무효로 된다고 주장한 것이 아니라, 단지 표시의 본질적 부분에 대해서 의

---

49) 한편 오늘날의 표시의 착오는 대체로 후술하는 不知와 유사하다.
50) 진정한 착오의 개념 아래서는 동기의 착오도 착오의 범주에 포함되는 반면, 부진정한 착오의 개념 아래서는 동기의 착오가 착오의 범주에 포함되지 않으며, 이때의 부진정한 착오는 대체로 오늘날의 내용의 착오와 유사하다.

사가 존재하지 않는 경우에만 그 표시가 무효로 된다고 주장하였다. 그는 이때의 本質的 部分을 로마법에 기초해서 착오의 대상에 따른 유형으로 분류하였다. 즉 의사의 부존재를 통해 표시가 무효로 될 수 있는 경우는 표의자에서 법률행위의 종류에 관한 착오(error in negotio), 상대방에 관한 착오(error in person)와 권리관계의 객체인 목적물에 관한 착오(error in corpore)가 있는 경우에 한정되었다.[51]

이에 반해 목적물의 성질의 착오는 원칙적으로 의사표시의 효력에 영향을 미치지 않는 착오였다. 다만 거래관계에서 지배하는 관념에 따라서 그 성질의 착오가 목적물의 종류를 변경하는 본질적 내용과 관련된다고 인정되는 경우에는 그 성질의 착오 역시 본질적 착오로 될 수 있었다.[52]

(3) 마지막으로 착오로 인한 의사표시가 무효로 되는 경우에 표의자에게 소극적 이익의 배상의무가 발생하는지의 여부에 대해서, Savigny는 일견 부정적인 입장을 취한 것으로 해석될 수 있는데, 이는 향후 Jhering에 의한 계약체결상의 과실책임이론이 주장되는 직접적인 원인이 된다.

이하에서는 이러한 Savigny의 착오론을 보다 상세히 살펴보기로 한다.

2) 眞正한 錯誤와 不眞正한 錯誤

(1) 眞正한 錯誤

Savigny는 착오(Irrtum)를 "일정한 對象(Gegenstand)에 대한 잘못된 表象

---

51) 이러한 착오의 대상에 따른 유형은 우리 민법 제109조에서의 '중요부분의 착오'와 깊은 관련이 있다.

52) 이는 독일민법 제119조 제2항에서 거래관계에서 본질적인 것으로 여겨지는 성질의 착오를 내용의 착오로 본다고 하는 규정과 깊은 관련성이 있다.

(unwahre, falsche Vorstellung)으로서의 意識의 狀態(der Zustand des Bewu-
ßtseins)"라고 정의하면서, 이를 진정한 착오(der ächte Irrtum)라고 표현하였
다.53) 또한 그는 일정한 대상에 대해 의식조차 없는(Bewußtlosigkeit) 상태
를 不知(Unwissenhaft; ignorantia)라고 정의하였다.54) 그에 따르면, 이러한
착오와 부지는 그 법적 취급에 있어서 동일하다고 한다. 즉 양자는 대상에
대한 올바른 표상이 없는 상태라는 점에서는 동일하며, 다만 법률관계에
있어서는 부지보다 착오가 주로 문제되기 때문에 착오라는 용어가 즐겨 사
용될 뿐이라고 하였다. 따라서 이때의 착오의 개념 안에는 부지에 대한 내
용이 혼용되어 있었다고 볼 수 있다.

한편 그는 진정한 착오가 어떤 법적 의미의 결단으로서의 意志(Wollen)55)
에 선행되어 일어난다고 하면서, 의지와 이에 선행하는 착오를 엄격히
구분하였다. 이 경우에 있어서 의지는 법률관계의 형성(die Bildung der
Rechtsverhältnisse)을 위해서 유일하게 중요한 하나의 독립한 사실(eine
selbständige Tatsache)이었고, 착오적 표상의 영향으로부터 결연된 자의
적이고 근거를 필요로 하지 않는 성질이 있다고 하였다.56)

---

53) Savigny, SystemⅢ(1840), S. 264, u. 440.
54) 부지는 행위자가 자신의 행위에 대해서 어떠한 생각도 없이 행위를 한 경우라면,
   眞正한 錯誤에서의 착오는 행위자가 (오늘날의 동기의 착오를 포함해서) 무엇인
   가 잘못 생각하고 행위를 한 경우이다.
   錯誤와 不知의 개념 및 양자의 관계에 관해서는 Savigny, SystemⅢ(1840), S. 111,
   u. 326 참조: 또한 Savigny는 1824 / 25년의 판덱텐 법학 강의에서 착오(Irrtum)의
   개념 안에 로마법의 錯誤(error)와 不知(ignorantia)의 개념이 포함되어 있다고 설
   명하였다. 이에 관해서는 Friedrich Karl v. Savigny, Pandektenvorlesung 1824 /
   25(Hrsg., Hammen, Horst), Vittorio Klostermann, 1993, S. 57(이 자료는 Savigny
   가 1824 / 25년의 겨울학기에 베를린대학에서 판덱텐 법학에 대해서 강의를 한 내
   용을 현대에 새로이 편집한 것이다. 여기에는 비록 전문적인 연구서와 같은 깊은
   내용을 담고 있지는 않지만, Savigny의 이론의 전체적인 체계와 그 대강의 내용
   을 이해하기에는 매우 좋은 자료이다).
55) 의지(Wollen)는 철학에서 소원(Wünsche)이나 의도(Beabsichtigen)의 심리적 상태,
   일정한 행위로의 의식적 결정(die bewußte Entscheidung) 또는 동기부여(Motiva-
   tion) 등의 다양한 의미를 갖는 용어인데, 여기서는 특히 두 번째의 의미로 사용
   된 듯하다. 이러한 용어에 관해서는 Armin Regenborgen / Uwe Meyer, Wörterbuch
   der philosorhischen Begriffe, Felix Meiner, 1998, S. 741.
56) Savigny, SystemⅢ(1840), S. 113.

　　그는 이러한 구별을 위해서 미성년자나 정신이상자에게 나타나는 무의식(Bewußtlosigkeit)의 경우와 착오의 경우를 비교하였다. 즉 전자의 경우에는 그들의 의식의 결여로 인해 의사표시의 능력이 없는 반면, 후자의 경우에는 착오에 대해서 일정한 효력을 용인하는 것이 결국 표의자 자신이기 때문에, 착오로 인한 표상을 통해서 자유로운 의사표시의 존재가 제거되는 것은 결코 아니라는 것이다.

　　그는 이러한 표의자의 의사결정의 자유를 근거로 의사표시의 효력에 직접적인 영향을 미치는 것은 인식의 대상에 대한 잘못된 표상으로서의 착오가 아니라, 표의자의 意志(Wollen)라고 주장하였다.[57] 따라서 진정한 착오는, 일정한 예외의 경우를 제외하고는,[58] 원칙적으로 법률

---

57) w.o. S. 112f.

58) Savigny는 이러한 특별한 예외의 경우를 법규(Rechtsregel) 자체가 권리변동의 조건으로서 올바른 인식의 존재를 직접적으로 정하는 경우(예를 들어 타인의 惡意에 의해 잘못된 표상인 착오를 한 경우로서, 이 경우에는 로마법의 D 4. 3. 1. 1이 예시됨)와 이를 직접적으로 정하지 않는 경우로 나누어 고찰한다.
　그는 후자의 경우를 다시 특별한 권리수단이 있는 경우와 그렇지 않은 경우로 나누어 설명한다. 이 중에서 특별한 권리수단이 있는 경우에는 착오가 권리변동에 직접적으로 영향을 미치지는 않으나, 특별한 정식의 권리수단을 통해 영향을 미치는 경우이다. 예를 들어 착오로 인한 causa에 기초한 condiction(이 용어에 관한 자세한 고찰로는 최병조, 로마법 연구(I), 서울대학교 출판부, 308면 이하 참조)으로서 특히 非債辨濟에 의한 부당이득 반환의 소(condictio indebiti, § 812 I 1 Alt. 1 BGB 참조)나 오늘날의 瑕疵擔保責任에 속하는 감찰관의 고시규정에 의한 소(die Klage aus dem Edict der Adilen)의 경우 그리고 매도인의 惡意의 경우의 惡意의 抗辯(doli exceptio) 등이 이에 속한다.
　한편 위와 같은 특별한 권리수단이 있는 경우는 아니지만, 착오가 법률관계에 영향을 주는 경우로는 착오로 인한 처분의 原狀回復(Restitution)과 같은 경우를 들고 있다. 이러한 예로는 유증자가 일정한 착오를 원인(cause)으로 유증을 한 경우의 로마법의 법원(D 35. 1. 72. 6)이 예시된다. 로마법에 따르면, 이러한 착오는 일반적으로 유증의 효력에 영향을 미치지 않는다고 한다. 그러나 유증자가 이러한 착오를 하지 않았다면 유증을 하지 않았을 것이라는 것이 입증되는 경우에는, 상속인들은 수증자에 대해서 악의의 항변(doli exceptio)을 할 수 있다고 한다. Savigny는 이와 같은 사례가 어째서 특별한 권리수단이 없는 경우인지에 대해서 명확히 밝히고 있지는 않지만, 생각건대 이 경우에는 유증자의 의사의 해석을 통해 원상회복이 인정되는 경우이기 때문에, 특별한 권리수단이 있는 것이 아니라, 의사표시의 해석을 통해 권리가 생기는 사례로 구별되어 있는 것 같다.
　한편 이상의 구별에 관해서는 Savigny, System Ⅲ(1840), S. 114f, 328ff, 356f, u.

관계에 어떠한 영향도 미치지 않는다고 한다.[59]

(2) 不眞正한 錯誤

a) 意 義

Savigny는 진정한 착오 외에 부진정한 착오(der unächte Irrtum)라는 개념을 만들었다. 여기서 부진정한 착오라 함은 표시에 상응하는 의사가 존재하지 않는 경우에, 그 의사의 부존재가 발생하게 되는 原因(Grund)으로서의 착오를 말한다.[60]

그는 부진정한 착오와 진정한 착오의 관계에 대해서 다음과 같이 말한다.

> 착오에 관한 법학의 경우, 본래 착오의 영역 외에 있는 사례들을 착오의 영역으로 뒤섞음으로 인해 적지 않은 혼란을 준다. 그러나 단지 자유로운 의사에 기한 법률사실의 통상적이고 일반적인 결과가 착오의 존재를 통해 지양되거나 변경될 때에만, 착오의 영향에 관해 거론될 수 있다. 이때 이 착오와 관련된 의사는 어떤 불완전한 의사(ein unvollkommner Wille)로 고찰된다.

> 그러나 비록 착오가 존재하기는 하지만, 그 이전에 이미 法律事實의 必須的인 要件들(die notwendigen Bedingungen einer juristischen Tat−sache) 역시 존재하지 않는다면, 그 법률효과의 발생을 저지하는 근거는 착오에 있는 것이 아니라, 법률사실의 필수적 조건들이 존재하지 않는다는 점에 있다.[61] 그래서 이 경우에 착오의 영향에 관해 거론하고, 지금까지 논해 온 사례들과 함께 다루는 것은 적절하지 않다. 사람들은 이 경우를 부진정한 착오라고 표현할 수 있다.[62]

358ff. 참조.
59) Savigny, SystemⅢ(1840), S. 114, u. 354.
60) w.o. S. 267f, u. 440f.
61) ( ) 안의 문구는 이 문장의 의미를 전달하기 위한 필자의 임의적인 첨가임.
62) Savigny, SystemⅢ(1840), S. 440f. 본래 원문에는 여기서 인용된 문단이 하나의

이와 같이 Savigny는 진정한 착오의 경우에는 그 착오가 표의자의 자유로운 의사에 영향을 미침으로써, 표의자의 의사가 불완전한 의사로 되는 경우에만, 자유로운 의사에 기한 법률사실[63]의 통상적인 효력이 문제될 수 있다고 한다. 그러나 이미 앞의 진정한 착오론에서 살펴본 바와 같이, Savigny는, 표의자가 착오를 하였다고 할지라도 그 착오에 기해서 의사표시를 하는 것은 결국 표의자의 자유로운 의사에 기한 것이기 때문에, 착오를 통해서 표의자의 자유로운 의사가 영향을 받는 것은 아니라는 주장을 하였다. 따라서 그는 진정한 착오는 원칙적으로 의사표시의 효력에 영향을 미치지 않지만, 예외적으로 그 진정한 착오가 어떠한 법률사실의 일반적인 결과에 영향을 미치는 경우에만, 이때의 표의자의 의사가 불완전한 의사라고 주장하였다. 그리고 대체로 하자담보책임이나 부당이득의 반환이 문제되는 사례들이 여기에서의 예외적인 경우에 해당한다.[64]

한편 부진정한 착오의 경우에는 착오가 의사표시의 효력에 영향을 미치는 것이 아니라, 법률사실의 필수적인 요건(예컨대, 법률사실인 의사표시의 필수적인 요소로서의 의사)이 결여되어 있다는 점이 의사표시의 효력에 영향을 미치게 된다. 즉 Savigny는, 부진정한 착오와 관련해서, 방법론상 우선 의사표시에 있어서의 표시내용을 객관적으로 확정한 뒤, 그 객관적인 표시내용에 상응하는 의사가 존재하는지의 여부만을 문제삼았기 때문에, 만약 표시에 상응하는 의사가 존재하지 않는 경우에는 의사표시의 요건으로서의 의사가 결여되는 것으로 의제하였다. 따라서 이 경우에 의사표시의 효력에 영향을 미치는 것은 착오가 아니라, 표시에 상응하는 의사요소의 부존재였다. 또한 이 경우에 표시에 상응하는

문단으로 되어 있다. 그러나 앞의 문단이 진정한 착오에 관한 내용이고, 뒤의 문단이 부진정한 착오에 관한 문단이기 때문에, 여기서는 이해의 편의를 위해서 두 개의 문단으로 분리해서 인용하였다.

63) Savigny는 자유로운 의사에 기한 법률사실을 意思表示와 (오늘날의 의미에서의) 準法律行爲로 구별한다. 이에 관해서는 Savigny, System Ⅲ(1840), S. 5f. 참조.

64) 이에 관해서는 전술한 본 연구의 주 58) 참조.

의사가 부존재하는 여러 가지 원인(심리유보, 허위표시나 착오 등) 중의 하나인 착오를 그는 부진정한 착오라고 표현한 것이다.[65]

이와 같이 그가 진정한 착오 외에 부진정한 착오라는 개념을 만든 이유는 진정한 착오의 개념 안에는 동기의 착오가 포함되어 있기 때문에, 착오가 의사표시의 효력에 영향을 미치는 경우와 그렇지 않은 경우를 구별할 수 없었기 때문이다. 예컨대, 물건의 가치에 관한 착오로 인해 그 물건을 고가로 매수하거나 또는 염가로 매도한 경우에는 그 착오가 의사표시의 효력에 영향을 미치지 않는 반면, 사실의 착오로 인한 비채변제의 경우에는 그 착오가 의사표시에 영향을 미치기 때문에, 착오의 일반적인 효과(예컨대 착오를 한 자의 의사표시는 무효라는 원칙 등)가 구체적인 양자의 사례에서 일관되게 적용되지 않는다는 것이다.[66]

따라서 그는 착오가 의사표시에 효력을 미치지 않는다는 가정을 세운 뒤, 표시내용에 상응하는 의사가 존재하고 있는가의 여부만을 기준으로 의사표시의 효력을 정하려고 하였다. 즉 외부적으로 나타난 표시행위의 내용을 객관적으로 확정한 뒤, 이에 상응하는 의사가 존재하지 않는 경우에는 법률사실로서의 의사의 부존재를 이유로 그 의사표시가 무효로 된다는 논리이다. 이러한 방법을 통해 그는 동기의 착오를 부진정한 착오의 유형에서 제거하였다.

b) 特　徵

부진정한 착오에는 다음과 같은 특징이 있다.

첫째, 부진정한 착오는 의사자체의 문제가 아니라 의사와 표시의 일치에 관한 문제라는 점이다. 사실 표시에 상응하는 의사가 부존재하는

---

65) 이 경우에 부진정한 착오라는 용어를 사용한 이유는, 본래 착오자체는 의사표시에 영향을 미치지 않는 것이 원칙이지만, 특히 표시에 상응하는 의사가 존재하지 않는 경우에, 그 의사의 부존재의 원인이 되는 착오를 진정한 착오와 구별하기 위해서, 이러한 부진정한 착오라는 용어를 사용한 것이라고 판단된다.

66) Savigny, System Ⅲ(1840), S. 341f.

경우에도 표의자에게는 표시와 일치하지 않는 불완전한 의사가 존재할 수 있기 때문에, 반드시 의사자체가 부존재하는 것은 아니다.[67] 그러나 Savigny는 단지 표시를 기준으로 그에 상응하는 의사의 존부만을 문제 삼았기 때문에, 사실상 존재할 수 있는 불완전한 의사와는 관계없이, 그 의사의 존재 자체를 부정하는 것으로 의제한 것이다. 이는 진정한 착오의 경우에는 그 착오로 인해서 표의자의 의사자체가 불완전한 의사로 고찰될 수 있다는 점과 구별될 수 있는 점이다.[68] 따라서 부진정한 착오에 있어서의 의사의 부존재라 함은 의사자체의 사실상의 부존재를 의미하는 것이 아니라, 하나의 표시를 전제로 그 표시에 상응하는 의사의 부존재만을 의미한다.[69]

둘째, 의사표시의 효력에 영향을 미치는 것은 부진정한 착오가 아니라 표시에 상응하는 의사의 부존재이고, 부진정한 착오는 단지 표시에 상응하는 의사가 부존재하는 근거일 뿐이라는 점이다.[70]

비의도적인 의사 없는 표시는 언제나(stets) 착오에 의해 수반되어 있

---

67) 만약 표시의식조차도 없다면, 표의자에게 의사표시에 있어서의 의사가 있다고 할 수 없지만, 표시의사가 있었고, 이에 기초해 일정한 효과의사를 가지고 있다면, 표의자의 의사자체는 존재하고 있다고 할 것이다.

68) Schermaier 역시 부진정한 착오가 스스로 행위자의 의사의 존재를 배제하는 것이 아니라, 다만 표시와의 관계에서 존재해야 할 의사가 존재하지 않는 경우에 그 원인이 되는 것임을 강조한다. 이에 관해서는 Schermaier, Bestimmung(2000), S. 488 참조.
한편 Werner Flume, Allgemeiner Teil des Bürgerlichen Rechts Ⅱ-das Rechtsgeschäft, Springer, 4.Aufl. 1992, S. 445는 '의사를 배제하는 착오로서의 부진정한 착오(von dem unächten Irrtum als dem den Willen ausschließenden Irrtum)'라고 기술하는데, 부진정한 착오는 단지 표시에 상응하는 의사가 존재하지 않는 근거일 뿐, 부진정한 착오자체가 능동적으로 의사를 배제하는 것은 아니라고 할 수 있다. 따라서 여기서의 '배제하는(ausschließenden)'이라는 능동적인 표현은 정확한 것이 아니라고 할 수 있다.

69) 이와 관련해서 Savigny는 "부진정한 착오는, 표시를 통해 인정되어야만 하는 의사가 사실상 존재하지 않는다는 것을 그 착오로부터 인식할 수 있는 한에서, 중요하다"고 한다. 이에 관해서는 Savigny, SystemⅢ(1840), S. 264.

70) Windscheid, Pandekten 1, 9.Aufl.(1906), S. 386.

다. 그러나 착오는 착오를 한 자가 그의 불이익에 대해 대항하게 하는 보호의 적극적 근거가 아니며, 그 근거는 단지 이 불이익을 지울 수 있는 소극적인 의사의 부존재이다. 이때의 착오가 내가 다른 곳에서 부진정한 착오라고 표현한 착오이다.[71]

셋째, 비의도적인 의사 없는 표시의 경우에는 표시에 상응하는 의사가 존재하지 않는다는 점을 근거로, Savigny가 그 법적 사실의 법률적 효력의 문제 이전에, 이미 그 법적 사실의 존재 자체가 부정되는 것으로 의제한다는 점이다.[72] 따라서 이 경우에는 의사표시의 한 요소인 의사요소가 존재하지 않기 때문에, 그 법률관계가 자동적(ipso jure)으로 무효(nichtig)로 된다.[73]

넷째, 부진정한 착오의 경우에는 착오와 의사표시의 관계를 진정한 착오의 경우와 완전히 다른 방법으로(역으로) 검토한다는 점이다. 즉 진정한 착오의 경우에는 착오의 존재로부터 시작해서, 그 착오가 의사내용의 형성에 영향을 주었는가를 검토한 뒤, 이제 그 의사내용이 불완전한 의사로 인정될 때, 비로소 의사표시의 효력에 관해 검토하게 된다. 이에 반해 부진정한 착오의 경우에는 이미 존재하고 있는 표시로부터 출발해서, 이제 그 표시에 상응하는 의사가 존재하고 있는지의 여부를 검토한다. 이 경우에 의사의 부존재의 원인으로서의 부진정한 착오는 의사표시의 효력에 영향을 미치는 것이 아니라, 표시에 상응하는 의사가 부존재하고 있다는 점을 인식할 수 있게 하는 수단적 요소이다. 따라서 진정한 착오의 경우에는 표의자의 내면적 표상으로부터 외부적 현상인 표시의 방향으로 관찰해 간다면, 부진정한 착오의 경우에는 외부적 현상인 표시로부터 표의자의 내면적 요소인 표상의 방향으로 검토해 간다는 차이점이 있다고 할 수 있다.

---

71) Savigny, System Ⅲ(1840), S. 263f.
72) w.o. S. 445.
73) w.o. S. 268.

　다섯째, 진정한 착오의 경우에도 그 착오는 예외적으로 의사표시의 효력에 영향을 미칠 수 있다. 그러나 이것은 적어도 그 착오를 한 자에게 過失이 없을 것을 요건으로 한다. 이에 반해 부진정한 착오의 경우에는, 착오를 한 자에게 과실이 존재하는가의 여부에 관계없이, 그 착오로부터 어떠한 법적 구속력도 발생하지 않는다.74) 부진정한 착오의 경우에는 표시에 상응하는 의사가 존재하지 않기 때문에, 의사표시의 요소인 의사가 결여되어 있기 때문이다.

　마지막으로, 의사표시의 효력에 관한 오늘날의 법학이 근본적으로 Savigny의 부진정한 착오의 기반 위에 있다는 점이다. 즉 Savigny 이전의 법학이 단지 의사와 표시만을 요소로 하고, 표시와의 관련성 없이 착오의 독자적 영향과 이에 따른 하자 있는 의사의 효력을 검토하였다면,75) 오늘날과 같이 의사표시의 효력 여부를 의사와 표시의 불일치에 따라서 결정하는 방법을 정한 것은 Savigny의 공헌이다.

　c) 類　型

Savigny는 의사표시에 있어서 부진정한 착오가 매우 다양한 형태로 나타날 수 있기 때문에, 이를 알기 쉽게 유형화할 필요가 있다고 하였다.76) 이에 따라 그는 착오를 착오의 주체에 따른 유형과 착오의 대상에 따른 유형으로 구별하였다.

　이때 그는 착오의 대상에 따른 유형과 관련해서 착오가 의사표시의 효력에 영향을 미치는 本質的 錯誤와 그렇지 않은 非本質的 錯誤를 구별하였다. 이는, 표시에 상응하는 의사가 단지 부분적으로만 존재하지 않는 경우, 그 부분에 해당하는 의사의 부존재가 의사표시의 무효

---

74) w.o. S. 264.

75) Savigny 이전의 법학이 의사와 표시의 요소만을 중요시했다는 것을 지적하는 문헌으로는 Demetrios Beilas, Das Problem der Vertragsschliessung und der Vertragsbegründende Akt, Otto Schwartz, 1962, S. 87; Hammen, Bedeutung(1983), S. 120; Peters, Vertrag(1967), S. 22ff. 참조.

76) Savigny, SystemⅢ(1840), S. 264.

를 인정할 만큼 본질적인가(중요한가)의 여부에 따라서 의사표시의 효력을 정하기 위한 분류방법이다.

(a) 錯誤의 主體에 따른 類型

Savigny는 착오한 주체와 관련해서 다음의 두 가지의 경우를 구별하였다.77)

첫째, 의사와 표시가 일치하지 않는 경우로서, 오늘날의 의미에서의 착오의 경우이다. 이러한 경우는 단독행위의 경우뿐만 아니라 계약과 같은 상대방 있는 의사표시의 경우에도 발생할 수 있다. 즉 한 당사자만이 착오하거나 양 당사자 모두가 착오를 하는 경우가 여기에 속한다.

둘째, 각 개인의 의사는 그의 표시와 일치하지만 상대방의 의사와는 일치하지 않는 경우로서, 오늘날의 의사표시의 불합치(Dissens)에 해당하는 경우이다. 이 경우에는 일방 당사자가 비록 타방 당사자의 의사와 표시에 관해서 착오를 한 것이지만, 양 당사자를 어떤 공통적으로 의도하는 주체로서 작위적으로 통합한다면, 이를 착오로 분류할 수 있을 것이라고 한다. 이 경우에 의사표시의 불합치는 그 표시가 兩義的(zweideutig)일 때 주로 발생한다고 한다.78)

여기에서 양자의 공통점과 상이점을 간략하게 고찰한다면, 우선 이러한 착오의 두 유형 모두의 경우에는 양 당사자의 의사가 일치되어 있지 않다는 점에서 그 공통된 특징을 찾을 수 있다. 즉 유효한 법률관계의 형성을 위해서는 양 당사자의 의사가 일치되어야 한다는 것이 대전제이다.

한편 양 당사자의 의사가 일치되지 않는 경우에, 착오의 주체에 관한 두 유형은 그 원인에 있어서 차이점이 발생한다. 즉 착오로 인한 의사표시는 객관적인 표시내용에 상응하는 표의자의 내심적 의사가 존재하지 않는 경우인 반면, 의사표시의 불일치는 객관적 표시내용 자체

---

77) w.o. S. 265f.
78) w.o. S. 266(Fn. g).

가 두 가지 이상으로 해석될 수 있는 경우이다. 따라서 전자는 적어도 하나의 객관적인 표시내용을 확정한 뒤에 비로소 그 표시내용에 일치하는 표의자의 의사가 있었는지에 대해서 검토를 해야 하는 반면, 후자의 경우에는 객관적인 표시내용 자체가 일치하지 않을 때 발생하는 문제라고 할 수 있다.[79)]

(b) 錯誤의 對象에 따른 類型

ⓐ 표시내용에 相應하는 意思가 전혀 存在하지 않는 경우

Savigny는 착오의 대상에 따른 유형을 의사내용의 전반에 착오가 있는 경우[80)]와 부분에 대해서만 착오가 있는 경우로 구별한다. 이 중에서 의사내용의 전반에 착오가 있는 경우는 표의자가 올바른 문서 대신 다른 문서에 대해서 서명한 경우나 잘못 낭독된 문서에 대해서 서명을 한 경우 등을 말한다. 이 경우에는 착오를 한 자가 외부적인 표시내용에 대해서 어떠한 표상도 하지 않았기 때문에, 그 표시내용을 표의자에게 귀책시킬 수 없게 된다.

ⓑ 표시내용에 相應하는 意思가 一部分에 대해서만 存在하지 않는 경우

표시내용에 상응하는 의사가 그 표시내용의 일부분에 대해서만 존재하지 않는 경우는 매우 다양한 형태로 있을 수 있다. 그러나 Savigny는 이 중에서 단지 몇 가지의 경우에만 그 표시에 상응하는 의사의 부존재를 이유로 의사표시의 무효를 인정하였다. 이와 같이 표시내용의 일부

---

79) 이와 관련해서 의사주의자들이 의사표시의 불일치를 단지 양 당사자의 의사가 일치하지 않는 경우에만 인정하였다고 이해하는 것은 부당하다. 이를 올바로 지적하고 있는 견해로는 Luig, Irrtumslehre(1979), S. 48(Fn. 58).

80) 여기서 의사내용의 전반에 관해 착오가 있다는 것은 객관적인 표시내용 전반에 대해서 표의자에게 상응하는 의사가 없다는 것을 의미하며, 이때의 착오는 의사의 부존재의 원인이 되는 부진정한 착오를 의미한다.

분에 대해서 상응하는 의사가 없는 경우에, 그 의사의 부존재를 이유로 의사표시의 효력을 부정하게 되는 착오를 本質的 錯誤(der wesentliche Irrtum)라고 한다.[81] 이러한 본질적 착오에는 표의자가 법률행위의 종류에 관해서 착오(error in negotio)를 하는 경우나, 상대방에 관해서 착오(error in person)를 하는 경우 또는 권리관계의 객체인 목적물에 관해서 착오(error in corpore)를 하는 경우가 포함된다.

이밖의 경우에는 표시내용에 상응하는 의사가 존재하지 않음에도 불구하고, 그 의사의 부존재가 의사표시의 효력에 영향을 미치지 않게 되는데, 이 경우에 표의자에게 존재하는 착오는 非本質的 錯誤(der unwesentliche Irrtum)라고 한다.[82] 이러한 비본질적 착오는 매우 다양하게 나타날 수 있지만, 이 중에서 동기의 착오(Irrtum in den Beweggründen), 이름에 관한 착오(error in nomine)나 목적물의 성질에 관한 착오(error in substantia)는 그 대표적인 예가 될 수 있다.

특히 Savigny는 동기의 착오의 경우에는, 그 동기가 표현되어 있거나 또는 잘못된 원인(falsa causa)일지라도, 그 동기의 착오가 법률행위의 효력에 영향을 미치지 않는다고 주장하였다. 다만 동기가 법률행위의 조건(Bedingung)이나 부담(Modus; Auflage)[83]으로 되어 있는 경우에는 법률관계의 성질에 따라서 그 동기의 착오가 법률관계에 영향을 미칠 수도 있다고 하였다.

또한 Savigny는 목적물의 성질에 관한 착오 역시 원칙적으로 본질적 착오가 아니라고 주장하였지만,[84] 사실상의 거래관념에 따라서 성질의 착오가 물건의 동종성 여부와 관련되는 경우에는 성질의 착오가 예외

---

81) Savigny, System Ⅲ(1840), S. 267.
82) 다음의 분류 및 그 내용에 관해서는 w.o. S. 302ff. 참조.
83) Modus에 관해서는 Savigny, System Ⅲ(1840), S. 226ff. 참조: 또한 Modus가 부담(Auflage)을 의미한다는 점에 대해서는 Windscheid, Pandekten 1, 9.Aufl.(1906), S. 507(Fn. 1) 참조.
84) 만약 성질에 관한 착오를 의사를 배제하는 착오로 인정한다면, 거래질서의 안정(die Sicherheit des Rechtsverkehrs)이 완전히 파괴될 수 있다는 점이 그 근거였다. 이에 관해서는 Savigny, System Ⅲ(1840), S. 277.

적으로 본질적 착오로 될 수도 있다고 하였다.

　　사실상 거래관계에서 지배하는 관념에 따를 때, 착오적으로 전제된 성질
을 통해 그 물건이 사실상 속하는 종류와 다른 종류에 속한다면, 그 성질
에 관한 착오는 본질적 착오이다. 이를 위해서 재료의 상이성(die
Verschiedenheit des Stoffs)을 판단할 필요는 없으며, 또한 그것이 항상 충
분한 것도 아니다.[85]

(4) 錯誤者의 損害賠償義務

　Savigny는 계약의 무효에 대해서 원인을 제공한 자가 손해배상의무
를 부담하는지의 여부를 매도인이 악의로(dolus)[86] 목적물을 매도한 경
우와 그의 과실에 기한 착오로 목적물을 매도하는 경우로 구별해서 고
찰하였다.

　우선 매도인의 악의로 인해 매수인이 목적물에 관해서 착오를 하였
다면, 유효한 계약은 존재하지 않고, 이에 따라 계약에 기한 어떠한 효
과도 발생하지 않는다. 다만 이 경우에 있어서의 부정직한 매도인(der
unredliche Verkäufer)은, 계약과는 무관한 악의의 독자적인 효력을 이유
로, 매수인에게 손해배상의무를 부담해야 할 뿐이다.[87] 그리고 이때의

---

85) Savigny, System Ⅲ(1840), S. 283.
86) Savigny는 dolus가 모든 인간적 거래행위에 기초하는 신뢰의 비도적적인 침해
(eine unsittliche Verletzung desjenigen Zutrauens, worauf aller menschliche Verkehr
beruht)를 의미한다고 이해하였다. 이때 dolus는 다음의 2가지의 의미로 사용될 수
있다고 한다. 첫 번째는 채무자가 그의 의무내용을 의도적으로 위반하는 경우로
서, 이 경우에는 과실(culpa)이나 우연(casus)과 대비되는 고의(Vorsatz)의 의미로
사용된다고 한다. 두 번째는 표의자가 상대방이 착오하도록 고의적으로 착오를 유
도하는 경우로, 이때의 dolus는 사기(fraus; Betrug)와 동일한 의미(본 연구에서는
dolus가 사기의 개념을 포함하는 경우에는 악의로 번역하기로 함)라고 한다. 이에
관해서는 Savigny, System Ⅲ(1840), S. 117f.
　이 외에도 Windscheid / Kipp, Pandekten 1, 9.Aufl.(1906), S. 524ff; Honsell,
Heinrich, Römisches Recht, Springer, 4.Aufl. 1997, S. 43, u. 83 참조.
87) 이에 관해서는 Savigny, System Ⅲ(1840), S. 294.

손해배상의무는 적극적 이익(이행이익)의 배상이 아닌, 소극적 이익(신뢰이익)의 배상만을 의미하였다.[88]

매도인의 기만(Betrug) 때문에 그는 매수인을 법률행위가 없었던 것과 같은 입장으로 되게 해야만 한다. 즉 매수인이 그 법률행위를 위해서 어떤 비용을 부담하였거나, 금 그릇으로 잘못 생각하고 이에 대해 어떤 노임을 지불하였거나 또는 그 법률행위로 인해서 어떤 다른 유리한 계약의 기회를 잃었다면, 그는 매도인에게 이에 대한 배상을 청구할 수 있다. 그러나 그는 사실상 금 그릇으로서의 유효한 계약이 있었다면 얻게 될 이익에 대해서는 손해배상을 청구할 수 없다.[89]

한편 매도인이 그의 과실에 기해서 착오를 한 경우에 그 과실에 기한 손해배상의무가 발생하는지의 여부에 대해서, Savigny는 일견 부정적인 입장을 취한 것처럼 해석될 수 있다.

착오한 매도인이 그의 과실(culpa) 때문에 책임질 수 있다는 견해들이 있지만, 이는 매우 부당하다. 악의(Betrug)는 물론 채무의 원인이지만,[90]

---

88) 이미 Jhering 이전에 Savigny가 신뢰이익의 배상을 인정하였다는 점을 지적한 견해로는 Windscheid / Kipp, Pandekten 2, 9.Aufl.(1906), S. 250(Fn. 5); Choe, Byoung-Jo, Culpa in contrahendo bei Rudolph von Jhering, Otto Schwartz, 1988, S. 70f; Dieter Medicus, Id Quod Interest, Böhlau, 1962, S. 313.
특히 Medicus는 적극적 이익과 소극적 이익이 로마법에서는 매우 늦게 구별되었고, 중세에는 이러한 구별이 없다가, Savigny(1779-1861)에 이르러 비로소 소극적 이익(das negative Interesse)이 발견되었다고 기술한다. 그러나 Schermaier에 따르면 이미 프랑스의 Pothier(1699-1772)가 표의자의 과실의 여부와 관계없는 소극적 이익의 배상의무를 주장하였다고 한다. 이에 관해서는 Schermaier, Bestimmung (2000), S. 392f.
89) Savigny, System III(1840), S. 294(Fn. d).
90) 악의(dolus; 사기)가 독자적인 채무의 원인임을 기술한 경우로는 w.o. S. 294, 340, 358(Fn. a).
한편 Savigny는 사기나 강박의 경우에는 의사의 존재 자체는 인정되고, 다만 표의자의 적극적인 항변을 통해(per exceptionem) 그 효력이 무효로 되지만, 부진정한 착오의 경우에는 의사의 존재 자체가 부정되기 때문에 자동으로(ipso jure) 무효로 된다고 하면서, 이를 양자의 가장 중요한 차이점이라고 한다. 이에 관해서는 과실은 결코 일반적인 채무의 원인(causa obligationis)이 아니다. 단지 사실상 계약이 존재하는 경우에만 ― 여기서는 사실상 계약이 존재하지 않는다 ― 그 사실상의 계약이 채무의 원인이고, 이러한 사실상의 계약으로부터 생성된 채무는, 악의의 경우처럼, 과실에 의해 변경되거나[91] 가중될 수 있다.[92]

이와 같은 Savigny는 착오의 독자적 효력으로서의 손해배상의무를 부정하였을 뿐만 아니라, 일견 착오를 한 자의 과실에 기한 손해배상의무마저 부정한 것처럼 보인다. 그의 주장에 따르면, 과실은 일반적인 채무의 원인이 아니며, 다만 예외적으로 채무의 원인인 사실적 계약이 있는 경우에만 그 생성된 채무를 변경하거나 가중하는 요소로 작용하기 때문이다.

그러나 이러한 Savigny의 주장이 곧 착오를 한 자의 불법행위법에서의 과실책임마저도 부정하는 것을 의미하는 것은 아니라고 생각된다. 왜냐하면 그는 채무(obligation)를 계약으로부터의 채무(obligatio ex contractu)와 불법행위로부터의 채무(obligatio ex delicto)로 구별하면서,[93] 이 중에서 불법행위에 의한 채무의 경우에는 행위자의 고의(dolus)나 과실(culpa)을 그 요건으로 했기 때문이다.[94] 다만, 그의 불법행위법이론이 특정한 개별적 행위 유형만을 불법행위로 인정한 로마법의 Lex Aquilia에 기초하고 있기 때문에,[95] 불법행위법의 손해배상의무는 일반적으로 인정된

---

w.o. S. 268.

91) 계약의 본래적 내용(제1차적 급부의무)이 고의(dolus), 과실(culpa) 또는 지체(mora: 이행지체와 채권자지체를 포함함)를 이유로 제2차적 급부의무로 변경될 수 있음을 기술한 내용으로는 Friedrich Karl Savigny, Das Obligationenrecht als Theil des heutigen römischen Rechts Bd. Ⅱ, Veit, 1853, S. 294.

92) Savigny, System Ⅲ(1840), S. 294(Fn. d).

93) Savigny는 그의 채무법 Ⅱ에서 채무를 계약법의 채무와 불법행위법의 채무로 구별해서 설명하였다. 이에 관해서는 Savigny, Obligationsrecht II(1953), S. 7ff, u. 293ff.

94) Savigny, Obligationsrecht II(1953), S. 295.

95) 로마법의 Lex Aquilia에 해당하는 불법행위의 각 유형에 대해서는 최병조, 로마법연구(I), 서울대학교 출판부, 1995, 371면 이하; 현승종 / 조규창, 로마법, 법문사,

것이 아니고, 개별적인 불법행위 유형에 속하는 경우에 한해서만 인정되었을 뿐이다.[96) 따라서 그가 과실이 채무의 원인이 될 수 없다고 한 것은 과실에 기초한 일반적인 책임을 인정할 수 없다는 의미로 이해해야 할 것이고, 불법행위의 개별적 유형에 해당하는 사례에서는 과실로 착오를 한 자의 손해배상책임이 인정되어 있었다고 보는 것이 타당하다고 생각된다.[97)

Ⅱ. Jhering의 理論

의사주의와 표시주의의 대립은 의사와 표시가 일치하지 않는 경우에 그 표시를 무효로 하는 대신 소극적 이익에 대한 표의자의 손해배상을

초판 1997, 833면 이하 참조.

96) 비록 경과실 자체에 기한 손해배상의무를 부정하지만, lex Aquilia의 규정이 정하는 경우에는 그 예외를 인정하였던 견해로는 Friedrich Mommsen, Die Unmöglichkeit der Leistungin ihrem Einfluß auf obligatorische Verhältnisse, in: Beiträge zum Obligationenrecht I, 1853, S. 136(Fn. 6) 참조.

한편 Jhering 역시 Savigny가 과실로 착오를 한 자의 불법행위법에서의 책임조차 부정한 것으로 보는 것 같지는 않다. 다만 그는 로마법에서의 불법행위법인 Lex Aquilia가 가해자의 일반적인 책임을 규정한 것이 아니라, 단지 개별적 행위 유형에 대해서만 책임을 인정하고 있기 때문에, 그 책임을 지는 경우가 지나치게 협소하다는 점에 대해서만 비판을 하기 때문이다. 이에 관해서는 Rudolf v. Jhering, Culpa in contrahendo, Jher.Jb. 4, 1861, S. 2(Fn. 1), u. 23f.

97) 특히 Savigny는 과실(culpa)을 불법행위법(lex Aquilia)에서의 과실과 채무법에서의 과실로 구별하였다. 이 경우에 전자는 타인의 물건을 침해하는 원인으로서의 과실을 의미하였고, 후자는 채무(Obligatio)의 이행을 불가능하게 하는 원인으로서의 과실을 의미하였다. 따라서 과실은 일반적인 채무의 원인이 아니라고 하는 Savigny의 기술내용은 과실의 존재가 채무의 성립(계약의 성립)을 근거 지울 수 없다는 표현으로만 해석되어야 한다고 생각되며, 여기서 불법행위법에서의 손해배상의무의 발생을 위한 원인으로서의 과실을 함께 포함해서 설명하였던 것은 아니라고 생각된다. Savigny가 불법행위법에서의 과실과 채무법에서의 과실을 구별하였던 점에 대해서는 Savigny, Pandektenvorlesung 1824 / 25(1993), S. 257 참조.

통해 표의자와 상대방의 이익을 조정하자는 주장과 표시내용의 효력을 통해 그 이익을 조정하자는 주장의 대립으로 이해할 수 있다.

이때 의사주의에 따른 양 당사자의 이익 조정 수단으로서의 표의자의 손해배상의무는 의사주의자였던 Jhering의 이론에 의해 기초되었다.[98]

한편 Jhering은 계약의 해석에 있어서 상대방의 이해가능성이라고 하는 해석기준을 제시하였는데, 이는 이후 표시주의나 효력주의의 의사표시 해석론의 기본적인 이론으로 발전하게 된다.

이하에서는 이러한 Jhering의 학설에 대해서 보다 상세히 살펴보기로 한다.

1. 契約締結上의 過失責任理論

1) 背 景

Jhering이 계약체결상의 과실책임이론을 주장하게 된 배경은, Savigny의 견해와 그 이후의 의사주의이론에 따르게 되면, 상대방의 이익이 충분히 고려되지 않는다는 점에 있었다. 이때 Jhering은 주로 다음과 같은 Savigny와 Mommsen의 이론에 대해서 비판하였다.

우선 Savigny는 과실(culpa)이 채무의 원인이 아니라고 주장하였다.[99] 또한 Mommsen은 이러한 Savigny의 주장을 원칙적으로 지지하면서, 로마법상의 법원에 대한 연구를 통해서 Savigny의 이론을 보완 발전시켰다.

---

98) 19세기의 의사주의자들에게는 Jhering의 이론이 의사주의의 관점에서 그 이론의 흠결을 보충한 것으로 받아들여져 있었다. 이러한 평가에 관해서는 Zitelmann, Ernst, Die juristische Willenserklärung, Jher.Jb. 16, 1878, S. 359(Fn. 12).
다만 기존의 의사주의가 표의자 내부의 귀책적인 요소를 중심으로 의사표시론을 전개한 반면, Jhering은 상대방의 이익의 보호를 주된 관심 영역으로 다룸으로써, 그의 이론이 향후 상대방의 이익의 보호에 대한 방법론 및 범위와 관련해서 의사주의에 반대하는 표시주의가 발생하게 되는 가교 역할을 하였다고 평가할 수 있다.
99) Savigny, System Ⅲ(1840), S. 294(Fn. d).

즉 Mommsen은 로마법의 법원에 대한 연구를 통해서 과실을 중과실 (culpa lata)과 경과실(culpa levis)로 구별한 뒤, 이 중에서 중과실을 악의(dolus)와 동일시하면서, 중과실은 채무의 원인이 된다고 주장하였다.[100] 한편 그는, Savigny와 마찬가지로, 경과실은 원칙적으로 채무의 원인이 되지 않는다고 주장하였다. 다만 그는 이러한 원칙에 대한 예외로서, 로마법상의 불법행위법인 lex Aquilia에 해당하는 경우에는 경과실이 채무의 원인이 될 수 있다고 하였다.[101]

그러나 Jhering은 이러한 Savigny와 Mommsen 등에 의해 형성된 당시 독일 법학의 일반적 경향에 대해서 반대하며, 계약체결 단계의 독자적인 영역에서 과실에 기한 소극적 이익의 배상의무가 일반적으로 인정되어야 한다고 주장하였다.[102] 그는 이러한 주장을 위해서 표의자에게 착오가 있는 하나의 예를 제시하였다.

> 매수인이 어떤 물건 100 Pfund를 매수하려는 의사로 이를 주문하였으나, 그는 Pfund(약 500g)와 Zentner(약 50kg)의 단위를 혼동하였기 때문에, 주문서에는 100 Zentner가 기재되어 있었다.[103]

Jhering은 우선 이와 같은 경우에 표의자가 그의 착오를 입증할 수 있다면, 그 의사표시가 무효로 되는 것은 의심할 여지가 없다고 전제한다.[104] 다만 그는 착오를 한 자에게 과실이 있음에도 불구하고, 상대방이 그가 지출한 포장비나 송달비 등을 부담해야 한다면, 이러한 결과의 부당함(Unbilligkeit)과 실무상의 암울함(praktische Trostlosigkeit)은 明若觀火하다고 지적하였다.[105]

---

100) Mommsen, Unmöglichkeit(1853), S. 109, 116, 123, u. 136(Fn. 6).
101) w.o. S. 136(Fn. 6).
102) Jhering, culpa(1861), S. 7.
103) w.o. S. 2.
104) 이러한 그의 주장은 그가 의사주의의 관점에 있었다는 점을 나타내고 있는 부분이다. 한편 이 이외에도 본질적 착오의 경우에는 그 의사표시가 무효로 되는 것이 정당하다고 기술하고 있는 예로는 w.o. S. 76 참조.

한편 그는 원칙적으로 중과실만을 채무의 원인으로 인정하면서, 예외적으로 lex Aquilia에서 보호되는 법익에 대해서만 경과실을 채무의 원인으로 고려하는 Mommsen의 견해 역시 비판하였다.[106] 우선 중과실을 악의와 동일시하는 Mommsen의 주장에 대해서는, 악의에 의한 소권(actio doli)이 사기적인 의도(die betrügerische Absicht)에 기초한 반면, 중과실의 경우에는 이러한 의도적 요소가 없다고 반박하였다. 또한 lex Aquilia에서 보호되는 법익에 대해서만 경과실을 고려하는 부분에 대해서는, 상대방이 보호받을 수 있는 범위가 지극히 협소하다는 점에 대해서 비판하면서, 과실에 기한 가해자의 책임이 일반적으로 인정되어야 한다는 것을 주장하였다.[107]

계약이 법률적으로 전혀 성립하지 않은 경우, 우리는 결국 비계약적인 침해의 영역을 고찰할 수밖에 없다. 또한 우리가 이에 관한 소송을 법률상으로 방치하지 않으면서도, 이를 미해결한 상태로 유지해 둔다면(이를 적극적으로 해결하지 않고 현재의 법제도상으로만 보자면), 우리는 지금 단지 (그 구제의 수단으로서) 악의의 소권(actio de dolo)이나 로마법상의 불법행위에 관한 소권(actio legis Aquiliae)을 선택할 수밖에 없을 것이다. 그러나 양 소권은 각각 중요한 문제점이 있다. 즉 악의의 소권의 경우에는 악의의 요소를 제거했을 때 그리고 로마법상의 불법행위에 관한 소권

---

105) Jhering, culpa(1861), S. 2.

106) w.o. S. 11ff.

107) Jhering은 다음의 사건과 관련해서 불법행위소권(actio legis Aquiliae)이 발생하지 않음으로 인해서 발생하는 문제점을 지적하였다. 이러한 점은 그가 불법행위소권에 해당하는 경우에는 과실이 손해배상의무의 근거로 될 수 있다고 사고하고 있었다는 점을 추론할 수 있게 한다.
여기에서 예시된 사건은 표의자가 Bremen으로 여행한 친구에게 여송연 1/4상자를 구입해서 송부해 줄 것을 부탁했는데, 친구가 착오로 여송연 4상자를 구입해서 송부함으로써, 표의자가 이를 반송한 뒤 소포비용의 부담이 문제되는 경우이다. 이에 관해서는 w.o. S. 4f, 7, u. 12 참조.
또한 로마법상의 actio legis Aquiliae가 일반적인 불법행위법이 아니어서, 電報事件의 경우에 적용될 여지가 없었고, 이에 따라 Jhering의 계약체결상의 과실책임이론이 나오게 되었다는 점을 지적하고 있는 문헌으로는 Coing, Privatrecht(1989), S. 440.

의 경우에는 본래의 침해의 종류라고 하는 요소를 제거했을 때에만, 양
자는 여기서의 목적을 위해 사용될 수 있다.

따라서 후자로부터는 과실의 요소를 차용하고 전자로부터는 침해의
형식의 일반화의 요소를 차용하는 양자 사이의 중용을 통해서, 즉 다시
말하자면, 비계약법상의 과실이 언제나 손해배상의무의 근거로 되는 방
식을 통해서, (이를 위한) 하나의 소권을 얻을 수 있게 될 것이다.[108]

2) 過責의 根據

Jhering이 계약체결상의 단계에서 가해자의 일반적인 책임을 지우기
위해서 해결해야 할 문제는 계약체결상의 단계에서 과실에 기한 책임
을 인정하는 근거였다. 왜냐하면 계약법의 경우와는 달리 계약체결상의
단계에서는 행위자에게 계약내용에 대한 유효한 의사가 존재하지 않기
때문에 (이행이익이나 의사표시의 효력의 형태로) 그의 책임을 물을 근
거가 없었으며, 불법행위법의 경우에는 (lex Aquilia에 따라) 제한적인
법익의 침해의 경우에만 행위자의 책임을 물을 수 있었기 때문이었다.
이러한 문제에 직면해서, 그는 계약체결의 과정에 있어서도 당사자 간
에는 계약체결상의 주의의무(diligentia in contrahendo)가 발생한다고 주
장하면서, 이를 가해자의 책임의 근거로 삼았다.

계약체결상의 과정에 있는 자는 이와 함께 계약 외부적 질서의 순수한
소극적인 의무영역으로부터 적극적인 계약영역, 즉 단지 외부적인 과실
(culpa in faciendo)의 영역에서 적극적인 주의의무(die positive diligentia)
가 발생하는 내부적인 과실(culpa in non faciendo)의 영역으로 들어선다.
이 영역에서 비로소 일반적인 계약체결상의 당사자가 부담하는 주의의무
(die Verpflichtung, die nötige diligentia aufzuwenden)가 발생한다. 각 계약
당사자가 타인의 태만으로 인해 희생된다고 느껴지는 그런 위험한 방향
으로 거래질서가 형성되는 것을 방지하려면, 존속하고 있는 계약관계뿐만

---

108) Jhering, culpa(1861), S. 23f.

아니라, 생성 중인 계약관계에서도 역시 과실에 관한 규정의 보호 아래 있어야만 한다.109)

이와 같이 Jhering은 계약체결상의 주의의무로부터 가해자의 책임을 물었기 때문에, 그 책임의 근거는 피해자의 신뢰(bona fide)가 아니라 가해자의 과책(Verschuldung)에 근거한 것이었다.110)

그러나 이때의 과책은 엄밀한 의미에서 과실을 의미하는 것이 아니라, 행위의 존재만 있다면 그 책임이 인정되는 무과실책임에 가까운 것이었다. 예를 들어, 매도인에게 요구되는 주의의무를 Jhering은 다음과 같이 기술한다.

> 너는 계약을 결코 체결하지 않았어야만 했을 것이다. 왜냐하면 너는 그 계약의 장애를 알았어야 함에도 불구하고, 너의 不知를 통해서 상대방에게 손해가 발생되어 있기 때문이다.111)

즉 매도인이 그의 물건에 관해서 불완전하게 확신하고 있다면, 그는 그 물건을 매도해서는 안 된다는 것이다. 또한 타인 소유의 물건의 매매에 있어서, 매도인이 그 물건을 인도할 수 없는 경우에도, 매도인의 과실은 그 물건을 인도하지 못하였다는 점에 있는 것이 아니라, 매도인이 그 목적물을 확보하지 못한 상태에서 계약을 체결하였다는 점에 있다고 한다.112)

나아가 착오의 경우에는, 표의자의 면책가능성의 유무에 관한 구별을 할 필요가 없이, 모든 종류의 착오는 언제나 면책될 수 없다고 하였다. 왜냐하면 약속을 한 자는 착오해서는 안 되며, 착오를 한 자는 그의 부담으로 착오해야지 상대방의 부담으로 착오해서는 안 된다는

---

109) w.o. S. 41f.
110) w.o. S. 34.
111) w.o. S. 34.
112) w.o. S. 40.

것이다.

마지막으로 電報事件[113]과 같은 표시기관의 착오의 경우에는 표의자가 위험(Gefahr)을 야기(Veranlassung)하였기 때문에, 표의자의 과실이 인정될 수 있다고 하였다.[114]

이와 같이 그의 의미에서의 과실은, 가해자의 어떠한 개인적 사정에 대한 고려도 없이 추상적으로 정하게 되는 과실이었으며, 그 과실은 하나의 擬制된 過失(eine fingirte culpa)이라고 할 수 있다.[115]

따라서 Jhering의 과실 개념은 당시의 학계에서 많은 비판의 대상이 되었다.[116] 예를 들어 Windscheid는 Jhering의 과실 개념이 매우 불분명하

---

113) 電報事件은 표시주의가 태동하게 되는 중요한 의미가 있었던 사건으로서, 그 자세한 내용에 관해서는 본 연구 99-100면 참조.

114) Jhering, culpa(1861), S. 111.

115) 여기에서의 의제된 과실이라는 표현은 그 스스로 그의 이론에 대해 예상되는 반론의 내용을 기술한 것인데, 그는 그의 이론이 이러한 반론에 해당한다는 점 자체를 부정하지 않고, 그 반론 내용이 오히려 정당한 것으로서 관철되어야 한다는 관점에서 항변한다. 한편 동 표현에 관해서는 w.o. S. 36.

116) Jhering의 계약체결상의 과실책임이론에 있어서의 과실 개념에 대한 당시의 학계의 찬반 논란에 관해서는 Windscheid / Kipp, Pandekten 2, 9.Aufl.(1906), S. 250(Fn. 5).
특히 Friedrich Mommsen, Über die Haftung der Kontrahenten bei der Abschliessung von Schuldverträgen, in: Erörtungen aus dem Obligationenrecht, 1879, S. 44ff.은 Köppen, Windscheid와 Bähr에 의해 제기된 Jhering의 학설에 대한 비판을 소개하고 이를 검토하는데, 여기서의 각각의 학설은 당시의 학계에 적지 않은 영향을 미쳤던 것으로 보인다. 이 중에서 Windscheid나 Bähr의 견해는 이미 살펴보았거나 살펴볼 예정이므로, 여기서는 Köppen의 학설에 대해서만 간단히 소개하고자 한다.
Köppen은 우선 계약의 성립과 계약의 존속 내지 이행의 문제를 분리해서, 계약의 성립의 경우에는 양 당사자가 서로 계약체결에 합의하였는지의 여부만을 문제시하는 반면, 계약의 존속을 위해서는 당사자의 의사내용의 합의가 요구된다고 주장하였다. 또한 로마법상의 concensus는 의사내용의 일치를 의미하며, 계약의 이행에 관한 구속력은 이러한 consensus에 의존한다고 이해하였다.
그런데 일방 당사자나 양 당사자가 일정한 과실로 계약을 체결하는 경우에는, 비록 계약 자체는 체결되어 있다고 할지라도, (의사내용의 합의가 없기 때문에) 그 이행에 관한 구속력의 근거가 없는 경우이다. 따라서 이러한 경우에는, 계약이행의 구속력 대신, 체결된 계약에 관해서 과실이 있는 자가 그 과실을 근거로 상대방에게 손해배상을 해야 한다고 주장하였다.
이와 같이 그는 당사자 사이의 계약 체결이라는 사실 자체만으로 계약이 성립한

고, 오히려 단지 손해의 야기(Veranlassung)에 가깝다고 비평하였다.[117]

이후 Jhering은 그 스스로 그의 과실 개념이 너무 주관적 불법이라는 제한적 사고에 기초함으로써, 법률관계 자체에 대한 관념(die Idee des Verhältnisses)이 정당하지 않았었다고 자인하면서, 그의 사고가 보다 객관적인 것으로 대체되어야 하며, 이제 진보하는 학문은 이 좁은 틀에서 벗어나게 될 것이라고 기술하였다.[118]

이러한 그의 改說 이후, 독일 법학의 학설의 경향은 계약체결상의 과실책임이 문제되는 영역 중 특히 착오의 영역에서는, 더 이상 가해자의 과실의 여부를 묻지 않는, 誘因主義(Veranlassungsprinzip)로[119] 변하게 되었다.[120]

3) 責任의 種類와 範圍

Jhering은 계약체결상의 과실이 존재하는 경우에, 피해자의 손해가 어떻게 전보될 수 있는지를 두 가지의 방향에서 검토하였다.[121]

그 하나는 계약의 유지에 관한 이익, 즉 이행(Erfüllung)에 관한 이익을 배상하게 하는 방법이었고, 다른 하나는 계약의 불성립에 따른 손

　　다고 함으로써, 계약체결상의 과실책임의 문제를 계약법상의 과실책임의 문제로 이론 구성하였다.
　　이에 관해서는 Albert Koeppen, Der obligatorische Vertrag unter Abwesenden, Jher.Jb. 11, 1871, S. 282f.

117) Windscheid / Kipp, Pandektenrecht 2, 9.Aufl.(1906), S. 268(Fn. 6).

118) Rudolf v. Jhering, Das Schuldmoment in römischen Privatrecht, Emil Roth, 1867, S. 38(Fn. 73),

119) 로마법에서의 불법행위법상의 책임 원칙은 크게 주관적 요소로서 행위자의 과책(Verschuldung)과 객관적 요소로서 행위에 의한 결과 야기(Veranlassung)를 요건으로 하고 있었는데, 이 중에서 행위자의 과책의 요소를 더 이상 문제 삼지 않는 경우에는 결국 책임의 요소로 행위에 의한 결과 야기만 문제되기 때문에, 이에 근거해서 유인주의라는 용어가 사용되었던 것으로 보인다. 이에 관해서는 Jhering, culpa(1861), S. 26 참조.

120) Unger, Behandlung(1888), S. 683.

121) Jhering, culpa(1861), S. 16.

해를 배상하게 하는 방법이었다. 이때 그는 전자를 적극적 계약이익
(das positive Vertragsinteresse)이라고, 그리고 후자를 소극적 계약이익
(das negative Vertragsinteresse)이라고 표현하였다. 이때 그는 전자는 유
효한 계약을 근거로 하는 반면, 후자는 유효하지 않은 계약을 기초로
한다고 주장하였는데,122) 이는 결국 계약체결상의 과실책임의 경우에는
단지 소극적 이익의 배상만이 문제될 수 있다는 것을 의미하는 것이다.
계약체결상의 과실책임이 문제되는 경우에는 아직 유효한 계약(양 당
사자의 일치하는 효과의사)이 존재하지 않기 때문이다.

4) 契約締結上의 過失責任理論에 대한 評價

(1) 우선 Jhering의 계약체결상의 과실책임이론은 의사주의이론을 보
완하려는 이론이었다는 점이 강조될 수 있다.123) 왜냐하면 소극적 이익
과 적극적 이익은 행위자의 의사의 존부를 기준으로 구별되는 손해배
상방법이기 때문이다. 이를 조금 더 자세히 고찰하면 다음과 같다.

만약 행위자의 의사가 존재하는 표시의 경우에는 그에게 의사표시의
내용에 대한 이행을 요구할 수 있고, 그 이행이 불가능한 경우에는 이
행이익의 배상을 물을 수가 있을 것이다.

이에 반해 행위자에게 유효한 의사가 없는 표시의 경우에는 그 표시

---

122) 그러나 이러한 주장은 이미 Savigny, System Ⅲ(1840), S. 294(Fn. d)에 의해서 내
　　포되어 있었던 내용이며, 특히 Mommsen, Unmöglichkeit(1853), S. 107은 이를
　　명확하게 구별하고 있었다. 다만 이때 문제되는 이익에 있어서 소극적 계약 이
　　익이라는 명칭을 부여한 것은 Jhering의 공헌이며, 이행이익의 용어(z. B. ein
　　Interesse wegen Nichterfüllung)는 이미 Mommsen에 의해 사용되고 있던 개념이
　　다(이행이익이란 용어는 도처에서 사용되었고, 여기서는 단지 S. 107에 기술된
　　용어만을 예로써 인용한 것임).
　　한편 소극적 이익이라는 용어를 사용한 것이 Jhering의 공헌이라고 지적한 문헌
　　으로는 Mommsen, Haftung(1879), S. 2.
123) 이를 명확히 지적하고 있는 문헌으로는 Zitelmann, Willenserklärung (1878), S. 418;
　　또한 Jhering의 이론이 의사주의의 보완이었다는 관점에서 설명하는 오늘날의 견
　　해로는 Choe, Byoung-Jo, Culpa(1988), S. 198f. 참조.

의 내용에 따른 이행을 요구할 수 없게 되고, 따라서 利潤을 포함하는 이행이익의 배상은 고려될 수가 없다. 다만 행위자가 과실로 행위(표시)를 한 경우에는 그 과실을 근거로 행위자의 책임을 물을 수 있게 되는데, 이때의 책임은 행위자의 의사와는 관련성이 없는 행위책임이기 때문에, 그 배상액은 피해자에게 발생한 손해액에 제한된다.

이와 같이 착오로 인한 의사표시가 무효나 취소로 되는 경우, 상대방이 적극적 이익이 아닌 소극적 이익에 대한 손해만을 배상받을 수 있는 이유는, 그 표시에 표의자의 의사가 존재하지 않았다는 점에 기인한다. 또한 의사주의자들은 이 범위에서 행위자와 상대방의 이익을 조정하는 것이 法的 正義의 관념에도 합치하는 것으로 이해하였다.124)

(2) Jhering이 계약법과 불법행위법의 중간 영역으로 계약체결상의 영역을 독자적으로 설정한 이유는 당시의 중요한 法源이었던 로마법상의 불법행위법(lex Aquilia)이 제한된 법익의 침해에 대해서만 소권을 인정하였기 때문에, 상대방이 그의 소극적 이익조차 배상받을 수 없는 경우가 빈번히 발생할 수 있다는 점이 고려되었기 때문이다. 따라서 그는 행위자의 과실이라는 요소를 귀책사유로 해서, 그 근거 아래서 계약법에 준하는 일반적인 행위자의 손해배상책임을 인정하려고 하였다.

이러한 이유로 계약체결상의 주의의무는 본래 불법행위법상의 주의의무와 구별될 수 있는 것이 아니라, 단지 그 주의의무를, 과실에 기한 손해배상이 일반적으로 인정될 수 있는, 계약법에 준하는 주의의무라고 표현함으로써, 피해자가 일반적으로 손해배상을 받을 수 있게 하려는 하나의 방법론이었다고 할 수 있다.

---

124) 의사주의가 표시주의에 비해 행위자와 상대방의 이익관계의 조정에 더욱 부합한다고 하면서, Jhering의 계약체결상의 과실책임이론이 이러한 의사주의의 이익조정에 관한 관점의 형성에 영향을 주었다는 취지로 기술한 견해로는 Unger, Behandlung(1888), S. 675ff.

(3) 한편 Savigny 이래 의사표시의 논의가 주로 표의자 일방의 귀책요소에 대해서만 관심을 집중하였다면, Jhering은 이제 의사표시론의 관점을 상대방의 이익을 고려하는 방향으로 전환시켰다. 이러한 관점의 변화는 향후 행위자와 상대방의 이익조정을 어떻게(wie) 하는 것이 정당한 것인지에 대한 논의가 일어나는 계기가 되었고, 이는 의사주의에 대항하는 표시주의가 발생하게 되는 계기가 되었다고 평가할 수 있다.[125]

2. 契約의 解釋 方法論

계약의 해석방법에 관한 Jhering의 주장은, 오늘날 독일에서 표시내용의 해석에 있어서 거의 이설이 발견되지 않는 受領者 地平說(Emp-fängerhorizont)이라고 하는 기준을 제공하는 데에 결정적인 영향을 주었다. 그는 계약을 다음과 같은 방법으로 해석해야 한다고 주장하였다.[126]

> 계약의 해석은 엄격하게 확정해야 한다. 즉 법관은 표의자의 사실상의 의사는 의심의 여지가 없지만 상대방이 이를 알지 못하였거나 알 필요도 없었던 사실과 사정을 고려해서는 안 된다. 다시 말하자면, 법관은 표의자의 표시의 사실적인 의미가 무엇이었는가의 문제를 결정해서는 안 되며, 단지 상대방이 그에게 존재하는 사정 아래서 표의자의 표시를 어떻게 이해해야만 했는가를 결정해야 한다.[127]

---

125) 의사주의와 표시주의의 대립은 결코 표의자를 보호할 것인가 또는 상대방의 신뢰를 보호할 것인가의 여부(ob)에 관한 극단적 선택의 문제가 아니라, 양자의 이익조정을 어떻게(wie) 할 것인가와 관련된 문제로 이해해야만 할 것이다.

126) Empfängerhorizont는 의사표시의 '수령자 지평'이라고 해석될 수 있으며, 이는 상대방의 이해가능성과 동일한 의미로 사용될 수 있다.
한편 이러한 상대방의 이해가능성이 'Empfängerhorizont'라는 용어로 표현되기 시작한 것은 Jhering의 이익법학을 완성시켰다고 평가받고 있는 Heck에 이르러서인 것으로 보인다. 이 용어에 대해 설명하고 있는 문헌으로는 Philipp Heck, Gesetzesauslegung und Interessenjurisprudenz, AcP 112, 1912, S. 43f.

127) Jhering, culpa(1861), S. 72(Fn. 78).

독일민법 제1초안의 입안자들은 이와 같이 명백히 표시주의적인 입장을 띠는 의사표시의 해석론을 ― 비록 Jhering의 이름이 거론되지는 않았지만[128] ― 분명하게 거부하였다.[129] 그러나 동 이론은 1900년대 이후 독일의 판례에서 수용된 이후,[130] 오늘날까지 확고한 독일의 통설과 판례의 입장이다.

Ⅲ. Windscheid의 意思表示理論

1. 意思表示의 效力要素

Windscheid는,[131] Savigny의 의사표시론으로부터 깊은 영향을 받아,[132]

---

128) Alexander Lüderitz, Auslegung von Rechtsgeschäften, C. F. Müller, 1966, S. 278.

129) Motive 1, S. 155＝Mugdan 1, S. 437f; Windscheid / Kipp, Pandekten 1, 9.Aufl.(1906), S. 447(Fn. 11); Windscheid, Wille und Willenserklärung, AcP 63, 1880, S. 106f; Stefan Vogenauer, Historisch−kritischer Kommentar zum BGB I, 1.Aufl. 2003, §§ 133, 157 Rn. 38.

130) RGZ 86, 86, 88; RGZ 101, 246, 247; RGZ 131, 343, 350; BGHZ 36, 30, 33; BGHZ 47, 75, 78; BGH NJW 1970, 321.

131) Windscheid는 독일민법 제1초안의 성립에 가장 큰 영향을 미친, 당시의 대표적인 의사주의자였다.
예컨대, Himmelschein은 Windscheid가 독일민법 제1초안의 정신적 議長(spiritus rector)이었다고 한다. 이에 관해서는 Jury Himmelschein, Beiträge zu der Lehre vom Rechtsgeschäft, J. Bensheimer, 1930, S. 18.
또한 Schubert가 정리한 입법자료에 따르면, 5인의 위원에게 위임된 독일민법 제1초안을 위한 편집위원회의 사전초안(Vorentwürfe der Redaktoren zum BGB, 일명 Teilentwurf)의 통합자(Zusammenfeger)로서 Windscheid가 예정되어 있었다고 한다. 이에 관해서는 Werner Schubert, Materialien zur Entstehungsgeschichte des BGB, Walter de Gruyter, 1978, S. 43(Fn. 68).
한편 Wieacker는 통일된 입법이 없었던 당시의 상황에서 실무를 위한 중요한 法

의사주의의 입장에서 의사표시론을 전개한다.

그는 우선 의사표시를 법적 효력의 야기를 위한 사적 의사표시라고 정의한다. 또한 의사표시의 효력이 인정되는 이유는 표의자가 그 법적 효력을 의지하기 때문에 법질서가 그 법적 효력을 인정하는 것으로 이해하였다.[133) 즉 그는 의사표시의 효력의 근거를 표의자가 일정한 법적 효력을 의지한다는 표의자의 의사에서 구하였다.

그러나 그는 의사표시가 법적 효력을 발생하기 위해서 반드시 의사가 표시되어 있어야만 한다고 주장한다.[134) 이때, 표시는 의사의 傳達手段 내지 認識手段이나 證明手段이었다.

의사표시는 명백히 의사의 전달(Willensmitteilung)이라는 의미가 있다. 즉 의사표시는, 표시의 배후에 있지만 그 표시와는 분리된, 의사의 전달이다. 따라서 효력이 있는 것은 의사다. 그러나 의사는 내부적인 영혼 상태 (ein innerer Seelenzustand)이므로, 타인으로서는 그 자체를 직접적으로 지

源이었던 (로마법의 해석으로서의) 판덱텐 교과서는 주로 Windscheid의 교과서를 의미하는 것이며, 이 책에 수록된 내용이 독일민법 제1초안에 결정적 영향을 미쳤다고 한다. 이에 관해서는 Franz Wieacker, Privatrechtsgeschichte der Neuzeit, Vandenhoeck u. Ruprecht, 2.Aufl. 1996, S. 446f.
특히 표시주의자였던 Bähr는 독일민법 제1초안의 완성 후, 동 초안이 마치 Windscheid의 小敎科書같이(wie ein kleiner Windscheid) 느껴진다고 폄하하였는데, 이는 독일민법 제1초안이 Windscheid의 이론과 매우 유사하다는 것을 확인할 수 있는 부분이다. 여기서의 Bähr의 비판에 관해서는 Otto Bähr, Über Irrungen beim Contrahieren, Jher.Jb. 14, 1875, S. 327.

132) Schermaier, Besimmung(2000), S. 512.
133) Windscheid / Kipp, Pandekten 1, 9.Aufl.(1906), S. 310f; Motive 1, S. 153 =Mugdan, S. 436 참조.
134) Windscheid는 효력이 있는 것은 표의자의 내부적인 의사도 아니고 외부적인 표시도 아닌, 의사와 표시의 일체(die Einheit von Wille und Erklärung)라고 한다. 이에 관해서는 Windscheid, Wille(1880), S. 72f.
또한 그는 표시되지 않은 내부적 영혼 상태로서의 의지가 법적 효력이 없게 되는 이유를 두 가지의 관점에서 설명한다. 그 첫째는 법학은 이러한 의지에 대한 전문적인 지식이 없다는 점이고, 그 둘째로는 내심적 의사는, 표시와 연결되지 않는 한, 권리를 위한 자격(Qualität)으로서 충분하지 않다는 점이다. 이에 관해서는 Windscheid, Wille(1880), S. 76.

각(Wahrnehmung)할 수 없다. 그 의사는 단지 내부적인 영혼 상태의 존재에 대한 추론을 허용하는 지각할 수 있는 것의 정함을 통해 타인의 지각에 도달될 수 있다. 이것이 의사표시의 임무이다. 의사표시는 의사를 위한 인식수단과 증명수단에 다름 아닌 것이다.[135]

이와 같이 Windscheid는 의사표시의 효력의 근거를 표의자의 의사에서 구하였지만, 이러한 의사는 외부적으로 지각될 수 없기 때문에 그 의사를 타인에게 인식시킬 수 있는 수단으로서 표시가 필요하다고 강조하였다. 따라서 그에게 있어서 의사표시의 효력요소는 의사와 표시의 존재 및 그 의사와 표시의 일체이지만, 이때 의사는 의사표시의 목적인 요소이며, 표시는 그 의사의 전달을 위한 수단인 요소였다고 정의할 수 있다.

2. 意思表示의 解釋論

1) 이미 Savigny가 의사와 표시가 일치하는 것은 자연스러운 관계라고 주장한 점에서 나타나는 바와 같이,[136] 어떤 표시가 존재한다면 그 표시에 상응하는 의사 역시 존재한다는 점이 추론될 수 있다. 따라서 의사표시는 일반적으로 그 표시내용에 따라서 법적 효력이 발생하는 것으로 추정될 수 있다. 다만 그 표시와 일치하지 않는 의사가 밝혀지는 경우에는, 이제 그 표시내용은 더 이상 의사와 일치한다고 추정될 수 없게 될 것이다.

의사주의를 주장하였던 Windscheid 역시 일치하는 의사가 존재하지 않는 표시는 그 법적 효력이 발생할 수 없다고 하였다.[137] 한편 그는

---

135) Windscheid, Wille(1880), S. 76.
136) Savigny, SystemⅢ(1840), S. 258.
137) Windscheid는 의사 없는 표시(die Erklärung ohne Wille)는 표시 없는 의사(der Wille
   ohne Erklärung)와 마찬가지로 그 법적 효력이 없다고 한다. 이에 대해서는 Wi-

표시에 상응하는 의사가 존재하지 않았다는 점은 표의자가 立證해야만
한다고 함으로써, Savigny의 학설과 관련해서 논란이 되었던 표시와 상
응하지 않는 의사에 대한 상대방의 인식가능성설과 표의자의 입증책임
설 중, 그가 표의자의 입증책임설을 주장하고 있음을 명확하게 표현하
였다.138)

　　표시에서 의지한 것으로 표현되어 있는 것이 의지되어 있지 않을 수
　　있다. 표시는 (본래) 일정한 법률효과가 발생해야만 한다. 그러나 표의자
　　가 이러한 법률효과의 발생을 의지하고 있지 않을 수 있다. 이와 같은
　　의사와 표시의 상위를 주장하는 자는 이를 입증해야만 한다. 이러한 의
　　사와 표시의 불일치가 확정되면, 그 표시는 의지한 것으로 표현된 법률
　　효과가 발생하지 않는다. 이것이 원칙이다.139)

2) Windscheid는 의사표시의 해석의 임무가 법률행위에서 표시된 의
사(den in Rechtsgeschäft erklärten Willen)를 확정하는 것이라고 한
다.140) 즉 의사표시의 해석은, 법률규정의 해석과 마찬가지로, 사용된
단어(den gebrauchten Worten)의 語法(Sprachregeln)에 따른 의미로부터
출발해야만 한다는 것이다. 이러한 표시내용의 해석기준으로는 의사표
시가 발신된 장소의 특별한 언어적인 관습뿐만 아니라, 표의자의 개인
적인 話法 역시 고려될 수 있다고 한다.141)

---

　　ndscheid, Wille(1880), S. 73.
138) Windscheid / Kipp, Pandekten 1, 9.Aufl.(1906), S. 376(Fn. 1, u. 1a) 참조.
139) w.o., S. 376.
　　한편 비진의표시의 경우와 표의자의 중과실(중대한 태만)에 의한 착오는 이러한 원칙
　　의 예외에 속한다. 이에 관해서는 Windscheid, Wille(1880), S. 98; Windscheid / Ki-
　　pp, Pandekten 1, 9.Aufl.(1906), S. 379(Fn. 1c) 참조.
140) Windscheid / Kipp, Pandekten 1, 9.Aufl.(1906), S. 444f.
141) Windscheid가 의사표시가 발신된 장소의 언어적 관습을 고려해야 한다고 주장한
　　점은 그가 표시내용을 상대방의 이해가능성(Empfängerhorizont)이 아닌 표의자의
　　이해가능성(Erklärendehorizont)에 따라서 결정하려고 한 것으로 이해될 수 있다.
　　그러나 표의자의 개인적 화법이 상대방이 있는 의사표시에서의 표시내용의 결정
　　을 위한 하나의 기준이 될 수 있는지는 의심스럽다. 이는 표시에 상응하는 의사

또한 그는 사용된 단어의 의미가 명확한 경우에도 표시의 사실상의 의미가 탐구되어야만 한다고 주장하였다. 그는 이를 위한 수단으로서 표시의 그 밖의 명확한 내용이나 표시결과의 가치 또는 계약체결 당시의 사정 등이 고려될 수 있다고 한다. 다만 이러한 수단들을 통해서도 표시의 사실상의 의미가 밝혀지지 않는 경우에는 그 표시를 명확하게 할 의무가 있는 자를 불리하게 해석해야 한다고 한다. 왜냐하면 명확한 문자적 의미에 반하는 의사가 立證(probatio)되지 않았기 때문이다.[142]

이와 같이 Windscheid는 의사표시의 해석을 표시의 해석으로부터 출발해서, 그 해석에 따른 표시내용에 상응하는 의사가 존재하고 있다고 추정하였다. 그러나 그는 의사표시가 효력을 갖기 위한 결정적인 요소는 의사이므로, 표시에 상응하는 의사가 존재하지 않았다는 것이 입증된 경우에는 그 의사표시의 효력을 부정하였다.

3. 錯誤로 인한 意思表示

1) 意 義

Windscheid의 착오론의 주요한 특징은 우선 그의 착오론이 Savigny의 부진정한 착오론을 기초로 한다는 점이다. 즉 Windscheid는 착오를 원칙적으로 의사와 표시가 일치하지 않는 문제로 이해하였다.

이 경우에 그는 착오를 심리적 유형에 따라서 내용의 착오와 표시의 착오로 구별하였지만, 그는 이 구별에 대해서 중요한 의미를 부여하지

의 부존재를 위한 입증자료일 뿐이라고 생각되기 때문이다. 다만 상대방이 없는 의사표시의 경우에는 표의자의 의사가 의사표시의 효력을 위한 유일한 요소이기 때문에, 이 한도에서는 표의자의 개인적 화법이 의사표시의 효력을 위한 중요한 요소로 될 수 있을 것이다.

142) Windscheid / Kipp, Pandekten 1, 9.Aufl.(1906), S. 446(Fn. 7a).

는 않았다. 다만 이 밖의 심리적 유형으로서의 동기의 착오는 그의 독특한 이론인 前提條件論에 의해 해결하려고 하였다. 이 경우에 동기의 착오는 원칙적으로 의사표시의 효력에 영향을 미치지 않지만, 상대방이 표의자의 동기를 인식하거나 인식할 수 있었던 경우에 한해, 예외적으로 의사표시의 효력에 영향을 미치게 된다.

또한 그는 구체적으로 어떠한 의사의 부존재가 의사표시를 무효로 하는가에 대한 기준(본질적 착오의 문제)을 Savigny와는 다른 방법에 의해 정하려고 하였다. 즉 Savigny가 법률행위의 종류에 관한 착오, 상대방에 관한 착오와 목적물에 관한 착오로 인해 해당부분에 의사가 없는 경우에만 그 표시의 무효를 인정한 반면, Windscheid는 표시의 일정한 부분에 대해서 표의자의 의사가 존재하지 않는 경우에 표의자가 그 표시를 무효로 할 것을 의지할 것인가의 여부에 따라서 의사와 표시의 불일치를 고려하려고 하였다. 이와 같이 Savigny가 객관적인 착오 유형에 따라서 본질적 착오인지의 여부를 정하려 하였다면, Windscheid는 표의자의 主觀的인 因果關係를 기준으로 그 여부를 정하려고 하였다.

이러한 점 외에도 Windscheid의 착오론의 또 다른 중요한 특징은 착오를 한 자의 과실(culpa)의 정도에 따라서 그 책임의 유형을 달리 정한 점이다.[143] 즉 중과실로 착오를 한 자는 그 표시내용에 구속되는 반면, 경과실로 착오를 한 자는 표시내용에는 구속되지 않지만(표시의 무효) 상대방에게 소극적 이익을 배상해야 한다는 것이다. 이 외에 과실이 없이 착오를 한 자는 어떠한 책임으로부터도 면책된다.

마지막으로 Windscheid는 계약에 있어서의 의사표시의 불합치의 문제를 착오의 독특한 한 유형으로 구별하였다.

---

143) 이들 각각의 내용은 비록 Windscheid에 의해 처음으로 고안된 내용이 아니라, 이미 Mommsen, Jhering이나 Regelsberger 등에 의해 주장된 내용들이지만, 이들 내용은 그에 의해서 종합 정리되었으며, 특히 독일민법 제1초안이 착오를 한 자의 過失의 정도에 따라서 착오를 한 자의 책임을 분류한 것은 그의 공헌이라고 할 수 있다.

이하에서는 이러한 Windscheid의 착오론을 보다 자세히 살펴보기로 한다.

2) 錯誤의 類型

(1) 內容의 錯誤와 表示의 錯誤

Windscheid는 착오의 범주 안에서 오늘날의 내용의 착오와 표시의 착오를 구별하였다.[144] 이 중에서 내용의 착오는 표의자가 표시행위(Erklärungshandlung)는 의지하였지만 표시에 표현된 의사내용(den erklärten Willensinhalt)을 의욕하지 않은 경우를 의미하였다.[145] 이에 비해서 표시의 착오는 표의자가 표시에 표현된 의사내용을 의욕하지 않았을 뿐만 아니라, 그 표시행위마저도 의욕하지 않은 경우이다. 이러한 후자의 예로는 誤談(Sichversprechen), 誤記(Sichverschreiben) 및 다른 목적물을 잡은 경우(Sichvergreifen) 등이 있다.

그러나 이러한 구별은 Windscheid에게 있어서 중요한 의미를 갖는 것은 아니었고,[146] 다만 상이한 착오의 구별방법 중의 한 유형일 뿐이었다.[147]

---

144) Windscheid, Pandekten 1, 4.Aufl.(1875), S. 198(Fn. 1); Windscheid / Kipp, Pandekten 1, 9.Aufl.(1906), S. 386.
한편 Windscheid, Pandekten 1, 3.Aufl.(1870), S. 180(Fn. 1)은 표의자가 그가 사실상 표시한 것과는 다른 것을 '표현한(bezeichne)' 것으로 믿었거나, 다른 것을 '내용으로 한(laute)' 것으로 믿고 있는 경우에 착오가 있다고 함으로써, 이미 표시의 착오와 내용의 착오를 구별하고 있었다. 다만 그는 4판 이후에는 착오를 표시행위(Erklärungshandlung)에 관한 착오와 표시된 의사의 내용(den erklärten Willensinhalt)에 관한 착오라고 표현함으로써, 표시의 착오와 내용의 착오를 보다 명확하게 구별해서 사용하였다.

145) Windscheid는, 전자의 예로서, 한 당사자가 어떤 서류에 서명을 하였지만, 그가 그 서류의 내용에 관해서 잘못된 표상을 갖는 경우를 예시한다.

146) 독일민법 제1초안 역시 이 구별을 의도적으로 입법화하지 않았다. 이에 관해서는 Motive 1, S. 196 = Mugdan 1, S. 460f; Protokolle I−1, S. 177f. = Beratung I, S. 591f; Protokolle I−1, S. 180(Beschlüsse Nr. 2) = Beratung I, S. 593. 참조.

147) Windscheid는 이 개념 구별만을 설명할 뿐, 양자의 효력이 무효로 되는 점에서

(2) 動機의 錯誤

a) 原 則

Windscheid는 법률행위에서 표시된 의사의 동기(Motiv)와 관련해서, 사물의 상태에 관한 진실한 표상의 흠결인 착오가 문제된다고 하면서,[148] 이때의 착오를 동기의 착오(Irrtum in Beweggrung)라고 표현한다. 또한 이러한 착오로 인한 表象을 통해서 야기된 의사는, 그 의사가 표시를 통해 야기되어 있기 때문에, 사실상 존재하는 의사라고 하였다. 즉 Savigny가 진정한 착오의 경우에는 표의자의 의지(自己決定)를 근거로 그의 의사의 존재를 긍정하는 것처럼, Windscheid는 동기의 착오의 경우에 표의자가 스스로 표시를 통해 그의 의사를 외부로 야기하였다는 점에서 그 의사의 존재를 인정하고 있는 것이다. 이와 같이 그에게 있어서 동기의 착오는 원칙적으로 의사표시의 효력에 영향을 미치지 않는 요소였다.

b) 例外 – 前提條件論

Windscheid는, 그의 前提條件論(Lehr von der Voraussetzung)[149]과

는 차이가 없다고 함으로써, 양자의 구별에 중요한 의미를 두지는 않았다. 이에 관해서는 Windscheid / Kipp, Pandekten 1, 9.Aufl.(1906), S. 386.

148) Windscheid는 Savigny와 마찬가지로 착오의 개념 안에 좁은 의미의 錯誤와 不知를 포함하고 있었다. 즉 좁은 의미에서의 착오(Irrtum in engeren Sinn)란 잘못된 표상이 올바른 표상을 배제하고 있는 경우인 반면, 사물의 상태에 관한 어떠한 표상도 없는 경우를 不知로서의 錯誤(Irrtum als Unwissenheit)라고 하면서, 양자를 넓은 의미에서의 착오의 개념 안에 포함시키고 있다. 이에 관해서는 Windscheid / Kipp, Pandekten 1, 9.Aufl.(1906), S. 402(Fn. 1).

149) Windscheid의 前提條件論 중의 일부 유형은 향후 Oertmann에 의한 行爲基礎理論으로 발전된다. 이에 관해서는 Paul Oertmann, Die Geschäftsgrunglage, 1921, S. 1ff. 참조.
또한 Windscheid의 前提條件論과 Oertmann의 行爲基礎理論(die Geschäftsgrundlagelehre)의 관계 및 Larenz의 主觀的 行爲基礎理論과 客觀的 行爲基礎理論으로의 분화 과정에 관해서는 Wolfgang Fikentscher, Die Geschäftsgrundlage als Frage des Vertragsrisikos, C. H. Beck, 1971, S. 5ff; Karl Larenz, Geschä-

관련해서,150) 동기의 착오가 예외적으로 의사표시에 효력을 미칠 수 있다고 한다. 이하에서는 그의 전제조건론을 살펴보기로 한다.

ⓐ 前提條件의 槪念

전제조건이라 함은 표의자가 비록 의사표시의 효력을 위해서 명확하게 조건으로 약정하지는 않았지만, 그 의사표시를 통해 표의자가 전제하고 있는 未發展한 條件(eine unentwickelte Bedingung)을 의미한다.151)

Windscheid에 따르면, 일정한 전제조건 아래서 의사를 표시한 자는, 조건부 법률행위의 경우와 마찬가지로, 법률관계가 일정한 상태에 도달하는 경우에만 그 법률효과가 발생해야 한다고 의지한다.152) 따라서 표의자가 비록 이를 법률관계의 효력을 위한 조건(Bedingung)으로 명확하게 표시하지는 않았지만, 의사표시를 통해 근거된 법률관계가 사물의 일정한 상태(ein gewisse Zustande der Dinge)를 전제로 하는 경우에는

---

ftsgrundlage und Vertragserfüllung, C. H. Beck, 3.Aufl. 1963, S. 5ff; Harm Peter Westermann, Die causa im französischen und deutschen Zivilrecht, Walter de Gruyter, 1967, S. 41ff. 참조.

150) Windscheid / Kipp, Pandekten 1, 9.Aufl.(1906), S. 403(Fn.2); Bernhard Windscheid, Die Lehre des römischen Rechts von der Voraussetzung, Jurius Buddeus, 1850, S. 5ff, u. 47ff.

151) Windscheid / Kipp, Pandekten 1, 9.Aufl.(1906), S. 507.
한편 이영준, 한국민법론[총칙편], 박영사, 수정판 2004, 647면(이하 민법총칙이라고 약함)은 未發展한 條件(eine unentwickelte Bedingung)을 '未完成의 條件'이라고 표현한다. 그러나 본래 Windscheid에 있어서의 전제조건은 비록 법률관계의 효력을 위한 명확한 조건은 아니지만, 표의자가 의사표시를 발신하는 데 있어서 반드시 존재하는 일정한 원인(causa)에 대한 고찰이기 때문에, 이를 조건에까지는 이르지 않는 '未發展한 條件'이라고 표현하는 것이 보다 타당하다고 생각된다. 또한 동 견해는 未發展한 條件이 조건의 문제가 아니라 不當利得 返還의 문제라고 주장하는데, Windscheid의 전제조건은 주론 causa에 관한 문제로 이해하는 것이 타당하다고 생각된다. 다만 causa에 따른 법률효과가 발생하지 않는 경우에는 그 주된 법률효과로서 부당이득 반환이 문제될 뿐이다.
이와 관련해서 전제조건이 결여된 의사표시의 경우에는 법률상의 원인(Grund)이 없기 때문에 不當利得에 기한 訴(condictio)의 문제가 발생한다는 점에 관해서는 Windscheid, Bernhard, Die Lehre des römischen Rechts von der Voraussetzung, Jurius Buddeus, 1850, S. 3 참조.

152) Windscheid / Kipp, Pandekten 1, 9.Aufl.(1906), S. 507ff.

이를 전제조건의 법리 안에서 해결하려는 것이다.[153)

이때의 전제조건이라는 개념 안에는 로마법상의 condictio의 일부[154)와 법률상의 원인(causa)[155) 및 부담(modus)[156)의 경우가 포함된다.

또한 전제조건은 사실적이거나 법률적, 적극적이거나 소극적 그리고 과거, 현재 또는 미래의 사정이 있을 수 있다.[157) 이 외에도 그 전제조건이 명시적일 수도 있고[158) 또는 그렇지 않을 수도 있다. 이 중에서 후자는 두 가지의 경우에 고려될 수 있다고 한다.[159) 그 첫째로는 모든

---

153) Windscheid / Kipp, Pandekten 1, 9.Aufl.(1906), S. 507; Windscheid, Voraussetzung(1850), S. 1.

154) 로마법상의 condictio는 일반적으로 조건(Bedingung)을 의미하지만, Windscheid는 condictio가 반드시 조건만을 의미하는 것은 아니며, 일정한 경우에는 조건에는 이르지 않는 전제조건의 의미로도 사용되었다고 한다. 이에 관해서는 Windscheid, Voraussetzung(1850), S. 41ff.

155) w.o. S. 47ff.
한편 Windscheid는 causa의 의의를 動因으로서의 causa(causa als Beweggrund: S. 48ff.), 전제조건으로서의 causa(causa als Voraussetzung: S. 50) 및 법률상의 정당한 원인으로서의 causa(causa als rechtfertigen Grund)로 구별해서 검토한다.

156) 그는 이전의 다수설이 의사의 자기제한과 관련해서 條件과 期限(Befristung) 외에 負擔(Modus)을 인정하였었다는 점을 지적한다. 이때 다수설은 부담이 이행되지 않는 경우 그 법률결과가 표의자의 본래의 의사와 일치하지 않음을 이유로 법률결과의 철회를 인정하는데, Windscheid는 이를 법률결과(의사표시를 통해 기초된 법률관계)와 표의자의 본래의 의사가 일치하지 않는 다른 많은 경우에도 확대 적용해야 한다고 주장한다. 이에 관해서는 Windscheid / Kipp, Pandekten 1, 9.Aufl.(1906), S. 507(Fn. 1); Windscheid, Voraussetzung(1850), S. 56ff.

157) Windscheid / Kipp, Pandekten 1, 9.Aufl.(1906), S. 511.

158) 명시적인 전제조건은 상대방에게 전제조건이 표현되어 있다는 점에서 조건과 매우 유사하다. 그러나 조건의 경우에는 그 조건의 성취 여부에 따라서 법률관계의 효력이 결정된다는 점에 대해서 당사자 간에 미리 명확하게 약정한 경우인 반면, 명시적인 전제조건의 경우에는 이러한 점에 대해서 당사자 간에 미리 명확한 약정이 없었다는 점에서 차이가 있다고 생각된다. 예를 들어 혼수용 가구를 구입하는 경우, 매수인이 매도인에게 혼인이 이루어지지 않을 경우에는 그 가구에 대한 매매를 取消할 수 있다는 것을 미리 약정하면 이는 조건에 해당하지만, 매수인이 단지 혼수용 가구를 구입한다는 것만을 매도인에게 표시하였다면 이는 명시적인 전제조건이라고 할 수 있다.
이와 같은 조건과 전제조건의 구별에 관해서는 Windscheid, Voraussetzungen (1850), S. 1f, 41ff, u. 143ff. 참조.

159) Windscheid / Kipp, Pandekten 1, 9.Aufl.(1906), S. 511ff.

의사표시에 존재하는 첫 의도(eine erste Absicht)이고,[160] 둘째로는 부담의 경우에 비록 명시되지는 않았지만 의사표시의 그 밖의 내용이나 수반하는 사정으로부터 추론될 수 있는 일정한 표의자의 의지이다.

ⓑ 前提條件의 認定 根據

Windscheid에 따르면, 전제조건으로 되어 있는 법률결과가 발생하지 않은 경우에도 표의자의 事實上의 意思(der wirkliche Wille)와 표시는 존재한다. 또한 표의자가 전제조건에 따른 법률효과를 의사표시의 효력을 위한 조건으로 정한 것도 아니다. 따라서 그 의사표시에 따른 법률효과는 형식적(formell)으로는 정당하다. 그러나 이러한 법률효과는 표의자의 本來의 意思(der eigentliche Wille)와는 일치하지 않기 때문에, 실질적(materiell)으로는 정당한 법적 근거가 없다고 한다.[161]

이러한 예로는 非債辨濟의 경우를 생각해 볼 수 있다. 즉 채무자가 그의 채무가 소멸해 있다는 점을 모르고 채권자에게 다시 그의 채무를 변제한 경우, 그는 그의 변제의사(사실상의 의사)와 변제행위(표시)를 통해 채무를 변제하였기 때문에, 그의 변제행위만을 놓고 봤을 때는 事實上의 意思와 表示가 존재한다. 그러나 그는 그의 변제행위를 통해

---

160) 이때의 첫 의도는 오늘날의 관점에서는 목적적 원인(causa finalis)을 의미하는 것으로 볼 수 있다. 왜냐하면 Windscheid, Voraussetzung(1850), S. 88f.에서는 첫 의도를 증여(무상의 이득 제공)로서의 의도(animus donandi), 자신의 급부를 통해 상대방의 급부를 요구하려는 의도(animus obligandi)와 급부를 통해 법적 구속력을 해소하려는 의도(animus solvendi)로 구분하고 있는데, 이는 오늘날의 causa의 종류에 따른 구별(causa donandi, causa obligandi, causa solvendi)과 정확하게 일치하고 있기 때문이다. 이에 관해서는 Schermaier, Bestimmung(2000), S. 514 참조. 여기서의 첫 의도라는 용어는 의사표시에 있어서 첫 의도 이전에는 어떠한 다른 것도 존재하지 않는다는 의미에서 사용되었다. 이에 관해서는 Windscheid, Voraussetzung(1850), S. 87.

161) Windscheid는 전제조건으로 되어 있는 사물의 상태(der vorausgesetzte Zustand der Dinge)가 발생하지 않거나 중지되어 있는 경우에는 비록 의사표시를 통해 기초된 법률관계에 대한 표의자의 事實上의 意思(der wirkliche Wille)는 존재하지만, 표의자의 本來의 意思(der eigentliche Wille)와는 일치하지 않는다고 한다. 따라서 여기서는 사실상의 의사와 본래의 의사는 명확히 구별되는 개념이다. 이에 관해서는 Windscheid, Voraussetzung(1850), S. 3, u. 5.

서 채무가 소멸된다는 것을 전제로 하였다(causa solvendi). 하지만 그의 채무는 이미 소멸되어 있기 때문에, 이는 채무를 소멸하려는 그의 本來의 意思와는 일치하지 않는 결과가 되는 것이다.

　ⓒ 要件과 效果

Windscheid는 표의자가 일정한 전제조건 아래서 의사표시를 하였지만, 발생한 법률효과가 그의 전제조건과 일치하지 않는 경우, 표의자는 일정한 요건 아래서 그의 의사표시를 간접적(indirekt)으로 效力不發生(Unwirksamkeit)하게 할 수 있다고 한다.[162] 즉 표의자는 목적물이 인도되지 않은 경우에는 상대방의 청구권에 대한 항변권을 통해서, 목적물이 인도된 경우에는 그 법률효과의 취소(Wiederaufhehung)를[163] 통해

---

162) Windscheid / Kipp, Pandekten 1, 9.Aufl.(1906), S. 403, u. 510.
　　한편 Windscheid는 넓은 의미의 효력불발생(Unwirksamkeit)의 개념에는 넓은 의미의 무효(Ungültigkeit)와 좁은 의미의 효력불발생(Unwirksamkeit)이라는 개념이 포함되어 있다. 여기서의 넓은 의미의 효력불발생은 법률효과가 발생하지 않는 모든 경우를 의미한다.
　　이 중 넓은 의미의 무효(Ungültigkeit)는 법적으로 요구되는 요건이 결여되어 있기 때문에, 당사자에 의해 의도되었던 법률효과가 발생하지 않는 경우를 말한다. 여기에는 행위무능력(독일민법 제105조), 의사의 흠결에 관한 문제(독일민법 제116조 이하), 선량한 풍속에 반하는 행위(독일민법 제138조)나 독일 채권법 개정 전의 원시적 불능(독일 구민법 제306조) 등이 포함된다. 그리고 이러한 넓은 의미의 무효(Ungültigkeit)의 개념 안에는 (불특정 다수인에게 주장할 수 있는) 절대적 무효인 좁은 의미의 무효(Nichtigkeit)와 (특정의 상대방에게 대해서만 행사해야 하는) 상대적 무효인 취소(Anfechtung)가 포함되어 있었다. 한편 좁은 의미의 효력불발생(Unwirksamkeit)의 경우에는 법적으로 요구되는 요건은 갖추었으나, 그 밖의 원인에 의해서 법률효과가 발생하지 않는 경우를 말한다. 이러한 예로는 相計의 意思表示의 요건은 갖추었으나, 여기에 조건이나 기한을 붙임으로써, 이를 금하는 독일민법 제388조에 의해서 상계의 의사표시의 효력이 발생하지 않는 경우를 들 수 있다.
　　이러한 구별에 관해서는 Windscheid / Kipp, Pandekten 1, 9.Aufl.(1906), S. 423ff. 참조.
163) Windscheid는 'Wiederaufhebung'을 취소가능성(Anfechtbarkeit)의 의미로 사용하였는데, 이는 좁은 의미의 무효(Nichtigkeit)의 경우에는 행위자가 어떠한 추가적인 행위를 하지 않고도 그 법률효과(rechtlich Wirkung)가 발생하지 않는 데 비해서, 취소의 경우에는 그 법률효과가 발생하지 않기 위해서 행위자의 '사후적인 행위(Reaktion)'가 필요하다는 이유에서 Wiederaufhebung이라는 용어를 사용하였

서 보호될 수 있다는 것이다.[164)

그러나 표의자가 언제나 본래의 의사를 주장할 수 있는 것은 아니다.[165) 특히 生前行爲의 경우에는 상대방의 신뢰를 근거로 표의자의 본래의 의사에 대한 고려를 원칙적으로 부정한다. 다만 표의자에게 동기의 착오가 없었다면 그가 표현된 표시를 의욕하지 않았을 것이라는 것이 의사표시의 상대방에게 인식할 수 있는 방법으로 야기되어 있는 경우에만 예외적으로 그 의사표시가 간접적으로 무효로 된다고 한다.

이에 반해 死因行爲의 경우에는 비록 사실상으로는 상대방의 신뢰라는 문제가 발생할 수는 있지만, 그럼에도 불구하고 표의자의 본래의 의사가 고려되어야만 한다고 주장한다. 즉 표의자에게 동기의 착오가 없었다면 그 표현된 표시를 의욕하지 않았을 것이라는 것이 확정될 수 있을 경우에는 그 의사표시가 간접적으로 무효로 된다는 것이다. 왜냐하면 본래 死因行爲는 순수한 慈善(reine Liberalitäten)의 성질이 있기 때문에, 표의자가 언제든지 유언장을 다시 작성할 수 있기 때문이라고 한다. 또한 死因行爲는 상대방에게 대해서 出捐(Zuwendung)을 하는 것을 결정하는 문제가 아니라, 오히려 사망 후의 재산의 운명(das Schiksal des Vermögens)에 대해서 결정하는 문제라는 점이 또 다른 근거였다. 이와 같은 이유로 그는 死因行爲의 경우에는 원칙적으로 표의자의 본래의 의사가 고려되어야 한다고 주장하였다.

(3) 本質的 錯誤와 非本質的 錯誤

1) Savigny가 부진정한 착오론에서 주장한 것처럼,[166) Windscheid 역시 의사표시는 착오 때문에 무효로 되는 것이 아니라, 표시에 상응하는

　　　　다. 이에 관해서는 Windscheid / Kipp, Pandekten 1, 9.Aufl.(1906), S. 425f.

164) Windscheid / Kipp, Pandekten 1, 9.Aufl.(1906), S. 510.

165) Windscheid, Voraussetzung(1850), S. 6, u. 82ff; Windscheid / Kipp, Pandekten 1, 9.Aufl.(1906), S. 403.

166) Savigny, System Ⅲ(1840), S. 267f, u. 440f.

의사가 존재하지 않기 때문에 무효라고 주장한다. 이 경우에 착오는 표시에 상응하는 사실상의 의사가 존재하지 않는 이유일 뿐이었다.[167]

한편 Windscheid는 그의 초기이론에서는, Savigny와 마찬가지로, 의사표시의 本質的인 部分과 非本質的인 部分의 구별을 통해서 의사표시의 효력 여부를 결정할 것을 주장하였다.[168] 이 경우에 법률관계의 성질, 표의자에게 중요한 의미를 갖는 상대방과 의사표시의 대상인 목적물은 의사표시의 本質的 部分(wesentlicher Punkt)에 해당하였다.[169] 또한 목적물의 성질의 경우에는 그 성질이 거래질서의 지배적인 관념에 따라서 목적물의 본질을 이루는 성질이라고 인정되는 경우에만, 그 성질이 의사표시의 본질적 부분이라고 하였다.

2) 그러나 그는 이후 의사표시의 본질적 구성부분의 구별을 통한 본질적인 착오의 범위가 너무 좁다고 비판하였다.[170] 예를 들어 계약에서

---

167) Windscheid / Kipp, Pandekten 1, 9.Aufl.(1906), S. 386.
   그는 비록 Savigny의 부진정한 착오라는 용어 자체는 명백히 부적당하다고 평가하였지만, Savigny가 동기의 착오로서의 진정한 착오와 이 밖의 부진정한 착오를 구별한 것은 '만족할 만한 착오이론의 올바른 기초와 그 확립을 위한 Savigny의 가장 아름다운 공적의 하나'로 여겼다. 이에 관해서는 Windscheid / Kipp, Pandekten 1, 9.Aufl.(1906), S. 386(Fn. 1).
168) 이러한 구별은 그의 판덱텐 교과서 5판까지 계속되었다. 이에 관해서는 Windscheid, Pandekten 1, 5.Aufl.(1879), S. 205ff.
169) 여기서 의사표시의 본질적 부분이라고 하는 것과 본질적 착오라고 하는 개념은 구별되어야 한다. 우선 의사표시의 본질적 부분이라고 하는 것은 의사표시의 효력을 위한 중요한 부분으로서 본질적 착오의 인정 여부를 결정하는 한 방법일 뿐, 그 자체가 본질적 착오를 의미하는 것은 아니다. 이에 비해 Windscheid에게 있어서의 본질적 착오라는 용어는 본질적 부분에 대한 착오를 의미하는 것이 아니라, 의사표시를 무효로 되게 하는 착오를 의미하였다.
   비록 Windscheid의 초기이론에서는 본질적 착오의 인정 여부를 의사표시의 본질적 부분 여부로 구별했기 때문에 양자의 차이가 명확히 나타나지 않으나, 이후에서 보는 바와 같이, 본질적 부분에 관한 착오도 본질적 착오가 아닐 수 있기 때문에, 양자는 명확히 구별될 수 있는 개념이다.
   본질적 착오와 의사표시의 본질적 부분의 관계를 명확히 나타내는 기술로는 Windscheid / Kipp, Pandekten 1, 9.Aufl.(1906), S. 205(Fn. 5) 참조.
170) Windscheid, Pandekten 1, 6.Aufl.(1887), S. 225(Fn. 9); Windscheid / Kipp, Pandekten 1, 9.Aufl.(1906), S. 388(Fn. 9).

의 급부의 장소나 시간에 관한 사항이 특별히 본질적 착오로 되어야
하는 경우도 있는데, 이러한 급부의 장소나 시간에 관한 사항은 위에
서의 어떠한 경우에도 포함되지 않는 문제가 발생할 수 있다는 것이다.

이에 따라서 그는 의사표시의 본질적 부분인가의 여부를 통해서 본
질적 착오의 여부를 결정하는 객관적 방식을 부분적으로 포기하고, 이
에 보충해서 표의자의 主觀的 因果關係의 문제에 따라서 본질적 착오
를 결정하려고 하였다.171)

이 경우에 그 주관적 인과관계에 따라서 착오는 相當하지 않은 錯誤
(unbeachtlicher Irrtum)와 相當한 錯誤(beachtlicher Irrtum)172)로 구별된
다. 이 중에서 相當하지 않은 錯誤라 함은 표의자가 의사표시의 일정
한 부분에 대해 착오를 함으로써, 그 부분에 대해서 의사가 존재하지
않는 경우에, 표의자가 그 해당부분이 없었더라도 나머지 부분만으로
전체의 의사표시를 의지할 것이라고 인정되는 경우를 의미한다. 이에
반해 상당한 착오라 함은 그 해당부분 외의 나머지 부분만으로는 표의
자가 전체의 의사표시를 의욕하지 않았을 것이라고 인정되는 경우를
의미한다.173)

---

171) Windscheid, Pandekten 1, 6.Aufl.(1887), S. 225; Windscheid / Kipp, Pandekten 1,
    9.Aufl.(1906), S. 388.
172) 여기서의 相當한(고려할 수 있는) 錯誤는 本質的 錯誤와 동일한 의미로 사용되
    며, 양자는 모두 그 착오의 경우에 의사표시가 무효로 되는 착오이다. 다만 本質
    的 錯誤는 의사의 대상의 본질적 부분에 대한 착오가 있었는가의 여부가 문제
    되던 시기에 주로 사용된 용어인 반면, 相當한 錯誤는 이러한 본질적 부분 외에
    어떠한 다른 일반원칙이 존재할 수 있는가에 대한 논의와 관련해서 사용된 용어
    일 뿐이다.
    本質的 錯誤와 相當한 錯誤가 동일한 의미로 사용된 점에 대해서는 Protokolle
    I-1, S. 178 = Betatung I, S. 591 참조: 한편 양자의 용어가 같은 의미이기는 하
    지만, 相當한 錯誤라는 용어가 착오의 인과관계의 문제에 대한 논의와 함께 사
    용되었던 점에 대해서는 Motive 1, S. 197 = Mugdan 1, S. 461.
173) Windscheid / Kipp, Pandekten 1, 9.Aufl.(1906), S. 388.

(4) 免責될 수 있는 錯誤와 免責될 수 없는 錯誤

a) 意 義

Windscheid는 착오를 한 자의 免責可能性(Entschuldbarkeit) 여부에 따라서 의사표시의 효력 및 착오를 한 자의 책임이 결정되어야 한다고 주장하였다.[174] 이러한 주장은 착오를 免責될 수 있는 착오와 免責될 수 없는 착오로 구별하자는 것으로, 이때의 면책의 유무는 착오를 한 자의 과실의 유무에 따라서 결정되었다.[175]

즉 면책될 수 있는 착오(ein entschuldbarer Irrtum; error probabilis)라 함은 착오를 한 자에게 과실이 없는 경우를 의미하며(독일민법 제1초안 제146조 참조), 이때 착오를 한 자는 그의 착오에 대해서 어떠한 책임도 부담하지 않는다고 한다. 이에 반해 면책될 수 없는 착오(ein unentschuldbarer Irrtum)는 착오를 한 자에게 일정한 과실이 있는 경우로서, 이때 착오를 한 자는 그의 착오에도 불구하고 면책될 수 없다고 한다. 따라서 착오를 한 자에게 과실이 있는 경우에는 그가 자신의 행위에 대해서 책임을 지게 되는데, 이때 그 책임은 과실의 경중에 따라서 각각 손해배상책임(경과실의 경우)과 의도하지 않았던 표시에 대한 귀책(중과실의 경우)으로 구별되었다.

---

174) 이는 그의 논문 '의사와 의사표시' 및 Pandekten 교과서 6판 이래로 주장되었다. 이에 관해서는 Windscheid, Wille(1880), S. 99ff; Windscheid, Pandekten 1, 6.Aufl.(1887), S. 226; Windscheid / Kipp, Pandekten 1, 9.Aufl.(1906), S. 389.

175) 다만 이때의 免責可能性理論은 Windscheid가 처음으로 주장한 것이 아니라, 이미 Jhering과 Mommsen 사이에서 충분한 논의가 있었다. 이에 대해서는 본 연구 55-8면 이하 참조.
한편 착오를 한 자에게 경과失이 있는 경우에는 그가 의사표시의 효력의 형태로 책임을 져야 한다는 주장으로는 Heinrich Dernburg, Pandekten Bd. I, H. W. Müller, 1.Aufl. 1884, S. 198ff, 225, u. 230f; Eduard Hölder, Pandekten—allgemeinen Lehren, Mohr, 1891, S. 232; Leo Graeen Piniński, Der Thatbestand des Sachbesitzerwerbs nach gemeinen Recht Bd. II, Duncker u. Humblot, 1888, S. 410ff.
이에 반해 중과실의 경우에만 의사표시의 효력의 형태로의 책임을 인정하는 견해로는 Regelsberger, Civilistische Erörterungen I(1868), S. 17ff.

이상과 같은 구별은 착오를 한 자의 귀책을 착오자체가 아니라, 그의 과실의 유무에 따라서 결정하려고 하였다는 점에서 중요한 의의가 있다고 할 수 있다. 왜냐하면 착오를 한 자의 책임은 그의 착오를 근거로 해서 책임을 지는 것이 아니라, 그의 과실을 근거로 해서 책임을 지게 되는 것이기 때문이다. 다시 말하면, 표의자의 착오자체는 그의 귀책의 근거가 아니라는 점이다.

다만 착오를 한 자의 면책가능성을 기준으로 그의 귀책을 정하는 경우에 있어서는 과실의 경중에 따라서 착오를 한 자의 책임의 종류를 다르게 정할 수 있는지의 여부 및 그 근거가 무엇인지에 관해서 많은 논쟁이 있었다. 이와 관련된 Windscheid의 견해에 대해서는 중과실에 의한 착오와 경과실에 의한 착오를 구별해서 고찰할 필요가 있다.

b) 重過失에 의한 錯誤

Windscheid의 이론에 의하면, 착오를 한 자에게 중과실이 있는 경우에는 그 의사표시가 유효하다고 한다.176) 이는 의사주의의 원칙에 대한 예외를 의미한다.177) 의사주의의 원칙에 따른다면, 의사와 표시가 일치하지 않는 경우에 그 의사표시가 무효로 되어야 하기 때문이다.

그는 이러한 예외를 인정하는 근거를 표의자의 중과실에 의한 착오와 비진의표시의 관계 속에서 파악하며, 이를 위해 로마법에서의 法源을 援用하였다. 여기서의 로마법에 따르면, 비진의표시의 경우에는 표

---

176) Windscheid, Pandekten 1, 4.Aufl.(1875), S. 199f.는 착오가 면책될 수 없는 경우(착오를 한 자의 경과실이나 중과실에 대한 구별 없이 어떠한 과실이라도 있는 경우)에도, 그 의사표시가 무효라고 하였다. 그러나 그는 그의 Pandekten 교과서 5판 이래로 그의 주장을 개설해서, 중과실에 의한 착오의 경우에는 그 의사표시가 有效라고 주장하였다. 이에 관해서는 Windscheid, Pandekten 1, 5.Aufl.(1879), S. 201f.

177) 상대방 있는 의사표시에 있어서 비진의표시와 더불어 착오를 한 자의 중과실의 경우에는 의사와 표시의 불일치의 원칙적 효과에 대한 예외가 적용된다는 점에 대해서는 Windscheid, Pandekten 1, 5.Aufl.(1879), S. 201f; Windscheid / Kipp, Pandekten 1, 9.Aufl.(1906), S. 379.

의자가 악의(Arglist; dolus)로 행위를 한 것이며, 표의자의 중과실(culpa lata)은 악의와 동일한 것이라고 한다.[178] 그런데 비진의표시의 경우에는 표의자가 거짓말(Lüge)을 한 것이기 때문에, 표의자가 그의 변호를 위해서 그의 거짓말을 원용할 수는 없다고 한다. 이때 표의자의 중과실은 악의와 동일한 것이기 때문에, 중과실에 의한 착오를 한 자 역시 악의에 의한 비진의표시를 한 자와 동일한 책임이 있다고 한다.[179] 결국 중과실로 착오를 한 자는 그의 중과실을 주장할 수 없다는 것이다.

한편 그는 중과실로 착오를 한 자가 신뢰이익의 배상의무를 지지 않고, 표시내용에 구속되는 근거를 위해서도 로마법상의 법원을 원용하였다.[180] 나아가 단지 의사표시의 내용에 대한 상대방의 기대(신뢰)는 표의자를 표시내용에 구속시킬 수 있는 충분한 근거가 될 수 없지만, 이러한 기대가 표의자의 악의와 동일시할 수 있는 중과실과 결합되는 경우에는 그 의무의 충분한 근거로 될 수 있다는 점을 강조하였다.[181]

그는 이상과 같은 논리를 기초로 중과실로 착오를 한 자가 그의 표시에 구속되어야 한다고 주장하였다.

c) 輕過失에 의한 錯誤

ⓐ Windscheid는 경과실에 의해 착오를 한 자는 상대방에게 소극적 이익(das negative Interesse)을 배상해야 한다고 주장하였다.[182] 다만 그

---

178) Windscheid, Wille(1880), S. 98, u. 100ff; Windscheid / Kipp, Pandekten 1, 9. Aufl.(1906), S. 379(Fn. 1c, u. 1d), u. 389(Fn. 10) 참조.

179) 이와 같은 악의와 중과실을 동일시하는 근거로는 다양한 로마법의 법원이 원용된다(D 2. 13. 8; D 10. 4. 9. 4; D 11. 6. 1. 1; D 18. 4. 2. 5; D 26. 10. 7. 1; D 47. 4. 1. 2).

180) 이때의 로마법상의 法源은 D 19. 1. 30. 1(타인에게 속하는 물건을 고의로 매도한 자는 그의 악의 때문에 이에 대해서 이행이익을 배상해야 한다는 규정이다. 한편 Windscheid의 전게 논문에서는 이 法源이 D 18. 1. 30. 1로 기술되어 있으나 이는 오기이다)과 D 18. 1. 57. 1(건물의 매매에 있어서 목적물이 계약 이전에 소실된 경우에, 매도인이 이를 알고 있었다면, 그 매매계약은 성립하고, 이에 따라 매도인이 이행이익을 배상해야 한다는 규정)이다.

181) Windscheid, Wille(1880), S. 103f.

근거에 대해서는 견해의 변화가 있었다.

우선 그의 초기 학설에서는, 표의자의 표시로 인해서 상대방이 손해를 입은 경우, 행위자는 그 손해에 대해서 默示的으로 保證引受(die stillschweigend Garantieübernahme)를 한 것으로 볼 수 있다고 주장하였다.[183) 그러나 그는 이후 이러한 保證責任說을 포기하고,[184) 그 근거를 다음과 같이 주장하였다.

표의자의 손해배상의무는 그의 의사를 근거로 하는 것이 아니라, 법률이 그의 의사와는 '관계없이' 그에게 부담하게 하는 것이다. 왜냐하면 의사표시의 상대방은 그의 승낙을 통해서 계약이 성립할 수 있거나 성립되어 있다고 하는 것을 신뢰할 수 있어야만 하기 때문이다. 법률은 이것을 의도하고 있는 것이다.[185)

이러한 그의 견해의 변화는 신뢰이익의 배상을 위해서 행위자의 의사가 필요한 것인지의 여부에 대한 견해의 변경으로 이해될 수 있다. 즉 그의 초기 학설에서는 표의자의 묵시적인 보증의사라는 의사요소가 그 배상의무의 근거였던 반면, 후기의 학설에서는 표의자의 의사요소와는 전혀 무관한 순수한 행위책임이 그 배상의무의 근거라는 점이다.

---

182) Windscheid, Pandekten 1, 6.Aufl.(1887), S. 220(Fn. 1d); Windscheid / Kipp, Pandekten 1, 9.Aufl.(1906), S. 379(Fn. 1d); Windscheid, Wille(1880), S. 104ff.
다만 계약과 관련해서 한 당사자의 의사와 표시의 불일치에 의해 계약이 성립하지 않는 경우에 표의자가 상대방에게 소극적 이익을 배상해야 한다는 점은 그의 Pandekten 교과서 초판 이래로 기술되어 있었다. 이에 관해서는 Windscheid, Pandekten II−1, 1.Aufl.(1865), S. 173(Fn. 1); Windscheid / Kipp, Pandekten 2, 9.Aufl.(1906), S. 277(Fn. 1).
183) Windscheid, Pandekten II−1, 1.Aufl.(1865), S. 159(Fn. 2).
184) Windscheid, Pandekten 2, 6.Aufl.(1887), S. 183(Fn. 5); Windscheid / Kipp, Pandekten 2, 9.Aufl.(1906), S. 250(Fn. 5).
185) Windscheid, Pandekten 2, 6.Aufl.(1887), S. 184(Fn. 5); Windscheid / Kipp, Pandekten 2, 9.Aufl.(1906), S. 251(Fn. 5).

d) 契約에 있어서 意思表示의 不合致

계약의 경우에는 의사와 표시의 불일치로서의 착오 외에 청약자와 승낙자의 의사표시가 일치하지 않는 의사표시의 불합치가 문제된다.

Windscheid는 이를 오해로서의 착오(Irrtum als Mißverständniß)라고 표현하였다.186) 그는 이 경우의 착오를 표시와 사실상의 의사의 일치 여부에 대한 문제가 아니라, 표의자가 상대방의 의사표시와 일치하지 않는 의사표시를 한 것이 문제라고 이해하였다. 즉 표의자가 사실상 상대방이 의지하였던 것과는 다른 의사가 표현되어 있다고 받아들였고, 이에 따라 합의가 있다고 믿었지만, 사실상 합의가 없는 것이 의사표시의 불합치라는 것이다. 그리고 이때에는 착오로 인해서 법률행위가 무효로 되는 것이 아니라, 착오를 통한 당사자 간의 합의의 숨겨진 결여(der verdeckte Mangel des Konsenses)로 인해서 법률행위가 무효로 된다고 한다.

한편 의사표시의 불합치의 효과에 관해서는, 당사자 간에 결여된 합의가 전체 계약 중 일부분에만 관련되었다면, 본질적인 착오에 대한 기술내용이 동일하게 적용될 수 있다고 한다.

특히 數量(Quantität)에 관한 불일치의 경우, 일정한 수량에 관한 계약의 불일치가 있다면, 이 중에서 적은 수량에 관해서는 언제나 의사표시의 합치가 있다고 한다. 그러나 이러한 적은 수량으로 전체 계약의 효력을 인정할 것인가의 여부에 대해서는 오늘날의 일부 무효의 법리에 따라서 이를 해결하려고 하였다. 즉 당사자가 적은 수량으로는 법률관계를 체결하지 않았을 것이라는 것이 인정되는 때(그 의지한 것이 없었더라면, 나머지 부분 역시 의욕하지 않았을 것이라는 것이 인정되는 때)에는 계약 전부가 무효로 된다.

---

186) Windscheid / Kipp, Pandekten 1, 9.Aufl.(1906), S. 394f.

▶ 제3절 表示主義

Ⅰ. 發生 背景

1856년에 발생한 電報事件(der Telegraphen‑Fall)은 의사주의에 대항해서 표시주의가 발생하게 되는 결정적인 계기가 되었다.[187]

우선 이 사건의 개요는 다음과 같다.[188]

쾰른에 있는 Oppenheim은행(이하 O로 약함)은 프랑크푸르트에 있는 Weiller 회사(이하 W로 약함)에 대해 오스트리아 주식 1000주 등을 매수할 것을 위임하는 내용을 전보로 보냈다. 그러나 그 전보는 매수에 대한 위임(Ankaufsauftrag)이 아닌 매도에 대한 위임(Verkaufsauftrag)으로서, W에 도달하였다. W가 이 주식을 매도한 뒤, 위의 위임계약의 내용이 잘못된 전보에 의한 것임이 밝혀졌다. W는 O에 대해서 매도된 주식을 양도해 줄 것을 요구하였지만, O는 자신에게 그러한 의무가 없다고 믿고, W의 청구를 거절하였다. 그 사이 주식 값은 상승하였고, W는 매수인과

---

187) 이에 관해서는 Coing, Privatrecht II(1989), S. 277(다만 Coing은 동 사건을 주식의 매도 대신 매수라는 표시로서 상대방에게 전보가 도착한 사건이라고 소개하는데, 동 사건은 매수 대신 매도라는 표시로서 전보가 도착된 사건이다): Schermaier, Bestimmung(2000), S. 540 참조.
한편 동 사건은 대부분의 표시주의자들이 그들의 주장의 정당성을 위해 즐겨 인용하던 사례였고, 이에 따라 많은 의사주의자들 역시 이 사례에 대한 입장을 언급하고 있다. 이 사례를 언급하는 모든 문헌의 예시에 대신해서, 여기서는 단지 Bähr, Irrungen(1875), S. 394.
한편 의사주의자 중, 이를 의사표시의 불합치의 문제로 파악하였던 Zitelmann의 견해에 관해서는 Zitelmann, in: 20.DJT Ⅳ(1889), S. 108f.
188) 이 사건의 내용 및 판결 내용에 관해서는 Reyscher, Das Telegraphenrecht, insbesondere die Haftpflicht aus unrichtiger oder verspäteter Telegraphirung, ZDR 19, 1859, S. 456ff(unbekannt Vorname: 논문에 이름이 기재되어 있지 않음).

의 계약의 이행을 위해 67, 198 Gulden 또는 38, 390 Thalen의 손해를 입었다. W는 O에게 이에 대한 배상을 청구하였다.

이 사건과 관련해서 기존의 의사주의자들은―특히 Jhering은―일치하는 의사가 존재하지 않는 표시는 무효로 되는 대신, 이를 Jhering의 계약체결상의 과실책임이론에 따라서 표의자의 손해배상의무를 인정함으로써, 표의자와 상대방의 이익관계를 조정하려고 하였다.[189] 이 경우에 표의자의 손해배상을 인정하기 위해서는 표의자의 과실이 그 요건이었다. 그러나 동 사건에서는 표의자인 O의 과실을 인정하기 어렵기 때문에,[190] 의사주의이론에 따르는 경우에는 W가 손해배상을 받을 수 없을 수도 있다는 문제점이 발생하였다.

이에 따라 표시주의자들은 의사주의에 의한 이론에 의하는 경우에는 동 사안에서 상대방이 충분히 보호될 수 없다는 점을 비판하면서, 상응하는 의사가 존재하지 않는 표시의 효력을 인정함으로써, 상대방의 신뢰를 보호하려고 하였다.

이러한 기본적인 입장 차이를 기반으로 해서, 19세기 중반 이후의 독일민법에서는 의사주의와 표시주의가 첨예하게 대립하게 되었다.

---

189) Jhering, culpa(1861), S. 6f, u. 106ff. 참조.
190) 그러나 이 전보사건과 관련해서, Jhering은 표의자가 위험(die Gefahr)을 야기했기(veranlasst) 때문에, 표의자에게 과책이 있다(verschuldet)고 주장한다. 그리고 그는 반문한다. "―이것이 과실이 아닌가?(―Ist dies keine culpa?)" 이에 관해서는 w.o. S. 111.

Ⅱ. 理論的 考察

1. Regelsberger의 理論

Regelsberger는[191] 계약의 경우에 한정해서, 다음과 같이 주장하였다.

계약체결에 있어서 의사표시를 발신한 자는, 계약체결 당시 상대방에게 알려져 있거나 알려진 것으로 전제된 상황에서, 상대방이 그 의사표시를 이해하였거나 이해해야만 하는 의미에 대해서 책임을 진다. 중과실에 기하지 않은 착오의 경우를 도외시한다면, 설령 착오가 다른 사실로부터 의심의 여지없이 인정된다고 할지라도, 그 표시와 다른 의사는 고려될 수 없다.[192]

이와 같이 Regelsberger는 계약에 있어서 중과실에 의한 착오의 경우에 한정해서, 표의자가 그 표시내용에 구속된다는 표시주의이론을 전개하였다.

---

191) 표시주의를 처음으로 주장한 견해가 누구의 견해인지에 대해서는 오늘날 여러 가지 의견이 분분하다. 예를 들어 Oebike, Wille(1935), S. 61은 표시주의의 발원이 Ernst Immanuel Bekker, Einfluß von Zwang und Irrtum, KritVj.3, 1861, S. 194에서부터 유래한다고 주장한다. 또한 적지 않은 오늘날의 문헌은 표시주의의 기원을 Röver의 견해나 Bähr의 견해로 판단한다. 따라서 그 기원을 누구로 할 것인가에 대해서는 오늘날 통일된 의견이 없다고 할 수 있다.
다만 19세기의 의사주의자들은 Regelsberger를 최초의 표시주의자로 인식하였다. 따라서 여기서는 표시주의가 발원하던 당시의 의사주의자들의 판단을 좇아 표시주의의 기원을 Regelsberger의 견해로 파악한다. 여기서의 의사주의자들의 인식에 관해서는 Ludwig Enneccerus, Rechtsgeschäft, Bedingung und Anfangstermin, N. G. Elwert, 1889, S. 70ff; Windscheid, Wille(1880), S. 73; Windscheid / Kipp, Pandekten 1, 9.Aufl.(1906), S. 376(Fn. 1a); Zitelmann, Willenserklärung(1878), S. 358.
192) Regelsberger, Erörterungen I(1868), S. 20.

2. Röver의 理論

1) Röver는 死因行爲와 生前行爲를 구별한 뒤, 전자의 경우에는 표시가 인식수단(Erkenntnissmittel)에 불과하지만,[193] 후자의 경우에는 표시가 구속수단(Bindemittel)이라고 주장하였다.[194]

이 중에서 生前行爲의 경우에는 표시가 구속수단이라고 하는 주장은 사물(표시) 자체의 본질(die Natur der Sache)을 그 논거로 한다.[195] 즉 표시를 하는 이유는 상대방에 대해서 스스로를 拘束하기 위한 것이며, 따라서 표시는 상대방에 대해서 "너는 나를 신뢰할 수 있다(Du kannst dich auf mich verlassen)"고 전달해야만 한다. 그런데 만일 표의자가 그의 의사의 흠결을 이유로 의사표시의 무효를 주장할 수 있다면, 표시는 구속수단(Bindemittel)으로서의 그의 목적을 잃게 될 것이다. 왜냐하면 표시가 표의자의 의사와 일치하는지의 여부가 불분명하다면, 그것은 이미 표시라고 볼 수 없기 때문이다.[196]

이런 이유로 Röver는 의사표시의 해석의 경우에는 단지 무엇이 표시되어 있는지에 대해서만 확정해야 할 것이며,[197] 표의자가 의도한 것으로 표시된 것이 표의자에 의해서 사실상 의도되어 있었는지의 여부는 고려할 필요가 없다고 주장하였다.[198]

이러한 그의 주장은 Jhering에 의한 계약체결상의 과실책임이론에 따른 손해배상의무나 Windscheid에 의한 착오를 한 자의 보증책임(Garantie Haftung)이 상대방의 보호를 위해서 충분하지 않다는 판단에

---

193) Wilhelm Röver, Ueber die Bedeutung des Willens bei Willenserklärung, Hermann Koch, 1874, S. 3.
194) w.o. S. 17ff.
195) w.o. S. 17.
196) 이러한 Röver의 주장은 채무(Verbindlichkeit)의 설명에 관한 Kant의 주장의 일부와 유사하다고 보인다. 이에 관해서는 Imanuel Kant, Metaphysische Anfangsgründe der Rechtslehre(Hrsg., Werner Ludwig), Felix Meiner, 1998, S. 255f.
197) Röver, Bedeutung(1874), S. 19, u. 29.
198) w.o. S. 19.

서 나온 이론이다. 이에 따라 그는 상대방을 위해서는 손해의 전보보다는 손해 자체를 입지 않게 하는 것이 더욱 좋은 방법이며, 손해배상제도 자체가 불완전한 제도라고 주장하였다. 나아가 표의자에게 과실이 없을 때에는 상대방이 손해배상을 받을 수 없게 되는데, 이는 상대방에게 매우 부당한 결과라고 문제를 제기하였다.[199]

결국 그는 생전행위의 경우에는 표시에 상응하는 의사의 부존재에도 불구하고, 그 표시가 무효로 되는 것이 아니라고 주장하였다.[200]

2) 그의 주장에 대한 의사주의의 반응은 대체로 다음과 같았다.[201]

첫째, 상대방의 신뢰나 거래질서의 보호를 위해서 의사가 없는 의사표시의 효력을 인정하자는 것은 실정법(de lege lata)의 해석이 아니라 해석을 통한 법의 창조(de lege ferenda)다.[202]

둘째, 착오로 인한 의사표시의 경우에 상대방에게 손해가 발생하면 그 손해만을 전보하는 것이 양자의 이익관계의 조정을 위해 합리적이며, 이를 넘어서 상대방에게 손해가 발생했는지의 여부를 묻지 않고서 표시의 효력을 인정하는 것은 표의자에게 너무 가혹하다.[203]

셋째, 손해액의 입증의 곤란성 때문에 손해배상제도가 불충분하다는 표시주의의 주장은 민법에서 해결할 문제가 아니라, 증거에 대한 법관의 自由心證主義(freie Beweiswürdigung vom Richter)와 같은 민사소송법의 문제로 이를 해결할 수 있다.[204]

---

199) Röver, Bedeutung(1874), S. 9ff.
200) w.o. S. 47.
201) 여기에서의 의사주의의 비판내용은 뒤에서의 표시주의자들의 주장에 대한 비판을 겸하고 있는 경우도 있다.
202) 여기에서의 실정법은 로마법의 法源을 의미한다.
한편 이를 지적하는 문헌으로는 Windscheid, Wille(1880), S. 81ff; Windscheid / Kipp, Pandekten 1, 9.Aufl.(1906), S. 376(Fn. 1a); Zitelmann, Willenserklärung (1878), S. 360.
203) Enneccerus, Rechtsgeschäft(1889), S. 78f; Unger, Behandlung(1888), S. 676ff; Windscheid, Wille(1880), S. 80f; Zitelmann, Willenserklärung(1878), S. 358.
204) Fridolin Eisele, Ueber Nichtigkeit obligatorischer Verträge wegen Mangels an

3. Bähr의 理論

Bähr는 다음의 두 가지 점을 그의 논의의 대상으로 삼았다.[205] 그 첫째는, Jhering의 계약체결상의 과실책임이론에 따른 소극적 손해배상이 상대방의 보호를 위해 충분한 것인지에 대한 의문이다. 둘째는, 이미 살펴보았던 電報事件을 합목적적으로 해결하는 방안을 찾는 것이었다. 또한 그의 관심의 영역은 Regelsberger와 마찬가지로 계약에 한정된 것이었다.

그는 우선 Jhering에 의해서 시도되었던 상대방의 보호라는 관점은 다양한 방법으로 해결될 수 있다고 하면서, 이를 위해서는 표의자의 내심적 의사를 결정적인 요소로 간주해서는 안 된다고 주장하였다.[206] 오히려 표의자는 이러한 계약의 목적을 지향하는 내심적인 의사 외에, 각 계약 당사자의 내부적 의사가 그의 의사의 외부적 현상에 따라서 평가될 수 있다는 점과 이러한 외부적 현상에 기초한 법률관계에 대해서 신뢰한 상대방에 대해서 그 책임을 지겠다는 점에 대해서 승인해야만 한다고 한다.

또한 이와 같은 선의의 신뢰에 따른 거래질서를 보호하기 위해서는 (zum Schutz des bona fide Verkehrs) 의무의 요건으로서의 의사의 개념을 내부적인 것으로 이해하기보다는, 오히려 일종의 의제적인 수단을

Willensübereinstimmung der Contrahenten, Jher.Jb. 25, 1887, S. 498ff; Enneccerus, Rechtsgeschäft(1889), S. 89ff; Mommsen, Haftung(1879), S. 52ff; Unger, Behandlung(1888), S. 681; Windscheid, Wille(1880), S. 105.
특히 제1초안의 입법이유서는 이러한 손해액의 입증의 곤란에 관한 문제제기가 정당한 측면이 없지는 않지만, 동 초안이 다양한 방법으로 그 해결을 고려하고 있다고 하면서, 오히려 이 문제의 해결을 위해 표의자를 표시 자체에 구속시키는 것은 너무 과도한 것이라고 한다. 이에 관해서는 Motive 1, S. 195 =Mugdan 1, S. 460.

205) Bähr, Irrungen(1875), S. 394ff; 다만 Bähr는 기존 학설의 명명백백한 흠결을 들추어낸 것은 Jhering의 공적이라고 평가한다. 이에 관해서는 Bähr, Irrungen(1875), S. 396.

206) Bähr, Irrungen(1875), S. 400.

통해(mittelst einer Fiktion), 경우에 따라서는 외부적 현상에 연결된 의사(오늘날의 표시상의 효과의사)를 가정할 필요가 있다고 한다. 즉 Bähr는 의사표시의 내용을 표의자에게 귀책하기 위한 요건을 표의자의 의사라고 생각하였지만, 의사와 표시가 일치하지 않는 경우에는 이러한 사실상의 의사가 존재하지 않기 때문에, 그 의사를 외부적인 현상인 표시로부터 추론되는 擬制的인 意思(die Fiktion des Willens)로 대체한 뒤,207) 이러한 擬制的인 意思를 근거로 해서 표의자에게 표시내용을 귀책시키려고 한 것이다. 이에 따라 그는 다음과 같은 주장을 하였다.

> 계약을 체결함에 있어서 귀책적인 방법으로 자기 의사의 외부적인 현상을 야기하였고, 그래서 상대방이 그 외부적인 현상으로부터 선의의 신뢰에 따른 권리(bona fide Rechte)를 취득하였다고 믿고 또한 믿을 수 있게 한 자는 사실상 그 상응하는 의사가 없었다고 주장할 수 없다. 그는 마치 그의 외부적인 현상을 사실상 의지하였던 것처럼, 그의 외부적인 현상에 대해서 책임을 진다.208)

다만 그는 위의 문장에 따른 내용이 로마법에서 일반적으로 발견될 수 있는 것은 아니라고 인정하면서, 위의 문장을 단지 제한적인 영역에서 적용해야 한다고 주장하였다. 이러한 영역으로는 로마법상에 근거가 있는 예외적 사례나, 사람들이 비록 의식하지는 못할 수도 있으나 일상적인 삶에서의 사물의 본질 안에(in der Natur der Sache) 이러한 사고가 깊이 투영되어 있는 영역을 열거하였다.209) 또한 의사의 의제는

---

207) Bähr는 의제적인 의사라는 용어나 의사가 의제된다(fingiert)고 하는 문장을 즐겨 사용하였다. 이 용어나 문장은 매우 많은 곳에서 발견되는데, 이에 관해서는 Bähr, Irrungen(1875), S. 401, 403, u. 407.

208) Bähr, Irrungen(1875), S. 401.

209) 여기서는 Bähr가 그의 표시주의적인 입장을 일반적으로 주장한 것이 아니라, 그가 로마법상 인정되고 있다고 생각되거나 일상적인 삶 속에서 발견되는 표시주의적인 거래모습이라고 생각되는 사례에 한해 동 원칙을 주장한 것이라는 점을 주목할 필요가 있다. 한편 Bähr가 열거한 각 사례에 관해서는 Bähr, Irrungen(1875), S. 401ff. 참조.

단지 상대방이 선한 신뢰를 한 경우에 한해서만 허용되어야 한다고 주장하였다.[210]

이러한 논리를 기초로, 그는 Jhering의 학설에 대한 비판과[211] 電報事件에 대한 그의 견해를 피력하는데,[212] 이때 그의 주장의 주요 내용은 다음과 같다.

첫째로, 표의자는 그의 과실의 유무에 관계없이 외부적인 현상에 귀책되어야 한다고 주장하였다. 이를 위해 그는 "표의자가 상대적으로 過失이 없다면, 상대방은 그보다 더욱 過失이 없다(Mag auch der Erklärende relative sehr unschuldig sein, so ist doch der ihm Gegenüberstende noch weit unschuldiger)"는 논리를 전개하였다.[213]

둘째, 손해배상에 의한 당사자의 이익조정 방법은 그 손해의 입증이 용이하지 않다는 점을 비판하였다.[214] 이는 이미 Röver에 의해 주장되었으며, 이에 대한 의사주의의 반론 역시 동일하다.

셋째, 소극적 이익이 적극적 이익을 초과하는 경우도 발생할 수 있기 때문에 손해배상방법에 의한 양 당사자의 이익조정 방법은 착오를 한 자에게도 불리한 경우가 발생할 수도 있다는 점을 지적하였다.[215]

---

210) Bähr, Irrungen(1875), S. 407.
211) w.o. S. 406ff.
212) w.o. S. 419ff.
213) w.o. S. 407.
　　본래 Bähr는 의사와 표시가 일치하지 않는 경우에도 그 표시내용에 따른 효력이 발생해야 하며, 이 경우에 표의자의 과실의 유무는 묻지 않는다는 의미에서 동 문장을 주장하였다. 그러나 이 논리는, 이후 독일민법 제2초안 제97조(독일민법 제122조)에서, 착오를 한 자의 과실 유무에 관계없는 손해배상의무가 규정되는 데 있어서, 결정적인 논리 중의 하나로서 작용하게 된다.
　　이 논리가 인용된 예로는 Otto v. Gierke, Der Entwurf eines bürgerlichen Gesetzbuches und das deutsche Recht, Duncker, u. Humblot, 1889, S. 167 참조.
214) Bähr, Irrungen(1875), S. 423, u. 427.
215) w.o. S. 423.
　　특히 이 논리는 이후 독일민법 제1초안 제97조 제3항에서 소극적 이익을 적극적 이익의 범위 내에서만 배상하도록 규정하는 데 영향을 준 것으로 보인다.

獨逸民法 制定 當時의 意思表示理論

Ⅰ. 意思表示의 效力要素

의사표시의 효력에 관한 독일민법 제1초안의 기본정신은 다음과 같은 기술에서 명확히 드러난다.

의사도그마도 이에 대립하는 도그마(신뢰원칙)도 상당히 변경되지 않고는 관철될 수 없고, 따라서 개별적으로 고려되는 사례들을 분리해서 고찰해야 한다는 점에 대해서는 어떠한 의문도 없다.

나아가 모든 제안은 의사도그마를 기초로 하고 있다. 그러나 개별적인 사례들을 논의하기 전에, 기본원칙으로서 의사도그마로부터 출발한다는 점과 이를 이유로 의사도그마를 법전에 기본원칙으로 표현해야 한다는 점을 미리 결정할 필요는 없다는 점에 대해서도 전원이 합의하였다.

다만 특별히 해결되지 않는 사례들에 대한 결정 근거가 없지 않도록 하기 위해서, 이후 의사도그마를 (법전에) 명확히 표현하는 결정을 할 수 있다는 점을 배제하지는 않는다.[1]

---

1) Protokolle Ⅰ-1, S. 171 =Beratung I, S. 588.

이와 같이 독일민법 제1초안은 의사주의의 기본 입장에 따라 의사도 그마를 원칙으로 하되, 예외적으로 의사도그마가 관철될 수 없다는 점을 명확히 하였다. 이때 의사도그마가 관철될 수 없는 영역은, 의사주의자들이 의사도그마의 예외를 인정하였던, 비진의표시와 중과실에 의한 착오의 경우를 의미하는 것으로 이해된다. 또한 의사도그마에 의해서 의사가 존재하지 않는 표시가 무효로 되는 경우, 표의자가 상대방에게 손해배상을 해야 한다는 원칙 역시 의사도그마가 아닌 상대방의 신뢰를 보호하기 위한 신뢰원칙에 기초한다.

이러한 이유로 독일민법 제1초안의 의사록에서는 비정상적인 의사표시의 효력을 결정하는 경우에는 개별적으로 고려되는 사례들을 분리해서 다루어야 한다고 기술하고 있는 것이다.

따라서 독일민법 제1초안은 의사주의의 입장에서 표의자와 상대방의 이익조정 방법을 채택한 것이라고 판단된다.

Ⅱ. 意思表示의 解釋規定

1. 독일민법 제1초안 제73조(독일민법 제133조)는 의사표시의 해석에 관해서 다음과 같이 규정한다.

독일민법 제1초안 제73조: 의사표시의 해석의 경우, 사실상의 의사가 탐구되어야 하며, 표현의 문자적인 의미에 구애되어서는 아니 된다.

1) 오늘날 이 규정은 의사표시의 해석의 경우에는 표현의 문자적인 의미를 해석해서는 안 되며, 단지 표의자의 사실상의 의사만이 탐구되어야 한다는 의미로 널리 이해되고 있다. 또한 이러한 이해는 동 규정

을 자연적 해석의 근거 규정이라고 주장하는 이유가 된다.

그러나 동 규정을 표의자의 의사만을 해석하고 이에 따라 그 의사만이 효력이 있다는 내용으로 이해하는 경우에는 정당하게 표시를 신뢰한 상대방이 보호될 수 없다는 난점이 발생한다.

이에 따라 학설은 독일민법 제133조를 상대방 없는 단독행위나 誤表示無害의 原則이 적용되는 경우에만 한정해서 적용하려고 한다. 그러나 이러한 방법은 계약을 포함한 모든 의사표시에 적용되어야 할 의사표시의 해석규정의 적용범위를, 법적 근거 없이, 애써 축소해석하는 방법론이다. 왜냐하면 '의사표시의 해석'에 관한 규정은, 문리적 해석의 경우에, 상대방 있는 의사표시에 적용되어야 할 뿐만 아니라, 최소한 두 개 이상의 의사표시를 포함하고 있는 계약에서도 당연히 적용되어야 하기 때문이다.

이와 같은 축소해석은 동 규정을 표의자의 의사만을 탐구해야 한다는 규정으로 이해하기 때문에 나오는 불가피한 해석방법이다. 그러나 독일민법 제133조에 의하면 표의자의 의사만을 탐구해야 한다고 이해하는 것은 동 규정의 입법취지와는 전혀 부합하지 않는 이해라고 할 수 있다.

2) 동 규정의 입법에 결정적인 영향을 미친 것은 Windscheid의 견해인 것으로 알려져 있다.[2] 이러한 Windscheid의 다음과 같은 문장은 독일민법 제1초안 제73조의 해석을 위해서 결정적으로 중요하다고 생각된다.

표시에서 의지된 것으로 표현된 것이 의지되어 있지 않을 수 있다. 표시는 (본래) 일정한 법적 효과가 발생해야만 한다. 그러나 이러한 법률효과의 발생이 의지되어 있지 않을 수 있다. 이와 같은 의사와 표시의 相

---

2) Windscheid가 독일민법 제133조에 깊은 영향을 준 점에 관해서는 Jury Himmelschein, Beiträge zu der Lehre vom Rechtsgeschäft, J. Bensheimer, 1930, S. 18ff. 참조.

違를 주장하는 자는 이를 입증해야만 한다. 이러한 의사와 표시의 불일치가 확정되면, 그 표시는 의지로서 표현된 법적 효력을 가질 수 없다. 이것이 원칙이다.3)

이러한 그의 주장에 따른다면, 동 조항은 다음과 같이 재구성될 수 있을 것이다.

의사표시의 해석의 경우, (표시의 문자적 의미가 의사표시의 내용으로 추정된다. 그러나 표시에 상응하는 의사가 존재하지 않았다는 것을 입증함으로써, 이러한 추정이 더 이상 가능하지 않을 수 있다. 따라서 표시의 내면에 존재하는) 사실상의 의사가 (역시) 탐구되어야 하며, 표현의 문자적 의미에(만) 구애되어서는 아니 된다. (표시와 상응하는 의사가 존재하지 않는다는 것을 입증함으로써, 표현의 문자적 의미는 원칙적으로 법적 효력을 가질 수 없다).4)

이와 같이 동 규정은 의사표시의 해석의 경우에 표시의 문자적 해석을 도외시하고 표의자의 사실상의 의사만을 해석해야 한다고 규정하고 있는 것이 아니라, 표시의 문자적 의미를 우선적으로 해석한 뒤, 이에 상응하는 의사가 존재하는지의 여부도 아울러 탐구함으로써, 의사와 표시가 일치하고 있는지의 여부를 확정해야만 한다는 규정이라고 할 수 있다.

2. 독일민법 제133조의 해석과 관련해서 중요한 점은 Windscheid와 독일민법 제1초안의 입안자들이 동 조항을 상대방 없는 단독행위뿐만

---

3) Bernhard Windscheid / Theodor Kipp, Lehrbuch des Pandektenrechts Bd. I, Jurius Buddeus, 9.Aufl. 1906, S. 376.
한편 비진의표시의 경우와 표의자의 중과실에 의한 착오의 의사표시는 이러한 원칙의 예외에 속한다. 이에 관해서는 Windscheid, Bernhard, Wille und Willenserklärung, AcP 63, 1880, S. 98; Windscheid / Kipp, Pandekten 1, 9.Aufl.(1906), S. 379(Fn. 1c) 참조.
4) ( ) 안의 내용은 독일민법 제133조의 올바른 해석을 위한 필자의 임의적인 첨가이다.

아니라 계약을 포함한 상대방 있는 의사표시의 해석규정으로 규정하였다는 점과 이 경우에 오늘날의 독일의 통설인 규범적 해석으로서의 상대방 지평설(Empfängerhorizot)을 명시적으로 반대하였다는 점이다.

우선 첫 번째의 문제는 동 조항을 의사와 표시의 일치 여부를 확정해야만 한다는 의미로 새길 때, 이를 당연히 계약을 포함한 상대방이 있는 의사표시의 경우에도 적용할 수 있을 것이다.

한편 후자의 경우, 사실 Windscheid의 초기 학설은, Jhering에 의해서 주장된,[5] 계약의 의사표시의 해석에 관한 상대방 지평설을 수용하였다.[6] 그러나 이후 Windscheid는 그의 견해를 변경하면서, Jhering에 의한 상대방 지평설에 따른 규범적 해석론을 비판하였다.[7]

상술한 문장[8]에 관해서 올바른 것은 다음과 같다. 한 당사자가 무엇에 대해서 동의했는지 문제된다면, 각 당사자는 상대방의 표시의 의미에 대한 자신의 이해를 토대로 해서 권리가 발생한다. 즉 일방 당사자는 단지 그가 상대방의 표시에서 발견한 의사내용에 대해서만 동의하였다.

그러나 그가 상대방에 의해서 표시되어 있지 않은 의미로 상대방의 의사에 대해서 동의하였다면, 그는 이 의미에 따른 권리를 취득할 수 없다. 상대방의 표시의 의미에 대한 일방 당사자의 이해는 그에게는 결정적인 것이지만, 이러한 이해가 상대방을 구속하는 것은 아니다. 일방 당사자가 상대방의 표시의 의미에 대해서 착오를 함으로써, 계약의 본질적 부분에 대해서 의사표시가 합치하지 않을 수 있다. 그렇다면 그 계약은 무효이다.[9]

이러한 의사주의에 기초한 Windscheid의 의사표시의 해석론은 그가

---

5) Rudolf v. Jhering, Culpa in contrahendo, Jher.Jb. 4, 1861, S. 72(Fn. 78).
6) Windscheid, Pandekten 1, 4.Aufl.(1875), S. 231(Fn. 11).
7) Windscheid, Wille(1880), S. 106f; Windscheid, Pandekten 1, 5.Aufl.(1879), S. 236; Windscheid / Kipp, Pandekten 1, 9.Aufl.(1906), S. 446(Fn. 11).
8) 여기서의 상술한 문장은 Jhering에 의한 계약에 있어서의 상대방 지평설에 따른 의사표시의 해석론을 의미한다.
9) Windscheid, Wille(1880), S. 107.

과거의 Jhering의 학설에 영향을 받은 상대방 지평설을 포기함으로써, 그 이론적 일관성을 유지하게 될 수 있었다. Jhering의 상대방 지평설에 따르면, 표의자는 물론이고, 경우에 따라서는 (상대방이 인식가능한 표시내용과 상대방의 사실상의 인식이 다른 경우) 상대방 역시 그의 의사와 일치하지 않는 표시에 구속될 수 있기 때문이다.

독일민법 제1초안 제73조의 입법이유서에는 이상과 같은 Windscheid 의 주장이 충실하게 반영되어 있다.

> 계약의 경우에 일방 당사자의 표현의 사실상의 의미가 아니라, 타방 당사자가 그에게 주어진 사정 아래서 일방 당사자의 표현을 어떻게 이해 해야만 했는지가 중요하다는 보통법에서의 주장은 유지될 수 없다.[10]

Ⅲ. 錯誤로 인한 意思表示

1. 錯誤의 類型

1) 內容의 錯誤와 表示의 錯誤

독일민법 제1초안 역시 표시의 착오(Irrtum in der Erklärungshandlung)와 내용의 착오(Irrtum über den Inhalt der Erklärung)의 구별을 알고 있었지만, 이 구별을 입법화하지는 않았다. 그 근거는 양자 모두 의사와 표시가

---

10) Motive 1, S. 155 = Mugdan 1, S. 437f.
　　한편 입법이유서의 내용과 Windscheid의 견해를 보다 자세히 비교하기 위해서는 Windscheid / Kipp, Pandekten 1, 9.Aufl.(1906), S. 446f; Windscheid, Wille(1880), S. 106f. 참조.

불일치한다는 점에 대해서 차이가 없기 때문에, 이러한 구별이 실무상 중요한 의미를 갖지 못한다는 점에 있었다.[11]

이러한 제1초안의 입법방향은 Windscheid의 견해와 일치한다. 즉 표시의 착오(Irrtum in der Erklärungshandlung)와 내용의 착오(Irrtum über den Inhalt der Erklärung)라는 표현은 Windscheid의 내용의 착오(der in der Erklärungshandlung bezeichnete Willensinhalt ist nicht gewollt)와 표시의 착오(die Erklärungshandlung ist nicht gewollt)의 구별과 일치할 뿐만 아니라,[12] 이러한 구별에도 불구하고 양자 어느 경우에나 의사표시의 효력이 무효로 되는 점에는 차이가 없기 때문에 그 구별을 중요하지 않은 것으로 여긴 점에서도 독일민법 제1초안과 Windscheid의 견해는 일치하였다.[13]

2) 動機의 錯誤

독일민법 제1초안 제102조는 동기의 착오와 관련해서 다음과 같이 규정한다.

독일민법 제1초안 제102조: 동기의 착오는, 법률에서 달리 정하지 않는 한, 법률행위의 효력에 영향을 미치지 않는다.

이와 같이 독일민법 제1초안이 동기의 착오에 관해서 일반적인 규정을 두지 않고 이를 개별 법률에서 규율하려고 한 이유는, 동기의 착오

---

11) 이에 대해서는 Motive 1, S. 196＝Mugdan 1, S. 460f; Protokolle Ⅰ-1, S. 177f.＝Beratung Ⅰ, S. 591f; Protokolle Ⅰ-1, S. 180(Beschlüsse Nr. 2)＝Beratung Ⅰ, S. 593 참조.
12) Windscheid / Kipp, Pandekten 1, 9.Aufl.(1906), S. 386.
13) Windscheid / Kipp, Pandekten 1, 9.Aufl.(1906), S. 387(Fn. 3). 여기에서 Windscheid는 Brinz나 Hölder의 경우에는 표시의 착오의 경우에만 의사와 표시의 불일치를 인정하며, 내용의 착오의 경우에는 이를 相對的인 無效로 해야 한다고 주장하는 점을 소개하면서, 이에 동의하지 않고 있다.

를 포함한 목적물의 성질에 관한 문제를 명확히 규정하는 경우에, 그 규정이 심한 논쟁의 대상이 될 수 있음을 우려하였기 때문이다.[14] 이러한 이유로 동 초안에서는 이에 관한 적극적인 입법을 포기하였다. 다만 목적물의 성질과 관련해서 착오를 한 자를 보호할 사실상의 필요성이 있는 경우에는 착오를 한 자에게 귀속된 그 밖의 법적 구제수단에 따라서 착오를 한 자를 보호하려고 하였다. 이때 그 법적 구제수단으로는 양도된 물건의 瑕疵로 인한 瑕疵擔保責任에 관한 규정(동 초안 제381조 이하), 상대방의 惡意로 인한 取消權과 이에 따른 不法行爲法의 損害賠償責任에 관한 규정(동 초안 제103조, 제704조,[15] 제705조[16]) 및 默示的으로 정한 條件의 效力에 관한 규정(동 초안 제137조[17] 참조) 등이 중요한 예로써 예시된다.

이때 여기서 默示的으로 정한 條件은 Windscheid의 前提條件을 의미하는 것이라고 생각된다. 왜냐하면 조건은 명확히 표시되어 있을 것을 요건으로 하기 때문에, 이때의 묵시적 조건은 조건으로 발전되지 않은 전제조건을 의미하는 것이기 때문이다. 따라서 독일민법 제1초안은 동기에 관한 착오를 한 자를 개별적인 법률수단에 의해서 보호하려고 했으며, 여기에는 Windscheid의 전제조건론에 따른 구제수단도 포함되어 있다고 할 수 있다.[18]

---

14) Motive 1, S. 199 = Mugdan 1, S. 462.
15) 불법행위에 의한 손해배상의무에 관한 독일민법 제823조 참조.
16) 양속위반에 의한 손해배상의무에 관한 독일민법 제826조 참조(다만 독일민법 제826조가 양속위반의 고의적 가해에 한정해서 그 손해배상의무를 인정했음에 반해, 독일민법 제1초안 제705조는 고의적 가해라는 한정적 요건을 규정하지 않았다).
17) 독일민법 제1초안 제137조: 1. 조건이 법률행위 당시 이미 성취한 것인 경우에는 그 조건이 정지조건이면 조건 없는 법률행위로 하고 해제조건이면 그 법률행위는 무효로 본다. 반대의 결과는 그 조건이 법률행위의 당시 이미 성취할 수 없는 경우에 발생한다.
2. 조건의 성취나 불성취가 알려져 있지 않은 한, 제133조의 규정이 준용된다.
3. 조건을 붙일 수 없는 법률행위의 경우에는, 법률이 이를 달리 정하지 않는 한, 제1항에서와 같은 조건을 붙이는 것 역시 허용될 수 없다.
18) 독일민법 제2초안의 제정에 영향을 미친 제20회 독일 법률가 대회의 학술회의에서, Zitelmann은 법규정에 포함될 수 없는 동기의 착오와 관련된 문제들을

이러한 전제조건론에 기초한 규정(법률에서 달리 정한 규정)으로는
제1초안 제742조가 주목된다.[19)]

　　　제1초안 제742조: 명시적이거나 묵시적으로 표시된 미래의 사건이나
　법률효과에 대한 발생이나 불발생의 전제조건 아래서 급부를 한 자는,
　그 전제조건이 성취되지 않은 경우, 상대방에 대해서 그 급부한 것의 반
　환을 요구할 수 있다.

　이 외에도 諾成 消費貸借契約을 규정한 제1초안의 제458조(2002년
의 채권법 개정 전의 독일민법 제610조)나 채권법 개정 전의 독일민법
제321조 역시 前提條件論의 법제화의 한 형태로 알려져 있다.[20)]

2. 本質的 錯誤

독일민법 제1초안 제98조는 착오로 인한 의사표시에 관해서 다음과
같이 규정한다.

　　　독일민법 제1초안 제98조: 사실상의 의사와 표시된 의사의 불일치가
　표의자의 착오에 근거한 경우, 표의자가 진실한 사실을 알았다면 그 의

　Windscheid의　前提條件論에　따라서　해결하자고　주장하였다.　이에　관해서는
　Zitelmann, in: 20.DJT Ⅳ(1889), S. 110.
19) 그러나 동 조항은 거래질서의 안전을 해할 위험이 있다는 이유로 독일민법 제2초
　안을 위한 제2차 위원회에서 삭제되었다. 다만 동 위원회는 동 조항의 전체 내용
　을 부정한 것은 아니었고, 이 중에서 특히 非債辨濟에 의한 不當利得返還請求權
　(conditio indebiti)과 目的不到達에 의한 不當利得返還請求權(conditio ob rem;
　conditio ob causam datorum)을 인정함으로써, 前提條件論과 관련되어 나타날 수
　있는 많은 문제가 해결될 수 있을 것이라고 생각하였다. 이상에 관해서는 Protokolle
　Ⅱ-2, S. 2952ff.=Mugdan 2, S. 1173f. 참조.
20) 이에 관해서는 Hans Brox, Die Einschränkung der Irrtumsanfechtung, C. F. Müller,
　1960, S. 40f. 참조. 다만 상술된 2개의 조항은 2002년의 개정 채권법이 제313조에
　서 行爲基礎理論에 관한 일반 규정을 명문화함으로써, 각각 삭제되었다.

사표시를 하지 않았을 것이라는 것이 인정될 수 있으면, 그 의사표시는 무효이다. 그 반대의 경우에는 의사표시가 유효이다.

의심스러운 경우에는, 다른 종류의 법률행위, 다른 목적물에 대한 법률행위의 관련성 또는 다른 사람과의 법률행위의 효력이 의도되어 있다면, 그 의사표시를 하지 않았을 것이라고 인정될 수 있다.[21]

1) 착오의 본질적 부분을 객관적 기준으로부터 주관적 인과관계의 문제로 전환시킨 Windscheid는 독일민법 제1초안의 입법위원으로서, 다음과 같은 안을 제출함으로써, 그의 이론을 입법화하려 하였다.

§ 98: 제1항 착오로 의지되지 않은 것을 의지된 것으로 표시한 의시표시는 무효이다.

§ 99: 착오를 한 자가 의지된 표시의 일부분에 관해서 의지하지 않은 경우, 그가 그 의지한 것이 없다면 나머지 부분 역시 의지하지 않았을 것이라는 것이 인정되는 때에는, 그 전체의 의사표시가 무효이다.[22]

한편 독일민법 제1초안을 위한 입법위원회에서는 Planck가 상당한 착오와 관련해서 Windscheid와는 다소 구별되는 다음과 같은 내용의 입법을 제안하였다.

단지 표의자가 진실한 사실을 알았다면 그 표시를 하지 않았을 것이라는 것이 인정되는 경우에 한해, 표의자의 착오로 인한 의사표시와 의사표시의 불일치가 고려된다.

의심스러운 경우에는, 특히 다른 종류의 법률행위, 다른 목적물에 대한 법률행위 또는 다른 사람과의 법률행위가 의도되어 있는 때에, 그 불일치가 인정될 수 있다.[23]

---

21) Mugdan 1, S. LXXXⅢ 참조.
22) Protokolle Ⅰ-1, S. 166(Antrag Nr. 34)=Beratung I, S. 585.
23) Protokolle Ⅰ-1, S. 164(Antrag Nr. 24, 5)=Beratung I, S. 584.

Windscheid의 입법안과 Planck의 입법안의 궁극적 차이는 Savigny의 부진정한 착오론의 영향을 받았는지의 여부에 따라서 구별될 수 있다.

즉 Savigny의 부진정한 착오론에 따르면, 의사와 표시의 불일치는 곧 표시에 상응하는 의사의 부존재를 의미한다. 따라서 표시의 전부가 아닌 그 표시의 일부분(법률행위의 종류, 법률행위의 상대방 또는 법률행위의 목적물 등)에만 의사가 없는 경우에는, 전체의 표시는 그 해당하는 일부분에 대해서만 의사가 부존재하게 된다. Windscheid는 이러한 Savigny의 부진정한 착오론에 기초해서, 그 해당부분에 대해서 의사가 존재하지 않는 경우에, 표의자가 그 전체의 의사표시를 의지할 것인가의 여부에 대한 표의자의 假想的인 意思를 기준으로 의사표시의 효력을 결정하려고 한 것이다.

이에 반해 Planck에 의해서 제안된 입법안은 Savigny의 부진정한 착오론과는 관련성이 적다. 즉 Planck는 착오를 표시에 상응하는 의사의 부존재의 문제가 아니라, 일정한 잘못된 표상으로부터 기인하는 (사실상 존재하고 있는) 착오로 인한 의사와 표시된 표시내용의 불일치의 문제로 이해하고 있다. 이에 기초해서 그는 표의자가 잘못된 표상 대신 올바른 표상을 한 경우의 표의자 의사를 가정하고, 그 올바른 표상의 경우에도 표의자가 의사표시를 의지했을 것이라고 인정된다면 의사표시의 효력을 인정하는 반면, 표의자가 그 의사표시를 의욕하지 않았을 것이라고 인정되는 경우에는 의사표시가 무효로 된다는 것이다.

이러한 양자의 차이에서 발생하는 중요한 문제는 의사표시의 동기의 착오에 대한 법적 규율방법이다. 즉 Windscheid는 의사표시의 일정한 부분만이 의사표시의 효력에 영향을 미치는 본질적 구성부분이라는 기본 사고 자체를 포기한 것은 아니다.24) 다만 그는 일정한 본질적 구성

---

24) Windscheid는 그의 입법제안의 § 100에서 여전히 상대방이나 목적물에 관한 착오와 그 성질에 관한 착오를 구별하고, 이에 대한 각각의 법률효과를 규정하고 있다(법률관계에 관한 착오가 규정되지 않은 이유는 당시의 학설이 그 착오에 관해서는 언제나 본질적 착오가 된다는 점에 일치하고 있었기 때문에 그 특별한 규정의 필요성이 없었기 때문인 것으로 생각된다). Windscheid의 입법제안 § 100에

부분도 표의자에게 중요하지 않을 수 있으며, 반대로 일정한 비본질적 구성부분도 표의자에게 중요한 부분이 될 수 있다는 점에 근거해서, 표의자의 주관적인 가상적 의사를 기준으로 본질적 착오의 여부를 보완하려고 한 것이다. 따라서 의사표시의 동기의 착오는 원칙적으로 여전히 법률관계에 영향을 미치지 않았다.[25]

이에 반해 Planck의 견해는 의사표시의 본질적 부분을 원칙적으로 포기하고, 본질적 착오의 결정 여부를 단지 표의자의 주관적 인과관계의 문제로 파악하였다. 다만 그 주관적 인과관계에 따른 본질적 착오의 결정 여부가 의심스러운 경우에는 그 본질적 구성부분들이 보조적으로 고려될 뿐이었다. 따라서 본래 Savigny에 의해서 의사표시의 비본질적 부분으로 분류되었던 의사표시의 동기의 착오 역시, 순수하게 Planck의 입법안의 개념에만 따르게 된다면, 그 主觀的 因果關係의 기준에 따라서 본질적 착오로 될 수도 있었다.

2) 이러한 차이점에도 불구하고, Windscheid의 입법안과 Planck의 입법안은 본질적 착오의 결정기준을 표의자의 주관적 인과관계에 따른 일반원칙에 의해서 판단하고자 하였던 점에서는 공통점이 있었다.

이러한 일반원칙의 설정에 대해서는 그 일반원칙이 재판관에 대한 決定規範(Entscheidungsnorm)으로 될 수 없고, 이에 따라 본질적 착오

관해서는 Protokolle I－1, S. 166f.(Antrag Nr. 34)＝Beratung I, S. 586.

25) Windscheid는 착오적 표상에 따른 의사가 비록 표의자의 진실한 의사(der wahre Wille)는 아니지만, 사실상 존재하는 의사(ein wirklich vorhandener Wille)라고 한다. 이에 관해서는 Windscheid / Kipp, Pandekten 1, 9.Aufl.(1906), S. 402f.
또한 그는 표시에 상응하는 의사의 존부가 문제되는 경우에는 표의자의 사실상의 의사(der wirkliche Wille)라는 용어를 사용한 반면, (causa를 포함하는) 동기의 착오의 경우에 있어서처럼, 결과로서의 법률관계의 상태와 표의자의 애초의 의도의 일치 여부가 문제되는 경우에는 진실한 의사(der wahre Wille)나 본래의 의사(der eigentliche Wille)라는 용어를 사용하였다. 즉 그에게 있어서 사실상의 의사와 진실한 의사는 엄격히 구별되어 있었던 것이다.
이러한 사실상의 의사와 진실한 의사의 구별에 관해서는 Windscheid / Kipp, Pandekten 1, 9.Aufl.(1906), S. 510 참조.

의 판단 여부가 재판관의 恣意(Willkür)에 따라서 결정될 수 있다는 우려와 함께, 본질적 착오의 결정을 여전히 객관적인 본질적 구성부분에 따라서만 결정해야 한다는 반론도 있었다.[26] 또한 본질적 부분의 객관적 기준을 통해 상당한 착오를 상당하지 않은 착오 및 동기의 착오와 명확히 구별할 수 있다는 실무상의 이익이 있다는 점도 주장되었다.[27]

그러나 법률행위의 비본질적 요소가 의사결정에 본질적 영향을 미칠 수 있는 반면, 본질적 요소라고 할지라도 의사결정에는 영향을 미치지 않을 수도 있다는 반론이 제기되었다. 이에 따라 독일민법 제1초안 제98조는 착오를 한 자의 주관적 인과관계를 기준으로 착오의 본질성 여부를 정하는 규정을 두었다.

3. 錯誤의 免責可能性

독일민법 제1초안은 제99조에서 착오를 한 자에게 중과실이 있는 경우에는 그 의사표시가 유효인 반면, 경과실의 경우에는 그 의사표시는 무효이고, 착오를 한 자에게 단지 손해배상의무만이 발생한다고 규정한다.

독일민법 제1초안 제99조: 제98조의 규정[28]에 따라서 무효로 간주될 수 있는 의사표시의 경우, 그 표의자에게 중과실이 있다면 그 의사표시는 유효이다.

표의자에게 중과실이 아닌 과실이 있는 경우에 그는 상대방에게 제97조 제3항의 기준[29]에 따라서 손해배상의 책임을 진다.

제1항과 제2항의 규정은 상대방이 착오를 알거나 알아야만 했을 때에

---

26) Protokolle Ⅰ-1, S. 179 = Beratung Ⅰ, S. 592.
27) Motive Ⅰ-1, S. 198 = Mugdan 1, S. 462.
28) 상당한 착오를 정하는 규정에 관해서는 전술한 118면 참조.
29) 제97조 제3항의 기준이라 함은 소극적 이익의 배상액이 적극적 이익의 배상액을 초과할 수 없다는 규정을 의미한다.

는 적용되지 않는다.

1) 독일민법 제1초안 제98조의 규정은 Windscheid의 입법안과 동일한 내용을 담고 있다. 이와 관련한 Windscheid의 입법안은 다음과 같다.

§ 98: 착오로 意志되어 있지 않은 것이 意志된 것으로 표시되어 있는 의사표시는 무효이다. 표의자에게 중대한 과실이 있고, 상대방이 그 착오를 알지 못했고 알아야만 하지도 않다면, 그 의사표시는 유효이다.
착오를 한 자에게 중대한 과실이 없다면, 표의자는 착오를 알지 못했고 알아야만 하지도 않았던 상대방에게 손해배상의 책임이 있다.[30]

이와 같이 Windscheid는 그의 입법안에서, 착오를 한 자에게 중대한 과실이 있는 경우에는 그 의사표시가 유효로 되어야 한다고 주장한 반면, 그 외에 착오를 한 자는 과실의 유무에 관계없이 손해배상의무를 배상해야 하는 것으로 규정하고 있다. 즉 착오를 한 자에게 과실이 없는 경우에도 그가 손해배상의무를 부담한다는 것이다. 그러나 이미 살펴본 바와 같이, Windscheid는 그의 이론에서 과실이 없이 착오를 한 자는 언제나 면책된다고 주장하였기 때문에,[31] 여기서의 Windscheid의 입법안은 단지 문맥상의 실수인 것으로 여겨진다.[32]

2) 독일민법 제1초안 제99조의 손해배상의무와 관련해서는 특히 다음과 같은 점이 주목될 수 있다. 그 첫째는 경과실에 있어서 손해배상의무를 특별히 규정한 이유가 무엇인가 하는 점이다. 이는 그 손해배상의무가 不法行爲法上의 責任인지, 契約法上의 責任인지 또는 그 중간적 영역으로 인정되었던 契約締結上의 過失責任인지의 여부와 관련된 문제이다. 적어도 그 손해배상의무가 불법행위법상의 책임이거나 또

---

30) Protokolle I-1, S. 166 =Beratung I, S. 585.
31) 이에 관해서는 상술한 91면 참조.
32) 이와 동일한 견해로는 Schermaier, Bestimmung(2000), S. 625 참조.

는 계약법상의 책임이라면, 이는 그 손해배상에 대한 각각의 영역에서의 규정(독일민법 제1초안 제219조 이하 및 제704조 참조)만으로 충분함에도 불구하고 이를 특별히 규정한 이유가 무엇인가에 대한 의문이 들게 되기 때문이다. 이와 관련해서 독일민법 제1초안의 입법자들은 이에 대한 결정을 유보하고 그 해결을 학설에 위임하였다.

개념적으로 계약체결상의 책임의 근거를 타인의 권리 영역에 대한 침해로 환원할 수 있는지의 여부, 즉 이를 불법행위에 따른 책임으로 환원해야 하는지 또는 법률행위에 따른 의무의 위반으로 환원해야 하는지의 여부는 그 해결을 학설에 일임할 법체계적인 문제(eine Konstruktions - frage)이다.33)

다음으로 위의 문제와 관련해서 착오를 한 자의 주의의무에 대해서 고찰할 필요가 있다. 여기서는 표의자가 어떠한 주의의무를 해태한 경우에, 그의 과실이 인정되는지의 문제가 고찰될 수 있다.

이 경우에 중요한 점은 독일민법 제1초안의 입법자들은 적극적 이익과 소극적 이익의 주의의무를 구별하고 있었다는 점이다.34)

우선 동 초안의 입법자들은 소위 계약체결상의 과실이 문제되는 경우, 그 책임져야 할 害가 되는 사건은 법률행위의 불성립이 문제되는 것이 아니라, 허용되지 않는 표시를 한 것이 문제라고 이해하고 있었다. 다시 말하면, 법률행위의 불성립이 문제되는 것이 아니라 법률행위의 과정에서 발생한 의사 없는 표시라는 표시행위 자체가 문제되는 것이다(意思責任에 대비되는 개념으로서의 表示責任). 이는, 이미 살펴본 바와 같이, Windscheid가 착오를 한 자의 손해배상의무는 순수한 행위책임이라고 하는 주장과 동일한 의미를 갖는 것이다.35)

---

33) Motive 1, S. 195 =Mugdan 1, S. 460.

34) 이하는 Motive 1, S. 195f.=Mugdan 1, S. 460과 Windscheis, Wille(1880), S. 104ff. 를 비교할 것: 또한 Protokolle I-1, S. 186ff.=Beratung I, S. 596f. 참조.

35) 이에 관해서는 전술한 97면 참조.

 즉 의사주의의 입장에서는 원칙적으로 표시에 상응하는 의사가 존재하는 경우에만 그 의사표시가 효력이 있다고 주장하기 때문에, 그 의사가 부존재하는 경우에 문제가 되는 계약체결상의 과실책임의 경우에는 법률행위의 성립에 관한 주의의무는 발생할 여지가 없다. 따라서 표의자의 주의의무(意思의 緊張: Willensanstrengung) 역시 법률행위의 성립 자체가 아니라, 그의 행위를 통해 상대방이 법률행위의 성립에 대해서 신뢰하였고 이로 인해서 상대방이 손해를 입는 것을 방지해야 하는 점에 있는 것이다.

 이와 같이 계약체결상의 과실책임이 문제되는 경우에는 법률행위의 성립에 관한 주의의무가 발생하는 것이 아니었다. 따라서 손해배상 역시 법률행위의 성립과 관련된 적극적 손해의 배상이 문제되는 것이 아니라, 표의자의 표시(행위)가 없었다면 발생하지 않았을 소극적 손해가 문제되는 것이었다.

▶ 제2절 獨逸民法 第2草案의 立法 內容

Ⅰ. 意思表示의 效力要素

 1. 독일민법 제1초안은 표시에 상응하는 의사가 부존재하는 경우에는 그 표시가 원칙적으로 무효라고 함으로써, 표의자의 의사를 의사표시의 가장 중요한 효력요소로 하는 의사도그마의 원칙에 입각해 있었다.

한편 독일민법 제2초안 제94조는 착오를 한 자가 그의 행위를 취소할 수 있다고 규정한다. 이는 독일민법 제1초안 제98조가 착오의 의사표시는 무효라고 규정하였던 점과 차이가 있는 부분이다.

이때 착오의 取消可能性이 어떤 의미를 가지는가의 문제는 독일민법 제2초안이 비정상적인 의사표시의 효력에 대해서 근본적으로 어떠한 결단을 하였는지를 알 수 있게 하는 중요한 문제이다. 왜냐하면 본래 의사주의와 표시주의는 특히 착오로 인한 의사표시의 법률효과를 중심으로 대립하였던 이론이기 때문이다. 따라서 착오로 인한 의사표시의 효력에 대한 법적 성질을 확정하는 것은 비정상적인 의사표시의 법률효과가 어떠한 원칙에 기초하는지를 판단하는 기준이 될 수 있다.

특히 후술하는 효력주의는 독일민법 제2초안에서 착오의 효과가 무효에서 취소로 변경된 점을 제2초안이 제1초안과 근본적으로 다른 원리에 따르는 것으로 이해하고, 이를 이유로 의사주의가 더 이상 타당할 수 없다는 입장을 취한다.

그러나 착오에 있어서의 취소가능성의 의미는 의사도그마의 원칙을 보다 강화한 법률효과라고 이해해야 할 것이며, 이러한 이유로 독일민법 제2초안 역시 근본적으로 의사도그마에 기초하고 있었다고 볼 수 있다.

이러한 주장의 근거를 위해서는 착오의 효과를 취소할 수 있는 행위로 규정할 것을 주장하였던 Unger, Mitteis와 Zitelmann의 견해를 살펴볼 필요가 있다.

2. Unger는 본질적 착오의 경우에 그 효과가 무효로 된다면, 착오를 한 자를 제외한 상대방이나 제3자 역시 그 (의사)표시의 무효를 주장할 수 있게 되는데, 이것이 타당한 것인가에 대해서 의문을 제기하였다.[36] 왜냐하면 착오를 한 자가 스스로 착오로 인한 표시의 효력을 인정하는 경우에는 상대방이나 제3자가 신뢰한 내용대로 표시의 효력이 발생하기

---

36) Joseph Unger, Über die legislative Behandlung des wesentlichen Irrthums bei obligatorischen Verträgen, GrünhutsZ. 15, 1888, S. 685f.

때문이다.

이에 따라 그는 법질서가 착오를 한 자에게 그의 원시적으로 결여된 의사를 사후적으로 공급하고(hinterher zu supplieren), 그 법률행위를 사후적으로 추인하는 것(nachträgliche zu genehmigen)을 허용해야 한다고 주장하였다. 즉 착오로 인한 의사표시의 법률효과는 상대적인 무효(relative Nichtigkeit)여야 한다는 것이다.

그는 이러한 상대적 무효와 함께, 선의의 상대방의 보호를 위해서 착오를 한 자의 무조건적인 손해배상의무(unbedingte Pflicht zur Entschädigung)를 인정해야 한다고 주장하였다.

3. Mitteis는 착오의 법률효과로서의 취소를 이미 Savigny가 인정하고 있었다고 주장하였다.[37] 즉 Savigny는, 상대방에 관한 착오의 경우, 착오를 한 자가 그의 착오를 발견한 후에는 事後的 追認을 통해서(durch spätere Genehmigung) 착오의 결과를 형식적으로 제거할 수 있다고 기술하고 있는데,[38] 이때 착오의 효과가 절대적 무효라면 이는 당사자의 의사를 통해서 사후적으로 치유될 수 없는 것이다. 따라서 Mitteis는 Savigny가 이미 암묵적으로나마 하자 있는 표시의 상대적 무효를 인정하고 있었다고 주장하였다.

4. Zitelmann은, Unger나 Mitteis의 주장을 수용하면서, 착오의 법률효과를 표의자의 의사에 의존하는 상대적 무효인 取消可能性(Anfechtbarkeit)으로 정할 것을 주장하였다.[39]

---

37) Ludwig Mitteis, Zur Lehre von der Ungiltigkeit der Rechtsgeschäfte, Jher.Jb. 28, 1889, S. 124f.

38) Friedrich Karl v. Savigny, System des heutigen Römischen Rechts, Veit, Bd.Ⅲ, 1840, S. 271f.

39) Ernst Zitelmann, Die Rechtsgeschäfte im Entwurf eines bürgerlichen Gesetzesbuches für das Deutschen Reich, in: Bekker / Fischer(Hrsg.), Beiträge zur Eräluterung und Beurtheilung des Entwurfes eines bürgerlichen Gesetzbuches für das Deutschen Reich, Bd. I, 10.Heft 1890, S. 17f.

왜냐하면 착오의 경우에 의사표시가 무효로 되는 이유는 본래 표의자의 이익을 보호하기 위한 것이었고, 또한 사적자치의 영역에서는 그 당사자의 의사 없이는 의사표시의 효력이 발생하지 않는 것이기 때문에, 착오를 한 자가 그의 결여된 의사를 사후에 보충할(den fehlenden Willen nachzuholen) 것인가의 여부 역시 스스로 결정할 수 있어야 하기 때문이라는 것이다. 즉 착오의 법률효과를 취소로 정할 것을 주장한 이유는 착오를 한 자가 그의 결여된 의사를 사후적으로 보충할 것인가의 여부에 대해서도 스스로 결정할 수 있는 권리를 인정하기 위함이었다.

이 경우에 착오의 효과를 취소로 정하는 것이 상대방에게 특별히 불리하지 않다는 점도 고려되었다.[40] 왜냐하면 착오를 한 자가 일정한 기간 안에 취소를 하지 않는 경우에는 그 하자 있던 표시가 종국적으로 유효한 표시로 되는데, 이때 그 표시는 상대방이 본래 신뢰하였던 내용대로 효력이 발생하게 되기 때문에, 이를 통해서는 상대방에게 어떠한 불리한 점도 생기지 않기 때문이다. 한편 착오를 한 자가 그의 착오에 기한 표시를 취소하는 경우에는, 무효의 경우와 마찬가지로, 그에게 손해배상의무가 발생하기 때문에, 이를 통해 상대방은 역시 보호되기 때문이다.

특히 그는 독일민법 제1초안처럼 착오로 인한 의사표시의 효과를 중과실의 경우에는 유효로 하고 경과실이나 과실이 없는 경우에는 무효로 하는 경우, 이는 실무적으로 부당한 결과로 나타날 수도 있다는 점을 지적하였다. 이와 같은 경우는 표시의 유효가 상대방이 아닌, 표의자에게 유리한 경우에 나타난다고 한다. 이와 관련해서 Zitelmann은 다음과 같은 경우를 예시하였다.

貸主인 A는 借主인 B에 대해서 4월 1일부로 그의 消費貸借契約을 解止한다고 표시하였다. 이때 B는 A가 이를 농담으로 하였다는 점을 알아차리지 못하였고, 이에 관해 B의 過失은 없었다.

---

40) w.o. S. 17.

이 사안에서 Zitelmann은 貸主인 A에게 중과실(또는 비진의표시)이 있는 경우와 단지 경과실이 있거나 과실조차 없는 경우를 비교하였다.

우선 A가 B의 잘못된 인식을 중과실로 초래하였다는 것을 주장(B는 이를 농담으로 받아들이지 않았지만, A는 B가 농담으로 받아들일 것이라고 착오했고, 이러한 착오에 중과실이 있었다고 A가 주장)하고, 이것이 또한 인정되는 경우가 고려되었다. 이때 A의 표시는 그의 중과실로 인해 유효하고, 따라서 소비대차계약은 해지된다. 한편 A가 B의 착각을 경과실이나 과실조차 없이 초래한 경우에는 그의 표시가 무효가 되고, 소비대차계약은 존속한다. 즉 표의자에게 경과실이나 과실조차 없는 경우보다 그에게 중과실이 있는 경우가 스스로에게 더 유리한 경우가 발생할 수 있다는 것이다.

Zitelmann은 이와 같은 부당성을 해결하기 위해서는, 착오를 한 자에게 과실이 없거나 경과실이 있는 경우에 표시의 효력에 대한 선택권을 부여하는 것이 가장 좋은 방법이라고 생각하였다.

또한 그는 착오의 효과를 취소로 정함으로써, 많은 법률적 분쟁이 줄어들 것이며, 착오를 한 자의 취소권을 短期의 期間으로 정함으로써, 상대방의 법적 안정성 역시 보호될 수 있다고 주장하였다.

5. 제2초안의 입법자들은 이러한 Zitelmann의 의견을 수용해서 착오의 효과를 취소로 정하였다. 즉 제2초안의 의사록을 살펴보면,[41) 우선 본질적인 착오를 한 자에게 취소권을 부여함으로써, 그 표시를 우선 유효로써 간주하고 이후 착오를 한 자의 특별한 意思活動(Willensakt)을 통해서 그 표시를 무효로 할 수 있게 한다면, 이를 통해서는 착오를 한 자에게 어떠한 부당함도 일어나지 않는다고 한다.

또한 동 위원회는 의사표시의 상대방이나 전혀 법률관계에 참가하지 않았던 제3자가 시간적인 제한 없이 표의자의 의사표시의 무효를 주장

---

41) Protokolle II-1, S. 221 =Mugdan 1, S. 715.

할 수 있는 근거가 무엇인지를 반문하면서, 특히 착오를 한 자가 착오에도 불구하고 그 하자 있는 표시를 유지하려고 할 경우에도 의사표시가 무효로 되어야 할 근거는 없다고 하였다.

나아가 이러한 착오의 취소의 경우에 이를 신뢰한 제3자의 보호에 관한 문제는 여기서 논하는 것과는 전혀 다른 성질의 문제라고 지적하였다.[42]

이러한 사상적 기반 아래서 독일민법 제2초안은 착오의 경우에는 그 의사표시를 取消할 수 있는 것으로 규정하였다(독일민법 제2초안 제94조 참조). 제2초안에 대한 回顧案(Denkschrift) 역시 "無效보다 取消可能性이 착오를 한 자의 이익에 더욱 부합한다"고 기술하고 있다.[43]

II. 意思表示의 解釋規定

1. 獨逸民法 第133條

1) Zitemann은 독일민법 제1초안의 제73조(독일민법 제133조: 우리민법 개정안 제106조 제1항 참조)에 대해 다음과 같이 비판하였다.

제73조의 문장은 옳게 이해되는 한 불필요한(überflüssig) 것이고, 올바

---

42) 이는 동 위원회가 제3자의 보호의 문제를 공신의 제도 등의 다른 제도(선의취득과 같은 공신의 원칙 등)를 통해서 보호하는 것으로 충분하다는 관점이었던 것으로 보이며, 여기서는 단지 표의자와 상대방 양자만의 이익조정이 문제되는 것으로 파악하고 있었던 것으로 보인다.

43) Denkschrift, S. 22 = Mugdan 1, S. 833.

르지 않게 해석되는 한 해악(Übel)이다.[44]

그는 우선 동 조항의 해악적인 해석을 다음과 같이 설명한다. 즉 법관이 표시의 객관적인 의미가 아니라 표의자의 주관적인 의미의 효력을 인정해야 한다고 동 조항을 이해할 때, 동 조항은 부당한 해석이라는 것이다. 나아가 그는 이러한 부당한 해석을 통해서 표시에 대한 의사의 우위를 인정하게 될 수 있는데, 그는 이러한 해석을 해서는 안 된다고 하였다. 이러한 그의 주장은 착오론에서도 다시 한번 강조된다.

이 규정[45]은 표시된 의사(der erklärte Wille)에 대항해서 사실상의 의사(der wirkliche Wille)가 효력이 있다는 것으로 해석될 수 없다. 만약 그렇지 않다면, 이 규정은 착오에 관한 규정과 완전히 모순된다.[46]

한편 그는 동 조항의 올바른 해석에 대해서 다음과 같이 기술한다.

의사는 일반적으로 표시되어 있거나 표시로부터 추론될 수 있을 때 고려될 수 있다. 즉 제3자가 표의자의 의사를 인식할 수 있는 표현이 있을 때 표시가 존재한다. 이때 진실한 표시(eine wahre Erklärung)는 객관적 기준에 따라서 표의자의 의도를 인식시킬 수 있는 행위이다. 따라서 주관적인 의미를 객관적 징표로 나타내는 의사표시가 존재한다면, 법관에게 더 이상 주관적인 의미의 효력을 인정할 것을 요구할 필요가 없다. 그러

---

44) Zitelmann, Entwurf 9.Heft(1889), S. 97.
  한편 Schermaier는 Windscheid에 의해 주도된 독일민법 제133조가 표시주의로부터뿐만 아니라, 의사주의로부터도 찬성을 얻지 못하였다고 하면서, Zitelmann의 동 문장을 인용하고 있다. 그러나 이하에서 기술하는 바와 같이 Zitelmann의 여기서의 비판은 제1초안 제73조의 내용에 문제가 있다는 것이 아니라, 동 조항의 표현 기법 때문에 동 조항의 의미에 대한 오해를 불러일으킬 수도 있다는 우려를 표명한 것이었다.
  이러한 Zitelmann의 문장을 인용한 Schermaier의 문헌으로는 Martin Josef Schermaier, Historisch-kritischer Kommentar zum BGB I §§ 116-124, 1.Aufl. 2003, Rn. 7.
45) 여기서의 이 규정은 독일민법 제1초안 제73조(독일민법 제133조)를 의미한다.
46) Zitelmann, Entwurf 10.Heft(1890), S. 29.

나 객관적인 의미와 주관적인 의미가 일치하지 않는다면, 그 의사표시는 객관적인 의미에 따라서 유효일 수도 있고 또는 무효일 수도 있다. 즉 법관은 경우에 따라서는 주관적인 의미에 대치되는 객관적인 의미의 효력을 인정해야만 한다. 이에 반해 주관적인 의미의 탐구가 해석에 있어서의 (법관의) 임무라는 것만을 제73조가 말하려고 하였다면, 이는(이 규정의 내용은) 당연한 것이고, 따라서 (이러한 규정은) 불필요한 것이라고 말할 수 있다. 가장 중요한 것은 도대체 법관이 어디까지 이와 같은 해석을 해야만 하는가에 있는데, 우리는 제73조로부터 이를 알 수가 없다.[47]

이와 같이 그의 비판은 동 조항의 내용 자체에 대한 문제제기가 아니라, 동 조항의 표현 방식이 상당한 오해를 야기할 수 있다는 점에 대해서 우려한 것이다.[48] 즉 동 조항이 의사와 표시가 일치하지 않는 경우에 마치 주관적 의사의 효력을 인정하는 것으로 해석될 위험성이 있다는 것이다.

그러나 올바른 해석은 원칙적으로 표시의 가치를 정하고, 이에 따라 그 상응하는 의사가 존재하는지를 밝혀야 하는 것이었다. 이를 통해 의사와 표시의 불일치가 인정된다면, 그는 이때 그 표시가 유효로 될 수도 있고, 무효로 될 수도 있다고 한다. 다만 여기서 상응하는 의사가 존재하지 않는 표시가 유효로 될 수도 있다는 의미는 제한적으로 해석되어야만 한다. 왜냐하면 의사주의의 입장에 있었던 Zitelmann은 의사와 표시가 일치하지 않는 경우에 그 의사표시가 원칙적으로 무효로 되는 것으로 보았고, 단지 비진의표시 등의 예외적 경우에만 그 표시가 유효로 된다고 주장하였기 때문이다.[49] 따라서 여기서 유효로 될 수도 있다는 표현의 의미는 단지 비진의표시 등의 예외적인 경우만을 의미

---

47) Zitelmann, Entwurf 9.Heft(1889), S. 98.

48) 의사표시의 해석에 관한 오늘날의 학설은 의사와 표시의 불일치라는 사실을 전제하고, 이에 따라 의사요소와 표시요소 중 어느 것의 효력을 인정해야 하는가와 관련해서, 동 조항을 소위 자연적 해석의 근거로 이해하고 있는데, 이는 적어도 Zitelmann이 비판한 독일민법 제1초안 제73조의 해악의 결과라고 할 것이다.

49) Zitelmann, in: 20.DJT Ⅳ(1889), S. 107 참조.

하는 것으로 해석되어야 할 것이다.

한편 그는 법관이 표의자의 주관적인 의사를 탐구하기 위해 어디까지 노력을 기울여야 하는지를 정하는 것이 보다 중요함에도 불구하고, 동조는 이에 관해서 어떠한 규정도 하고 있지 않음을 비판하였다.[50]

이상의 관점으로부터 그는 동조를 삭제할 것을 주장하였는데,[51] 이는 이미 입법이 원칙적으로 의사주의의 원칙에서 출발했기 때문에,[52] 이 원칙에 따라서 올바른 의사표시의 해석론이 가능하다고 보았던 것으로 생각된다.

2) 독일민법 제2초안을 위한 입법위원회에서 입법위원이었던 Börner는 독일민법 제1초안의 제73조를 삭제하자고 주장하였다.[53] 그러나 다수의 위원들은 동 규정을 삭제함으로 인해, 동 규정의 내용에 대해서 입법자들이 회의적인 입장을 취하였다는, 逆推論을 줄 수도 있다는 점을 우려하였다. 즉 이 규정을 삭제함으로 말미암아, 제2차 초안이 의사주의로부터 완전히 후퇴하였다는 後世의 推論을 염려하였던 것으로 해석될 수 있는 부분이다.

이에 따라 Börner의 제안은 동 위원회에서 거부되었다.[54] 이러한 과정을 거쳐 동 규정은 독일민법 제133조로 규정되었다.

---

50) 여기에서 그가 동 조항을 기초한 Windscheid의 의도를 알면서 비판한 것인지의 여부는 불분명하다. 그러나 적어도 Windscheid의 의사표시의 해석론에 비추어 볼 때, 동 조항에 있어서 법관이 표의자의 주관적 의사를 탐구할 의무가 있다고 하는 것은 중요한 의미를 갖는 것이 아니라고 생각된다. 왜냐하면 Windscheid는 표시에 일치하지 않는 의사의 부존재를 궁극적으로 표의자가 입증해야 한다고 주장했기 때문이다. 즉 여기서의 법관의 의무는 사실인 관습의 존재를 발견해야 하는 오늘날의 법관의 의무와 유사한 성질을 갖는다고 할 수 있다.

51) Reichsjustizamt(Hrsg.), Zusammenstellung der gutachtlichen Aeußerungen zu dem Entwurf eines Bürgerlichen Gesetzbuches, Bd. I 1890, S. 132.

52) 의사표시에 관한 독일민법 제1초안의 입법방향이 원칙적으로 의사도그마로 출발한다는 점에 관해서는 Protokolle I−1, S. 171 =Beratung I, S. 588; Motive 1, S. 189 =Mugdan 1, S. 457 참조.

53) Protokolle II−1, S. 68 =Beratung I, S. 705.

54) Protokolle II−1, S. 144 =Mugdan 1, S. 685.

2. 獨逸民法 第157條

독일민법 제157조를 규범적 해석의 근거로 이해하는 것은 이미 독일민법 제133조의 해석에 의할 때 부정되었다. 의사와 표시의 일치의 여부에 관련된 문제는 독일민법 제157조가 아닌 독일민법 제133조가 적용되는 영역이기 때문이다. 따라서 의사와 표시의 일치 여부에 대해서 독일민법 제157조는 원칙적으로 직접적인 연관성이 없다.

또한 독일민법 제133조에 따라서 의사와 표시의 불일치가 밝혀진 경우에도, 그 법적 효력을 어떻게 정할 것인가의 여부 역시 독일민법 제157조가 아닌, 독일민법 제116조 이하의 비정상적인 의사표시에 관한 규정에 의해서 정할 수 있을 뿐이다.[55]

이제 독일민법 제157조의 적용내용을 올바로 해석하기 위해서는 동 조항의 입법과정을 통해, 동 규정이 어떠한 목적을 위해 입안되었는가를 살피는 것이 필요하다고 생각된다. 이하에서는 이를 살펴보고, 동 조항의 올바른 해석을 도출한다.

1) 形成過程

(1) 第157條의 原形으로서의 第1草案 第359條

제1초안 제359조: 계약을 체결한 자는, 법률·거래관습 및 신의성실의 고려에 따라서, 계약의 결정에 대한 의무와 계약의 본질로부터 파생되는 구속력 있는 내용에 대한 의무가 있다.

---

55) 거래관행에 관한 고려와 함께 신의성실이 요구하는 바에 따라서 계약이 해석되어야 한다는 독일민법 제157조(우리 민법 개정안 제106조 제2항 참조)의 규정이 의미론적으로 규범적 해석과 동일한 의미를 가질 수 없다는 견해로는 Andreas Trupp, Die Bedeutung des § 133 BGB für die Auslegung von Willenserklärungen, NJW 1990, S. 1346 참조.

독일민법 제157조의 원형은 본래 독일민법 제1초안 제359조에 규정된 채권법상의 규정이었다. 이때 제1차 위원회는, 법률행위를 위한 독일민법 제1초안 제73조(독일민법 제133조) 외에, 계약으로부터 생겨나는 의무에 관한 특별한 조항을 만들기 위해서 동조를 입안하였다.[56]

다만 제1차 위원회의 입법이유서에 따르면, 동 조항은 단지 구체적인 계약으로부터 생겨나는 의무의 확정을 위한 근거 규정으로서의 목적에 한정되지 않았다. 특히 거래행위가 신의와 성실에 대한 고려에 의해서 지배되어야 하며, 또한 계약의 내용의 확정이 문제시되거나 계약으로부터 추론되는 각 당사자의 의무가 상대방을 위해 문제시될 때에는 신의와 성실에 따른 고려가 일련의 규범으로서 참작될 수 있도록 하기 위한, 무엇보다도 중요하고 실무적인 원칙이 동조에 표현되어 있다고 한다.

이와 같이 동 위원회는 계약의 의무의 확정을 위한 근거, 거래행위 자체가 신의와 성실의 원칙에 입각해야 한다는 명제 및 계약의 내용이나 계약으로부터 파생하는 의무가 문제시되는 경우에는 거래관습 및 신의성실에 따라서 이를 고려해야 한다는 점을, 동 조항을 통해 규율하려고 하였다.

(2) 第1草案 第224條 第1項의 變更過程

독일민법 제1초안에는 채무의 이행과 관련해서 제1초안 제224조가 규정되어 있었다.

> 제1초안 제224조 제1항: 채무자는 각 채권관계에 따라서 그의 채무로 되어 있는 급부를 완전히 이행해야만 한다.

그러나 제1초안 제224조 제1항은 그 내용이 변경되면서, 이후 제1초

---

56) Motive 2, S. 198 =Mugdan 2, S. 109.

안 제359조와의 관계가 문제되었다.

우선 독일민법 제2초안의 입안 과정에 있어서 법무부의 사전위원회 (Vorkommission des Reichsjustizamts)에서는 제1초안 제224조 제1항이 당연한 내용을 담고 있었기 때문에,[57] 동 초안의 동조 동항을 삭제하고, 이를 대신해서 제1초안 제359조에서의 '거래질서 및 신의성실의 고려'라고 하는 구절을 차용한 뒤, 제224조 제1항(독일민법 제242조 참조)[58]을 다음과 같이 변경하기로 의결하였다.[59]

급부는 거래관습의 고려와 함께 신의와 성실이 요구하는 대로 이행되어야만 한다.

또한 사전위원회는 제1초안 제359조의 내용이 새로이 의결된 제224조 제1항과 제1초안 제73조를 결합한 내용과 일치한다는 이유로, 제1초안 제359조를 삭제할 것을 의결하였다.[60]

이러한 사전위원회에서 의결된 새로운 제224조 제1항은 Struckmann에 의해 제2차 위원회에 제출되었다.[61] 한편 이와는 별도로 Mandry는 제224조 제1항을 다음과 같이 변경할 것을 제안하였다.

채권관계가 채무자에게 어떤 급부를 책임지는지와 그 급부가 어떻게 이행되어야만 하는가에 대해서는 거래관습의 고려와 함께 신의와 성실이 요구하는 대로 판단되어야만 한다.

이때 사전위원회에서 의결된 뒤 Struckmann에 의해 제2차 위원회에 제출된 새로운 제224조 제1항에 대해서 제2차 위원회는 다음과 같은

---

57) Protokolle Ⅱ-2, S. 608 =Mugdan 2, S. 521.
58) 독일민법 제242조: 채무자는 거래관습의 고려와 함께 신의와 성실이 요구하는 대로 급부를 이행할 의무가 있다.
59) Protokolle RJA, S. 213 =Beratung, Schuld. I, S. 48.
60) Protokolle RJA, S. 327 =Beratung, Schuld. I, S. 48.
61) Beratung, Schuld. I, S. 48f; Protokolle Ⅱ-2, S. 607 =Mugdan 2, S. 521.

의견을 표명하였다.

　　사람들은 신의성실 및 거래관습에 대한 환기는 단지 계약으로부터의
채무관계에 한정되는 것이 아니라, 채권자와 채무자 사이에 존속하는 관
계가 그 진실한 내용에 따라서 인정되기 위한, 모든 채무관계에 있어서
문제가 되는 것으로 생각하였다. 이를 위해서 보통법 시대의 판례는 일
반적인 악의의 항변(exeptio doli generalis)을 이용하였다.
　　또한 동 안에서 제안된 내용은 그 범위가 너무 좁다.[62] 왜냐하면 법률
행위로서의 채무의 경우, 채무가 발생해 있는지의 여부에 대한 문제는 그
채무의 내용으로부터 분리될 수 없는 채무의 전체 내용에 관한 문제인 반
면, 제안된 내용은 단지 급부의 종류에만 관련되어 있기 때문이다.[63]

　　결국 제2차 위원회는 Mandry의 안에서 제안된 내용과 함께 Struck-
mann의 안을 혼합해서 새로운 제224조 제1항의 내용으로 할 것을 의
결하였다.[64] 이에 따라서 편집위원회(Redaktionskommission)는 제2차
위원회의 의결 내용을 기초로 다음과 같은 안을 확정한 뒤, 이를 다시
제2차 위원회에 제출하였다.

　　채무자는 신의성실과 거래관습에 상응하는 방법으로 급부를 야기(Bewi-
rkung)할 책임을 진다.

(3) 第1草案 第359條의 改廢에 관한 論爭

　　편집위원회에서 제출한 제224조 제1항의 개정내용과 관련해서, 제2
차 위원회에서는 편집위원회의 안이 본래 제2차 위원회의 결의된 내용
과 문맥상 일치하는지에 대한 논의가 일어났다.[65] 이에 따라 제2차 위
원회에서는 편집위원회에서 제출한 제224조 제1항의 개정안인 "채무자

---

62) Protokolle Ⅱ-2, S. 608＝Mugdan 2, S. 521.
63) Protokolle Ⅱ-2, S. 608＝Mugdan 2, S. 521.
64) Beratung, Schuld. I, S. 49; Protokolle Ⅱ-2, S. 608＝Mugdan 2, S. 521.
65) Protokolle Ⅱ-2, S. 1250＝Mugdan 2, S. 521.

는 신의성실과 거래관습에 상응하는 방법으로 급부를 야기할 책임을 진다"는 조항의 규정 형식에 대한 논의와 함께, 이제 다시 제1초안 제359조를 어떻게 처리할 것인가에 대해서 다양한 의견이 개진되었다. 여기에서 제1초안 제359조와 관련되어 개진된 안은 각각 다음과 같다.

제1안(Struckmann): 제1초안 제359조를 삭제한다.

제2안(Börner: 이 안은 동조를 민법총칙에 규정할 것을 제안하였다): 계약은 거래관습의 고려와 함께 신의와 성실이 요구하는 대로 해석되어야만 한다.

제3안(Mandry: 이 안은 동조를 채권법 제359조에 규정할 것을 제안하였다): 계약은 거래관습의 고려와 함께 신의와 성실이 요구에 따라서 계약의 내용이 되는 것을 채무자에게 의무 지운다.

제4안(익명): 제2안과 제3안에 대해서, 각각 '거래관습의 고려와 함께'라는 구절을 삭제한다.

a) 우선 제1안은 다음과 같은 이유에서 제359조를 삭제하자고 주장하였다.[66]

편집위원회의 안은[67] 올바로 해석할 경우에, 이행의 종류뿐만 아니라, 채무가 존재하는지의 여부 및 그 채무의 내용에 관한 규정으로 이해될 수 있다. 그리고 편집위원회의 안은 결국 언제나 제1초안 제73조의 일반적인 해석규정과 결합함으로써, 제224조에 대한 제2차 위원회의 결의를 통해 의도된 결과와 일치한다.

이와 같이 제1안은 편집위원회에서 제출한 제224조에 대한 안이 채무의 이행의 종류뿐만 아니라, 당사자의 계약관계로부터 유효한 채무관계가 존재했는지의 여부 및 유효한 채무관계가 있었다면 어떠한 채무

---

66) Protokolle Ⅱ-2, S. 1251 =Mugdan 2, S. 522.
67) 여기에서 편집위원회의 안은 편집위원회에서 제2차 위원회에 제출한 제224조 제1항을 말한다.

관계가 발생하는지의 문제를 포함하고 있다고 보았다. 또한 제1안은 채무의 존재 및 채무의 내용이 문제되는 경우에도 독일민법 제1초안 제73조(독일민법 제133조)의 의사표시의 해석에 관한 조항이 이를 충분히 해결할 수 있을 것으로 보았다. 이에 따라 제1안은 제1초안 제359조의 삭제를 주장하였다.

b) 한편 이에 대한 제2 위원회의 다수의 견해는 다음과 같았다.[68]

편집위원회의 안은, 그 표현을 곡해하지 않는 한, 단지 이행의 종류에 대한 규정으로만 이해될 수 있다. 또한 편집위원회가 모든 채권관계를 위해서 규정된 제221조 제1항을 단지 이행의 종류로 제한한 것은 정당하다. 왜냐하면 단지 이행의 종류에 대한 문제와 관련해서만 신의성실과 거래질서를 관련시키는 것이 일반적으로 적합하기 때문이다. 그 반면에 의무가 존재하는지의 여부와 어떠한 내용의 의무가 존재하는지에 관해서는, 단지 계약에 의한 채무관계의 경우에만, 신의성실과 거래질서를 관련시킬 수 있다.

결국 제359조는 제224조 제1항에서 제안된 내용과는 일치하지 않는 범위가 있다. 따라서 제359조의 대체가 요구된다면, 제2안처럼 모든 계약을 위해서 민법총칙에 그 조항을 규정하는 것이 제3안처럼 단지 채무계약에 제한되는 조항을 규정하는 것보다 타당하다.

계약내용의 확정을 위한 신의성실이라는 기준은 채무계약을 위해서뿐만 아니라 모든 계약을 위해서 타당한 기준이다. 즉 이러한 기준은 역권(용익권, 지역권), 질권, 혼인에 있어서의 부부재산계약이나 상속계약을 위해서 타당한 기준이다. 한편 거래관습은 일반적으로 거래행위, 즉 채무계약에 있어서 주로 의미가 있지만, 적지 않게 다른 계약과도 관련되어 있다. 어쨌든 이 범위에서 이 규정을 일반화해야 하는 것은 의심의 여지가 없다.

마지막으로 제2안이 해석규정의 형식으로 되어 있다는 점에 대해서 동의할 수 있다. 사실 신의성실과 거래질서의 고려라는 것은, 엄격한 학

---

68) Protokolle Ⅱ-2, S. 1251f.=Mugdan 2, S. 522.

문적 의미에서는, 당사자의 의사에 대한 해석의 문제가 아니라, 법을 통한 결여된 의사의 보충에 관한 문제라고 할 수 있다. 그럼에도 불구하고 우리의 일상적인 언어생활에서는, 의사를 보충하는 법관의 활동을 해석이라는 표현에서 포함하고 있다. 이에 대해서는 어떠한 오해도 없을 것이라고 생각하였기 때문에, 입법자는 어떠한 의심도 없이 이 단어의 넓은 의미를 사용하게 되었던 것이다.

c) 이러한 다수의견의 의미에 대해서는 이어지는 독일민법 제157조의 해석론에서 자세히 살펴보기로 하고, 이제 제4안에 대한 의사록의 기록을 알아보기로 한다.

제4안은 신의성실에 대한 고려와 거래관습에 관한 고려가 서로 조화될 수 있는 기준이라고 설명하는 것이 가능하지 않다는 점에 기인한다. 왜냐하면 양 기준의 의미는 전혀 상이하기 때문이다. 계약의 내용으로서는 단지 신의와 성실에 의한 요구에 상응하는 것만이 효력(가치)이 있어야 한다는 문장은 절대적인 규정이다. 반면 거래관습은 단지 해석수단으로서만 고려되고, 상이한 당사자의 의사에 관해서는 고려될 수 없다.

이러한 제4안에 대해서 다수의견은 다음과 같이 비판하였다.

제4안은 제안된 규정(편집위원회에서 제출한 제224조 제1항)의 경우 그 표현되어 있는 양 기준(신의성실과 거래관습)을 동일시하고 있는 것이 아니라는 점을 반론으로 제기한다. 그러나 제안된 규정은 개별적인 경우에 신의성실을 통해 요구되는 것이 무엇인가를 확정하는 경우에는 오히려 거래관습이 고려되어야만 한다는 취지이다.

(4) 獨逸民法 第157條의 規定 位置

제2차 위원회는 독일민법 제157조에 해당하는 다음과 같은 Börner의 제안을 의결하였다.[69]

계약은 거래관습의 고려와 함께 신의와 성실이 요구하는 대로 해석되어야만 한다.

한편 Börner는 동조를 제1초안 제73조 제2항(독일민법 제133조의 위치에 제133조 제2항으로서)이나 제1초안 90a[70](독일민법 제156조의 위치에 이어서 제156조의 a로서)로서 규정할 것을 제안하였다. 이에 대해 제2차 위원회는 동 규정을 민법총칙에 규정해야 한다는 점만을 결정하고, 구체적으로 동조를 어느 위치에 신설할 것인가에 대해서는 제2차 위원회의 편집위원회(Redaktionskommission der 2. Kommission)에 그 임무를 위임하였다.[71]

2) 第157條의 解釋

(1) 이상의 독일민법 제157조의 생성과정과 관련해서 주목되는 점은 다음과 같다.

첫째, 제157조는 채무의 이행을 제외한 계약의 존재 및 그 계약의 내용이 무엇인가를 확정하기 위한 목적으로 규정되었다는 점이다.

둘째, 다수의견은 독일민법 제242조가 단독행위나 계약을 포함한 모든 채무관계에 적용되는 규정으로 이해한 반면, 독일민법 제157조는 계약에 한정된 규정으로 이해하였다는 점이다.

셋째, 다수의견은 채무의 존재 및 그 채무의 내용이 무엇인가를 결정하기 위한 기준으로서 독일민법 제133조 외에 독일민법 제157조가 필요하다는 점을 의식하면서 동 규정을 입안하였다는 점이다. 이는 다

---

69) Beratung, Schuld. I, S. 49.
70) 독일민법 제1초안 제90조: 경매에 있어서 의심스러운 경우, 경락에 대한 경매신청이 제안되고, 경매물이 일정한 기간 동안보다 고가의 경매신청이 없는 경우에, 비로소 계약은 체결된다. 보다 고가의 경매신청이 있거나 경매 기간이 경과하도록 경락이 없으면, 경매신청은 소멸한다.
71) Beratung, Schuld. I, S. 49.

수의견이 제1안을 비판한 근거로부터 유추될 수 있을 것이다.

넷째, 다수의견은 독일민법 제157조가 일반적인 의사표시의 해석규정이 아닌 계약에 있어서의 각 당사자의 의사의 보충에 대한 법관의 활동에 대한 근거 규정으로써 입안되었다는 점이다.

다섯째, 다수의견은 신의성실과 거래관습의 관계에 있어서, 신의성실에 따른 계약내용의 확정을 위한 기준으로 거래관습이 고려될 수 있다고 한 점이다.

여섯째, 제4안은 신의성실의 원칙을 계약의 내용의 해석규정으로 이해하고, 거래관습은 상이한 당사자의 의사에 대해서는 고려할 수 없는 해석규정으로 이해한 반면, 다수의견은 신의성실 및 거래관습이 계약에 한정해서 채무의 존재와 그 채무의 내용을 확정할 수 있는 기준이며, 구체적 사례에서 신의성실의 내용을 정하는 데 있어서 거래관습이 그 기준이 된다고 이해하였다는 점이다.

마지막으로 독일민법 제157조가 독일민법 제133조와 함께 규정되지 않고, 계약에 있어서의 의사표시의 불합치에 관한 규정인 독일민법 제154조와 제155조 그리고 경매에 있어서의 계약체결 여부를 확정하는 독일민법 제156조 이후에 규정된 것은 다분히 의도적이라는 점이다.

(2) 이상의 사항들을 종합하면 다음과 같은 해석이 가능하다.

a) 첫째로, 독일민법 제157조는 단지 계약의 존재와 그 내용의 확정을 위한 규정이지만, 그 적용 범위가 독일민법 제133조와 일치하지 않는 범위를 규율하려고 의도되었다. 따라서 의사표시의 해석의 영역이 아니면서, 계약의 해석이 필요한 영역이 어디인가에 대한 검토가 필요하다.

이때 의사표시와 계약의 구조를 검토한다면, 의사표시는 단지 표의자의 의사와 표시가 일치하면 그 효력이 인정되는 반면, 계약에 있어서는 각 의사표시 내부의 의사와 표시가 일치해야 하는 것 외에, 각각 성립한 의사표시의 표시내용이 일치할 것을 그 효력의 요건으로 한다는 점에서 구별될 수 있다. 따라서 독일민법 제157조는 계약에 있어서 의사표시가 합치(Konssens)하는지의 여부를 확정하기 위한 준거 규정이라고 할 수 있다. 이는 편집위원회가 독일민법 제157조를 의사표시의 불합치에 관한 독일민법 제154조 이하에서 규정한 것과도 체계적으로 일치하는 해석일 것이다. 결국 독일민법 제157조의 입법과정에서 계약이 존재하는지의 여부에 관해서 동조를 규정하였다는 의미는 계약에 있어서 의사표시의 합치 여부를 동조에 따라서 판단하겠다는 입법자의 결단이었다.

b) 둘째로, 계약에 있어서 채무의 내용에 관해서 동조가 어떠한 기능을 수행하게 되는지가 검토될 수 있다. 여기서 주목되는 점은 제157조가 계약의 해석이라는 표현을 쓰고 있기는 하지만, 이때의 해석이라는 표현은 당사자의 의사의 해석을 의미한 것이 아니라, 결여된 당사자의 의사를 보충하는 법관의 활동을 의미하고 있었다는 점이다. 따라서 제157조는 명백히 계약에 있어서의 보충적 해석의 근거 규정이라고 할 수 있다. 이때 그 보충적 해석의 수단은 신의성실과 거래관습 및 법을 통한 결여된 의사의 보충이라는 임의법규의 적용 등이 고려될 수 있다.

c) 셋째로, 신의성실과 거래관습이라는 기준이 구체적으로 어떠한 기능을 갖는지가 검토될 수 있다.

특히 다수의견을 문리적으로 해석하는 경우, 일견 신의성실과 거래관습은 계약에서의 의사표시의 일치 여부만을 결정할 수 있는 기준으로 인정되고, 의사표시의 해석에 있어서 표시내용의 해석기준으로는 인정될 수 없다는 추론이 가능할 수도 있어 보인다. 다수의견은 채무의 존재나 그 채무의 내용이 문제되는 경우에 단지 계약의 경우에 한해 신의성실과 거래관습이 고려된다고 기술하고 있기 때문이다.

그러나 독일민법 제133조의 규정을 위한 제1차 위원회의 입법이유서에 따르면,[72] 의사의 탐구에 있어서 엄격한 문리 해석을 반대하면서,

거래관행, 의사표시 시점이나 장소에서의 언어적 관행, 사전협상의 과정, 다른 협상과의 관련성 및 법률행위의 명백한 목적 등과 같은 모든 제반 사정을 고려할 수 있다고 하고 있다. 제1초안이 독일민법 제133조에서 이상에 관한 것을 규정하지 않은 이유는 이를 열거하는 경우에 그 열거된 사항만이 제한적으로 적용되고, 미처 예상할 수 없어서 조문에 명시되지 않은 사정이 의사 탐구를 위한 기준에서 제외되는 것을 우려했기 때문이다. 따라서 신의성실이나 거래관습이 의사와 표시의 일치에 관한 독일민법 제133조에서의 판단 기준에서 제외될 이유는 없다고 보인다.

오히려 제2차 위원회의 다수의견에서 주장한 내용은 다음과 같은 의미를 가진다고 생각된다.

만약 어느 한 당사자에게 의사표시의 본질적 부분(중요한 부분)에 대해서 표시에 상응하는 의사가 없다면, 그 의사표시는 독일민법 제133조와 제116조 이하에 따라서 원칙적으로 (취소를 포함한) 무효이다. 이에 반해 각 당사자가 본질적 부분에 대하여 표시와 의사가 일치하는 경우에는 그 각각의 의사표시는 유효하다. 이제 각각 성립한 청약과 승낙이 다시 서로 일치하는가의 여부는 표시내용의 일치 여부에 달려 있다. 이때 청약과 승낙이 본질적 부분에서 일치하지 않으면, 의사표시의 불합치가 있는 반면, 청약과 승낙이 계약의 부수적인 사항에 관해 일치하고 있는지가 문제되는 경우에는 이를 보충적 해석을 통해서 해결할 수 있는지의 여부가 다시 문제된다. 만약 보충적 해석을 통해서 그 일치점을 찾을 수 있다면, 이 경우에는 의사표시의 합치가 있게 되는 것이고, 그렇지 않은 경우에는 의사표시의 불합치가 있게 되는 것이다.

이때 보충적 해석이라 함은, 다수의견에서도 밝히고 있는 바와도 같이, 결여된 의사의 보충이며, 이는 현실적인 의사가 아니라 법관에 의

---

72) Motive 1, S. 155＝Mugdan 1, S. 437.

한 假想的인 意思(ein hypothetischer Wille)의 보충이다. 그리고 이러한 보충적 해석이 적용되는 영역(부수적인 부분에 대한 일치 여부)에서는 사실 양 당사자 중의 어느 한 당사자나 또는 양 당사자 모두의 사실상의 의사가 존재하지 않거나 또는 그 사실상의 의사가 밝혀질 수 없는 경우이다. 따라서 보충적 해석의 경우에는 신의성실과 거래관습에 따라서 양 당사자의 가상적인 의사가 존재하고 있었다고 판단하는 것이 가능할 수 있다.

한편 의사표시의 해석은 사실상의 의사의 존재가 문제되는데, 이는 가상적 의사를 통해 보충될 수 없다고 할 것이다. 비록 표시내용을 해석하는 경우에는 거래관습이나 신의성실이 고려될 수 있고, 이를 통해 확정된 표시내용은 표의자의 의사로 추정될 수 있지만, 적어도 거래관습이나 신의성실의 원칙이 각 당사자의 사실상의 의사를 대신하는 것은 아니다. 즉 표시에 상응하는 의사의 부존재가 인정되는 경우에는 그 의사표시가 무효로 되는 것이지, 가상적인 의사로 이를 대신할 수는 없다는 것이다.

따라서 다수의견이 채무의 존재나 그 채무의 내용이 문제되는 경우에 거래관습이나 신의성실의 원칙이 계약에 한해서 고려될 수 있다고 기술하고 있는 것은 계약의 보충적 해석에 있어서는 거래관습이나 신의성실이 양 당사자의 의사와 동일한 기능을 가질 수 있지만, 의사표시의 해석의 경우에는 그것이 불가능하다는 점을 나타내고 있는 것으로 이해된다.

d) 마지막으로, 신의성실과 거래질서가 구체적으로 어떻게 적용될 수 있는지에 대해서 검토될 수 있다. 이는 다양한 형태로 적용될 수 있겠지만, 특히 중요하다고 생각되는 경우는 다음의 두 가지이다.

그 첫째는 보통법 시대에 판례가 인정하였다는 일반적인 악의의 항변의 경우가 여기에서 적용될 수 있을 것이다. 즉 일방 당사자가 타방 당사자의 거래관습을 알고 있었거나, 이미 문제가 되는 시점 이전에 어느 당사자의 거래관습을 주장한 적이 있다면, 이후 일방 당사자는 타방 당사자에 대해서 그가 알았거나 주장하였던 거래관습을 부정할 수 없다고 할 것이다.

둘째로는 양 당사자의 거래관습이 다른 경우에는 어느 한 당사자의 거래관습만을 고려해서는 안 된다는 점이 신의성실에 합당하다는 점이다.

3) 小 結

이상과 같은 제157조의 해석에 따르는 경우, 독일민법 제133조는 의사표시의 해석에 대한 근거 규정이 되며, 독일민법 제157조는 계약에 있어서 의사표시의 표시내용이 합치하는지의 여부에 관한 보충적 해석의 근거 규정으로서의 성격을 갖게 된다. 이에 따라 양 규정은 각각 의사표시의 해석과 계약의 해석이라고 하는 독일민법의 문언과 정확히 일치하게 되며, 또한 그 적용 영역도 명확히 구분될 수 있다.

Ⅲ. 錯誤로 인한 意思表示

1. 錯誤의 類型

1) 表示의 錯誤와 內容의 錯誤

착오를 심리적 분석에 따라서 표시의 착오와 내용의 착오로 구별한 것은 제2차 위원회의 입법위원인 Börner의 입법안을 채택한 결과이다.[73] 그

---

73) 제2차 위원회에서의 착오에 관한 각 위원의 입법안에 대해서는 Protokolle Ⅱ-1,

러나 Börner의 안은, 이미 제1차 위원회에서 논의는 되었지만 법안으로는 채택되지 않은, 표시행위에 관한 착오(Irrtum in der Erklärungshandlung)와 표시내용에 관한 착오(Irrtum über den Inhalt der Erklärung)를[74] 법안으로 제출하였다는 점에서만 의미를 가질 수 있을 것이다. 이러한 표시의 착오와 내용의 착오는 이미 Windscheid에 의해 구별되었던 내용이다.[75]

S. 102ff.=Beratung I, S. 628ff; 또한 각 위원의 성명이 기재됨이 없이 각각 제출된 입법안을 소개한 뒤, 그 의사록의 내용에 대해 기술한 것으로는 Protokolle Ⅱ-1, S. 214ff.=Mugdan 1, S. 713(입법안에 대한 의사록은 각 1안부터 6안에 대한 타당성 여부에 대해서 기술하고 있는데, 그 각 안의 제출자의 이름은 다음과 같다. 1안 Börner, 2안 Gebhard, 3안 Wilke, 4안 Jacubezky, 5안 Mandry, 6안 Rüger).

74) 이 구별에 관해서는 Motive 1, S. 196=Mugdan 1, S. 460 참조.

75) Schermaier, Bestimmung(2000), S. 671.는 Windscheid가 그의 교과서 제5판(1880)에서는 내용의 착오와 표시의 착오를 구별하지 않았고, 제6판(1887)에서 비로소 처음으로 이를 구별하였다고 기술한다. 또한 이를 근거로 제1차 위원회의 활동기간인 1881년부터 1887년의 기간에 양자의 구별을 법제화할 것을 요구한 Gebhard(Gebhard는 제1차 위원회의 입법을 위한 事前草案으로서의 Teilentwurf의 민법총칙 부분을 담당했으며, 그의 사전초안 제98조에는 Irrtum과 Irrung이 구별되어 있었다)의 입법안이 Windscheid에 의해 거부된 것으로 기술하고 있다. 한편 그는 제1차 위원회의 활동기간에 Zitelmann의 연구서인 「법률행위와 착오」(1879)가 공표되어 있었다는 점을 특별히 강조하는데, 이는 Windscheid가 그의 입법활동기간(1881년부터 약 2년간)에는 Zitelmann의 견해에 반대하다가, 이후 Zitelmann의 견해를 수용한 것으로 이해하고 있음에서 비롯된 것으로 보인다.
그러나 전술한 제2장 각주 144)에서도 밝힌 것처럼, Windscheid는 내용의 착오와 표시의 착오의 구별을 개념적으로는 이미 그의 교과서 제3판(1870)부터 기술하고 있었으며, 그의 교과서 제4판(1875)부터는 이 구별을 명시적으로 표시하였다. 다만 각주에 있었던 내용이 본문에 기재된 것이 그의 교과서 제6판(1887) 이후일 뿐이다. 따라서 Windscheid의 개념 구별이 Zitelmann으로부터 유래하였다는 생각은 잘못이며, 제1차 초안 당시에 이미 Windscheid는 내용의 착오와 표시의 착오를 구별하였지만, 양자 모두가 법률적 효과에서는 차이가 없다는 점에 기인해서, 양자의 구별을 특별히 법제화하지 않았던 것이라고 보는 것이 타당할 것이다.
한편 여기에서 기술된 독일민법 제정 당시의 입법상의 역사적 과정에 대한 보조적 이해(입법활동의 기간이나 Windscheid의 활동기간 및 역할 등)를 위해서는 Ulrich Eisenhart, Deutsche Rechtsgeschichte, C. H. Beck, 3.Aufl. 1999, S. 404ff; Karl Kroeschell, Rechtsgeschichte Deutschlands im 20. Jahrhunderte, Vandenhoeck u. Ruprecht, 9.Aufl. 2001, S. 11ff; Hans Schlosser, Grundzüge der neuren Privatrechtsgeschichte, C. F. Müller, 9.Aufl. 2001, S. 183ff. 참조,
또한 Gebhard에 의해 편찬된 민법총칙 규정에 관해서는 Werner Schubert (Hrsg.), Vorlagen der Redaktoren für die erste Kommission zur Ausarbeitung des Entwurfs eines Bürgerlichen Gesetzbuches, Allgemeiner Teil 2, Walter de Gruyter,

  그러나 제1초안의 입법위원회가 이 구별에 대해서 중요한 의미를 부여하지 않았던 반면, 제2초안의 입법위원회는 모든 착오 중에서 표시의 착오와 내용의 착오에 한정해서, 그 착오가 본질적 착오인 경우에만, 의사표시의 효력을 부정하려고 하였다.[76]

  이 경우에 제2초안의 입법위원회는 표시의 착오가 의사표시를 무효(취소)로 하는 점에 대해서는 어떠한 문제도 없지만, 내용의 착오와 동기의 착오의 구별은 매우 어려운 문제이기 때문에, 이 구별은 학설에서 해결할 문제로 위임하였다.[77]

2) 動機의 錯誤

  독일민법 제94조 제2항은 동기의 착오 중, 일정한 성질의 착오가 본질적인 것으로 간주되는 경우에는 내용의 착오로써 인정될 수 있다고 한다.

  제94조 제2항(독일민법 제119조 제2항): 거래질서에서 본질적인 것으로 여겨지는 사람이나 물건의 성질에 관한 착오는 표시의 내용에 관한 착오로 본다.

  이러한 규정의 논의 과정에서는 성질의 착오가 단지 동기의 착오에 불과하며, 따라서 그 착오가 의사표시의 효력에 영향을 주어서는 안 된다는 반론이 제기되었다.[78]

  그러나 독일민법 제2초안의 입법자들은 경우에 따라서는 성질의 착오가 목적물 자체에 관한 착오보다 착오를 한 자에게 더 가혹한 결과를 초래할 수 있다는 점을 고려하였다. 또한 해석에 의해서 성질의 착

  1981, S. 18.
76) Protokolle Ⅱ-1, S. 226 = Mugdan 1, S. 716.
77) Protokolle Ⅱ-1, S. 226 = Mugdan 1, S. 716f.
78) Protokolle Ⅱ-1, S. 238 = Mugdan 1, S. 720.

오가 거래상 본질적인 경우에 해당한다고 인정되는 경우에는 그 성질의 착오가 단순히 동기의 착오에 해당하는 것은 아니라고 하였다.

이와 같은 이유로 독일민법 제2초안은 일정한 성질의 착오를 내용의 착오와 동일시하였다.

2. 本質的 錯誤

독일민법 제2초안 제94조는, 착오를 한 자가 자신의 착오를 알고 또한 그 사정을 합리적으로 판단하였다면 의사표시를 하지 않았을 것이라고 인정되는 경우에는, 그 의사표시를 취소할 수 있다고 규정한다.

이러한 규정내용은 Zitelmann이 제20회 독일 법률가 대회에 제출한 제2초안을 위한 입법제안서에 대한 논의로부터 출발한다.[79]

> 제98조: 의사의 표현에 실수나 혼동이 있었던 자는, 그 실수나 혼동이 그에게 본질적이었던 것이라면, 그 의사표시를 취소할 수 있다.

제20회 독일 법률가 대회에서는 기본적으로 Zitelmann의 입법제안서를 제2초안의 내용으로 할 것을 의결하였다. 다만 동 대회에서는 본질적 착오의 여부를 착오를 한 자의 주관적 인과관계('착오를 한 자에게 그 실수나 혼동이 본질적이었다면')가 아닌, 착오의 객관적 인과관계('그 실수나 혼동이 일반적인 거래관습에 따라서 본질적인 점에 관련된다면')에 따라서 정해야 한다고 의결하였다.[80] 이에 따라 동 대회에서는 다음의 규정을 독일민법 제2초안의 입법안으로 할 것을 의결하였다.

---

79) Zitelmann, in: 20.DJT Ⅳ(1889), S. 102.
80) 본질적 착오를 결정하기 위한 이러한 객관적 인과관계에 따른 기준은 Enneccerus에 의해 제안되었다. 이에 관해서는 w.o. S. 136.

제98조: 의사의 표현을 실수한 자나 혼동을 한 자는, 그 실수나 혼동이 일반적인 거래관습에 따라서 본질적인 점에 관련된다면, 그 의사표시를 취소할 수 있다.[81]

그러나 제2차 초안의 입법자들은 제20회 법률가 대회에서 의결된 객관적인 인과관계를 기준으로 본질적 착오를 정해야 한다는 입법안에 대해서 명문으로 반대하였다.[82] 이 경우에 한편으로는 착오를 한 자의 주관적 인과관계를 기준으로 하는 경우에는 표의자의 일시적 기분에 따라서 본질적 착오의 여부가 결정될 수 있다는 점이 고려되었다. 다른 한편으로는 순수한 객관적 인과관계를 기준으로 하는 경우에는 객관적으로는 본질적 착오를 표의자가 본질적인 것으로 여기지 않을 수 있으며, 반대로 객관적으로 본질적이지 않은 착오를 표의자가 본질적인 것으로 여길 수도 있다는 점도 고려되었다. 이에 따라서 제2차 초안은 주관적 인과관계와 객관적 인과관계를 통합해서 본질적 착오의 여부를 결정하려고 하였다.[83] 이에 따라서 제2차 위원회는 '표의자가 착오를 알았을 경우'라고 하는 주관적 인과관계와 '그 표의자가 합리적으로 판단하는 경우'라고 하는 객관적 인과관계를 결합해서 본질적 착오의 여부를 결정하도록 정하였다.[84] 결국 제2차 초안은 다음과 같이 착오의 규정을 정했으며, 이는 현행 독일민법 제119조의 규정으로 되었다.

제94조(독일민법 제119조): 의사표시를 하는 경우에 그 내용에 관해서 착오한 자나 그 내용의 표시 자체를 할 의사가 없었던 자는, 그가 그 사실을 알고 또한 그 사정을 합리적으로 판단하는 경우에는 그 표시를 하지 않았을 것이라는 점이 인정된다면, 그 표시를 취소할 수 있다.

---

81) w.o. S. 138.
82) Protokolle Ⅱ-1, S. 231 =Mugdan 1, S. 717.
83) Protokolle Ⅱ-1, S. 232 =Mugdan 1, S. 717.
84) Protokolle Ⅱ-1, S. 233 =Mugdan 1, S. 718.

3. 錯誤의 免責可能性

1) 독일민법 제2초안 제94조는 표의자의 경과실과 중과실을 구별하지 않고 그 표시를 취소할 수 있다고 함으로써, 중과실에 의한 착오로 인한 의사표시가 유효하다고 하는 규정은 삭제되었다.[85] 그 이유는 중과실과 경과실 사이의 경계를 확정하는 것이 어렵다는 점과,[86] 제2초안이 제1차 초안과는 달리 착오를 한 자의 과실의 유무를 묻지 않고 표시를 신뢰한 상대방에게 언제나 손해배상의 청구를 인정하고 있다는 점에서 기인하였다.[87]

2) 독일민법 제2초안 제94조가, 과실의 유무나 정도를 묻지 않고, 언제나 착오를 한 자가 상대방에게 손해배상을 해야 한다고 규정하게 된 것은 표시주의자인 Hartmann과 의사주의자인 Eisele의 논쟁의 산물이라고 할 수 있다.

우선 Hartmann은 Jhering이 주장한 행위자의 과실에 기초한 손해배상책임은 로마법에서 근거를 찾을 수 없다고 비판한다. 또한 Zitelmann의 심리적 의사표시이론 역시 자기경험적인 과책이론에 따라서 행위의 개념을 구성하는 법적 방법이라고 비판한다. 이러한 비판 뒤, 그는 로마법상의 선의의 신뢰(bona fides)를 근거로 해서 착오를 한 자에게 책임을 물을 수 있다고 주장하였다.[88] 즉 상대방이 표의자의 표시를 신뢰한 경우에는, 표의자의 착오 여부를 불문하고, 원칙적으로 그 외부적 현상에 따라서 의사표시의 구속력이 인정된다는 것이다.[89] 다만 그는 상대방이 거래상 요구될 수 있는 주의를 함으로써 표의자의 착오를 쉽

---

85) 그 이론적 기초로는 Zitelmann, Entwurf 10(1890), S. 19; Zitelmann, in: 20.DJT Ⅳ(1889), S. 107.
86) Protokolle Ⅱ-1, S. 206＝Mugdan 1, 712.
87) Protokolle Ⅱ-1, S. 224＝Mugdan 1, 716.
88) Gustav Hartmann, Wort und Wille im Rechtsverkehr, Jher.Jb. 20, 1882, S. 10ff.
89) w.o. S. 37f.

게 인식할 수 있었다면, 착오를 한 자가 그의 착오를 주장할 수 있다
는 예외를 인정하였다.[90] 이와 같이 그는 로마법상의 신뢰보호의 원칙
을 기초로 표시주의이론을 전개하였다.

이러한 그의 논리는 의사주의자인 Eisele에 의해서 부분적으로 수용
되었다. 즉 의사주의자였던 Eisele는 의사 없는 표시의 효력에 대해서
는 부정하였지만, Jhering이 주장한 표의자의 과실(culpa)요소가 아닌
Hartmann이 주장한 상대방의 신뢰(bona fides)를 근거로 해서 착오를
한 자의 손해배상책임을 주장하였다.[91]

이때의 Eisele의 주장은 다음과 같다. 그에 따르면, 표시는 표현수단
(Ausdruckmittel)이고 인식수단(Erkenntnissmittel)이다.[92] 따라서 효과의
사는 표현되어서 인식가능해야 하는 것이 효력의 조건이다. 그런데 법
률행위로서의 거래질서는 표시를 신뢰할 수 있을 때에만 그 기능을 다
할 수 있다. 이는 거래질서에 참가한 자가 그에게 발신된 표시로부터
사실상 그 표시에 상응하는 의사가 있다는 것을 신뢰할 수 있을 것을
전제로 한다.[93] 법질서가 이러한 명제를 인정한다면, 마땅히 이러한 신
뢰는 실망되어서는 안 된다. 따라서 상대방은 표의자의 착오의 경우에
표시의 유효함을 신뢰했기 때문에 발생한 손해를 언제나 배상해야 한
다는 것이다.[94]

이러한 Eisele의 견해는 상당한 지지를 받았으며,[95] 독일민법 제2초안

---

90) w.o. S. 41f.
91) Fridolin Eisele, Ueber Nichtigkeit obligatorischer Verträge wegen Mang−els an
    Willensübereinstimmung der Contrahenten, Jher.Jb. 25, 1887, S. 459, u. 484f.
92) w.o. S. 467f.
93) w.o. S. 473.
94) w.o. S. 466ff.
95) Enneccerus는 착오를 한 자의 과실의 유무와는 상관없이 상대방의 신뢰를 기초로
    한 손해배상의무를 인정하는 것이 최근에 갑자기 다수설로 되었다고 기술하고 있
    다. 이에 관해서는 Ludwig Enneccerus, Rechtsgeschäft, Beding−ung und Anfa-
    ngstermin, N. G. Elwert, 1889, S. 103.
    이밖에도 이러한 견해를 지지하던 견해로는 Otto v. Gierke, Der Entwurf eines
    bürgerlichen Gesetzbuches und das deutsche Recht, Duncker u. Humblot, 1889, S.

제97조에 의해 받아들여져, 독일민법 제122조에 이어지고 있다. 독일민법 제2초안을 위한 의사록(Protokolle Ⅱ)은 다음과 같이 밝히고 있다.

사람들은, 착오 때문에 취소될 수 있는 의사표시라는 것을 알지 못하고 그 유효를 신뢰한 자는 이 신뢰를 통해서 손해(Schaden)를 입어서는 아니된다는 것이, 선량한 거래질서의 피할 수 없는 요구라고 생각하였다.96)

3) 과실의 유무에 관계없이 착오를 한 자의 손해배상의무를 인정하는 것에 대해서는, 독일민법 제2초안의 입법과정에서, 적지 않은 반대도 있었다. 특히 독일민법 제2초안을 위한 제2차 위원회의 위원장이었던97) Planck는 착오를 한 자에게 과실이 있는 경우에만 그의 손해배상의무가 발생한다는 입장을 고수하였다.98)

우선 Planck는 비록 한 당사자의 행위를 통해 다른 당사자에게 손해를 끼친 경우라 할지라도, 그 당사자의 귀책 여부에 관한 고려 없이 그에게 손해배상의무를 부과하는 것은 독일법에도, 정의에도 또한 형평에도 상응하지 않는다고 생각하였다.

나아가 그는 양 당사자에게 책임(Schuld)이 없을 때, 누가 손해를 부담해야 하는가의 문제는 그 자체가 부정확한 질문이라고 한다. 왜냐하면 피해자에게 손해가 발생한 경우에는 그 손해를 타인에게 전가하는 것이 충분한 근거가 있는지에 대해서 살펴보아야 하기 때문이라는 것이다.

한편 그는 행위자와 상대방 모두에게 책임이 없을 때, 손해를 입은 상대방이 행위자에 비해 보다 책임이 작다는 것도 역시 내부적인 모순이 존재한다고 주장하였다.99) 왜냐하면 책임은 상이한 단계로 구별할

165ff.; Unger, Behandlung(1888), S. 684f.

96) Protokolle Ⅱ-1, S. 224 =Mugdan 1, S. 716.

97) Schlosser, Grundzüge(2001), S. 187.

98) Gottfried Plank, Zur Kritik des Entwurfs eines bürgerlichen Gesetzbuches für das Deutsche Reich, AcP 75, 1889, S. 389ff.

수 있는 것이지, 무책임(Unschuld)이란 것이 있는 것은 아니기 때문이 라는 것이다.

 이상과 같은 이유로 그는 착오를 한 자의 과실에 근거한 손해배상의 무를 인정하려고 하였다.100)

---

99) 표의자와 상대방 모두에게 책임이 없는 경우에는 상대방이 보다 더 책임이 없다 는 논리에 대해서는 Otto Bähr, Über Irrungen beim Contrahieren, Jher.Jb. 14, 1875, S. 407; Gierke, Entwurf(1889), S. 167 참조.

100) 제국 사법부의 사전위원회(Vorkommission des Reichsjustizamts)에 제출한 Planck의 입법안 제98조에는 착오를 한 자가 취소를 하는 경우, 그의 과실이 인정되는 경우 에만 손해배상의무가 발생한다는 것을 규정하고 있었다. 이에 관해서는 Beratung I, S. 617.

獨逸民法 制定 以後의 意思表示理論

　　　　　　　　　　　效력주의는 오늘날 독일에서 유일하게 주장되고 있는 이론(Die heute allein noch vertretene Geltungstheorie)이라는 견해도 있다.[1] 사실 전통적인 의미에서의 의사주의적인 견해나[2] 극단적인 표시주의적인 견해가[3] 없지는 않지만, 효력주의는 오늘날 독일민법의 통설이라고 할 수 있다.

　　또한 우리 민법 역시 효력주의 자체를 긍정하느냐의 여부에 대해서

---

1) Reinhard Bork, Allgemeiner Teil des BGB, Mohr Siebeck, 1.Aufl. 2001, S. 213.

2) 여기에서 전통적인 의미에서의 의사주의적인 견해라고 표현하는 이유는 이들의 견해가 표의자의 효과의사를 의사표시의 본질이라고 주장하고 있기 때문이다. 다만 Wieling의 견해가 철저하게 전통적인 의미에서의 의사주의의 입장을 견지한다면, Singer의 견해를 반드시 전통적인 의미의 의사주의라고 이해하기에는 무리가 있기 때문에(특히 표시의사가 없는 행위와 관련해서 독일민법 제118조를 근거 규정으로 해야 한다고 주장하면서 사용되는 논리는 변형된 의사주의의 논리가 다수 포함되어 있다고 생각된다), 여기에서는 의사주의적이라는 표현을 사용하였다.
한편 이와 관련된 이들의 문헌으로는 Hans Wieling, die Bedeutung der Regal "falsa demonstratio non nocet" im Vertragsrechts, AcP 172, 1972, S. 302ff; Reinhard Singer, Geltungsgrund und Rechtsfolgen der fehlerhaften Willenserklärung, JZ 1989, S. 74f; ders, Selbstbestimmung und Verkehrsschutz im Recht der Willenserklärung, C. H. Beck, 1995, S. 1031 참조.

3) 여기에서 극단적인 표시주의적인 견해라 함은 행위의사가 없는 행위조차 일정한 조건 아래서 귀책될 수 있다고 주장하는 견해를 말한다. 이러한 주장으로는 Nikolaus Brehmer, Willenserklärung und Erklärungsbewußtsein-91, 324, JuS 1986, S. 442f 참조.

는 적지 않은 논쟁이 있지만, 구체적인 의사표시론의 전개 과정에 있어서는 대체로 효력주의의 영향 아래 있는 것으로 보인다. 왜냐하면 효력주의는 비정상적인 의사표시의 효력을 비정상적인 의사표시의 효력에 관한 법률규정(독일민법 제116조 이하: 우리 민법 제107조 이하)에서 개별적으로 검토하지 않고, 의사표시의 해석론에서 종합적으로 다루고 있는데, 이는 우리 민법에서의 학설의 경향과도 일치하는 부분이기 때문이다. 특히 우리 민법에서의 학설이 비정상적인 의사표시 중에서 가장 중요한 문제인 착오로 인한 의사표시를 일시적으로 유효한 의사표시라고 이해하고 있는 점과 비정상적인 의사표시에서의 표의자의 책임에 관한 문제를 손해배상의무에 관한 문제가 아니라 상응하는 의사가 없는 표시의 효력문제라고 이해하고 있는 점도 효력주의와 일치하는 부분이다.

이와 같이 오늘날 우리 민법의 의사표시론에 가장 큰 영향을 미치고 있는 효력주의는 Larenz의 교수자격취득을 위한 청구논문(Habilitationsschrift)인 「법률행위 해석의 방법」4)에 기원을 두고 있다. 또한 20세기의 중반까지 독일의 가장 권위 있는 교과서로 인정되고 있던 의사주의에 기초한 Enneccerus의 교과서를5) 이어받은 Nipperdey가 효력주의를 수용하였고,6) 오늘날까지 독일민법에 가장 큰 영향을 미치고 있는 교과서의 하나인

---

4) Karl Larenz, Die Methode der Auslegung des Rechtsgeschäft, Deichert, 1930, S. 1ff.

5) Enneccerus는 1928년 그가 사망한 후 출간된 그의 교과서 12판에서까지 의사주의의 정당성을 강하게 주장하였다. 여기에서 그는 착오에 있어서의 취소는 결코 의사주의에서 벗어나는 것이 아니라, 무효의 한 종류일 뿐이라는 점을 특히 강조하였다. 이에 관해서는 Ludwig Enneccerus, Lehrbuch des Bürgerlichen Rechts Bd. I, N. G. Elwert, 12.Aufl. 1928, S. 416f.
그러나 Enneccerus의 여기에서의 기술내용은 그의 교과서를 이어받은 Nipperdey에 의해 삭제되었다. 이를 비교하기 위해서는 Ludwig Enneccerus / Hans Carl Nipperdey, Allgemeiner Teil der Bürgerlichen Rechts Bd. II, Mohr Siebeck, 14.Aufl. 1955, S. 700f.(Enneccerus의 민법총칙 교과서는 1권으로 이루어졌지만, Nipperdey는 이 민법총칙 교과서를 2권으로 나누어서 발간하였다. 따라서 여기서의 Bd. II는 민법총칙 교과서 下卷을 의미한다.): Eneccerus / Nipperdey, AT II, 15.Aufl.(1960), S. 1022f.

6) Eneccerus / Nipperdey, AT Bd. II, 14.Aufl.(1955), S. 606, 701f.

Flume의 교과서 역시 비판적인 입장을 유지하면서[7] 효력주의를 수용하였다.[8]

다만 오늘날의 독일민법에서의 학설은 동일한 효력주의의 이름 아래서도 Larenz의 학설을 중심으로 한 보다 표시주의적인 견해와 Flume의 학설을 중심으로 한 보다 의사주의적인 견해로서의 변형된 의사주의가 혼재되어 있다고 볼 수 있다.[9]

---

7) Werner Flume, Allgemeiner Teil des Bürgerlichen Rechts Ⅱ-das Rechtsgeschäft, Springer, 4.Aufl. 1992, S. 57f.

8) Flume 역시 의사표시의 본질은 법률규정으로서의 효력을 정하는(In-Geltung-Setzen) 자기결정에 의해 법률관계를 창조적으로 형성한다고 하는 점에 있다고 주장하면서, 착오로 인한 의사표시가 일시적으로 효력이 있다고 주장하는데, 이는 크게 효력주의의 관점으로 분류할 수 있다. 왜냐하면 이 경우에 자기결정의 내용에 해당하는 효과의사는 의사표시의 요소에 포함되어 있지 않기 때문이다. 이에 관해서는 w.o. S. 47, u. 49.

9) 여기에서 보다 표시주의적이라고 하는 표현과 보다 의사주의적이라고 하는 표현은 표시의식의 존재를 의사표시의 요소로 보고 있는가의 기준에 따른 구별이다. 즉 표시를 표의자에게 귀책시키기 위해서 표시의사가 존재할 필요가 없다는 견해는 보다 표시주의적인 견해인 반면, 그 귀책을 위해 반드시 표시의사가 존재해야 한다는 견해가 보다 의사주의적인 견해이다.
그러나 효과의사를 의사표시의 필수적인 요소로 인정하는 전통적 의사주의의 관점에 따른다면 표시의식의 존재를 인정하는 후자의 견해 역시 의사주의는 아니며, 오히려 표시주의라고 표현할 수도 있다. 예를 들어 행위의사와 표시의식만이 의사표시의 요소라고 주장하였던 Kohler 등의 견해는 19세기의 의사주의자들에 의해 표시주의로 구별되어 있었다. 이에 관해서는 Ludwig Enneccerus, Rechtsgeschäft, Bedingung und Anfangstermin, N. G. Elwert, 1889, S. 70ff; Bernhard Windscheid, Wille und Willenserklärung, AcP 63, 1880, S. 73; Bernhard Windscheid / Theodor Kipp, Lehrbuch des Pandektenrechts Bd.Ⅰ, Jurius Buddeus, 9.Aufl. 1906, S. 376 (Fn. 1a); Ernst Zitelmann, Die jhristische Willenserklärung, Jher.Jb. 16, 1878, S. 358. 참조.
한편 김증한/김학동, 민법총칙, 박영사, 제9판, 2001, 364면(주 7)은 일정한 표시에 대한 효과의사가 존재하지 않더라고 표시의사가 존재한 경우에는 그 표시내용을 표의자에게 귀책시킬 수 있다는 학설을 오늘날의 의사주의라고 표현한다.
그러나 의사주의는 법률관계의 체결의 자유(표시의식은 존재함)뿐만 아니라, 특히 그 내용의 자유를 중요시한 효과의사를 중심에 놓고 발전하였다는 점을 생각할 때, 이러한 효과의사를 의사표시의 요소에서 제외하는 학설을 단순히 오늘날의 의사주의라고 표현하기는 어렵다. 게다가 표시주의를 취하는 견해들도 의사표시의 효력을 위해서는 행위의사라고 하는 심리적 요소가 있어야 한다는 점을 대체적으로 인정하고 있는데, 이에 따르게 되면 표시주의 역시 의사주의라고 표현할 수도 있다는 현재 독일에서는 이러한 효력주의의 이론에 관해서 부분적인 비판이 제기되고 있으나, 전통적 의사주의의 관점에서의 Wieling의 견해를 제외하고는,[10] 아직 효력주의 자체에 대한 반론은 찾아보기 힘들다.[11]

그러나 효력주의의 주요한 주장내용은 대체로 실정법과 부합하지 않는 이론이라고 할 수 있다.

우선 효력주의는 표의자의 효과의사를 의사표시의 효력요소에서 배제함으로써, 효과의사가 없는 의사표시가 유효하다고 주장하고 있는데, 이는 효과의사가 없는 표시의 효력을 원칙적으로 무효로 정한 입법자의 의사와 배치된다.

또한 효력주의는 의사와 표시가 불일치하는 것을 전제로, 그 각각의 요소가 자연적 해석이나 규범적 해석을 통해서 효력이 있다고 함으로써, 의사와 표시가 불일치하는 경우에는 의사도 표시도 모두 효력이 없다고 하는 입법자의 의사와 배치된다. 나아가 의사표시의 해석론은 의사와 표시가 일치하고 있는지의 여부를 확정하는 것을 그 주된 임무로 해야 함에도, 그 불일치를 주어진 것으로 전제하고서 각각의 효력을 논함으로써, 의사표시의 해석론은 형해화하였고, 의사표시의 해석론이 의사표시의 효력론으로 변질되는 계기가 되었다.

마지막으로 효력주의는 비정상적인 의사표시 중에서 가장 중요한 착오로 인한 의사표시의 효력 및 그 책임의 문제에 있어서 입법자의 의사와는 완전히 상반되는 이론을 전개한다.

결과가 된다. 따라서 여기에서 문제되는 학설은 '변형된 의사주의'와 같은 용어를 사용함으로써, 전통적 의사주의와는 구별된다는 점을 분명히 할 필요가 있다고 생각된다.

10) Wieling, falsa, S. 304ff.

11) 착오나 그 밖의 비정상적인 의사표시의 해결이 실정법의 문제라고 하면서, 효력주의는 이를 어디까지 유효하다고 할 수 있는지에 대한 해결책을 제공해 주지 못한다는 비판으로는 Franz Bydlinski, Privatautonomie und objektive Grundlagen des verpflichtenden Rechtsgeschäftes, Springer, 1967, S. 3f; 효력주의의 철학적 방법론에 대한 비판으로는 Jan Schapp, Grundfragen des Rechtsgeschäftlehre, Mohr Siebeck, 1986, S. 45ff; 궁극적으로는 효력주의를 채택하였지만, 그 부분적인 내용에 대해서 비판하고 있는 견해로는 Flume, AT(1992), 58f. 참조.

즉 효력주의는 착오로 인한 의사표시를 일시적으로 유효한 의사표시라고 판단함으로써, 이를 무효인 의사표시의 일종으로 이해하였던 입법자의 의사와 배치된다. 또한 독일민법의 입법자들은 착오로 인한 의사표시에 대한 표의자의 책임을 주로 손해배상의 문제로 처리하려고 했음에도 불구하고, 효력주의는 이를 상응하는 의사가 존재하지 않는 표시의 효력의 문제로 다룸으로써, 착오로 인한 의사표시에 있어서 표의자의 책임의 근거를 밝히는 데 혼란을 가중시키는 이론을 전개한다.

이와 같이 효력주의는 오늘날의 의사표시론에 있어서 가장 중요한 이론이기는 하지만, 그 이론 자체에 모순이 많을 뿐만 아니라, 실정법과는 조화될 수 없는 이론이기도 하다. 따라서 본 장에서는 효력주의의 내용을 살펴본 뒤, 그 이론의 문제점에 대해서 비판하고자 한다.

▶ 제2절 效力主義

I. Larenz의 意思表示理論

Larenz의 의사표시론의 핵심은 의사표시의 해석론이라고 할 수 있다. 왜냐하면 그는 그의 의사표시의 해석론을 통해서 의사표시의 효력을 정하려고 했기 때문이다. 즉 그는 의사와 표시가 일치하지 않는 경우에 어떤 요소가 효력을 갖는지에 대한 문제를 의사표시의 해석론에서 다루었다.

이러한 Larenz의 시도는 의사주의에 입각한 독일민법에 대한 효력주의를 표방한 표시주의의 성공한 반격이라고 할 수 있다. 왜냐하면 독일민법은 의사와 표시가 일치하지 않는 경우에 그 표시의 효력을 명백히 독일민법 제116조 이하에서 개별적으로 규정하되, 그 규정내용을 의사주의의 입장에 따라서 원칙적으로 (취소를 포함한) 무효라고 정한 반면, Larenz는 의사와 표시가 일치하지 않는 경우에 그 표시의 효력의 문제를 의사표시의 해석의 단계에서 검토하면서 소위 규범적 해석론을 통해서 의사와 일치하지 않는 표시내용의 효력을 인정하기 때문이다.

본래 의사와 표시가 일치하는지의 여부를 확정해야 하는 의사표시의 해석의 임무는 이제 Larenz의 이론을 통해 형해화하였고, 의사표시의 해석의 단계에서 이미 주어진 의사와 표시의 불일치를 전제로 어느 요소가 효력을 가져야만 하는지의 문제를 검토함으로써, 비정상적인 의사표시의 효력을 정한 독일민법 제116조 이하의 의사표시의 효력규정과 의사표시의 해석규정 역시 서로 조화를 이룰 수 없게 되었다.

이하에서는 이러한 Larenz의 의사표시론을 보다 상세히 살펴보고자 한다.

1. 意思表示의 效力要素

1) 意思와 表示가 一致하는 경우

의사와 표시의 一元論을 주장하였던 Larenz는 법률효과가 발생하게 되는 근거를 의사와 표시가 공통적으로 작용하는 결과라고 주장하였다.[12] 이 경우에 표시는 意志의 表明(die Kundgabe eines Wollens) 이

---

12) Karl Larenz / Manfred Wolf, Allgemeiner Teil des Bürgerlichen Rechts, C. H. Beck, 9.Aufl. 2004, S. 442f.

상의 의미를 갖는다고 한다.[13] 즉 법률행위로서의 의사는 단지 표시에 의해서만 실현되고, 표시에 의해서만 법적으로 인정될 수 있다고 하는 점이 강조된다. 따라서 표시의 임무는 의사의 전달일 뿐만 아니라 의사의 실행(Willensvollzug)이며, 표시를 통해서 효력이 있게 되는 법률행위로서의 의사의 실현이라고 한다.

이와 같이 표시는 법률행위로서의 의사를 효력이 있는 것으로 정하는 것이기 때문에, 효력주의에 따르면 의사표시(엄밀하게 말하면 표시)는 효력표시(Geltungserklärung)라고 한다.[14]

그러나 의사와 표시가 일치하는 경우에 그 의사표시가 효력이 있다는 점에 대해서는 의사주의와 표시주의 역시 똑같이 인정하고 있었기 때문에, 이러한 정상적인 의사표시의 효력을 인정하는 것을 효력주의의 독자적인 특징으로 이해할 수는 없다.

2) 意思와 表示가 一致하지 않는 경우

문제는 의사와 표시가 일치하지 않는 경우에 일치하는 의사가 존재하지 않는 표시의 효력을 인정할 것인가의 여부이다.

이에 대한 Larenz의 효력표시론은 명백히 표시주의이론이라고 할 수 있다. 왜냐하면 그는 의사와 표시의 二元論을 부정한다고 하면서, 사실상 효과의사가 존재하지 않는 표시를 의사표시의 효력요소로서 구성하고 있기 때문이다. 그는 이를 위해서 의사표시의 사회적 기능을 강조하면서, 사회적 행위로서의 의사표시는 당연히 객관적인 내용대로 효력을 가져야 한다는 논리를 전개한다.

(1) 效力表示의 二重的 機能

Larenz는 (효력)표시가 이중적인 기능을 한다고 주장하였다.

---

13) Larenz, Auslegung(1930), S. 39ff.
14) w.o. S. 45; Larenz / Wolf, AT, 9.Aufl.(2004), S. 443.

그 하나는, 기존의 의사주의가 주장하였던 의사의 표명수단으로서의 기능인데, 이는 표의자가 효과의사의 내용을 실현하기 위한 수단으로서, 그 효과의사를 표명하는 표시가 필요하다는 것을 의미한다.

다른 하나는, 효력주의에서 독자적으로 주장하는 표시의 社會的 疏通行爲로서의 기능(die Funktion als ein Akt sozialer Kommunikation)이다.[15) Larenz가 이러한 표시의 사회적 소통행위로서의 기능을 강조하는 이유는 하나의 표시가 외부세계(사회)에 현상으로서 나타난 이상, 그 표시는 일정한 객관적인 가치를 갖는다는 점을 부각하기 위한 것이라고 할 수 있다.

이는 효력표시와 당위(Sollen)의 관계에 관한 다음의 고찰에서 명확하게 나타난다.

(2) 效力表示와 當爲의 關係

효력주의의 책임(Verantwortung)의 논리를 알기 위해서는 우선 효력표시란 용어가 "의사표시는 구속력이 있는 효력(Geltung)이 있어야만 한다"는 점으로부터 유래하였다는 점을 확인할 필요가 있다.

> 약속16)은 약속을 한 자가 어떤 것을 할 것이라는 것을 의미하는 것이 아니며, 그가 어떤 것을 하려고 意志한다는 것을 의미하는 것도 아니고, 또한 그가 구속을 意志한다는 것을 의미하는 것도 아니다. 약속은 그가 행위에 구속된다는 것을 의미하는 것이며, 이러한 구속이 효력이 있어야만 한다는 것을 의미한다.17)

또한 그는 의사표시는 '어떤 것이다(irgend etwas ist)'라고 하는 것을 의미하는 것이 아니라, '어떤 것이 효력을 가져야만 한다(etwas gelten

---

15) Larenz, AT, 1.Aufl.(1967), S. 338(다만 여기서는 '사회적'이라는 표현은 없고, 단지 '인간 사이'라는 표현이 사용되어 있다): Larenz / Wolf, AT, 9.Aufl.(2004), S. 443.
16) 여기서 약속(Versprechen)은 의사표시(Willenserklärung)를 의미한다.
17) Larenz, Auslegung(1930), S. 44.

soll)'는 것을 의미한다고 한다. 이와 같이 효력주의는 하나의 행위가 있다면, 그 행위는 效力(또는 價値; Geltung)[18]을 가져야만 한다는 당위(Sollen)를 기초로 한 견해이다.

이때 효력이 있는 것은 단지 그 의사표시의 객관적인 의미였다. 즉 행위자가 일정한 행위를 하였다면, 그 행위는 표의자의 주관적인 임의로부터 독립해서 그 행위(표시)에서 발견된 객관적 의미로서 효력을 가져야만 한다는 사고에 기반하고 있는 것이다. 이러한 의미에서, 그는 "효력이 있는 것은 모든 법적 관련성의 客觀的 形式(Geltung ist die Form der Objektivität aller rechtlichen Beziehung)이다"고 주장한다.[19]

이러한 그의 주장에는 법률행위가 선험적인 권리가 아니라, 법질서에 의해서 부여받은 권리라는 사고가 강하게 영향을 미치고 있었다.

---

18) 當爲(Sollen)나 效力(Geltung)이란 단어는 본래 신칸트학파에 있어서의 주요한 철학 테마 중의 하나인 價値(Wert)에 관한 문제와 관련해서 중요하게 사용되었던 용어이다. 이는 19세기의 산업혁명 과정에서의 서구 사회에서 사물의 가치에 관한 문제가 중요한 문제로 등장하면서, 그 사물이 어떠한 가치를 가지는가(gelten) 또는 어떠한 가치를 가져야만 하는가(gelten sollen)의 문제 등과 관련해서 사용된 용어이다. 특히 Nietzsche가 '모든 가치의 재평가(Umwertung aller Werte)'라는 슬로건을 제창한 이래, 가치철학은 당시 철학의 가장 중요한 테마로 되었다. 또한 이러한 가치의 문제는 Larenz에게 커다란 영향을 준 현상학(Phänomenologie)에 있어서도 중요한 테마였다. 이 경우에 현상학은 인식의 대상으로서의 사물자체, 이를 인식하는 주체의 내면적 요소와 가치 등의 문제의 구별을 지양하고, 그 모든 요소를 사물의 현상에 대한 본질적 직관(Wesensanschauung)을 통해 탐구하고자 한 철학 분과이다. 따라서 현상학으로부터 영향을 받았던 Larenz의 효력주의란 용어 내에서는 이미 철학적으로 의사와 표시 그리고 그 가치(의미를 포함)적 요소의 구별을 지양하고, 그 모든 것을 現象(의사표시에 있어서는 표시)을 통해 객관적 의미(Bedeutung)를 부여해야만 한다는 점이 내포되어 있었다고 볼 수 있다. 여기서의 가치철학(Wert Philosophie)에 관해서는 Schnädelbach Herbert, Philosophie in Deutschland 1831－1933, Suhrkamp 6.Aufl. 1999, S. 197ff. 참조.
한편 Larenz, Auslegung(1930), Nachwort에서 Larenz는 그 스스로 법현상학자인 Reinach로부터 많은 영향을 받았다고 밝히고 있는데, 이때의 현상학의 문헌으로는 Adolf Reinach, Die apriorischen Grundlagen des bürgerlichen Rechts, Jahrb. f. Philosophie, u. phänomenologische Forschung, Bd.1, 1922, S. 685ff.＝Adolf Reinach, Zur Phänomenologie des Rechts, Kösel, 1953, S. 11ff.

19) Larenz, Auslegung(1930), S. 44.

> 구체적 법률관계의 효력은 의사표시의 일치와 법률에 근거한다. ……법
> 률효과는 의사표시를 통해서 야기되는 것이 아니라, 의사표시와 함께 법
> 질서가 효력을 부여하기 때문에, 그 한도에서 효력이 발생한다.[20]

이와 같이, 그는 당사자의 자유로운 의사에 기해서 법률효과가 발생한다는 사적자치의 원칙보다는, 법질서가 법률효과의 발생을 보장해 주기 때문에, 그 법질서가 규범적 해석을 통해서 일정한 가치를 갖는다고 판단되는 행위의 객관적 의미(Bedeutung)는 원칙적으로 당연히 효력(Geltung)을 가져야만 한다(sollen)는 사고에 기초되어 있었던 것이다.

2. 意思表示의 解釋論

1) Larenz의 問題 提起

독일민법 제133조는 "의사표시의 해석에 있어서는 사실상의 의사가 탐구되어야 하며, 표현의 문자적인 의미에 구애되어서는 안 된다"고 규정하고 있다. 또한 독일민법 제157조는 "계약은 거래관행의 고려와 함께 신의성실이 요구하는 대로 해석되어야 한다"고 규정한다.

Larenz는 이러한 독일민법 제133조와 동법 제157조가 내부적으로 모순이 있는 것으로 파악했으며, 이는 그가 효력주의에 의한 의사표시의 해석론을 주장하는 결정적인 이유가 되었다.[21]

(1) 우선 그는 전통적 의미의 의사주의를 표시와 일치하지 않는 내심적 의사의 효력을 인정하는 학설이라고 이해하였다. 그리고 이에 기초해서 Windscheid에 의해 입법된 것으로 알려진 독일민법 제133조를

---

20) w.o. S. 46.
21) w.o. S. 4ff.

표의자의 내심적 의사의 효력을 인정하기 위한 근거 규정으로 이해하였다. 즉 그는 동조를 의사표시의 해석에 있어서는 표시의 문자적 의미와는 상관없이 표의자의 내심적 의사'만'을 탐구해야 한다는 규정으로 이해한 것이다.

한편 그는 독일민법 제157조를 상대방의 이해가능성에 따른 표시내용의 효력을 인정하기 위한 근거 규정으로 이해하였으며, 이 규정이 표시주의의 근거 규정인 것으로 이해하였다.

(2) 이상과 같은 의사주의와 표시주의의 관계 및 독일민법 제133조와 동법 제157조의 관계에 대한 그의 이해를 기초로, 그는 실정법의 해석이 아닌 학설을 통한 법의 창조를 통해 그 모순을 지양할 것을 주장하였다.

그는 우선 법규정은 고립적으로 고찰되어서는 안 되며, 법체계 전체의 관련성에 따라서 이해되고 해석되어야 한다고 주장한다. 또한 법체계에 내포된 합목적적 구조(immanente teleologische Gliederung)와 교환 가능한 규정(Wechelbestimmung)을 발견하는 것이 체계적 법학(die systematische Wissenschaft)의 임무라고 강조한다.[22]

이러한 그의 주장은 체계적으로 소화되기 쉽지 않으며, 목적론적으로 타당하지 않다고 여겨지는 규정은, 그 문언적인 의미나 법제정자의 의사가 무엇이든 상관없이, 법 체계성(Zusammenhang)과 그 안에 내포된 법의 객관적 정신을 통한(durch den objektiven Geist des Gesetzes) 목적론적 사고로 대체할 수 있다는 주장으로 이어진다.[23] 결국 Larenz는 여기서 실정법의 해석이 아니라, 해석을 통한 법의 창조를 주장하고 있는 것이다.[24]

---

22) w.o. S. 5.

23) w.o. S. 6.

24) Wieacker는 이를 "Larenz는 主觀的 解釋方法과 客觀的 解釋方法의 二元論의 대립 관계(모순 관계)를 (Hegel의 정반합의 원리에 따라서) 포괄적인 사고로 지양하는 임무를, 더 이상 실증주의적으로는(실정법의 해석으로는) 해결할 수 없다고 판

(3) 이와 같이 Larenz는 실정법의 규정과 배치될 수 있는 목적론적 해석의 필요성을 역설하였다. 이에 따라 그는 표의자의 내심적 의사만을 탐구해야 한다고 규정하는 것으로 그에 의해 이해되었던 의사표시의 해석에 관한 독일민법 제133조를 축소해석해야 한다고 주장하였다. 이때 그는 그 근거를 독일민법 제119조와의 관련성에서 찾았다.25) 즉 독일민법 제119조는 착오로 인한 의사표시에 대해서 규정하는데, 만약 독일민법 제133조가 표의자의 내심적인 의사만을 탐구해야 한다는 의미라면, 표시와 의사의 불일치 자체를 전제로 하는 착오로 인한 의사표시에 대해서는 더 이상 논할 수 없는 문제점이 발생한다는 것이다. 따라서 독일민법 제119조의 존재는 독일민법 제133조의 축소해석을 전제로 하는 경우에만 인정될 수 있다고 그는 주장하였다. 이에 덧붙여 독일민법 제119조가 착오로 인한 의사표시의 효과를 무효가 아닌 취소라고 규정하고 있는 점과, 취소의 경우에는 손해배상의무가 발생하는 점 역시 표의자의 의사와 모순되는 표시 또한 법적으로 중요한 의미를 갖는 것이라고 역설하였다.26)

이러한 이유로 독일민법 제133조만을 일반적인 의사표시의 해석규정으로 여겨서는 안 된다고 주장하였던 Larenz는, 이제 동 규정과 함께 독일민법 제157조 역시 일반적인 의사표시의 해석규정으로 여겨야 한다고 주장하였다.27) 즉 독일민법 제157조가 비록 계약의 해석(Auslegung von Verträgen)에 관한 규정이라고 표현되어 있지만, 이를 계약에 한정하지 않고 상대방이 있는 단독행위를 포함하는 의사표시의 해석규정으로 이해해야 한다는 것이다.

단하였다"고 표현한다. 이에 관해서는 Franz Wieacker, Die Methode der Auslegung des Rechtsgeschäfts, JZ 1967, S. 385.

25) Larenz, Auslegung(1930), S. 6f.

26) 착오로 인한 의사표시나 표시의사가 없는 의사표시에 대한 효력주의의 기본적인 입장을 기술한 것으로는 Larenz, AT, 7.Aufl.(1989), S. 336; Larenz / Wolf, AT, 9.Aufl.(2004), S. 445.

27) 독일민법 제157조는 그 문리적 해석에 의할 경우, 단지 계약의 해석에 한정하고 있다.

(4) 이와 같이 Larenz는 독일민법 제133조만이 의사표시 해석에 관한 조항이 아니라, 독일민법 제157조 역시 계약에 한정하지 않고 의사표시 해석에 관한 조항으로 해석하자는 목적론적 해석을 주장하였다. 이때 그에게 있어서 중요한 문제는 양 조항의 관계를 어떻게 조화롭게 해석하느냐에 있었다. 왜냐하면 양 조항이 모두 의사표시에 적용된다면, 구체적인 사건에 있어서는 의사의 해석(독일민법 제133조)과 표시의 해석(독일민법 제157조) 중 무엇을 해석해야 하며, 이에 따라 어떤 요소가 효력을 갖게 되는지의 문제가 발생하게 되기 때문이다.

그는 이러한 해결책을 의사표시의 주관적 요소로서의 의사와 객관적 요소로서의 표시의 구별을 지양하면서, 그가 표현하는 효력표시(Geltungserklärung)라는 이름 아래서 一元論으로 설명하려고 하였다. 그는 이러한 이유에서 그 이전의 의사표시론이 의사와 표시의 각 요소를 구분하면서, 의사주의는 의사의 요소를 그리고 표시주의는 표시의 요소를 강조한 二元論(Dualismus)이라고 비판하였다.[28)

2) 效力表示의 客觀的 意味에 따른 歸責

Larenz에게 있어서 어떠한 행위가 객관적인 의미에 따라서 효력이 발생해야만 한다는 것은, 동시에 그 행위가 행위자에게 귀책(Zurechnung)되어야만 한다는 것을 의미하였다.[29) 이때 귀책되는 행위내용은 행위의 객관적인 의미(Bedeutung)였다.[30) 즉 Larenz는 의사표시의 규범적 해석을

---

28) Larenz, Auslegung(1930), S. 8f.
   한편 의사와 표시의 이원론에 대한 비판은 먼저 Kohler의 문헌에서 발견된다. 이에 대해서는 Josef Kohler, Studien über Mentalreservation und Simulation, Jher. Jb. 16, 1878, S. 91ff.
29) 자연과학과 법학을 존재(Sein)와 당위(Sollen)의 세계로 구별하고, 전자의 영역에서는 인과율의 법칙(Kausalgesetz)이 지배하며, 후자의 영역에서의 귀책의 법칙(Zurechnung)이 지배한다고 주장한 견해로는 Hans Kelsen, Reine Rechtslehre, Deuticke, 1.Aufl. 1934, S. 12 u. 22.
30) 우리말의 해석에 있어서 Bedeutung과 Sinn은 모두 의미로 해석된다. 그러나 양자

통해서 얻어진 표시내용을 표의자에게 귀책시키려고 하였던 것이다.

우리가 고찰하는 어떤 과정이나 대상에 해당하는 의미(Bedeutung)는 우리에게 단지 어떤 의식으로만 다가온다. 왜냐하면 의미(Bedeutung)는 인간의 의식에 주어지는 어떤 사물자체(실재)가 아니라, 상징과 함께 결부된 의식에 속하는 것이기 때문이다. 의미(Bedeutung)는 이 한도에서는 어떤 주관적인 것이다. 그러나 명확한 의식에서의 상징과 의미(Sinn), 묘사와 의미(Bedeutung)의 결부는 단지 恣意나 偶然에 의한 것이 아니라, 오히려 각 인간의 의식이나 일정한 범위—예를 들어 일정한 언어 공동체—를 위해 효력이(가치가) 있는(gelten) 일정한 기준에 따라서 발생한다. 모든 의사소통의 가능성(alle Möglichkeit der Verständigung)은 이로부터 기인하는 것이다. ……따라서 이 의미는 각 개인이 개별적 경우에 이를 이해했는지의 여부와는 관계없이 효력이 있다(gilt). ……여기에서 규범(Norm)의 객관화(Objektivität)가 있는 것이다.[31]

이와 같이 Larenz는 표의자가 표시에 대해서 어떠한 주관적인 의미(효과의사)를 가지고 있었는지의 여부와는 상관없이, 표시의 객관적인 의미를 표의자에게 귀책할 수 있다고 주장하였다. 따라서 효력주의에서 의사표시가 의사와 표시의 일체라고 하는 것은 표의자의 사실상의 의사와는 관계없이 단지 표시에 의한 의사표시의 효력을 주장하는 것이라고 볼 수 있다.[32]

사이에는 철학적으로 매우 중요한 차이가 있고, Larenz의 문헌에는 이러한 구별이 의식되어 있었던 것으로 보인다. 이 양자를 단순히 정의하면, Bedeutung은 客觀的인 意味를 말하며, Sinn은 主觀的인 意味를 내포하는 개념인데, 여기에는 주관적인 가치나 평가와 같은 문제들이 포함되어 있다. 이러한 Bedeutung과 Sinn의 구별에 관해서 독일 철학에 가장 큰 영향을 미친 것으로 평가받고 있는 문헌으로는 Gottlob Frege, Über Sinn und Bedeutung, 1892, in: Textor, Mark(Hrsg.), Funktion—Begriff—Bedeutung, Vandenhoeck u. Ruprecht, 2002, S. 23ff.

31) Larenz, Auslegung(1930), S. 70f.

32) w.o. S. 69.

3) 客觀的 意味의 決定 基準

(1) 初期 理論

a) Larenz는 표현의 객관적인 의미를 일정한 사회에서 이해될 수 있으며, 그 사회의 구성원에 의해 순응할 수 있는 의미라고 정의하였다.[33] 이 경우에 그는 표의자가 소속해 있는 사회에서의 표시의 객관적인 의미가 표시의 객관적인 의미로 된다고 주장하였다. 이와 같이 그는 의사표시의 객관적 해석을 상대방의 이해가능성(Verständnismöglichkeit des Gegners; Empfängerhorizont)이 아니라, 표의자의 이해가능성(Erklärendenhorizont)을 기준으로 정하고자 하였다.

그는 이러한 자신의 이론이 독일민법 제133조와 제157조를 조화롭게 해석할 수 있는 방법이라고 주장하였다.[34] 즉 상대방의 이해가능성과 같은 극단적인 객관화도 지양하고, 표의자의 사실상의 의사만을 기초로 하는 극단적인 주관화도 지양하면서, 양자의 중간적인 영역이라고 할 수 있는 표의자의 이해가능성을 표시의미의 결정기준으로 함으로써, 그 양극화의 결점을 제거할 수 있다는 것이다. 이에 관한 그의 기술은 다음과 같다.

> 표의자의 사실상의 의사가 고려될 수 없다면, 그가 그의 표시에 부여할 수 있었거나 부여해야만 하였던 의미가 고려될 수 있을 것이다. 이 의미에서 독일민법 제133조와 독일민법 제157조는 조화를 이룰 수 있다. 왜냐하면 표의자의 이해가능성에 대한 고려는 독일민법 제157조에 표현된 신의성실의 원칙과도 완전히 일치하기 때문이다. 오히려 독일민법 제133조에서 명시된 단지 추상적인 문자의 의미(Wortsinn)나 또는 상대방의 이해가능성만을 고려하는 것은 독일민법 제157조와 모순될 수 있을 것이다.

---

33) w.o. S. 71f.
34) w.o. S. 75.

　　상대방만이 표의자의 문자에 대해서 신뢰할 수 있어야만 하는 것이 아니라, 표의자 역시 그의 문자가 그 스스로를 위해 가질 수 있었던 것과는 다른 의미로 인정되지 않는다고 하는 점에 대해서 신뢰할 수 있어야만 한다. 이러한 형평성은 특히 표의자가 알지 못하였던 그의 문자가 아니라, 알 수 없었던 그의 문자가 거래질서에서 용인되지 않을 것을 요구한다.

　　즉 우리가 독일민법 제157조에서 개인적이지만 규범적인 의미가 표현되어 있다고 본다면, 독일민법 제133조에서는 사실 표의자의 주관적인 이해는 아니지만, 그에게 객관적으로 가능했고 요구되었던 이해로서 표의자를 고려하는 것이 요구된다. 그래서 독일민법 제133조뿐만 아니라 독일민법 제157조 역시 그 의미를 유지하게 된다.[35]

　　이와 같이 그는 표의자의 이해가능성에 따른 표시의 해석을 표의자와 상대방의 이익관계를 조정할 수 있는 타협 수단으로 생각하였다. 이러한 이유로 그는 표의자가 속한 사회의 객관적인 표시의미인 표의자의 이해가능성을 의사표시의 해석기준으로 하였지만, 이를 통해서 의사표시의 주관적 요소인 표의자의 사실상의 의사는 의사표시의 요소로부터 배제되었다.

　　b) Larenz는 법률행위의 양 당사자가 속해 있는 사회에서 표시의 객관적인 의미가 서로 상충하는 경우에 표의자의 이해가능성을 통한 표시의 해석기준이 구체적으로 어떻게 적용될 수 있는지에 대해서 고찰하였다.

　　첫째로, 양 당사자 모두가 소규모의 사회와 보다 대규모인 사회에 함께 소속되어 있는 경우에, 이 중에서 어느 사회의 객관적인 의미가 의사표시의 해석기준으로 될 수 있는지의 문제가 검토되었다.[36]

　　이 경우에 그는 소규모의 사회에서의 객관적인 의미가 그 기준이 되

---

35) w.o. S. 76.
36) w.o. S. 71f.

어야 한다고 주장하였다. 왜냐하면 특별한 객관적 의미가 일반적인 객관적 의미를 배제하기 때문이다. 따라서 양 당사자가 일정한 기호에 공통으로 부여한 특별한 표시의미는 그 기호의 일반적인 의미에 우선해서 양자에 대한 객관적 표시의미로 된다.

둘째로, 표의자와 상대방이 각각 다른 사회에 속하게 되는 경우가 검토되었다.[37]

이 경우에 상대방의 이해가능성은 단지 표의자 자신이 그 상대방의 이해가능성을 고려할 수 있었던 경우에만 표의자에게 귀책될 수 있다고 한다. 그러나 양 당사자의 이해가능성이 충돌하는 경우에는 결국 표의자의 이해가능성이 결정적인 역할을 한다고 주장하였다(in letzter Linie von der Verständnismöglichkeit des Erklärenden).

(2) 後期 理論

표의자의 이해가능성을 기준으로 표의자를 귀책할 것을 주장하였던 Larenz의 이론은 이후 독일 나치 시대에 Rhode에 의해 비판받았고, 이에 따라 그는 스스로 그의 주장을 포기하였다.[38] 당시 Rhode의 비판내용 중에는 사악한 민족구성원을 위해서는(für den schlechten Volksgenossen)[39] 무익한 것일지 모르지만, 건전한(anständige) 민족구성원을 위해서는, 상

---

37) w.o. S. 72.
38) Karl Larenz, Bespr. von Rohde, Willenserklärung und Pflichtgedanke, DR 1939, S. 1847.
39) 여기서의 민족구성원(Volksgenossen)이란 용어는 나치 시대에 Larenz 스스로 독일민법 제1조에 대한 새 규정을 제안하면서 사용되었으며, 특히 Genosse란 용어는 나치 시대의 독일 민족구성원만을 지칭하기 위한 용어로, 공산당에서의 '동지'나 '동무'를 표현하는 말로도 사용되는 개념이다. 다만 여기서는 엄동섭, 법률행위의 해석에 관한 연구, 법학박사학위논문, 서울대학교 대학원, 1992. 99면의 번역을 좇아서 '구성원'이라고 번역하기로 한다.
한편 Larenz에 의해 제안된 독일민법 제1조의 규정은 다음과 같았다. "법 구성원은 민족구성원인 자이다. 민족구성원은 독일 혈통인 자이다." 이를 기술하고 있는 문헌으로는 Karl Kroeschell, Rechtsgeschichte Deutschlands im 20. Jahrhunderte, Vandenhoeck u. Ruprecht, 9.Aufl. 2001, S. 81.

대방이 그에게 인식할 수 있는 사정 아래서 건전한 민족구성원이라면 표의자의 표시를 어떻게 인식해야만 했는가 하는 것이 중요하다고 하는 다분한 정치적 학문내용이 포함되어 있었다.[40] 이러한 점에 비추어 볼 때, Larenz가 그의 본래의 주장인 표의자의 이해가능성에 따른 의사표시의 해석론을 포기한 것이 그의 자발적인 의사에 기한 것인지는 다소 의심스러운 부분이 있다.[41]

한편 표의자의 이해가능성에 따른 의사표시의 해석론을 포기한 Larenz는 그의 기존의 주장을 다소 변형된 형태로 다시 주장하였다.[42] 변형된 그의 이론에 따르면, 상대방이 있는 의사표시의 해석의 경우에는 우선 상대방의 이해가능성에 따른 표시의 의미가 고려되어야 한다고 하였다. 그러나 이러한 상대방의 이해가능성에 따른 표시의 의미는 표의자가 그에게 인식될 수 있었던 사정 아래서 그의 표시가 상대방에게 일정한 의미로 이해될 것이라고 고려할 수 있었던 의미와 일치할 때, 비로소 표의자에게 귀책될 수 있다고 주장하였다. 즉 상대방의 이해가능성에 따른 표시의미는 단지 표의자의 이해가능성에 따른 표시의미와 일치하는 경우에만 표의자에게 귀책될 수 있다는 것이다.

그러나 상대방의 이해가능성과 표의자의 이해가능성이 일치하는 경우에는 그 표시의 해석기준을 어느 쪽으로 정하든(표현하든) 결과에 있어서 차이가 발생하지 않는다. 양자의 차이는 단지 상대방의 이해가능성과 표의자의 이해가능성이 불일치하는 경우에만 발생할 수 있다. 그런데 Larenz는 상대방의 이해가능성과 표의자의 이해가능성이 일치하지 않는 경우에도 표의자의 이해가능성이 없는 표시의미를 표의자에게 귀책할 수 없다고 주장하였다. 즉 양자의 차이가 있는 경우에는 상대방의 이해가능성이 아니라, 표의자의 이해가능성이 표시의 귀책을 위한

---

40) Heinz Rhode, Die Willenserlärung und der Pflichtgedanke im Rechtsverkehr, Junker u. Dünnhaupt, 1938, S. 90f.
41) 여기서 특히 Rhode의 비판이 있었던 1938년은 히틀러에 의한 나치정권 시대였다는 점이 강조될 수 있다.
42) Larenz, AT, 1.Aufl.(1967), S. 344f.

궁극적인 기준이 되는 것이다. 결국 표시를 상대방의 이해가능성에 따라서 해석해야 한다는 그의 주장은 표면적으로만 나타나는 주장일 뿐, 그 실제에 있어서는 표의자의 이해가능성에 따라서 표시를 해석해야 한다는 그의 초기의 주장이 후기의 이론에 있어서도 그대로 유지되어 있었던 것이라고 할 수 있다.

(3) Larenz는 표의자의 이해가능성과 상대방의 이해가능성의 차이가 발생할 수 있는 경우는 극히 예외적이라고 하였다.[43] 그리고 이러한 예외적인 경우가 발생하는 전형적인 사례로 Medicus의 교과서에 수록되어 있던 Speisekartefall을 소개하였다.[44]

어떤 법대 학생이 한 음식점에서 매우 아름다운 모양으로 된 음식 주문서(Speisekarte)를 훔쳤었다. 몇 년 뒤 검사가 된 이 학생은 그의 과거의 행위에 대해 후회하였고, 이후 그 음식 주문서를 주인에게 말하지 않은 채, 제자리에 돌려놓았다. 이러한 행위의 직후에 식당의 새로운 손님은 그 오래된 음식 주문서를 보고 음식을 주문해서 식사하였다. 손님이 계산을 하려고 할 때, 그가 본 음식 주문서의 가격표는 과거의 낮은 금액에 따른 것이라는 것이 밝혀졌고, 주인은 현재의 높은 가격을 요구하였다. 손님은 이를 거절하였다.[45]

이 사례와 관련해서 Larenz는 동 사례가 의사표시의 불합치에 해당한다고 주장하였다.[46]

---

43) Larenz, AT, 1.Aufl.(1967), S. 345; Larenz / Wolf, AT, 8.Aufl.(1997), S. 540. Larenz는 이와 같이 양 당사자의 이해가능성의 차이가 있는 경우가 예외에 속한다고 하는 점을 이미 Flume가 지적했고, 이는 올바른 지적이라고 기술한다. 여기에서 기술된 Flume의 주장에 관해서는 Flume, AT(1992), S. 311; 또한 이와 동일한 주장을 하는 견해로는 Dieter Medicus, Allgemeiner Teil des BGB, C. F. Müller, 8.Aufl. 2002, S. 127.
44) Larenz, AT, 6.Aufl.(1983), S. 329f.
45) Medicus, AT, 8.Aufl.(2002), S. 125.
46) Larenz, AT, 7.Aufl.(1989), S. 341.

그러나 이후 Larenz의 교과서를 이어받은 Wolf는 기존의 Larenz의 견해를 포기하였다. 그 대신에 Wolf는 표의자가 표시를 지배하기 때문에 그 표현위험(Formulierungsrisiko)에 대한 책임을 져야 한다는 점을 근거로 표시내용의 효력을 인정하였다.[47] 이에 따르면, 표의자가 표시를 한 이상 언제나 표의자는 상대방의 이해가능성에 따른 표시내용에 구속될 수 있다는 것이다. 다만 이때 표의자에게 귀책된 표시내용은 착오를 한 자가 취소할 수 있으며, 이 경우에는 독일민법 제122조에 따라서 손해배상의무가 발생한다고 주장하였다.

이와 같은 Wolf의 주장은 표의자의 이해가능성을 귀책의 조건으로 하는 경우에는 독일민법 제122조가 착오를 한 자의 과실의 유무와 관계없이 손해배상의무를 규정하고 있는 점과 모순된다는 점을 그 근거로 한다. 즉 표의자의 과실이 존재하지 않는 한 표의자는 언제나 표의자의 이해가능성에 따른 표시를 하기 때문에, 하나의 표시에 대한 표의자의 이해가능성이 결여되었다는 것은 표의자의 과실이 있다는 것을 의미한다. 따라서 하나의 표시에 대한 표의자의 이해가능성을 표의자의 귀책사유로 하는 경우에는 표의자의 과실 유무에 따라서 표의자의 귀책이 결정된다. 그리고 이는 표의자의 과실의 유무와는 상관없이 언제나 표의자의 손해배상의무를 인정한 독일민법 제122조와 모순된다는 것이다.

한편 오늘날의 독일 법학은 표의자가 인식할 수 없었던 표시내용을 표의자에게 귀책시킬 수 있는가의 여부와 관련해서 아직까지 학설이 크게 대립하고 있다.[48]

---

47) Larenz / Wolf, AT, 9.Aufl.(2004), S. 525.

48) 이러한 표시내용을 표의자에게 귀책시킬 수 없다는 견해로는 Bickel, Auslegung (1976), S. 149; Bydlinski, Privatautonomie(1967), S. 159ff.(다만 유가증권법에서는 거래질서나 신뢰보호가 특별히 강하게 요청되기 때문에, 표시과실 없는 표시내용을 표의자에게 귀책시킬 수 있다고 함): Claus－Wilhelm Canaris, Die Vertrauenshaftung in deutschen Privatrecht, C. H. Beck, 1971, S. 344(Fn. 43); Flume, AT(1992), S. 311f; Gunter Gudian, Fehlen des Erklärungsbewußtsein, AcP 169, 1969, S. 232－236, S. 234f; Heinz Hübner, Zurechnung statt Fiktion einer

4) 客觀的 意味와 다른 制度와의 關係

(1) 表示意思가 없는 行爲와의 關聯性

Larenz는 표시에 어떤 의미를 부여할 것인지의 문제뿐만 아니라, 하나의 행위가 법률행위로서의 의사표시라고 볼 수 있는지의 여부 및 법률행위상의 의사표시로서의 의미를 가질 수 있는지의 문제 역시 의사표시의 해석을 통해 밝혀져야 한다고 주장하였다.[49]

그런데 그의 의사표시의 해석방법은 일정한 객관적 해석(표의자의 이해가능성) 방법에 의하기 때문에, 행위자의 사실상의 의사와는 관계없이 단지 표시의 객관적 해석만으로 의사표시의 존재 및 내용 역시 확정된다. 따라서 그의 주장은 일정한 객관적 척도에 따라서 표시의사가 없는 행위도 의사표시로 인정될 수 있으며, 또한 그 행위의 내용도 결정될 수 있다는 논리인 것이다.

이러한 점은 다음과 같은 그의 기술로부터 보다 명확해진다.

> 우리는 효력의미의 귀책을 행위 자체의 귀책으로부터 구별한다. 단지 후자만은 의지되어 있어야 한다.[50] 이에 반해 효력의미의 귀책은, 즉 의사표

Willenserklärung, in: FS. für Hans Carl Nipperdey zum 70 Geburtstag, C. H. Beck, 1965, S. 388; Ernst Kramer, Grundfragen der vertraglichen Einigung, Wilhelm Fink, 1972, 152ff; Medicus, AT, 8.Aufl.(2002), S. 126(영역설이라는 독특한 학설을 주장하지만, 이를 각 당사자가 소속된 영역에서 보다 높은 주의의무가 발생하는 것일 뿐이라고 해석한다면, 이 학설 역시 본질적으로는 여기에 포함된다고 생각된다): Michael Stathopoulos, Zur Methode der Auslegung der Willenserklärung, in: FS. für Karl Larenz zum 70. Geburtstag, C. H. Beck, S. 366, u. 370.
이에 반해 이러한 표시내용 역시 표의자에게 귀책되어야 한다는 견해로는 Götz Craushaar, Bedeutung der Rechtsgeschäftslehre für die Problematik der Scheinvollmacht, AcP 174, 1974, S. 9; Christof Kellmann, Grundprobleme der Willenserklärung, JuS 1971, S. 614ff; Eberhard Wieser, Zurechenbarkeit des Rechtsgeschäfts?, AcP 184, 1984, S. 43f.

49) Larenz, Auslegung(1930), S. 82.

50) 여기서 후자는 행위 자체를 말하며, 행위 자체가 의지되어 있어야만 한다는 의미는 행위의사가 존재해야 한다는 것으로 해석될 수 있다.

시로서의 행위의 의미의 귀책은, 표시의미의 귀책과 동일한 관점에 해당한다. 이는 행위자 스스로의 행위의사에 기초한 일정한 행위의 의미에 관한 문제이다.

명확한 의미에 대해서 표의자는 책임을 져야만 한다. 그래서 그의 행위의 내용적 의미와 마찬가지로, 표의자에게는 효력표시로서의 의미가 귀책될 수 있다. 표의자에게 귀책될 수 있는 의미에 관해서 상대방은 신뢰할 수 있어야 한다. 따라서 상대방이 표의자의 행위로부터 표의자에게 귀책되는 의미로 이해하게 될 것이라는 것을 표의자가 예상할 수 있었고 예상해야만 하였던 경우나, 표의자가 그의 행동을 그에게 귀책될 의미에서 생각했고 상대방 역시 그렇게 이해하였던 경우에만, 그 의지된 행동은 법률행위로서의 의사표시로 볼 수 있다.[51]

이와 같이 Larenz는 표시의사가 없는 행위라고 할지라도, 행위자에게 행위의사가 있었으며, 또한 그가 그에게 귀책될 행위의 의미에 대해서 알지는 못하였지만 이에 대한 행위과실이 있었던 경우(예상할 수 있었고 예상해야만 하였던 경우)에는 그 행위의 객관적인 의미를 그에게 귀책시킬 수 있다고 주장하였다.

Larenz는 이러한 귀책사유에 따라서 귀책되는 표시의사가 없는 행위는, 그의 행위의 효력의미에 관해서 착오를 한, 착오의 문제라고 주장하였다.[52] 이에 따라 그는 표시의사가 없는 행위에 대한 직접적인 독일민법의 규정은 없지만, 이를 표시의 내용에 관한 착오(독일민법 제119조)의 문제로 취급해야 한다고 하였다. 따라서 표시의사가 없이 행위를 한 행위자는 그의 행위를 취소할 수 있고, 그 취소의 경우에는 독일민법 제122조에 따라서 소극적 이익에 관한 손해배상의무를 지게 된다고 주장하였다.

한편 표시의사가 없는 행위가 내용의 착오의 문제로 되는 이유는 행

---

51) Larenz, Auslegung(1930), S. 82.
52) w.o. S. 82; Larenz / Wolf, AT, 9.Aufl.(2004), S. 437, 645, 657f, u. 673f.(다만 호의행위의 경우에는 의사표시의 존재 자체가 부정되며, 이에 따라 그 표시의 법률효과는 무효로 된다고 한다).

위자가 그의 행위의 내용에 관한 의식이 없었다는 점을 근거로 한다.

(2) 虛僞表示와의 關聯性

Larenz는 허위표시가 단지 외형상의 의사표시(scheinbare Willenserklä-rung)이기 때문에 허위표시는 효력표시가 아니라고 주장하였다.[53] 즉 그는 독일민법에서의 의사표시를 완전히 유효한 의사표시, 취소할 수 있는 의사표시 그리고 무효인 의사표시로 구별한 뒤, 단지 외형상의 의사표시는 의사표시 자체로 이해될 수 없는 행동을 의미하는 것으로서, 이는 의사표시 자체가 아니기 때문에 무효인 의사표시와도 엄격히 구별해야 한다고 주장하였다. 왜냐하면 허위표시에 있어서의 양 당사자는 외형상의 의사표시를 의사표시로 보지 않는다는 점에 대해서 합의했고, 이와 같이 양 당사자를 위해 의사표시의 의미를 가지지 않는 행동은 법에 의해서도 의사표시로 간주되지 않기 때문이라는 것이다.

그리고 이러한 외형상의 의사표시의 경우에 그 법률효과는 당연히 무효라고 하면서, 심신상실에 의한 행위무능력자에 관한 독일민법 제105조 제2항의 경우 역시 외형상의 의사표시의 중요한 예라고 주장하였다.[54] 다만 그는 외형상의 의사표시의 경우에는 표의자에게 손해배상의무를 포함한 어떠한 책임도 발생하지 않는다고 주장함으로써, 이를 외형상의 의사표시와 무효인 의사표시의 중요한 구별 표준으로 삼았다.

이와 같이 Larenz가 의사표시의 효력을 세분화하는 점은 의사주의가 의사와 표시가 일치하는 경우를 정상적 의사표시로 분류하고, 의사와 표시가 일치하지 않는 경우를 비정상적인 의사표시로 분류하면서 그 비정상적인 의사표시의 효력을 독일민법 제116조 이하에서 개별적으로 정하고 있는 점과 비교될 수 있는 부분이다. 또한 허위표시의 경우에 양 당사자가 허위표시를 의사표시로 보지 않는다고 합의하였다고 볼 수 있다는 점을 근거로 허위표시의 효력을 부정하는 것은 표시의 객관

---

53) Larenz, Auslegung(1930), S. 87.
54) w.o. S. 87(Fn. 1).

적인 의미에 따른 의사표시의 효력을 주장하였던 그의 논리와는 다소 모순이 있는 주장이라고 할 수 있다.

(3) 非眞意表示와의 關聯性

Larenz는 비진의표시의 경우에, 표의자가 내심적으로 표시의 효력발생을 의도하지 않았음에도 불구하고 그 표시가 유효로 되는 이유를, 효력표시이론과 결부해서 설명하였다.55) 즉 내심에만 머물러 있고 표시로서 실현되지 않은 의사는 효력표시에서의 표시의미를 결정하는 데 있어서 전혀 영향을 미치지 않는다는 것이다.

한편 그는 상대방이 표의자의 비진의표시를 알았던 경우에는 그 표시가 무효라고 규정되어 있는 독일민법 제116조 제2항에 대해서 비판하면서, 그 표시는 효력표시로서 효력이 발생해야 한다고 주장하였다. 이때 그는 그 효력이 무효로 규정된 점을 의사도그마에 기초한 입법자들의 편견(Befangenheit)으로부터 유래한 것으로 심리적으로, 법 정책적으로 또한 법 이론적으로(dogmatische)도 완전히 비난받아야만 한다고 비판하였다.56) 나아가 그는 법관이 이와 같이 신의성실의 원칙에 위배되는 조항을 적용해야 할 것인가의 여부부터 검토해야 한다고 주장함으로써, 법 해석에 의해서 동 규정의 적용을 배제하여야 한다고 주장하였다.

이상의 비진의표시의 단서 조항에 대한 그의 비판은 그의 민법 교과서에서도 이어져 왔으며,57) 그의 교과서를 이어받은 Wolf 역시 처음에는 이러한 견해를 유지하였다.58) 그러나 Wolf는 이후 최근의 교과서에서 상대방이 알았던 비진의표시를 무효로 하는 것은 타당하다(sach-gerecht)는 견해로 개설하였다.59) 이러한 개설을 위해서 다음의 두 가지

---

55) w.o. S. 88.
56) w.o. S. 89f.
57) Larenz, AT, 1.Aufl.(1967), S. 367f; Larenz, AT, 7.Aufl.(1989), S. 364.
58) Larenz / Wolf, AT, 8.Aufl.(1997), S. 656f.
59) Larenz / Wolf, AT, 9.Aufl.(2004), S. 644.

의 이유가 그 근거로써 제시되었다. 한편으로 이러한 경우에는 상대방의 신뢰가 보호되어서는 안 되며, 다른 한편으로 표의자에게도 효과의사가 존재하지 않기 때문에, 그 법률효과를 인정할 근거가 없다는 점이다. 여기서는 특히 후자의 근거를 주목할 필요가 있다. 왜냐하면, 본래 효력주의는 효과의사를 의사표시의 효력을 위한 요소로 보고 있지 않음에도 불구하고, 여기서는 표의자의 효과의사의 부존재 때문에 그 의사표시의 효력이 발생하지 않는다고 주장하고 있기 때문이다. 이는 명백히 효력주의의 본질과는 반하는 주장이며, 효력주의의 한계를 보여주는 부분이라고 할 수 있을 것이다.

3. 錯誤로 인한 意思表示

Larenz는 표의자의 이해가능성에 기초한 그의 논리와는 모순되어 보이는 소위 意志的 表明(voltitive Äußerung)이라는 개념을 착오론에서 사용하였다.

그는 우선 판단되는 표시(표시의 해석에 의한 표시내용)와 마찬가지로 의지적 표시 역시 그 묘사의 잘못에 대해서 책임을 지울 수 있다고 하였다. 또한 이때의 묘사의 잘못은 판단 대상과 판단 내용의 불일치가 아니라, 사고된 의미(주관적 의사의 내용)와 묘사된 의미(표시행위의 내용)가 불일치하는 것을 의미한다고 주장하였다.[60] 또한 이때의 착오로 인한 표시는 사실상 존재하지 않는 의사에 관한 잘못된 진술이 아니라, 단지 흠이 있는 지시(Anordnung)라고 하였다. 이를 근거로 그는 여기에서의 흠결(Fehlerhaftigkeit)은 내용 자체가 아니라 표시에 있는 것이라고 주장하였다.

그러나 여기에서 Larenz는 사고된 의미가 판단 대상과 어떻게 구별

---

60) Larenz, Auslegung(1930), S. 68.

될 수 있으며, 또한 그 의지적 표시의 사고된 의미를 어떻게 확정할 수 있는지에 대해서는 어떠한 설명도 하고 있지 않다. 또한 Larenz는 의사표시의 해석을 통한 효력표시의 객관적인 가치가 효력이 있어야만 한다고 주장하였음에도 불구하고, 의지적 표시의 경우에는 표의자의 주관적 의사(사고된 의미)를 고려하는 근거를 제시하지도 않는다.

이러한 점은 그의 교과서에서도 마찬가지이다. 이에 관한 그의 설명은 다음과 같다.

> 표시에서 표시된 법률효과의 효력근거를 그 표시의 효력을 위해 의미 있게 지향되는 행위에서의 법률효과 의사의 실현으로 본다고 할지라도, (표의자의) 의사사고(Willensmeinung)와 의사표현(Willensausdruck) 사이, 즉 (표의자에 의해 사고되었던) 주관적인 행위 의미와 (상대방에 의해 이해되고 법적으로 척도가 되는) 객관적인 의미 사이에 일반적으로 주어지는 상응관계는 파괴되어 있다는 점을 간과해서는 안 된다.[61]

또한 Larenz의 교과서를 이어받은 Wolf는 착오로 인한 표시가 우선 일시적으로 상대방이 이해해야만 하였던 의미로 유효하지만, 표의자는 그 표시의 내용에 관해 착오하였기 때문에 독일민법 제119조 제1항에 따라서 그 표시를 취소할 수 있고, 이 경우에 약화된 형태로의 자기책임인 손해배상의무의 문제가 발생한다고 하였다.[62]

결국 착오로 인한 의사표시가 취소될 수 있는 근거는, 실정법이 그렇게 정하고 있다는 점 외에는, 어떠한 뚜렷한 근거도 제시하지 않고 있는 것이다.

---

61) Larenz, AT, 1.Aufl.(1967), S. 374f.
62) Larenz, AT, 2.Aufl.(1972), S. 276(Larenz의 교과서 초판은 그의 논문과 마찬가지로 착오에 관한 여기에서의 내용들이 기술되어 있지 않다. 이는 그가 표시의사가 없는 행위를 착오와 동일시하면서, 양자의 효력근거를 따로 설명하지 않으려고 하였던 것에 기인한다고 생각된다): Larenz / Wolf, AT, 9.Aufl.(2004), S. 445.

Ⅱ. Flume의 意思表示理論

1. 意思表示의 效力要素

1) 意思表示의 本質論

Flume는 의사표시의 본질론이라는 주제와 관련해서, 의사표시의 요소를 행위의사(Handlungswille), 표시의식(Erklärungsbewußtsein)과 효과의사(Geschäftswille)로[63] 구별하는 것은 무용하다고 주장하였다.[64]

그는 이러한 구별과 관련해서 우선 행위의사가 의사표시의 본질에 속하는 반면, 효과의사가 의사표시의 본질에 속하지 않는다는 점에 대해서는 독일에서 학설의 일치가 이루어져 있다고 하였다.[65] 다만 표시의사가 의사표시의 본질을 이루느냐의 여부만이 독일에서는 문제가 된다고 그는 판단하였다.

이와 관련해서 그는 의사표시의 본질을 이해하기 위해서는 우선 완

---

63) 행위의사, 표시의식과 효과의사라는 용어와 내용으로 의사의 요소를 3분화한 것은 Lehmann의 교과서의 구별에서 비롯된 것으로 알려져 있다. 이에 관해서는 Horst Bartholomeyczik, Die subjektiven Merkmalen der Willenserklärung, in: FS. für Hans G. Ficker zum 70 Geburgstag, Alfred Metzner, 1967, S. 52.
또한 확인할 수 있었던 Lehmann의 교과서 중 가장 오래된 그의 교과서 2판(1922)에서도 역시 이러한 의사의 세 구성요소가 구별되어 있었다. 이에 관해서는 Heinrich Lehmann, Allgemeiner Teil des Bürgerlichen Gesetzbuches, Walter de Gruyter, 2.Aufl. 1922, S. 106f.
한편 오늘날과 같은 용어를 사용하지는 않았지만, 각각 행위의사, 표시의식과 효과의사에 해당하는 내용으로 의사를 3분한 최초의 문헌으로 생각되는(발견된) 견해로는 Josef Kohler, Noch einmal über Mentalreservation und Simulation, Jher.Jb. 16, 1878, S. 335f.
64) Flume, AT(1992), S. 46ff.
65) 그러나 오늘날 행위의사가 없는 경우에도 일정한 조건 아래서 행위자를 귀책시킬 수 있다는 견해가 주장되고 있다. 이러한 주장으로는 Brehmer, Willenserklärung (1986), S. 443.

전히 유효한 정상적인 의사표시로부터 접근할 필요가 있다고 하면서, 행위자가 自意로 법적 규율의 효력을 정하는(das In-Geltung-Setzen) 자기결정(Selbstbestimmung)을 통해서 법률관계를 창조적으로 창설할 때, 이를 정상적인 의사표시라고 정의하였다.66)

여기서 자의로 효력을 정하는 의사(ein willentliches In-Geltung-Se-tzung)라고 하는 용어는 결국 표시의사를 의미한다고 할 수 있다. 즉 자의로 효력을 정한다는 것은 그 자의로 정한 자기결정의 내용이 무엇이냐(효과의사)의 여부와는 관계없이, 단지 법적인 자기결정이 있었는지(표시의사)의 여부만을 묻고 있는 것이다. 이와 같이 Flume는 자의적으로 효력을 정하는 의사를 의사표시의 효력기준으로 삼음으로써, 비록 효과의사가 존재하지 않는 의사표시의 경우에도 자의로 효력을 정한 의사가 존재하는 의사표시는 그 의사표시의 효력이 있다고 주장하였던 것이다.67) 이것이 그가 효과의사(자기결정의 내용)와 일치하지 않는 표시도 유효한 의사표시라고 주장하는 중요한 이유인 것이다

이와 같이 효력을 정한 의사를 강조하는 Flume의 주장은 효력표시의 규범적 해석을 통한 표시의미의 귀책을 특히 강조하였던 Larenz의 주장과는 다소 구별되는 내용이다.68) 즉 의사표시의 주관적 요소 중 표시의사를 의사표시의 요소로 파악하였던 Flume는 행위의사만을 의사표시의 주관적 요소로 인정하였던 Larenz에 비해서는 보다 의사주의적인 경향을 띠게 된다. 다만 여기서 의사주의적인 경향이라는 의미는 효과의사를 의사표시의 기본요소로 생각하였던 전통적 의미에서의 의사주의와는 엄격하게 구별되는 것으로, 이는 표시주의의 한 분파로서의 변형된 의사주의라고 할 수 있을 것이다.69)

---

66) Flume, AT(1992), S. 49.
67) w.o. S. 47ff.
68) Larenz / Wolf, AT, 9.Aufl.(2004), S. 445.
69) 효과의사가 아닌 표시의사를 의사표시의 본질로 이해하였던 Henle에 대해서, Larenz 는 이 학설이 의사주의라고 칭해지고 있지만, 이 견해는 본래적 의미의 의사주의 가 아니라 이를 단지 表示意思理論이라고 칭해야 할 것이라고 주장하였다. Larenz

2) 表意者의 歸責의 根據

Flume는 일정한 행위(표시)의 귀책의 근거로서의 자기책임의 원칙과 신뢰보호의 원칙을 완전히 분리된 원칙인 것으로 이해하였다. 즉 그는 표의자의 귀책의 근거를 신뢰보호의 원칙이 아닌 자기책임의 원칙에 따른 결과로 이해하였다.

이러한 그의 견해는 자기결정의 원칙과 신뢰보호의 원칙을 별개의 원칙으로 구별해서 고찰하는 Coing의 견해[70]에 대한 비판에서 두드러지게 나타난다.[71]

우선 Coing은 사적자치와 관련된 문제를 의사주의의 원칙이 지배하는 영역으로 보는 한편, 표시에 대한 책임을 표시주의가 지배하는 영역으로 이해하였다. 그리고 이 경우에 표시에 대한 행위자의 책임은 손해배상의 형태가 아니라 상응하는 표시내용에 대한 구속의 형태로서의 책임을 지는 것을 의미하였으며, 그 책임은 신뢰보호의 원칙에 기초하고 있었다. 이와 같이 Coing에게 있어서 정상적인 의사표시와 비정상적인 의사표시는 각각 의사주의의 원리와 표시주의의 원리가 적용되는 완전히 구별되는 법리의 세계였으며, 후자의 경우에는 신뢰보호의 원칙이 지배하는 세계였다.

Flume는 이러한 Coing의 주장 중, 의사와 표시가 일치하지 않는 경우에는 표시주의가 타당하다는 점과 그 책임의 근거가 신뢰보호에 있다고 하는 점에 대해서 비판하였다.

이를 위해서 Flume는 우선 의사표시의 본질이 자기결정의 원칙에 기반하고 있다는 점을 강조하였다. 그러나 그는 의사와 표시가 일치하지 않는 경우에 그 표시가 무효로 되어야 한다는 의사주의의 주장에 대해

의 이러한 지적은 Flume에게도 똑같이 적용될 수 있을 것이다. 여기서의 Larenz의 지적에 관해서는 Larenz, Auslegung(1930), S. 38f.

70) 이에 관해서는 Helmut Coing, Staudinger Kommentar zum Bürgerlichen Gesetzbuch Bd. I, 10 / 11.Aufl. 1957, Vorbem vor §§ 116ff, Rn. 19b. 참조.

71) Flume, AT(1992), S. 59ff.

서는 반대하였다. 이와 관련해서 그는 법률관계의 형성을 위한 활동으로서의 의사표시가 단지 표의자에게만 관련된 것이 아니라, 타인과 관련된 사회적 활동이라는 점을 강조하면서, 법률관계 형성으로서의 의사표시의 본질로부터 누가 자기결정의 과오에 대한 危險(Risiko)을 부담해야 하는지의 문제가 생겨난다고 주장하였다.

이와 같이 Flume는 의사와 표시가 일치하지 않는 경우에 그 책임의 근거가 의사표시 외부에 존재하는 신뢰보호의 원칙에 있는 것이 아니라, 자기결정이라는 의사표시 자체의 오류의 문제로서, 이 의사표시로부터 파생되는 위험을 의사표시 내부에서 누군가에게 귀책시킬 것인가의 문제라고 주장하였다. 이러한 이유로 그는 신뢰보호는 절대적인 것이 아니며 (Der Vertrauensschutz ist aber kein Absolutum), 오히려 자기책임의 원칙이 자기결정의 원칙의 일부분이라고 하거나(die Selbstverantwortung als Teil der Selbstbestimmung), 자기책임의 원칙은 자기결정의 원칙과 상관관계를 갖는 것이라고 주장하였다(die Selbstverantwortung als korrelat der Selbstbestimmung).[72]

이러한 주장과 더불어 그는 구체적인 경우에 이러한 자기결정의 원칙과 자기책임의 원칙 중 어느 것을 우선시할 것인가의 문제가 가장 중요한 문제라고 하였지만, 이에 대한 선험적으로 타당한 規範(apriorisch richtige Norm)을 발견할 수는 없다고 주장하였다.[73] 즉 이러한 문제는 실정법에 따라서 해결할 문제라는 것이다.

Flume가 지적하는 것처럼, 중요한 점은 의사와 표시가 일치하지 않는 경우에 실정법이 어떠한 전제조건 아래서, 어떠한 방법으로, 어떻게 그 법률관계에 참가한 자들의 이익을 규율하고 있는지를 발견하는 것이 될 것이다. 그러나 그는 착오로 인한 의사표시의 취소가능성의 의미를 자기결정의 원칙이 아닌 자기책임의 원칙이 지배하는 영역으로 이해하면서, 책임의 종류로서의 손해배상의무의 문제와 표시의 효력의

---

72) Flume, AT(1992), S. 61.
73) w.o. S. 62.

문제를 구별하지 않음으로써, 의사와 표시가 일치하지 않는 경우에 있어서 실정법이 표의자와 상대방의 이익관계를 어떻게 조정하고 있는지에 대해서 올바르게 이해하지는 않았었다고 생각된다.[74]

2. 意思表示의 解釋論

1) Flume는 우선 해석의 목적이 적혀져 있는 문자에 어떤 사고가 있었는지를 확정하는 것이라고 하였다.[75] 그런데 이러한 문자를 해석하는 자는 그 적혀진 것에 사고되어 있던 내용과 전혀 다른 사고를 추론할 수 있다고 한다.

이때 그 본래 문자에 化體되어 있었던 것과는 다른 이해가 생겨나는 이유는, 해석을 통해 그 문자가 본래 재현해 내려던 것과는 다른 이해가 생기는 경우나 문자가 본래 생각되었던 사고를 부정확하게 나타내고 있는 경우라고 한다.[76] 따라서 법해석(die juristische Auslegung)을 위해 결정적인 것은 서로 다른 이해의 근거에 대한 귀책이라고 하였다.

그는 또한 법해석은 당사자가 결정한 법적 규율이 어떠한 내용으로 효력을 가져야 하는가(gelten soll)에 대한 문제라고 주장하였다. 이와 관련해서 그는 당사자들이 상이한 이해를 한 경우에는 단지 두 가지의 방법 중에 한 가지의 방법을 선택할 수 있다고 하였다. 그 중 하나는 당사자들의 상이한 이해 때문에 그 법적 규율의 효력을 부정하는 방법이고,[77] 다른 하나는 당사자들의 상이한 이해에도 불구하고 그 당사자들의 사실적 이해라는 요소로서 이해할 것이 아니라 그 규율의 공표(표시)가 어떻게 이해될 수 있었는지에 따라서 규범적으로 정하는 방법

---

74) 후술하는 217면 이하 참조.
75) Flume, AT(1992), S. 291.
76) w.o. S. 292.
77) 이 방법은 의사주의에 의해서 주장되었던 방법으로서, Flume는 여기서 의사주의를 염두에 두고 이를 기술하고 있는 것으로 보인다.

이라고 하였다. 이와 관련해서 Flume는 규범적 해석이 일반적으로는 양 당사자의 이해와 일치할 수 있다는 점을 강조한 뒤, 만약 그 이해가 일치하지 않는 경우라고 할지라도 결국에는 규범적 해석이 척도가 되어야 한다고 주장하였다.

> 그럼에도 불구하고, 당사자들의 상이한 사실적인 이해의 경우에 법적 규율의 효력요소로서의 이해는 규범적으로 정해져야만 한다.[78]

여기서 Flume는 당사자들의 상이한 이해의 경우에 그 비정상적인 의사표시가 무효로 되어서는 안 되고 표시를 규범적으로 해석해야만 하는지에 대해서 그 근거를 밝히고 있지는 않지만, 이는 표의자의 자기책임의 원칙에 따라서 상응하는 의사가 존재하지 않는 표시를 표의자에게 귀책시킬 수 있다는 그의 사고로부터 연유하는 것이라고 생각된다. 그러나 표의자의 자기책임 여부 및 그 내용은 실정법이 결정할 문제라고 그 스스로 주장하였음에도 불구하고, 이 경우에 있어서 실정법이 어떠한 입장을 취하고 있는지에 대해서는 별다른 기술을 하지 않고 있다.

2) Flume의 의사표시의 해석론과 관련해서 함께 검토해야 할 점은 그가 독일민법 제133조와 독일민법 제157조에 대해 평가한 내용이다.[79] 그는 우선 독일민법 제133조가 의사표시에 대한 규정으로 그리고 독일민법 제157조가 계약을 규정하고 있는 점을 지적하였다. 그러나 그는 양 조항이 각각 단독행위뿐만 아니라, 계약의 경우에도 적용될 수 있는 규정이라고 한다. 왜냐하면 독일민법 제133조는 문리적 해석을 반대하는 데 한에서는 규범적 해석에 속하는 것이며, 독일민법 제157조는 규범적 해석 외에 양 당사자가 의사표시나 계약에 있어서 사실상 일치하는 이해를 한 경우에 적용될 수 있는 규정이기 때문이라는 것이다. 즉 양 당사

---

78) Flume, AT(1992), S. 293.
79) w.o. S. 308ff.

자가 일치해서 이해한 내용에 대해서는 이를 인정하는 것이 독일민법 제
157조에 규정된 '신의와 성실'이라는 문언과 일치한다는 것이다.

이와 같이 Flume는 독일민법 제133조가 자연적 해석을 위한 근거
규정으로 되고, 독일민법 제157조가 규범적 해석을 위한 근거 규정으
로 되는 경우에는 양 규정이 각각 의사표시와 계약에만 적용되게 되는
것을 우려하였다. 따라서 그는 각각의 조항이 때로는 자연적 해석을
위해서도, 또한 때로는 규범적 해석을 위해서도 기능할 수 있다고 함
으로써, 각각의 조항이 규율할 수 있는 영역을 넓히려고 하였다. 이를
통해서 그는 독일민법 제133조와 독일민법 제157조가 상호 간에 서로
보충될 수 있는 규정들이라고 하였다.

다만, 그는 독일민법이 이와 같은 규정들을 입법한 것에 대해서는
부정적인 입장을 취하였다. 이는 독일민법 제133조가 의사표시의 해석
에 대한, 그리고 독일민법 제157조가 단지 계약의 해석에 대한 규정으
로 명문화되어 있기 때문에, 상대방이 있는 단독행위의 경우에는 계약
의 해석에 관해 규정한 독일민법 제157조에 의한 규범적 해석을 적용
할 근거가 문리적으로 불가능하다고 판단하였기 때문이다.

> 독일민법 제133조와 독일민법 제157조가 규정되지 않았더라도, 해석
> (현대의 학설)은 양 규정을 援用한 것과 동일한 방법으로 이를 해결할
> 수 있었을 것이다.[80]

3. 錯誤로 인한 意思表示

1) 取消可能性의 意味

Flume는 의사표시의 효력을 위해서는 의사와 표시가 일체되어야 한

---

80) w.o. S. 308.

다는 점은 효력주의의 독창적인 주장이 아니라, 이미 의사주의에 의해서 주장되어 있었다는 점을 강조하였다. 따라서 그는 의사와 표시의 일체라고 하는 의미를 의사주의에 반하지 않는 의미로 사용하는 경우에만, 효력주의에 동의할 수 있다고 하였다.[81]

한편 그는 착오로 인한 의사표시의 효과에 관해서는 효력주의와 의사주의 사이에 차이가 있다고 생각하였다.[82] 즉 의사주의에 따르는 경우에는 착오로 인한 의사표시가 반드시 무효로 되어야 하는 반면, 효력주의에 의하는 경우에는 그 법률효과가 일시적으로 유효라는 것이다. 그는 효력을 정하는 의사(표시의사)를 의사표시의 본질로 이해하고 있었기 때문에, 적어도 표시의사는 존재하는 착오로 인한 의사표시의 경우에는 그 의사표시가 유효인 의사표시로 될 수밖에 없었다.

특히 그의 이러한 이해는 Dulckeit의 견해로부터 많은 영향을 받았다.[83] 효력주의의 입장을 정리한 Dulckeit의 견해는 다음과 같다.

> 물론 의사표현의 객관적이고 전형적인 의미는—표시되지 않았기 때문에 원칙적으로 고려되지 않는—표의자의 내부적인 의사와는 다를 수 있다. 그래서—그 표시 자체가 아닌—의사결정이 착오로 될 수도 있다. 그러나 이 경우에도 그 객관적이고 전형적인 의미가 항상 유효하고 효력이 있다. 그러나 경우에 따라서는 실정법에 따라서—예컨대 취소표시와 같은—그 밖의 법률 형성적인 의사행위의 도움과 함께 그 효과를 다시 무효로 하게 할 수 있다.[84]

한편 Flume는 착오에 있어서의 취소가능성의 의미를 다음과 같이 설명한다.

---

81) Flume, AT(1992), S. 58.
82) w.o. S. 59.
83) w.o. S. 59(Fn. 42).
84) Gerhard Dulckeit, Zur Lehre vom Rechtsgeschäft im klassischen römi—schen Recht, in: FS. für Fritz Schulz Bd. I, Böhlau, 1951, S. 158.

Savigny의 견해에 의하면, 착오로 인한 의사표시는 단지 의사의 잘못된 외관이나 의사 없는 표시가 있는 것이기 때문에, 그 법률효과는 무효이다. 이에 반해 효력주의의 입장에 의하면, 착오로 인한 의사표시의 경우에도 自意的으로 效力을 정한(ein willentliches In-Geltung-Setzen) 의사표시는 존재한다. 그래서 우선 일단은(zunächst einmal) 유효한 권리형성이 이루어진다고 생각한다. 그리고 이 형성된 권리는 단지 어떤 그 밖의 행동, 즉 취소를 통해서 다시 제거될 수 있다.[85]

이와 같이 Flume는 착오로 인한 의사표시도 일단은 유효하고,[86] 이 유효한 의사표시가 취소를 통해 제거될 수 있다고 함으로써, 무효와 취소의 성질을 전혀 다른 것으로 이해하였다.

이와 관련해서 그는 독일민법 제2초안의 의사록에서 '의사도그마도 신뢰보호의 준칙도 상당한 제한 없이는 관철될 수 없다'고 하는 문장에 커다란 의미를 부여하였다.[87] 즉 그는 이와 같은 동 위원회의 의사록을 소개한 뒤, 착오로 인한 의사표시의 법률효과가 제1차 초안에서는 무효로 규정되어 있었으나, 제2초안에서는 취소로 규정되었다는 점을 강조함으로써,[88] 그가 착오로 인한 의사표시를 취소할 수 있다는 것을 의사주의(의사도그마)와 표시주의(신뢰보호의 준칙)의 타협의 결과인 것으로 이해하고 있었다는 것을 보여주고 있다.

또한 Flume는 표시주의와 효력주의의 관계를 다음과 같이 이해하였다. 즉 양 학설은 공통적으로 표의자에게 착오가 있었음에도 불구하고 그 의사표시가 유효하다고 주장하지만, 표시주의에서는 상대방의 신뢰보호를

---

85) Flume, AT(1992), S. 59.
86) Leonhard는 이미 착오의 의사표시의 효과를 착오로 규정하는 경우, 경우에 따라서는 표의자나 상대방이 원하지 않는 내용으로 표시가 일시적으로 효력을 갖게 된다는 점을 지적하였다. 이에 따라 그는 착오의 효과를 취소가 아닌 무효로 규정하고, 이것이 착오를 한 자에게 극심한 실망을 주게 되는 경우에는 무효행위의 치유가능성(Heilbarkeit; 추인)에 관한 권리를 부여하자고 주장하였다. 이에 관해서는 Leonhard, Gutachten, in: 20.DJT Ⅲ(1889), S. 103.
87) Protokolle Ⅱ-1, S. 197=Mugdan 1, S. 710.
88) Flume, AT(1992), S. 56.

그 근거로 하는 반면, 효력주의는 표의자가 자의적으로 표시에 대한 효력을 정하였다는 점을 그 근거로 하는 차이점이 있다는 것이다.[89]

이와 같이 착오로 인한 의사표시의 법률적 효과인 취소가능성에 따르면 그 의사표시가 일시적으로 유효하며 그 일시적 유효의 근거가 자기책임의 원칙에 근거한다는 Flume의 이해는, 착오로 인한 의사표시가 (취소를 포함해서) 무효라는 의사주의의 주장과는 크게 다른 점이며, 이는 그가 의사주의를 배격하고 효력주의를 수용하는 데 있어서 가장 결정적인 원인으로서 작용하게 된다.

2) 表示意思가 없는 行爲

Larenz의 효력주의가, 그 타당성은 우선 도외시하고, 적어도 논리적으로는 표시의사가 없는 행위에 관한 법률문제를 모순 없이 설명할 수 있었던 반면, Flume의 이론이 이 문제를 논리적으로 해결하기에는 상당한 어려움이 있을 수밖에 없었다.

우선 Larenz의 이론에 의하면, 외부적으로 나타난 효력표시는 규범적 해석을 통해서 유효한 의사표시로 간주할 수 있기 때문에, 극단적으로 볼 때는 어떠한 행위자의 내면적 요소가 없이도 의사표시의 존재를 인정할 수 있다는 결론에 도달할 수 있다.[90] 즉 표시의사가 없는 행위의 경우나 착오로 인한 의사표시의 경우에는 외부적으로 효력표시가 나타나 있기 때문에, 이러한 효력표시는 규범적 해석을 통해서 유효한 의사표시로 된다. 따라서 이러한 논리에 의하면 착오로 인한 의사표시에 관한 독일민법 제119조는 표시의사가 없는 행위에도 직접적으로 적용될 수 있을 것이다. 다만 여기에서는 착오로 인한 의사표시의 법률효

---

89) w.o. S. 59.

90) 다만 Larenz도 行爲意思가 없는 行爲는 행위가 아니라고 한다. 그는 행위라고 하기 위해서는 행위 자체가 의지되어 있어야만 하는데, 이러한 행위 자체가 의지되어 있지 않은 경우에는 행위라고 할 수 없다는 점을 논거로 한다. 이러한 Larenz의 기술에 관해서는 Larenz, Auslegung(1930), S. 34.

과인 취소가능성이라는 법률효과가 과연 표의자의 의사와는 무관한 것인지에 대해서만 문제될 뿐이다.

이에 비해, Flume와 같이, 자의적으로 효력을 정하는 의사를 의사표시의 본질로 보는 견해는 표의자의 법적 자기결정의 내용(효과의사)이 의사표시의 효력에 영향을 미치는 것이 아니라, 표의자가 법적 자기결정을 하였는지의 여부가 의사표시의 효력에 영향을 미치게 된다. 따라서 표시의 객관적 내용과 의사의 내용이 일치하지 않는 착오로 인한 의사표시의 경우에는 그 의사의 내용이 의사표시의 효력에 영향을 미치지 않는 반면, 표의자가 일정한 행위를 하였지만 그 행위에 대해서 표의자가 어떠한 법적 의미도 부여하지 않은 경우에는 그 행위가 무효로 되어야만 한다.

이와 같이 Flume의 이론에 의하면 표시의사가 없는 의사표시와 착오로 인한 의사표시는 각각 무효인 의사표시와 유효인 의사표시로 구별되어야 하는 것이 논리적이다. 따라서 이러한 견해에서는 표시의사가 없는 행위와 착오로 인한 의사표시의 법적 성질이 서로 전혀 다른 것으로 되며, 이는 표시의사가 없는 행위를 착오로 인한 의사표시에 관한 독일민법 제119조에 따라서 해결할 수 없게 되는 이유가 된다.

그러나 표의자의 행위를 신뢰한 상대방이 언제나 보호될 수 없다는 것은 현실적으로 인정될 수 없을 것이다. 따라서 자의적으로 효력을 정하는 의사를 의사표시의 본질로 이해하는 견해는, 표시의사가 없는 행위를, 法的으로 重要한 行動(das rechtlich relevante Verhalten)이라고 하는, 의사표시와는 별개의 다른 제도를 만들어서 이에 포함시키거나[91] 또는 독일민법 제119조의 유추적용을 통해서 독일민법 제122조의 손해배상의무의 규정을 적용하려고 한다.[92]

한편 Flume가 표시의사가 없는 의사표시에 대한 논리를 전개하는 과정에서 주목되는 점은, 그가 기존의 자의적으로 효력을 정하는 의사라

---

91) Flume, AT(1992), S. 113ff. u. 131f.
92) w.o. S. 449f.

는 논리 대신 Larenz가 주장하는 규범적 해석이라는 논리를 통해서 표시의사가 없는 행위의 귀책을 인정하고, 이에 따라 행위자의 손해배상의무를 긍정하고 있는 점이다.[93] 즉 그는 표시의사가 없는 행위의 귀책에 관해서는 자의적으로 효력을 정하는 의사라고 하는 주관적 요건을 완전히 포기하고 있었다. 그는 다음과 같이 말한다.

올바른 문제제기는 법률행위로서의 외관을 야기한 행위에 대해서 누가 그 외관의 효력에 대한 책임을 져야 하는지의 여부이다. 또한 단지 그의 행위의 취소를 통해서 소극적 이익의 배상에 대한 책임으로 감경할 수 있는지의 여부이다. 상대방에게 있어서 표시는 완전히 유효한 표시행위로서의 외관을 가지고 있다. 즉 상대방에게 있어서는 일반적으로 그 이익관계가 표시의 착오의 경우와 동일하다. 또한 표의자의 책임에 있어서도 표시의 착오의 경우와 동일한 상황에 있다.[94]

▶ 제3절 效力主義에 대한 批判

I. 意思表示의 效力要素

전통적인 의사주의에 의하면, 의사표시의 효력요소는 의사자체, 표시 그리고 의사와 표시의 일치라고 하는 세 가지 요소로 구성되어 있

---

93) w.o. S. 450.
94) w.o. S. 449f.

다.95) 이 중에서 표의자의 의사는 전통적인 의사주의의 입장에서 볼 때, 의사표시의 가장 중요한 효력요소이다. 왜냐하면 법질서가 의사표시에 의한 법률관계의 변동을 인정하는 근본적인 이유가 표의자의 자유로운 의사를 신뢰한 결과이기 때문이다. 따라서 전통적인 의사주의의 입장에서는 원칙적으로 표의자의 의사가 존재하지 않는 표시의 효력을 인정할 수 없다.

다만 이 경우의 내심적 의사는 객관적인 표시내용의 확정을 전제로 해서, 표의자가 표시행위 당시에 그 표시내용에 상응하는 의사가 존재하지 않았다는 것을 입증하는 경우에 비로소 법률적으로 고려된다. 따라서 표의자의 의사는 입증된 표의자의 사실상의 효과의사를 의미하게 된다.

한편 전통적 의사주의의 입장에서 표시는 표의자의 의사를 상대방에게 인식시키기 위한 인식수단에 불과하다. 즉 의사표시에 있어서 의사와 표시는 목적과 수단의 관계이다. 그러나 의사표시 당시에 표의자는 그의 의사를 단지 표시를 통해서 상대방에게 전달하며, 그 전달된 표시에는 상응하는 의사가 존재하는 것이 일반적이기 때문에, 표시로부터 그 표시에 상응하는 의사가 존재하고 있다는 것을 추정할 수 있다.

마지막으로 전통적인 의사주의의 입장에서는 의사와 표시가 일치하는 경우에 비로소 의사표시의 효력을 인정하는 것을 원칙으로 한다. 따라서 객관적인 표시내용을 확정한 뒤, 그 표시내용에 상응하는 의사가 존재하지 않았다는 것이 입증되면, 그 표시는 무효로 되는 것이 원칙이다. 그러나 의사주의의 입장에서도 이러한 원칙에 대한 몇 가지의 예외가 인정된다. 그 중에서 가장 중요한 것은 비진의표시와 착오로 인한 의사표시에 중과실이 있는 경우이다. 이 경우에 의사주의의 입장에서는 표의자가 자신의 의사를 형성하는 과정 중에 비윤리적 요소가 개입되었기 때문에, 이를 근거로 의사가 존재하지 않는 표시의 효력을

---

95) Friedrich Karl v. Savigny, System des heutigen Römischen Rechts, Veit, Bd.Ⅲ 1840, S. 99.

인정한다.

이와 같은 의사주의의 주장을 유지하면서, 이하에서는 효력주의에서 주장하는 내용을 비판하고자 한다.

1. 意思自體

1) 意思表示에 있어서 意思의 의미

효력주의에서는 규범적 해석을 통한 효력표시의 효력을 인정함으로써, 결과적으로 표의자의 사실상의 효과의사가 존재하지 않는 의사표시의 효력을 인정한다. 즉 효력표시의 규범적 해석을 통해서 효력표시의 효력을 인정하는 것은 결과적으로 표의자의 사실상의 의사가 존재하지 않는 경우에도 의사표시의 효력을 인정할 수 있다는 의미이다.

그러나 이는 법질서가 의사표시 제도를 인정한 이유와 부합하지 않는다.

계몽주의 이래로 법질서는 사법 영역에서 개인의 의사에 따라서 법률관계를 형성할 수 있는 자유를 인정하였다. 또한 이러한 자유를 인정하는 이유는 人間의 理性에 대한 신뢰를 바탕하고 있다. 이러한 점은 이미 Kant의 사상에 내재되어 있었다.

> 의사는, 이성적인(vernunftig) 한에서, 생물에게 속한 인과성(Kausalität)의 방식(Art)이며, 자유는 생물에게 속한 인과성의 성질(Eigenschaft)일 것이다. 왜냐하면 자유는 외부의 인과성이 정하는 원인으로부터 독립해서 작용할 수 있기 때문이다. 이에 반해 자연적 필연성(Naturnotwendigkeit)은, 외부 원인의 영향을 통해 활동을 정하는, 모든 이성 없는 존재의 인과성의 성질이다.[96]

---

96) Imanuel Kant, Grundlegung zur Metaphysik der Sitten(Hrsg., Bernd Kraft / Dieter Schönecker), Felix Meiner, 1999, S. 446.

이와 같이 이성이 없이 타율에 종속하는 자연법칙과는 달리, 의사는 자발성을 기초로 한 생물의 인과성의 방식이며, 이때의 개인의 의사의 자유는 이성적이라는 것을 기본적인 전제로 한다. 이에 따라 법질서는 이성적이지 못한 개인을 한편으로 의사무능력이나 행위무능력자 제도 등을 통해 보호하면서, 다른 한편으로 그 의사의 자유를 제한한다.

한편 Kant는 자유는 경험적으로 증명되는 것으로 충분하지 않고, 선험적으로 증명될 수 있을 뿐이라고 한다. 그리고 선험적으로 증명될 수 있는 자유는 이성이 있고 의사를 부여받은 존재자 일반의 활동에 속하는 것이었다. 결국 그는 다음과 같이 주장한다.

> 우리는 의사를 가지는 각 이성적 존재자에게 필연적으로, 이성적 존재는 자유 아래서 행위를 한다는, 자유의 개념을 주어야만 한다. 왜냐하면 우리는 이러한 이성적 존재자에게는, 그의 대상에 관해서 인과성을 가지는, 實踐的 理性(die praktische Vernunft)이 있다고 생각하기 때문이다.[97]

이와 같이 그는 인간의 실천적 이성에 대한 신뢰를 기초로 해서 인간의 이성에 대한 자유의 부여를 주장하였고, 이러한 이성은 의사로 대체되어 우리 사법질서에서도 받아들여졌다. 우리는 이러한 의사에 따른 자유로운 법률관계의 변동을 위한 수단을 의사표시라고 부른다.

만약 법질서가 왜 의사표시라는 제도를 인정하는지에 대한 질문에 직면한다면, 우리는 단지 개인의 의사에 따른 법률관계 변동의 자유로운 실현을 위해서 의사표시 제도가 인정된다고 대답할 수 있을 것이다. 따라서 표의자의 사실상의 의사가 존재하지 않는 표시의 효력을 인정하는 것은 의사표시가 인정되는 본래의 취지와 부합될 수 없을 것이다.

---

97) w.o. S. 448.

2) 外部的 現象으로 나타난 意思

효력주의를 주장하는 견해가 의사주의에 대해서 하는 주된 비판 중의 하나는 내심에 머물러 있는 의사는 고려될 수 없다는 논리이다. 그러나 의사주의의 견해는 내심에 머물러 있는 의사를 고려하자는 것이 아니며, 또한 이를 고려할 수도 없다.

하나의 예를 들자면, 만약 死因行爲의 경우에 피상속인의 표시에도 불구하고 그 표시에 반하는 의사의 효력이 인정된다면, 이는 결코 내심에 머물러 있는 의사의 힘이 아니라, 적어도 외부에서 인식할 수 있는 어떠한 현상이 존재하기 때문이다. 이러한 현상이 없었다면, 피상속인의 표시에 반하는 의사의 존재라는 것을 알 수 없었을 것이기 때문이다. 따라서 외부에 현상으로 나타나지 않은 내심에 머물러 있는 의사란, Kant의 말을 빌자면, 알 수도 없고 알 필요도 없는 것이다.[98]

외부에서 표의자의 의사를 알거나 추론하게 되는 것은 그 의사가 외부적인 현상으로 나타나고, 인식의 주체(상대방 또는 법관 등)가 이 외부적인 현상을 표상하기 때문이다. 이때 표의자의 의사를 나타내는 외부적 현상은 시간과 공간 속에서 다양하게 존재할 수 있다. 물론 이 중에서 가장 중요한 것은 상대방에 대해서 의사를 나타내는 표시지만, 의사를 가시적인 세계에 나타내는 현상은 이에 국한되지 않는다. 예를 들어 표의자의 주위의 친구들이나 우연히 표의자의 표시행위의 목적을 알게 된 타인이 있을 수 있으며, 표의자의 표시행위 이전이나 이후에 표시의 내용과 일치하지 않는 어떤 서류 등이 작성되어 있을 수도 있다. 이 모든 것은 표의자의 의사를 외부세계와 연결해 주는 외부적 현상이다.

문제는 이러한 의사표시에 있어서의 (의사를 현출한) 표시와 그 이외의 의사를 나타내는 외부적 현상 간에 모순이 발생할 때, 어떤 법적

---

98) Imanuel Kant, Kritik der reinen Vernunft(Hrsg., Jens Timmermann), Felix Meiner, 2003, S. B332f.

평가를 내리는가에 있다.

이에 대한 Savigny 이래 의사주의의 주장은, 의사와 표시가 일치하는
것은 자연스러운 관계이기 때문에 일반적으로 표시는 그에 상응하는
진정한 의사를 포함하고 있다고 추정할 수 있다는 것이다.[99] 따라서
의사주의는 의사표시에 있어서 사실상 표시내용에 따른 법률효과가 발
생하는 것이 일반적이라는 것을 인정한다. 다만 의사주의는 의사표시에
있어서의 표시 내에 그 문자적 의미와 다른 내용이 포함되어 있거나
또는 표시와 상응하지 않는 외부적 현상이 존재하고, 이를 표의자가
입증했으며, 그 입증내용이 법관의 자유로운 심증에 따라 표시의 진정
성보다 더욱 우위에 있다고 판단되는 경우에는, 이제 그 표시에 상응
하는 의사가 존재하지 않기 때문에, 그 의사와 일치하지 않는 '표시'가
무효로 된다고 주장하였을 뿐이다.[100]

그러나 이러한 입증이 결코 쉬운 것은 아니기 때문에, 거래질서나
상대방의 신뢰가 침해되는 경우가 그렇게 많지는 않을 것이라는 것이
또한 의사주의의 생각이었다.[101]

3) 非眞意表示

(1) 비진의표시의 경우에는 표의자의 의사가 존재하지 않음에도 불구
하고, 그 의사표시가 유효한 의사표시로 된다. 이러한 점은 의사주의의
원칙인 의사도그마와는 일치하지 않는 부분이다. 입법자료 역시 비진의

---

99) Savigny, System Ⅲ(1840), S. 258.

100) Zitelmann은 제20회 독일 법률가 대회의 강연 冒頭에서 다음의 두 가지를 강조
하면서, 그의 강연을 시작하였다. 그 하나는 의사와 표시는 일반적으로 일치한다
는 점을 전제로 한다는 것이었고, 다른 하나는 의사와 표시가 불일치한다면 손
해배상의 문제가 발생한다는 주장이었다. 이에 관해서는 Zitelmann, in: 20.DJT
Ⅳ(1889), S. 102.

101) Zitelmann, in: 20.DJT Ⅳ(1889), S. 104f: 또한 의사주의와 표시주의의 절충적인
견해를 취하였던 Dernburg 역시 이를 긍정하였다. 이에 관해서는 Heinrich Dernburg,
Pandekten Bd.Ⅰ, H. W. Müller, 1.Aufl. 1884, S. 259.

표시의 법률효과는 의사도그마와 표시준칙의 타협의 산물이라고 기술하고 있다.102) 이는 보다 정확하게 표현하면, 비진의표시에 관해서는 표시주의를 따른다는 의미가 될 수도 있고, 의사주의의 예외라고 표현할 수도 있다.

따라서 의사주의의 입장에서는 비진의표시의 경우에 그 효과의사가 존재하지 않는 표시가 유효로 되는 근거가 무엇인지를 밝힐 필요가 있다. 특히 이 문제는 전통적인 의사주의로부터, 표시의사를 의사표시의 본질로 보는 (효력주의의 한 유형인) 변형된 의사주의가 발생하게 되는 결정적인 계기가 되었다. 따라서 이하에서는 변형된 의사주의가 발생하게 되는 과정을 먼저 고찰하고, 전통적인 의사주의의 관점에서 비진의표시가 유효로 되는 근거를 살펴보고자 한다.

(2) 비진의표시에 관해서 의사도그마의 원칙이 관철될 수 없다는 점은 효과의사를 의사표시의 본질적 요소로부터 제외하자는 일련의 변형된 의사주의가 발생하게 되는 주원인이 된다. 이러한 주장은 효력을 정하는 의사를 의사표시의 본질적 요소로 보는 Flume의 학설에서도 나타나는 점이지만, 이는 이미 19세기 말부터 주장되었던 견해이다.

우선 Kohler는, 오늘날의 의사요소의 구분과 동일하게, 의사를 외부적 행위를 지향하는 의사(實行意思: Ausführungswille), 외부적 행위가 상대방에게 야기되어야만 한다는 정신적 작용(Geisteseffekt)에 관한 의사(基礎意思: Grundwille)와 법률효과를 지향하는 의사(오늘날의 效果意思)로 구별하였다.103) 이때 그는 법질서가 두 번째 의사의 존재만으로 일정한 법률효과의 발생을 인정하고 있다고 주장하였다.104) 즉 표시

---

102) Werner Schubert(Hrsg.), Vorlagen der Redaktoren für die erste Kommission zur Ausarbeitung des Entwurfs eines Bürgerlichen Gesetzbuches, Allgemeiner Teil 2, Walter de Gruyter, 1981, S. 84; Motive 1, S. 189ff.=Mugdan 1, S. 456ff; Protokolle Ⅱ−1, S. 197=Mugdan 1, S. 710.
103) Kohler, Simulation(1878), S. 335f.
104) w.o. S. 337.

자체가 의지되어 있다면, 그 표시의 내용과는 상관없이, 법률행위로서의 의사는 존재한다는 것이다.105) 그리고 비진의표시의 경우에는 이러한 의사가 존재하고 있기 때문에, 그 표시가 유효로 되는 것은 당연한 결과가 된다고 한다. 이와 관련해서 그는 다음과 같이 말한다.

> 법질서는 "네가 어떤 법률효과를 선택한다면, 나는 너에게 그것을 들어주겠다"고 말하지 않는다. 오히려 법질서는 다음과 같이 말한다. "나는 어떤 행위를 너의 탓으로 돌리고, 네가 그 행위를 선택하려고 의지하는지의 여부만을 너의 자유로운 의사에 맡긴다. 너는 이에 따라서 행동할 수 있다." 그래서 이 한도에서는 적어도 법률효과가 어느 정도까지 의사와 관련되어 있다.
> 그러나 그 법률효과는 의지되어 있거나 의지되어 있어야만 하는 의사와 관련되는 것은 아니다. 오히려 의사는 일정한 행위를 의지해야만 한다는 한도에서만 법률효과와 관련되어 있는 것이다. 이때의 일정한 행위는 법의 힘에 의해서(vi legis) 그 법률효과가 생긴다. 의지하고 있는 개인은 그 법률효과를 다소간의 확실성과 함께 예견할 수 있고, 이에 따라 스스로를 위해서나 스스로에 반하는 행동을 결정할 수 있다. 따라서 나는—법률효과가 법의 힘에 의한 것이지 의사의 힘(vi voluntatis)이 아니라는 것을 말하였다.106)

이와 같이 Kohler는 표의자가 의지한 내용에 따라서 법률효과가 발생하는 것이 아니라, 그 법률효과는 법질서에 의해 부여될 뿐이고, 표의자는 단지 의사표시를 할 것인지의 여부에 대한 결정의 자유만을 보장받았다는 이론을 주장하였다. 이러한 효과의사가 표의자의 의사의 힘이 아니라 법에 의해 부여된다는 논리는 이후 다양한 이론으로 전개된다.

이 중에서 주목할 수 있는 것은, 표의자에게 효과의사가 존재하지 않더라도 그에게 경제적 효과에 대한 의사만 있으면 표의자를 귀책시

---

105) w.o. S. 338.
106) w.o. S. 331f.

킬 수 있다는 일련의 경제적 효과설이 전개되었던 점이다. 이들은 Lenel로 상징되는 절충적인 견해[107] 그리고 Isay와 같은 보다 표시주의 적인 견해나[108] 극단적인 표시주의적인 경향을 띠는 Danz의 견해[109] 등으로 분리되지만,[110] 그 궁극에 있어서는 효과의사의 존재 없이도 표 의자를 귀책할 수 있으며, 단지 표의자가 경제적 효과를 의식하고 있 으면 충분하다는 점에서는 동일한 내용을 담고 있었다.[111]

특히 Henle는 표의자에게 표시의 의미에 대한 의식이 존재하면 효과 의사의 존재 여부와 관계없이 표의자를 귀책시킬 수 있다고 주장하면 서, 그의 이론을 表象主義(Vorstellungstheorie)라고 표현하였다.[112] 이 경우에 그는 표시의사가 없으면 의사표시도 없다고 한다.[113] 이에 반해 비진의표시의 경우에는 표의자에게 표시의 의미에 대한 의식이 있기 때문에, 이를 표의자에게 귀책시킬 수 있다고 주장하였다.[114] 이러한 그의 주장을 통해 효과의사를 제외하고 표시의사만으로 의사표시의 효 력을 인정하는 견해가 널리 퍼지게 되었다.[115]

---

107) Otto Lenel, Parteiabsicht und Rechtserfolg, Jher.Jb. 19, 1881, S. 154ff(S. 163f.).

108) Hermann Isay, Die Willenserklärung im Tatbestande des Rechtsgeschäfts, Gustav Fischer, 1899, S. 23ff(특히 표시의사를 객관적 해석을 통해 인정할 수 있다는 주장에 관해서는 S. 25f).

109) Erich Danz, Die Auslegung der Rechtsgeschäfte, Gustav Fischer, 3.Aufl. 1911, S. 7ff.

110) Rudolf Henle, Vorstellungs=und Willenstheorie, A. Deichert, 1910, S. 30f; Paul Oertmann, Allgemeiner Teil, in: Kommentar zum BGB, 3.Aufl. 1927, S. 374.

111) 이에 대한 반론으로는 Windscheid / Kipp, Pandekten 1, 9.Aufl.(1906), S. 311f (Anm 1a).

112) Henle, Vorstellungstheorie(1910), S. 93ff.

113) w.o. S. 375.

114) Henle, Vorstellungstheorie(1910), S. 41ff, u. 474ff; ders., Lehrbuch des Bürge-rlichen Rechts Bd. I, Franz Vahlen, 1926, S. 204f. u. 225f.

115) 表象主義를 원칙적으로 수용한다고 밝힌 견해로는 Alfred Manigk, Irrtum und Auslegung, Franz Vahlen, 1918, S. 40(Fn. 1): 또한 Flume는 비진의표시의 경우에 는 표의자가 '은밀히(geheim)' 표시와는 다른 의사를 가졌기 때문에(여기서 Flume 가 '은밀히'라는 표현을 위해 사용한 'geheim'이라는 표현은 Savigny, System III, S. 258에서의 'heimlich'라고 하는 표현과 동일한 의미로 사용된 것임) 효력을 정하는 의사는 존재하고, 따라서 그 비진의표시가 유효하다고 주장하는데, 이는 Henle의 주장과 동일한 내용으로 이해될 수 있다. 여기서의 Flume의 주장에 관

그러나 이미 Flume의 견해에서도 살펴본 바와 같이, 효과의사가 아닌 표시의사를 의사표시의 효력의 근거라는 견해를 취하게 되는 경우에는 표시의사가 존재하는 착오로 인한 의사표시를 유효한 행위로 보게 된다. 이에 반해 표시의사가 없는 행위는 효력이 없는 행위로 된다. 따라서 이 이론에 의하면 착오로 인한 의사표시와 표시의사가 없는 행위의 귀책의 근거를 구별해야만 되며, 이는 오늘날 표시의사가 없는 행위의 효과와 관련해서 독일민법의 학설이 크게 대립되는 결정적 이유이다.

이 경우에 Flume와 같이 표시의사를 의사표시의 본질적 요소로 보는 견해들은 착오로 인한 의사표시를 유효한 의사표시로 보고, 표시의사가 없는 행위를 무효인 의사표시로 보기 때문에, 후자의 경우에는 착오로 인한 의사표시에 관한 독일민법 제119조와 손해배상의무에 관한 동법 제122조를 적용할 수 없게 된다. 따라서 이 견해들은, Flume가 주장하는 法的으로 重要한 行動(das rechtlich relevante Verhalten) 등과 같은 제도를 통해서,116) 계약체결상의 과실책임이론이나 독일민법 제122조의 손해배상규정을 유추적용하려고 한다.

이와 같이 표시의사를 의사표시의 본질이라고 하는 견해들은 사실 비진의표시가 유효인 이유를 밝히기 위한 노력으로부터 시작되었지만, 결국 착오로 인한 의사표시와 표시의사가 없는 행위의 관계를 완전히 단절시킴으로써, 후자를 규율할 법적 근거를 마련하기 위한 새로운 법률문제를 야기하였다.

그러나 효과의사를 의사표시의 본질적 요소로 보는 전통적 의사주의의 입장에서는 표시의사가 없는 행위와 착오로 인한 의사표시의 문제를

해서는 Flume, AT(1992), S. 402f. 참조.
116) Flume, AT(1992), S. 113ff. u. 131f.
한편 표시의사를 의사표시의 본질로 이해하는 견해들은 대체로 Flume가 주장하는 法的으로 重要한 行動 등과 같은 독특한 용어를 사용한다. 이러한 다양한 용어들을 자세히 소개하고 있는 문헌으로는 지원림, 법률행위의 효력근거에 관한 연구, 법학박사학위논문, 서울대학교 대학원, 1993, 93면 참조.

구별할 필요는 전혀 없다. 이 경우에 양자는 그 의사와 표시의 불일치를 표의자가 의도하지 않았다는 점에 있어서는 동일하기 때문에, 어느 경우에나 독일민법 제119조에 의해서 취소할 수 있는 비정상적인 의사표시로 된다.

(3) 전통적 의미의 의사주의자들은 비진의표시의 경우에는 표의자가 거짓말(Lüge)을 했다는 표의자의 비윤리적인 심리요소를 이유로 일치하는 효과의사가 존재하지 않는 표시의 효력을 인정하였다.[117]

변형된 의사주의가 비진의표시의 문제의 해결을 위해서 취소로 인한 의사표시와 표시의사가 없는 행위의 관계에 관한 복잡한 문제를 야기하였다면, 전통적 의사주의의 논리는 다른 문제를 야기함이 없이 충분히 공감을 얻을 수가 있다고 생각된다. 즉 착오로 인한 의사표시나 표시의사가 없는 행위는 모두 효력이 없는 행위로서 무효나 취소할 수 있는 행위로 되며, 단지 비진의표시의 경우에는 예외적으로 의사에 상응하지 않는 표시가 효력이 있게 된다.

다만 의사주의의 논리에는 다음의 것이 덧붙여진다면, 보다 설득력이 더해질 것으로 생각된다. 즉 의사주의에 있어서 의사도그마의 원칙이 수립된 목적이 무엇인가에 대해서 검토를 함으로써, 비진의표시의 효과를 유효라고 하는 것은 의사주의의 예외가 아니라는 결론을 얻을 수 있을 것이다.

본래 법질서가 개인에게 의사의 자유를 부여한 이유는 개인의 자유의사의 속성뿐만 아니라, 개인의 실천적 이성을 신뢰하였기 때문이다. 이때 Kant는 실천적 이성으로서의 인간이기 위해서는 나의 준칙(Maxime)이 보편적인 법칙(ein allgemeines Gesetz)이 되는 것을 추구할 수 있도록 행동하여야 한다고 주장하였다.[118]

---

117) Enneccerus, Rechtsgeschäft(1889), S. 88ff; Wieling, falsa(1972), S. 304; Windscheid, Wille(1880), S. 98, u. 100ff; Windscheid / Kipp, Pandekten 1, 9.Aufl.(1906), S. 379(Fn. 1c, u. 1d), u. 389(Fn. 10); Zitelmann, Willenserklärung(1878), S. 402.

그러나 이때 도덕적 이성과 법적 이성은 구별될 필요성이 있다. 도덕은 이상적 인간상과 사회를 지향하는 반면, 법은 현실을 규율하고 있기 때문이다. 즉 현실에 있어서의 인간은 도덕이 이상으로 하는 利他的 人間이 아니라, 자기의 이익을 추구하는 利己的 人間이며, 법질서는 이러한 현실을 기초로 인간의 이기적 욕구를 인정한다.

따라서 의사표시를 인정하는 것이 법질서라고 하는 점은 적극적으로 해석해서는 안 되며, 단지 소극적이고 방어적인 기능으로서 이해되어야만 할 것이다.119) 그리고 그 이성은 利他的이어야 할 필요는 없지만, 적어도 타인의 권리를 침해해서는 안 된다고 하는 內在的 限界를 가지고

---

118) Kant, Sitten(1999), S. 402.

119) 여기에서 법이 소극적이고 방어적이라는 의미는 단지 사법 그리고 특히 민법에 한정한 의미이다. 이미 19세기서부터 심화되었던 계층 간의 갈등으로 인해, 20세기의 법질서는 국가의 적극적인 조정을 통한 상대적 평등의 실현을 모색하고 있다. 따라서 이 범위에서의 법질서는 당사자의 자유로운 의사에 따른 사적자치의 원칙을 일정 부분 유보하고, 계층 간의 적절한 배분을 모색한다. 이러한 종류의 법질서로는 이자제한법, (주택임대차에 관한 특별법과 같은) 임대차에 관한 특별법, 사회보장법이나 노동법 등을 포함하는 각종 사회법이나 경제법을 그 예로 들 수 있다. 그러나 이와 같이 상대적 정의를 실현하기 위한 법은 특별법의 형식에 의하는 반면, 민법의 기본적 질서는 절대적 정의의 실현에 초점을 맞추고 있다고 볼 수 있다. 기본법으로서의 사법은 변동하는 계층 간의 갈등을 모두 예상하기 어렵다는 점이 그 원인이 될 수 있다.
이러한 민법의 기본정신에 관해서는 이미 독일민법의 제정 당시에 상당한 논의를 거친 부분이었다. 즉 독일민법이 보다 사회적 계층의 형평관계를 고려해야 한다는 Menge나 Gierke 등의 주장에 대해서, 독일민법 제정을 위한 제2차 위원회의 위원장이었던 Planck는 상대적 정의는 특별법의 규율 대상이며, 민법은 원칙적으로 개인 간의 절대적 정의의 실현에 초점을 맞춘다고 하는 점을 분명히 하였다.
제1초안에 대해서 민법이 사회적 형평을 고려해야 한다고 관점에서 비판한 견해로는 Otto v. Gierke, Der Entwurf eines bürgerlichen Gesetzbuches und das deutsche Recht, Duncker u. Humblot, 1889, S. 58ff; Anton Menger, Das Bürgerliche Recht und die besitzlosen Volksklassen, Laupp, 2.u.3. Taus., 1890, S. 17ff.
한편 Gierke의 비판에 관한 Planck의 반론은 Gottfried Plank, Zur Kritik des Entwurfs eines bürgerlichen Gesetzbuches für das Deutsche Reich, AcP 75, 1889, S. 405ff.
입법 제정 당시의 민법의 기본정신의 확정을 위한 논쟁에 대해 기술한 문헌으로는 Ulrich Eisenhart, Deutsche Rechtsgeschichte, C. H. Beck, 3.Aufl. 1999, S. 379 u. 406f; Kroeschell, Rechtsgeschichte(1992), S. 13, u. 15f; Hans Schlosser, Grundzüge der neuren Privatrechtsgeschichte, C. F. Müller, 9.Aufl. 2001, S. 185f. 참조.

있다. 즉 법질서는 타인의 권리, 헌법 질서와 사회질서를 침해하지 않는 한에서의 인간의 자유를 인정한 것이다. 따라서 타인의 권리를 침해하는 惡意를 가진 非眞意表示의 경우에는 그 표의자의 의사를 인정할 수 없다는 것이 필연적이다. 이러한 관점에서 볼 때, 비진의표시를 유효로 한 것은 그 내재적 한계를 구체화한 법률의 규정인 것이며, 이것이 반드시 의사주의와 조화될 수 없는 것은 아니라고 생각된다.

2. 表 示

효력주의에서는 표시가 의사의 전달기능을 할 뿐만 아니라, 사회적 행위로서의 기능을 한다고 주장한다. 이 중에서 표시가 의사의 전달기능을 한다는 것은 전통적인 의사주의에 의해서 강조되었던 것이며, 표시가 사회적 행위로서의 기능을 한다는 점은 효력주의에서 강조되는 것이다. 여기에서는 그 각각의 의미를 살펴보고, 효력주의에서 주장하는 표시의 사회적 기능의 구체적 내용이 과연 타당한 것인지의 여부를 살펴보고자 한다.

1) 意思의 傳達 機能

의사의 전달로서의 표시의 기능은 상대방이 있는 의사표시와 상대방이 없는 의사표시로 구별해서 검토될 수 있다.

우선 상대방이 있는 의사표시는 상대방에 대해서 표시가 발신되어야 하며, 그 표시는 원칙적으로 상대방에게 도달한 경우에 효력이 발생한다(우리 민법 제111조 제1항; 독일민법 제130조). 이 경우에 표시는 표의자의 의사를 전달하는 手段(Mittel)이다.[120] 즉 의사와 표시는 目的과

---

120) Wieling, falsa(1972), S. 300.

手段의 관계이다. 따라서 표의자에게 표시에 상응하는 의사가 없는 경우에는 그 표시가 원칙적으로 무효로 되거나 표의자가 그의 표시를 취소할 수 있다(우리 민법 제107조 이하: 독일민법 제116조 이하).

이에 반해 상대방이 없는 의사표시의 경우에는 표의자가 일정한 목적으로 표시한 표시내용 외에 의사를 나타내는 모든 外部的인 現象을 함께 고려해서, 표의자의 사실상의 의사라고 인정되는 내용이 의사표시의 내용으로 된다.

이와 같이 상대방이 있는 의사표시의 경우에는 상대방에게 도달된 표시내용과 표의자의 의사가 일치하는 경우에만 그 의사표시의 효력이 인정되는 반면, 상대방이 없는 의사표시의 경우에는 표의자의 사실상의 의사에 따른 법률효과가 절대적으로 인정된다. 왜냐하면 상대방이 있는 의사표시의 경우에는 표의자가 의지하는 법률관계의 변동의 내용에 대해서 상대방 역시 법적으로 인정되는 일정한 이익이 있는 반면, 상대방이 없는 의사표시의 경우에는 표의자의 표시행위에 대한 법적 이익이 인정되는 상대방이 없기 때문이다.

2) 社會的 行爲로서의 機能

효력주의는 표시가 의사의 전달로서의 기능뿐만 아니라, 社會的 行爲[121]로서도 기능한다고 주장한다.[122] 물론 표시가 사회적 행위라고 하는 점은 부정될 수 없을 것이다. 그러나 이때의 社會的 行爲라는 의미가 구체적으로 어떠한 의미로 사용되는가에 따라서는 이에 대한 긍정이 유보될 수 있다.

Larenz는 표시의 사회적 기능과 관련해서, 행위의사와 함께 표출된

---

121) 효력주의가 표시의 社會的 行爲로서의 기능을 강조하는 것은 法現象學者인 Reinach의 영향을 받은 결과이다. 여기서 Reinach의 社會的 行爲(Die sozialen Akte)의 의미와 이를 통한 約束(Versprechen: 이는 의사표시를 의미한다)의 拘束力(Verbindlichkeit)에 대해서는 Reinach, Phänomenologie(1953), S. 37ff. u. 54ff.

122) Larenz, AT, 1.Aufl.(1967), S. 338; Larenz / Wolf, AT, 9.Aufl.(2004), S. 443.

행위는 사회적 행위로서 당연히 그 표시내용에 따르는 효력이 발생해야
한다는 의미로 표시의 사회적 행위로서의 기능을 강조하였다. 그러나
이러한 의미에서의 표시의 사회적 행위로서의 기능이라 함은 事物自體
의 本質(die Natur der Sache)로부터 표시의 拘束的 機能을 인정하려고
하였던 표시주의이론과 본질적으로 동일한 것이다.123) 그러나 이러한 의
미에서의 표시의 기능은 실정법의 해석이 아니라, 학설을 통한 法의 創
造일 뿐이다.

사실 행위자의 행위가 사회적 행위라는 점은 분명하다. 따라서 그
행위내용에 상응하는 의사가 존재하지 않는 경우에도 일정한 요건 아
래서 행위자가 자신의 사회적 행위에 대해서 책임을 져야 한다는 점에
대해서는 이론이 있을 수 없다. 다만 문제는 어떠한 요건 아래서, 어떻
게, 또한 얼마만큼 책임을 지는가에 있다. 이에 관해서 의사주의자들은
행위자의 행위를 통해서 상대방이 손해를 입은 경우에는 원칙적으로
행위자가 消極的 利益을 배상해야 한다고 주장하였다.124) 또한 이는
입법의 기본정신이기도 하다.125) 따라서 표시가 사회적 행위로서의 기
능을 한다는 점을 이유로 그 표시가 객관적인 의미에 따라서 효력이
발생해야 한다는 효력주의의 주장은 실정법과는 일치하지 않는 주장이
다. 실정법은 이 경우에 표의자의 책임을 단지 소극적 이익의 손해배
상의무로 제한하고 있기 때문이다.

효력주의가 상응하는 의사가 존재하지 않는 표시의 효력을 법질서가

---

123) Wilhelm Röver, Ueber die Bedeutung des Willens bei Willenserklärung, He-
rmann Koch, 1874, S. 17.
124) 이것이 의사주의의 주장이라는 점은 19세기의 의사주의의 문헌에서 쉽게 확인할
수 있는 것이지만, 특히 제20회 독일 법률가 대회에서의 Zitelmann의 강연내용은
이를 가장 명확하게 나타내 주고 있다. 이때의 강연내용은 Zitelmann, in: 20.
DJT Ⅳ(1889), S. 102.
125) 제2초안의 의사록(Protokolle Ⅱ) 역시, 착오로 인한 의사표시의 경우에는 그 표시
내용에 따른 구속력이 발생하는 것이 아니라, 상대방이 착오로 인한 의사표시로
부터 損害(Schaden)를 입지 않으면 충분하다는 점을 명확하게 밝히고 있다. 이
에 관해서는 Protokolle Ⅱ-1, S. 223=Mugdan 1, S. 715.

인정하고 있다고 주장하기 위해서는 착오의 경우에 왜 일시적으로 유효한 표시내용을 착오를 한 자가 취소할 수 있으며(우리 민법 제109조: 독일민법 제119조), 또한 취소의 경우에 표시를 신뢰한 상대방이 積極的 利益(履行利益)이 아닌 消極的 利益(信賴利益)만을 배상받게 되는지에 대한(독일민법 제122조) 보다 명확한 근거를 제시해야만 할 것이다. 그러나 효력주의를 주장하는 견해 중, 이러한 점에 대해서 설명하고 있는 문헌은 발견되지 않는다.

3. 意思와 表示의 一致

1) 意 義

오늘날 의사주의는 표의자의 의사만을 의사표시의 효력요소로 하고 표시주의는 표시를 효력요소로 하는 반면, 효력주의는 의사와 표시가 일치하는 경우에만 의사표시의 효력을 인정한다고 이해하는 견해가 있다.[126]

그러나 만약 우리가 의사와 표시가 일치하는 경우에만 의사표시의 효력이 발생하며, 또한 그러한 의사표시만을 표의자에게 귀책시킬 수 있다고 생각한다면, 그것은 효력주의가 아닌 의사주의에 기반을 두고 있다고 할 수 있다. 왜냐하면 의사주의는 의사표시에 있어서 의사를 가장 중요한 요소로 이해함으로써, 상응하는 의사가 존재하지 않는 표시가 무효라고 주장하였을 뿐, 표시와 일치하지 않는 의사의 적극적인 효력을 인정한 것이 아니기 때문이다. 따라서 의사주의의 입장에서는 의사와 표시가 일치하는 경우에만 의사표시의 효력을 인정한다.

이에 반해 효력주의에서 의사와 표시가 일체라고 하는 주장은, 학설

---

126) 이영준, 한국민법론[총칙편], 박영사, 수정판 2004, 121면 이하 참조(이하 민법총칙이라고 약함).

상 전혀 다툼이 없었던, 의사와 표시가 일치하는 경우에만 적용되는 논리이며, 의사와 표시가 사실상 일치하지 않는 경우에는 적용되지 않는 논리이다. 따라서 이하에서는 의사와 표시가 일치하는 경우와 그렇지 않은 경우로 구별해서, 각각의 경우에 의사주의와 효력주의가 어떠한 논리를 전개하는지를 살펴보고자 한다.

2) 意思와 表示가 一致하는 경우

의사와 표시가 일치하는 경우에 그 의사표시가 효력이 있다는 점에 대해서는 이설이 있을 수 없다. 이에 대해서는 의사주의, 표시주의와 효력주의의 어느 이론에 의하든 마찬가지이다.

그럼에도 불구하고, 효력주의를 주장하였던 Larenz가 의사와 표시가 일체라고 하는 점을 강조하였던 이유는 의사주의에 대한 그의 인식에 오류가 있었기 때문에 나타나는 현상이라고 할 수 있다.[127] 즉 그는 의

---

127) Flume, AT(1992), S. 58f.는 효력주의가 의사와 표시의 일치를 강조하는 한에서는 "옳게 이해된 의사주의에 불과하다"(이 표현은 Larenz, Auslegung, Nachwort에서 Larenz가 사용한 것이다)고 주장한다. 그가 이를 강조하는 이유는 Larenz가 의사주의에 대해서 잘못된 인식을 하고 있다는 것을 지적하기 위해서였다.
이러한 Flume의 지적에 대해서 Larenz는 두 가지의 반응을 나타냈었다. 그 하나는, 만약 의사주의 역시 의사와 표시가 일체하는 경우에 의사표시의 효력을 인정하였다면, 의사주의와 효력주의는 동일한 것이지만, 최소한 의사주의의 표현방법은 잘못되어 있었다는 것이다. 즉 Savigny, System Ⅲ(1840), S. 258에서 "본래 의사자체가 유일하게 중요하고 효력이 있는 것으로 생각되어야만 한다"고 표현하는 것은 의사만이 유일하게 효력이 있는 것으로 이해될 수 있기 때문에 오해의 여지가 있다는 것이다. 이에 관해서는 Larenz, AT, 1.Aufl.(1967), S. 336(Fn. 3) 참조. 다른 하나의 반응으로는 Larenz 자신은 Flume가 지적하고 있는 부분에 대해서 논쟁하기를 원하지 않는다고 하였다. 다만 그는 의사주의가 언제나 Flume가 이해하고 있는 것처럼 이해되었던 것은 아니라고 항변하였다. 이러한 Larenz의 항변은 자신이 의사주의를 잘못 이해했을 수도 있지만, 적어도 자신이 효력주의를 주장하던 당시에는 의사주의가 Flume가 이해하는 것처럼 이해되지는 않았었고, 잘못된 의사주의에 대한 인식이 일반적이었다는 것으로 해석될 수 있다. 여기서의 Larenz의 항변에 관해서는 Larenz, Auslegung, Nachdruck(1966), Nachwort(Nachwort의 면수는 기재되어 있지 않으며, 논문의 가장 마지막 면인 106면 이후에 수록되어 있음).

사주의에 따르는 경우에는 의사표시의 해석에 있어서 표의자의 내심적 의사만을 탐구해야 하고, 이에 따라 의사요소만으로 의사표시의 효력이 발생하게 되는 것으로 판단하였다.[128] 그러나 의사주의는 표시의 객관적인 해석을 전제로 하는 의사도그마를 주장하였기 때문에, 본래의 전통적 의사표시와 Larenz가 인식하였던 의사주의는 전혀 관련이 없다고 할 수 있다. 따라서 의사와 표시가 일치하는 경우에, 의사가 표시에 의해 실현된다고 하거나 의사표시는 의사와 표시의 일체라고 주장하는 것은 효력주의의 독자적인 특징이 될 수 없다.[129]

3) 意思와 表示가 一致하지 않는 경우

의사와 표시가 일치하지 않는 경우에는 각 학설에 따라서 그 의사표시의 효력을 다르게 정한다.

---

128) Larenz, AT, 7.Aufl.(1989), S. 333f; Larenz / Wolf, AT, 9.Aufl.(2004), S. 441f.

129) 이와 관련해서 이영준, 민법총칙(2004), 123면은 효력주의를 설명하면서, 이 견해가 의사와 표시의 관계를 法律의 制定과 公布의 관계로 비유한다고 소개하고 있는데, 이는 의사주의자인 Enneccerus의 주장으로서, 효력주의와는 다소 거리가 있는 기술내용이라고 생각된다.

본래 이 이론은 19세기 당시의 다수설(Windscheid 등)이 표시를 의사의 認識手段이라고 주장한 점을 비판하면서 사용된 비유였다. 즉 Enneccerus는 표시가 의사의 인식수단이라면, 표의자가 그의 의사를 아직 상대방에게 표시하지는 않았지만, 상대방이 표의자의 가까운 친구 등으로부터 표의자의 의사를 우연히 알게 된 경우에도, 그 의사표시의 효력을 인정해야 한다는 문제를 제기하였다. 이에 따라 그는 표시는 의사의 인식수단이 아니라 의사표시의 구성요소(kostitutives Element)이며, 의사표시는, 법률의 제정과 공포의 관계와 같이, 표시를 통해 완성된다고 주장하였다.

Enneccerus를 포함한 의사주의자들이 표의자의 의사의 내용(효과의사)을 의사표시의 효력을 위한 필수적인 요건으로 여긴 반면에, 효력주의는 이 요건을 배제하였던 점을 생각할 때, Enneccers의 비유를 효력주의의 예로써 소개하는 것은 타당하지 않다고 생각된다.

한편 여기의 기술내용과 관련된 Enneccerus의 문헌으로는 Enneccerus, Rechtsgeschäft(1889), S. 57f: 또한 의사주의자인 Enneccerus가 의사와 표시의 관계를 법률과 공포의 관계라고 주장하였다는 점을 지적하고 있는 국내의 문헌으로는 김상용, 법률행위론에 관한 법제사적 고찰, 법학논총 제4집, 1987, 195-6면.

이 경우에 효력주의는 표시와 의사가 일체화되어 있다는 개념 정립에도 불구하고, 효력표시의 규범적 해석을 통해서 효과의사가 존재하지 않는 표시의 효력을 인정하였다. 따라서 효력주의에서 의사와 표시의 일체라는 것은, 학설상으로 전혀 다툼이 없었던, 의사와 표시가 일치하는 경우에만 적용되는 논리일 뿐, 의사와 표시가 일치하지 않는 경우에는 의사와 표시가 일체라는 논리가 적용되지 않는다. 이와 관련해서 의사가 표시에 의해서 실현된다고 하는 효력주의의 정의는 정상적인 의사표시의 경우에만 적용되는 개념 정립이라는 비판은[130] 효력주의에 대한 정확한 비판이라고 할 수 있다.

이에 반해 의사주의는 효과의사가 존재하지 않는 표시의 효력을 무효라고 주장하기 때문에, 의사표시의 효력을 위해서는 원칙적으로 의사와 표시가 일체화되어 있을 것을 요건으로 한다. 따라서 의사와 표시의 모든 요소를 갖추었을 때 비로소 의사표시가 존재한다는 점은 의사주의에서만 일관되게 주장되고 있는 것이다.

Ⅱ. 意思表示의 解釋論

1. 효력주의는 의사표시의 해석방법을 自然的 解釋과 規範的 解釋으로 구별해서, 자연적 해석의 경우에는 표시와 일치하지 않는 표의자의 의사에 따른 법률효과가 발생하며, 규범적 해석의 경우에는 표의자의 진의와는 일치하지 않는 객관적 해석에 따른 표시내용이 효력을 발생한다고 한다. 이때 효력주의는 독일민법 제133조와 동법 제157조를

---

130) Bickel, Dietrich, Die Methoden der Auslegung rechtsgeschäftlicher Erklärung, N. G. Elwert, 1976, S. 33.

각각 자연적 해석과 규범적 해석의 근거 규정으로 이해한다.

이 중에서 자연적 해석이 적용되는 경우는 대체로 상대방이 없는 의사표시의 경우나 誤表示無害의 原則이 적용되는 경우에 한정된다. 그러나 상대방 없는 의사표시는 우리의 사법질서 전체의 관점에서 볼 때, 상속의 의사표시나 재산권의 포기 등에서만 적용되는 예외적인 법률관계의 변동 방식이다. 또한 誤表示無害의 原則은 로마법 이래로 非本質的인 錯誤로 다루어져 오던 이름상의 착오(error in nomine)131)에 불과하다. 따라서 효력주의의 의사표시의 해석론에서 자연적 해석론은 그 중심적인 역할을 하는 것이 아니다.

오히려 의사표시의 해석론에서 가장 중요한 것은 규범적 해석론이다. 왜냐하면 사적자치의 원칙의 중심적인 기능을 담당하고 있는 것은 계약이고, 효력주의의 의사표시의 해석론에서 계약의 해석은 대체로 규범적 해석에 의하기 때문이다. 이러한 계약의 해석의 경우에 효력주의는 규범적 해석론을 통해서 양 당사자의 의사가 일치하지 않음에도 불구하고 상대방(승낙자)의 이해가능성에 따른 표시내용의 효력을 인정한다.

그러나 이는 독일민법의 제정과정에서 입법적으로 부정되었던 표시주의의 이론이며, 실정법과는 일치할 수 없는 이론이다. 왜냐하면 독일민법은 계약이나 상대방이 있는 단독행위 등 상대방이 있는 의사표시의 경우에 그 의사와 표시가 일치하지 않는 비정상적인 의사표시의 법률효과를 독일민법 제116조 이하에서 개별적으로 정하였을 뿐만 아니라, 그 법률효과를 원칙적으로 의사도그마에 기초해서 정하였기 때문이다. 따라서 의사와 표시가 일치하지 않는 경우의 법률효과는 입법적으로 해결된 것이며, 의사표시의 해석의 단계에서 논할 문제가 아니다.

그럼에도 불구하고 효력주의는 의사표시의 해석의 단계에서 비정상적인 의사표시의 효력을 논함으로써, 본래 하나의 의사표시에 있어서 의사와 표시가 일치하고 있는지의 문제를 해결해야 할 의사표시의 해

---

131) 현승종 / 조규창, 로마법, 법문사, 초판 1997, 438면: Heinrich Honsell, Römisches Recht, Springer, 4.Aufl. 1997, S. 42; Savigny, System Ⅲ(1840), S. 305.

석론을 形骸化하였다는 문제점이 발생한다.

2. 효력주의의 견해들이 의사표시의 해석 단계에서 비정상적인 의사표시의 효력을 논하게 되는 근본적인 이유는 독일민법 제133조를 표시의 해석을 배제하고 표의자의 사실상의 의사만을 탐구해야 하는 규정으로 이해했던 점에서 비롯된다고 할 수 있다. 만약 동조가 표의자의 사실상의 의사만을 탐구해야 한다는 규정이고, 이에 따라 그 일치하는 표시 없이 표의자의 사실상의 의사만으로 효력이 발생하는 것을 의미하는 규정이라면, 이 규정이 계약이나 상대방이 있는 의사표시에 적용될 수 없다는 점은 당연할 것이다.

그러나 이미 독일민법 제1초안과 제2초안의 입법과정에서 살펴보았듯이, 독일민법 제133조는 표의자의 사실상의 의사만을 탐구해야 한다는 규정이 아니라, 표시의 객관적인 내용을 확정한 뒤, 이에 상응하는 의사가 존재하는지의 여부도 아울러 탐구해야 한다는 규정이다.

따라서 자연적 해석과 규범적 해석은 각각 분리되어서 어느 요소의 효력만을 인정하기 위해서 해석되어야 하는 것이 아니라, 양자는 결합해서 의사와 표시가 일치하는지의 여부만을 검토하면 충분하다. 이를 통해서 의사와 표시가 일치하지 않는 것이 확정된다면, 그 효력은 비정상적인 의사표시에 관한 독일민법 제116조 이하의 효력규정에 따라서 그 효력이 개별적으로 결정되어야 한다. 이와 같이 해석하는 경우, 독일민법 제133조는 계약이나 상대방이 있는 단독행위를 포함한 모든 의사표시의 해석을 위한 근거 규정이 된다.

또한 독일민법 제157조 역시 규범적 해석에 관한 근거 규정이 아니라, 계약에 있어서 意思表示의 不合致 여부를 결정하기 위한 補充的 解釋의 근거 규정이라는 점 역시 이미 기술하였다.132)

---

132) 이에 관해서는 본 연구 133-45면 참조.

Ⅲ. 錯誤로 인한 意思表示

1. 意思와 表示의 二元論

Larenz는 의사와 표시의 二元論에 대해서 비판하면서, 이를 一元論으로 해결해야 한다고 주장하였다.[133] 또한 이러한 一元論은 착오로 인한 의사표시의 귀책을 위한 논리로도 동일하게 사용되었다.[134] 즉 의사와 표시가 일치하지 않는 경우에 있어서 그 표시의 효력에 대한 책임의 논리와 소극적 이익의 손해배상의무에 대한 책임의 논리를 동일한 관점에서 접근하고 있는 것이다.

그러나 이러한 一元論은 비정상적인 의사표시의 책임의 근거를 밝히는 데 있어 타당한 방법이 아니라고 생각된다. 왜냐하면 비정상적인 의사표시의 효력의 문제와 손해배상의 문제는 각각 意思責任과 表示責任으로 구분해서 검토해야 한다고 생각되기 때문이다. 즉 비정상적인 의사표시의 효력과 관련해서는 표의자의 의사가 존재하지 않기 때문에 그 표시가 무효로 되는 것이 원칙인 반면(意思責任), 손해배상은 표의자의 의사와는 관련이 없는 순수한 행위책임(表示責任)에 기초한다고 할 수 있다.[135] 따라서 의사표시의 효력의 문제와 손해배상의 문제는 당연히 二元論的인 입장해서 검토되어야만 할 것이다.

오히려 이를 一元論으로서 고찰하는 경우에는, 착오로 인한 의사표시나 표시의사가 없는 행위의 경우에, 상응하는 의사가 존재하지 않는 표시의 효력의 형태로 행위자의 책임을 인정할 것인가 또는 손해배상

---

133) Larenz, Auslegung(1930), S. 10ff.

134) w.o. S. 70ff.

135) Windscheid 역시, 그의 6판 교과서 이후로, 소극적 이익의 손해배상의무는 行爲者의 意思와는 관련이 없는 責任이라는 점을 강조하였다. 이에 관해서는 Windscheid, Pandekten 2, 6.Aufl.(1887), S. 184(Fn. 5); Windscheid / Kipp, Pandekten 2, 9.Aufl.(1906, S. 251(Fn. 5).

의 형태로 인정할 것인가의 여부 및 손해배상의 형태로 할 경우에는 그 손해배상을 積極的 利益의 범위에서 인정할 것인가 또는 消極的 利益의 범위로 할 것인가에 대해서 합리적으로 설명할 수 없다고 생각된다.

예컨대, 의사와 표시가 불일치하는 경우에 효력주의는 표의자의 자기책임을 근거로 해서 상응하는 의사가 존재하지 않는 표시의 효력을 인정한다. 그러나 독일민법 제119조는 착오를 한 자가 그 착오로 인한 의사표시를 취소할 수 있다고 규정하고 있다. 따라서 효력주의의 논리를 적용하면, 착오를 한 자가 그 착오로 인한 의사표시에 대해서 자기책임이 있음에도 불구하고, 스스로 그 착오로 인한 의사표시를 취소할 수 있기 때문에, 결국 자기책임이 있는 자가 스스로 그 책임을 면할 수 있다는 기묘한 현상이 나타난다.

물론 이 경우에 착오를 한 자는 상대방에게 소극적 이익의 범위에서 손해배상을 하여야만 한다(독일민법 제122조 참조). 그러나 표시의 효력의 형태로서의 책임과 소극적 이익을 배상하는 책임의 성질은 전혀 다르다. 왜냐하면 전자의 경우에는 상대방이 법률행위를 통해서 얻을 수 있었던 이윤까지도 보호되는 반면에, 후자의 경우에는 상대방이 현실적으로 입은 손해만이 전보될 뿐이며, 그 이윤까지 보호되는 것은 아니기 때문이다. 따라서 효력주의가 그 이론의 정당성을 확보하기 위해서는 상응하는 의사가 존재하지 않는 표시의 효력에 구속되어야 할 자기책임이 있는 자가 스스로 그 의무를 면할 수 있으며, 또한 이 경우에 단지 소극적 이익의 배상의무만 발생하는 이유가 무엇인지를 충분하게 설명할 수 있어야만 할 것이다.

그러나 효력주의의 이론을 유지하는 한, 이에 대한 충분한 설명은 불가능하다고 생각된다. 왜냐하면 본래 독일민법의 입법자들은, 의사와 표시가 일치하지 않는 경우에, 표의자는 원칙적으로 그 표시의 효력의 형태로는 귀책되지 않으며, 단지 소극적 이익의 배상의 형태로만 귀책되어야 한다는 것을 입법으로 정하였기 때문이다. 그럼에도 불구하고 효력주의는 의사와 표시가 일치하지 않는 경우에 의사표시의 효력으로서의 귀책과 소극적 이익의 손해배상으로서의 귀책을 구별하지 못함으로써, 의사표시의 해석론과 비정상적인 의사표시의 효력론을 완전히 단절시키는 결과를 야기하였다. 즉 효력주의는 의사표시의 해석론에서는 규범적 해석을 통해서 상응하는 의사가 존재하지 않는 표시의 효력을 인정해야 한다고 주장하였음에도 불구하고, 결국 비정상적인 의사표시의 효력론에서는, 본래 의사주의자들과 독일민법의 입법자들이 예정하였던, 표의자의 소극적 이익의 배상의무만을 인정하고 있는 것이다. 다시 말하면, 의사표시의 해석론은 사실상 전혀 무용한 이론이 되는 것이다. 따라서 이하에서는 착오로 인한 의사표시에 있어서 그 표시의 효력의 문제와 손해배상의무의 문제를 분리해서, 이와 관련된 효력주의의 문제점을 개별적으로 검토하고자 한다.

2. 錯誤에 있어서의 取消의 意味

1) 效力主義의 問題 提起에 대한 批判

의사주의는 의사표시의 효력을 위해서는 원칙적으로 표의자의 효과의사가 존재해야 한다고 주장한다. 다만 비진의표시나 중과실에 의한 착오의 경우에만 그 예외를 인정할 뿐이다. 즉 의사주의의 입장에서는 착오로 인한 의사표시의 효력은 무효이다.

이에 반해 효력주의자들은 착오로 인한 의사표시의 법률효과가 취소로 규정된 것을 표의자의 효과의사가 존재하지 않은 표시의 일시적인 효력을 인정한 것이라고 이해한다.

특히 착오의 효과가 무효에서 취소로 변경된 점은 Flume가 효력주의를 수용하게 되는 결정적인 계기였다.[136) 이때 그는 제2차 위원회의 의사록

(Protokolle Ⅱ)에서 "의사도그마(Willensdogma)도 또한 이에 반대하는 신뢰원칙(Vertrauensmaxime)도 상당한 수정 없이는 관철될 수 없다"는[137] 기술내용에 대해서 중요한 의미를 부여하고 있다.[138] 즉 그는 이 기술내용을 의사주의와 표시주의 양 원칙 모두가 상당한 수정이 없이는 관철될 수 없으며, 착오에서의 취소의 의미는 의사주의에 따른 무효와 표시주의에 따른 유효의 법률효과를 모두 배척하고 그 절충점을 찾은 것으로 이해하고 있는 것이다.

그러나 이에 대해서는 다음과 같은 반론이 제기될 수 있을 것이다.

첫째로, 제2차 위원회의 의사록(Protokolle II)에서의 동 기술은 착오에 관한 기술이 아니라, 단지 비진의표시에 관한 기술일 뿐이다.[139] 오히려 착오에 관한 의사록(§ 98 E I)을 살펴보면, 의사주의와 표시주의의 타협이 필요하다는 입법위원회의 기본정신에 따라, 상대방이 표의자의 착오에 관해 인식가능한 경우에만 착오를 한 자의 취소권을 인정하자는 Jacubezky의 의견을[140] 채택하지 않은 것을 확인할 수 있다. 이때 제2초안의 입법위원회는 Jacubezky의 의견이 상대방의 이익만을 중시함으로써, 착오를 한 자에 대해서는 커다란 부당성(die große Ungerechtigkeit)을 초래한다는 점을 지적하면서 동 제안을 부결하였다.[141] 특히 동 위원회는 의사와 표시가 일치하지 않는 경우, 표의자를 표시내용의 형태가 아닌 손해배상의 형태로만 귀책시킬 수 있다는 점을 명시하였다.

착오를 한 자를 표시에 구속하는 것은 상대방에게 손해가 없거나 무상 법률행위 등과 같은 경우에는 부당하다. 따라서 새로운 법의 발전은 상대

---

136) 이에 관해서는 본 연구 189-2면 참조.
137) Protokolle Ⅱ-1, S. 197＝Mugdan 1, S. 710.
138) Flume, AT(1992), S. 58 참조.
139) Protokolle Ⅱ-1, S. 197＝Mugdan 1, S. 710.
140) 이와 같이 착오를 한 자의 착오에 대해서 상대방이 인식가능한 경우에, 착오를 한 자에게 취소권을 인정해야 한다는 주장의 기초 자료는 Gustav Hartmann, Wort und Wille im Rechtsverkehr, Jher.Jb. 20, 1882, S. 41f. u. 48. 참조.
141) Protokolle Ⅱ-1, S. 222f.＝Mugdan 1, S. 715.

방이 착오를 통해 손해를 입지 않도록 한다면 충분한 것으로 보았다.[142]

이러한 의사록의 내용은 착오의 효과가 제1차 초안의 무효에서 제2초안의 취소로 변경된 것을 의사주의와 표시주의의 타협으로 이해하였던 Flume의 견해와는 배치되는 것이다.

이제 두 번째로 검토되어야 할 것은 Flume가 원용한 '의사도그마도 신뢰보호도 수정 없이는 관철될 수 없다'는 내용은 착오의 효력을 무효로 규정하였던 제1초안을 위한 사전초안과[143] 제1초안에서도[144] 동일하게 기술되어 있었다는 점이다. 그리고 이때의 동 기술내용이 의미하였던 것은 언제나 비진의표시에 관한 기술이었으며, 착오에 관한 내용이 아니었다.

따라서 '의사도그마도 신뢰원칙도 상당한 수정이 없이는 관철될 수 없다'는 문구는 의사주의와 표시주의의 어느 원칙도 채택하지 않는다는 것을 의미하는 것이 아니라, 오히려 본래 의사도그마가 원칙이지만 비진의표시와 같은 경우에는 예외적으로 신뢰보호의 원칙이 적용될 수 있다는 의사주의의 기본 입장을 밝히고 있는 문구일 뿐이다.

따라서 이와 관련된 Flume의 견해는 입법자의 의사에 대한 올바른 사실판단이 결여된 주장이라고 할 수 있다.

2) 意思主義의 觀點에 따른 意味

(1) 착오를 한 자의 취소가능성은 의사주의와 표시주의의 타협의 결과

---

142) Protokolle Ⅱ-1, S. 223f.=Mugdan 1, S. 715f.

143) 비진의표시가 의사도그마와는 일치하지 않는다는 기술로는 Werner Schubert(Hrsg.), Vorlagen der Redaktoren für die erste Kommission zur Ausarbeitung des Entwurfs eines Bürgerlichen Gesetzbuches, Allgemeiner Teil 2, Walter de Gruyter, 1981, S. 84: 신뢰원칙을 무조건 관철하는 것은 불가능하다는 기술내용으로는 Schubert(herg.), Vorentwürfe Ⅰ-2, S. 87.

144) 동일한 기술로는 Protokolle Ⅰ-1, S. 171=Beratung 1, S. 588 참조: 또한 그 취지에 대해서는 Motive 1, S. 189ff.=Mugdan 1, S. 456ff. 참조.

가 아니라, 오히려 강화된 의사도그마의 산물로 여겨야만 할 것이다. 왜냐하면 착오의 효과를 취소로 규정한 제2차 위원회의 회의록을 살펴보면, 이는 착오의 효과를 무효에서 취소로 변경할 것을 주장하였던 Unger나 Zitelmann의 견해가 수용되었다는 점을 보여주고 있기 때문이다.[145]

또한 착오로 인한 의사표시에 있어서 그 취소권을 행사할 수 있는 자가 상대방이 아니라 착오를 한 자라는 점도, 착오로 인한 의사표시에 있어서 취소가능성이라는 법률효과가 自己責任의 原則이나 相對方의 信賴保護의 原則과는 일치할 수 없다는 것을 명확히 밝히고 있는 부분이다. 법질서는 책임을 져야 하는 자에게 그 책임의 종류를 선택할 수 있는 자유를 부여하고 있지 않기 때문이다.

나아가 사실상으로도 착오를 한 자는 그 취소권의 법정기간 이내에는 언제든지 스스로 착오로 인한 의사표시를 취소함으로써 이를 무효로 할 수 있기 때문에, 착오를 한 자가 의사표시의 효력의 형태로 책임을 지는 경우가 발생할 수는 없다. 오히려 착오를 한 자가 착오로 인한 의사표시를 취소하지 않는 것은 그가 손해배상의무를 부담하는 것보다는 그 착오로 인한 의사표시를 유효로 하는 것이 자신에게 유리하다고 판단한 결과라고 할 수 있다.

따라서 착오로 인한 의사표시에 있어서의 취소의 의미는, Unger나 Zitelmann의 견해처럼, 착오를 한 자가 사후적으로 그의 의사를 보충함으로써, 표시내용을 유효로 할 수 있는 事後的인 自己決定權을 보장하기 위한 것으로 이해해야만 할 것이다.

이와 같은 이해는 착오를 한 자가 의사표시의 효력의 형태로는 전혀 책임을 지지 않는다는 것을 의미한다. 즉 취소는 표의자의 의사에 기초한 다른 형태의 무효이다.[146]

---

145) Protokolle Ⅱ-1, S. 221=Mugdan 1, S. 715; Protokolle Ⅱ-1, S. 221=Mugdan 1, S. 715; Denkschrift, S. 22=Mugdan 1, S. 833.
   또한 Unger나 Zitelmann의 견해와 독일민법 제2초안의 관련성에 대한 보다 자세한 논증은 본 연구의 124-29면 참조.
146) 착오에 있어서의 취소의 의미를 본질적으로 무효와 동일시하였던 견해는 Larenz

(2) 착오로 인한 의사표시의 경우에 착오를 한 자가 의사표시의 효력의 형태로 책임을 지지 않는 이유는 의사도그마에 따라서 표의자에게 표시에 상응하는 의사가 없었다는 점에 있지만, 처음으로 법률행위라는 용어를 사용하였던 Nettelbladt(1719-1791)는 이에 대해 보다 설득력이 있는 근거를 제시한다.

　　惡意(dolus)와 過失(culpa)은 원칙적으로 회피될 수 있기 때문에 귀책될 수 있지만, 不知(ignorantia)와 錯誤(error)는 회피될 수 없기 때문에, 그 부지나 착오가 過失에 근거하지 않는 한, 귀책이 배제된다.[147]

즉 착오는 예견될 수도 회피될 수도 없었고, 또한 인간의 속성이기 때문에(error ist menschlich) 그 귀책의 근거를 발견할 수 없다는 점이다.

3. 損害賠償責任

의사와 표시가 일치하지 않는 경우에 그 표시행위가 상응하는 의사의 부존재로 인해서 무효로 되거나 또는 취소된 때에는 표의자의 손해

의 논문이 발표되던 1930년 이전에는 오히려 다수설이었던 것으로 보인다. 예를 들어 Enneccerus는 착오를 (착오를 한 자가 그 효력을) 결정하는 無效(die definitive Nichtigkeit)나 流動的 無效(eine schwebende Nichtigkeit)라고 표현했을 뿐만 아니라, 착오에 있어서의 취소가능성은 사실상 취소권자의 의사에 의존하는 무효라고 정의하였다. 이에 관해서는 Enneccerus, AT, 12.Aufl.(1928), S. 416, u. 516.
또한 Oertmann은 착오에 있어서의 무효와 취소는 본질적으로 법기술상의 차이에 불과하다고(wesentliche nur ein technischer Unterscheid) 표현하였다. 이에 관해서는 Oertmann, AT(1927), S. 375.
한편 오늘날에 있어서 Wieling과 Singer 역시 착오의 의사표시에 있어서의 취소의 의미에 관해 의사주의에 따른 관점을 취하고 있으나, 이는 아직 독일민법에서 다수의 견해는 아닌 것으로 보인다. 이에 관해서는 Wieling, falsa (1972), S. 302f; Singer, Selbstbestimmung(1995), S. 74f; ders, Geltungsgrund (1989), S. 103.

147) 이는 Martin Josef Schermaier, Die Bestimmung des wesentlichen Irrtums von den Glossatoren bis zum BGB, Böhlau, 2000, S. 290에서 재인용.

배상의무가 발생하며, 이는 표의자의 의사와는 관계없는 그의 表示行爲責任의 문제이다.

1) 損害賠償義務의 根據

(1) 의사와 표시가 일치하지 않는 경우, 비진의표시의 경우 등을 제외하고, 표의자는 일정한 요건 아래서 소극적 이익의 손해배상의 형태로 그의 행위에 대해서 책임을 진다(독일민법 제122조).

그러나 이러한 손해배상의무를 인정하는 이유에 대해서 표시주의나 효력주의는 충분한 근거를 제시할 수 없다.

우선 표시주의에 따르면, 의사와 표시가 일치하지 않는 경우에 표시내용에 따라서 의사표시가 효력이 있다고 주장한다. 따라서 이 경우에 행위자는 표시내용의 효력의 형태로 책임을 져야 할 뿐이다. 또한 설령 착오를 한 자의 손해배상의무를 인정한다고 해도, 그것은 소극적 이익의 배상이 아닌 표시내용의 효력과 동일시할 수 있는 적극적 이익의 배상을 인정해야만 할 것이다. 왜냐하면 표시내용의 효력을 인정하는 것은 상대방에게 법률행위를 통한 利潤(Gewinn)의 획득을 보장해주는 것을 의미하는데, 이러한 이윤은 적극적 이익의 배상에서만 포함되어 있을 뿐, 소극적 이익의 배상에서는 고려되지 않는 범위이기 때문이다.

한편 의사표시의 규범적 해석에 따른 표시내용에 대해서 표의자가 책임을 진다고 하는 Larenz의 학설 역시 손해배상의무의 근거를 충분히 설명할 수 없다. 그는 착오로 인한 의사표시가 일시적으로는 유효하며, 이것이 상대방의 신뢰를 보호한다고 하지만,[148] 이때 왜 착오를 한 자가 자신의 착오로 인한 행위를 취소할 수 있는지에 대해서는 충분한 근거를 제시할 수 없을 것이다. 왜냐하면 착오를 한 자는 원칙적

---

148) Larenz / Wolf, AT, 9.Aufl.(2004), S. 445.

으로 스스로의 착오를 안 뒤의 일정한 시점까지는 언제나 취소를 할 수 있으며(독일민법 제124조 참조), 그 취소로 인해 언제든지 법적 구속으로부터 벗어날 수 있기 때문에 표시내용의 효력의 형태로는 일순간도 책임을 지지 않기 때문이다. 또한 Larenz는 취소의 경우에 소극적 이익을 배상하는 것이 표시내용의 책임에 대한 약화된 책임이라고 하는데,[149] 이 경우에도 왜 상대방의 적극적 이익에 대한 신뢰가 소극적 이익의 형태로 약화되어야만 하는가에 대한 근거를 제시할 수 없을 것이다.

또한 효력을 정하는 의사를 근거로 해서 표의자의 귀책을 주장하는 Flume의 견해 역시,[150] 행위자의 손해배상의무의 근거를 설명하기에는 부족한 점이 있다. 즉 착오로 인한 의사표시의 경우에는 표의자에게 효력을 정하는 의사가 있었기 때문에, 그 책임이 표시내용의 효력의 형태나 적어도 적극적 이익의 형태로 발생해야만 함에도 불구하고, 착오를 한 자가 취소를 할 수 있으며, 그 취소의 경우에 소극적 이익의 손해배상의무를 지게 되는지에 대한 근거를 제시할 수 없게 되는 것이다.

(2) 행위자가 의사와 표시가 일치하지 않는 경우에 상대방에게 소극적 이익을 배상해야 하는 이유는 단지 의사주의에 의하는 경우에만 충분한 근거를 얻을 수 있다.

본래 사적자치에 의한 법률관계의 변동을 인정하는 것은 각 당사자의 자유로운 의사를 존중하자는 데 그 취지가 있다. 따라서 의사주의의 입장에서는 그 의사가 없는 행위로부터는 누구도 이윤을 얻음이 없이 그 법률관계를 애초에 없었던 상태로 원상회복하는 것이 논리 필연적이다. 따라서 상응하는 의사가 존재하지 않는 표시는 그 효력이 없게 된다.

그런데 그 표시의 무효에도 불구하고, 상대방이 표의자의 표시에 대

---

149) w.o. S. 445f.
150) Flume, AT(1992), S. 49.

한 신뢰를 기초로 해서 일정한 손해를 입었다면, 이 손해는 법률관계의 무효에도 불구하고 법률관계 이전의 상태로 돌아갈 수 없다. 이러한 이유로 일치하는 의사가 존재하지 않는 표시가 무효로 되는 경우에, 상대방이 그 표시를 신뢰함으로 인해서 발생한 손해를 어떻게 계약 이전의 상태로 회복할 수 있는가의 문제가 발생한다. 즉 이윤을 포함하는 적극적 이익의 배상이 아닌, 상대방에게 현실적으로 발생한 손해인 소극적 이익을 상대방 스스로 부담해야 하는지 또는 표의자가 이를 부담해야 하는지의 문제가 발생하는 것이다.

이는 결국 상대방이 표의자의 표시를 신뢰함으로 인해서 발생한 손해를 표의자에게 귀책시킬 수 있는지의 여부에 관한 문제이다. 이때 상대방은 표의자의 표시행위를 통해서 의사표시의 효력을 신뢰한 것이기 때문에, 표의자의 책임의 근거는 그의 표시행위에 관련된 행위책임이다. 다만 표의자의 행위를 그에게 귀책시키기 위해서는 그의 과실을 요건으로 할 것인가의 문제가 발생하는데, 이와 관련해서는 의사주의 내부에서도 다툼이 있었다.

이와 관련해서는, 이미 살펴본 바와 같이, 독일민법 제1초안의 경우에는 Jhering의 계약체결상의 과실책임이론을 기초로 해서 표의자의 過失을 요건으로 한 배상책임이 인정되었던 반면(독일민법 제1초안 제99조 2항 참조), 독일민법 제2초안은 Eisele의 주장을 기초로 해서 표의자의 過失의 유무와는 관계없는 배상책임이 인정되었다(독일민법 제2초안 제97조: 독일민법 제122조 참조).

다만 이러한 변화 과정에서 주목되는 점은 독일민법 제122조의 손해배상책임은 본래 제1초안에서 계약체결상의 과실책임이론에 기초를 두고 규정된 것이며,[151] 이러한 책임이 제2초안에서 과실 없이 착오를 한 자에게도 적용되는 것으로 확대되었다는 점이다. 따라서 독일민법 제122조는 착오를 한 자에게 과실이 없는 경우뿐만 아니라 과실이 있는

---

151) Motive 1, S. 195f.＝Mugdan 1, S. 460.

경우에도 그 손해배상의 근거가 되는 규정이다. 즉 착오를 한 자에게 과실이 있는 경우에도 독일민법 제122조가 직접적으로 적용되면 충분한 것이며, 이 외에 별도로 계약체결상의 과실책임을 주장할 필요는 없다는 점이다.

이러한 표의자의 소극적 이익에 대한 배상책임은 본질적으로 불법행위 책임에 해당하는 것으로 생각된다. 그러나 불법행위에 관한 독일민법 제823조가 일정한 대상에 대해서만 손해배상의무를 인정하고 있는 제한적인 손해배상규정이라는 점과 독일민법 제122조가 제2초안 이후 표의자에게 과실이 없는 경우에도 표의자의 책임을 인정하는 방향으로 나아갔다는 점으로 인해, 독일민법에서는 그 손해배상의무를 이제 더 이상 불법행위책임으로 구성할 수 없을 뿐이다.

2) 信賴保護의 原則과 自己責任의 原則 間의 關係

비록 손해배상책임에 관한 것은 아니었지만, Coing은 신뢰보호의 원칙을 근거로 해서 착오를 한 자의 책임을 인정한다.[152]

한편 Flume는 Coing의 견해를 비판하면서, 자기책임의 원칙이 착오를 한 자의 책임의 근거라고 한다.[153] 다만 그는 독일민법 제122조에서 규정된 손해배상의무의 근거가 誘因主義(Veranlassungsprinzip)라고[154] 하는 다수설을 타당하지 않은 것으로(nicht glück) 여기면서,[155]

---

152) Coing, Staudinger, Vorbem vor §§ 116ff, (1957), Rn. 19b.
153) Flume, AT(1992), S. 61f.
154) 여기서의 유인주의라 함은 행위자가 그의 행위로 인해 상대방의 손해를 유인(야기)했기 때문에, 그 손해를 배상해야 한다는 이론을 말한다. 이는 엄밀하게는 상대방의 신뢰만을 책임의 근거로 하는 신뢰책임과는 구별될 수 있다. 유인주의가 행위자의 책임을 그 근거로 함에 반해, 신뢰책임은 상대방의 신뢰의 존부만을 기준으로 하며 행위자의 책임 유무를 묻지 않기 때문이다. 그러나 유인주의에 의하는 경우에도 행위자의 행위가 있는 경우에 상대방이 이를 신뢰하였다면 언제나 손해를 유인하였다고 할 수 있기 때문에, 이는 결국 행위책임을 의미하는 것이며 결과적으로는 신뢰책임과 별다른 차이가 없다고 할 수 있을 것이다.
155) Flume, AT(1992), S. 422f.

손해배상의무의 근거는 행위자가 손해를 유인했을 뿐만 아니라, 결정적으로 행위자가 그의 표시와 함께 타인에게 약속하였다는 점에 있다고 한다.

이러한 Flume와 Coing의 논쟁으로부터, 표의자의 책임을 위해서 표의자의 자기책임의 원칙과 상대방의 신뢰보호의 원칙 중, 어느 하나의 원칙만이 적용될 수 있는 것인지에 대해서는 의문이 든다. 왜냐하면 표의자의 자기책임과 상대방의 신뢰는 표의자의 책임을 위한 양 요소이지, 서로 분리되어 단지 한 면만을 강조할 문제는 아니라고 생각되기 때문이다.

우선 독일민법 제122조 제1항에 따르면, 표의자가 자기의 과실의 유무와는 관계없이 손해배상을 해야 하기 때문에, 일견 이 범위에서 자기책임의 원칙은 존재하지 않는 것으로 보일 수 있다. 그러나 적어도 이론적으로는 자기가 행위를 통해 상대방의 신뢰를 유인했기 때문에 책임을 진다는 유인주의는 자기책임의 원칙의 한 범주로써 발달한 것이다. 즉 이미 독일민법 제1초안의 가초안을 제정할 때부터, 독일민법의 입법자들은 행위자의 過責(Verschulden)을 위해서 표의자의 過失(태만: Nachlässigkeit)을 필수적인 요건으로 할 것인지 또는 단지 표의자가 결과를 誘因(Veranlassung)한 것으로 충분한 것인지를 논의하였다.156) 이때의 유인주의의 타당성은 우선 도외시한다고 하더라도,157) 적어도 의사와 표시가 일치하지 않는 경우에 있어서 표의자의 자기책임이 표의자의 책임을 위한 요건이라는 점은 요구되고 있었던 것이다.

한편 상대방의 신뢰는 행위자의 책임의 발생을 위한 필요조건이다. 왜냐하면 상대방의 신뢰는 행위자가 책임을 져야 할 행위의 결과에 대한 인과관계의 과정 중에 있는 요소이며, 결과가 발생되지 않은 곳에서는 책임도 존재하지 않기 때문이다. 즉 우리가 불법행위법에서의 손해배상책임과 비교할 때, 행위자의 행위에 대한 상대방의 신뢰는 상대방

---

156) Vorentwürfe Ⅰ-2, S. 87.
157) 유인주의에 대한 비판으로는 Canaris, Vertrauenshaftung(1971), S. 474 참조.

의 권리침해가 발생하기 위한 인과관계의 요소인 것이며, 이러한 신뢰를 통해서 상대방에게 손해가 발생했을 때에만 비로소 그 손해배상의무가 인정될 수 있다. 예를 들어 악의의 경우에 그 邪意를 가진 자가 그의 행위를 통해서 상대방을 기만하였지만 상대방이 기만되지 않은 경우나, 표의자가 착오로 그의 의사와는 다른 표시를 하였지만 상대방이 표의자의 진의를 알았던 경우 등에 있어서는 상대방의 신뢰가 없기 때문에 애초에 표의자의 책임이라는 것은 문제가 되지 않는다. 따라서 상대방의 신뢰는 행위자의 자기책임을 위한 또 하나의 요건이다.

이와 같이 상대방의 신뢰보호와 행위자의 과책이라고 하는 두 요소는 행위자의 손해배상의무를 인정하기 위해서 요구되는 병존적인 요건이라고 할 수 있다.158)

---

158) 비록 손해배상의 문제가 아닌 규범적 해석에 관한 주장이기는 하지만, 여기서의
주장과 동일한 관점에서 이미 주장하고 있는 견해로는 김상용, 민법총칙, 법문사,
전정판 증보 2003, 428-9면.

우리民法에서의　意思表示理論

I. 意 義

1. 우리 민법에서는 의사의 구성요소를 효과의사와 표시의사로 구별하는 견해[1]도 있고, 행위의사, 표시의사 및 효과의사로 구별하는 견해[2]도 있다.

전자의 견해는 우리 민법에서의 종래의 다수설로서, 표의자가 표시를 하는 심리적 과정을 시간적 관점에 따라서 분석하는 분류방법이다. 즉 이 견해는 표의자가 일정한 동기에 의해 법률효과의 발생을 목적으로 일정한 效果意思를 정하고, 이 효과의사를 외부에 표시할 목적으로 表示意思를 정한 뒤, 이를 표시하는 과정을 시간적으로 분석한다.

한편 후자의 견해는 독일민법에서의 구별방법으로서, 이는 외부로

---

1) 고상룡, 민법총칙, 법문사, 제3판 2003, 384−6면: 곽윤직, 민법총칙, 박영사, 제7판 2005, 197−8면: 김용한, 민법총칙론, 박영사, 재전정판 1987, 277−8면: 이은영, 민법총칙, 박영사, 제3판 2004, 448−54면.
2) 김상용, 민법총칙, 법문사, 전정판 증보 2003, 335−7면: 김준호, 민법총칙, 법문사, 신판 2004, 325−7면: 김증한／김학동, 민법총칙 제9판, 박영사 2001, 265−7면: 백태승, 민법총칙, 법문사, 초판 2000, 313−5면: 이영준, 한국민법론[총칙편], 박영사, 수정판 2004, 102−6면(이하 민법총칙이라고 약함).

나타난 표시행위를 전제로 그 표시행위를 표의자에게 귀책시키기 위해서 표의자의 내심적 의사가 얼마만큼 구체화되어 있는지를 단계별로 검토하는 방법이라고 할 수 있다. 이때 이미 존재하는 행위를 표의자에게 귀책시킬 수 있는지의 여부를 확정하기 위해서는 보다 추상적인 표의자의 의사내용으로부터 점차 보다 구체적인 의사내용을 검토하는 방법에 의하게 된다.

우선 첫 단계에서는 표의자의 행위가 그의 自意에 의한 擧動인가의 여부(行爲意思의 존재 여부, 법률적 의미와는 상관없이 단지 행위 자체가 스스로의 자의에 의한 행위인가의 여부)부터 검토한다. 이후 행위의사의 존재가 인정되는 경우에는, 이제 다시 표의자에게 법적 의미에서의 행위를 하려는 의사가 있었는지의 여부(表示意思의 존재 여부, 그 구체적 내용과는 상관없이 法的 自己決定 自體가 존재하는지의 여부)를 검토한다. 마지막으로 표시의사의 존재 역시 긍정되는 경우에는 그 표시의사에 따른 구체적인 법적 의사내용(效果意思, 法的 自己決定의 구체적 내용)이 표시행위의 객관적인 의미와 일치하는지의 여부가 검토된다. 따라서 이 방법에 의하는 경우, 만약 외부상의 표시내용과 일치하는 효과의사가 존재하고 있다고 하는 것은 곧 표의자에게 효과의사뿐만 아니라 행위의사 및 표시의사까지도 존재하고 있다는 것을 의미한다.

전통적 의사주의는 이상의 모든 내부적 의사요소가 존재하는 경우에만 표의자의 귀책을 인정할 수 있다는 입장이다.

이에 반해 오늘날의 독일 법학의 통설은 표의자를 귀책하기 위해서 그의 효과의사가 존재해야 할 필요는 없다고 한다.3) 다만 이 경우에도 표의자의 귀책을 위해서 표의자의 표시의사는 존재해야 하는가에 대해서는 이를 긍정하는 견해(상대적으로 의사주의적인 견해)와 이마저도 부정하는 견해(상대적으로 표시주의적인 견해)로 크게 구별할 수 있다.

---

3) Werner Flume, Allgemeiner Teil des Bürgerlichen Rechts Ⅱ—das Rechtsgeschäft, Springer, 4.Aufl. 1992, S. 48.

한편 비록 소수의 견해이기는 하지만, 표의자의 귀책을 위해서는 표의자의 행위의사를 포함한 어떠한 내심적 의사도 고려할 필요가 없다는 극단적인 표시주의도 주장되고 있다.[4)]

의사의 구성요소를 시간적 관점에서 분석할 것인가 또는 표의자의 귀책을 정하기 위한 단계별 방법론에 따라서 분석할 것인지의 문제는 어떠한 고찰방법이 각종 법률문제의 해결을 위해서 보다 유용한 수단인지에 따라서 결정할 문제라고 할 수 있다. 이러한 관점에서 살펴볼 때, 후자의 분석방법은 의사표시론 일반의 전체적 구조를 이해하는 데 매우 유용한 방법이라고 생각된다. 왜냐하면 후자의 분석방법을 통해 의사와 표시가 일치하지 않는 경우에 표의자의 귀책의 기준을 이해할 수 있을 뿐만 아니라, 이를 둘러싼 의사주의와 표시주의의 대립도 보다 간결하게 도식화할 수 있다. 특히 이 방법은 실무상의 법률문제를 해결하는 방식과도 쉽게 융합할 수 있다는 장점이 있다. 왜냐하면 실무상으로는 일정한 행위를 전제로 이 행위를 표의자에게 귀책시킬 수 있는지의 여부가 문제되는데, 이 분류방법 역시 일정한 표시행위를 전제로 이를 귀책시키기 위한 주관적 요소를 탐구하는 방법이기 때문이다.

따라서 여기서는 의사의 구성요소를 행위의사, 표시의사 및 효과의사로 구별해서 살펴보기로 한다.

2. 의사의 구성요소를 행위의사, 표시의사 및 효과의사로 구별하는 것은 외부로 나타난 행위를 표의자에게 귀책시키기 위해서 어느 단계까지 표의자의 의사가 구체화되어 있어야 하는가의 문제이다.

그러나 이때 반드시 살펴보아야 할 문제는 여기서 말하는 표의자의 귀책이 무엇에 대한 귀책을 의미하는가를 명확히 해야 한다는 것이다. 즉 이때의 귀책이 상응하는 의사가 존재하지 않는 표시를 표의자에게 귀책시키겠다는 것을 의미하는 것인지 또는 단순히 표의자에게 손해배

---

4) 이상의 학설의 대립에 관해서는 본 연구 157-61 참조.

상의무만을 귀책시키겠다는 것인지를 구별할 필요가 있다. 본래 독일민법의 입법을 주도하였던 의사주의자들은 이 문제를 명확히 구별하였지만(二元論), 오늘날의 학설은 이를 명확히 구별하지 않음으로써(一元論), 학설이 실제상의 법규정과 융합하지 못하는 계기가 되었다고 판단된다.

Ⅱ. 意思의 構成要素

1. 行爲意思

행위의사는 행위자가 自意的으로 행위를 정하는 의사를 의미한다. 이때의 행위의사와 관련해서는 행위로 나타난 신체적 움직임 자체가 (법적 의미가 아니라) 순수하게 사실적 의미에서 행위자의 自意에 의한 것인가의 여부만이 문제된다.

이러한 행위의사가 결여된 행위는, 예컨대 단순한 반사운동이나, 물리적인 絕對的 强迫의 경우(vis absoluta),5) 수면 중의 행위나 최면 상태에서의 행위 및 심신상실의 상태에서의 행위를 의미한다.

표의자가 이러한 행위의사가 없이 행동한 경우에는, 그 행위가 의사표시로서의 가치를 갖지 않기 때문에, 그 효력이 발생하지 않는다는 점에서, 우리 민법의 학설은 일치한다.6)

---

5) 신체의 자유가 인정되지 않는 물리적인 강박의 경우가 行爲意思의 不存在에 대한 문제라면, 심리적인 강박은 의사표시의 하자에 관한 우리 민법 제110조에 해당하게 된다.

6) 고상룡, 민법총칙, 386면: 곽윤직, 민법총칙, 197면: 김상용, 민법총칙, 335면: 김준호, 민법총칙, 32-6면: 백태승, 민법총칙, 313면: 이영준, 민법총칙 103면.

2. 表示意識

1) 우리 민법에 있어서 표시의식 또는 표시의사의 개념은 크게 두 가지의 개념이 혼용되어서 사용된다. 다수설은 '효과의사를 발표하려는 의사'를 표시의사라고 표현한다.[7] 한편 오늘날 표시의식 또는 표시의사라고 하는 표현 아래서, 이를 '자기의 행위가 일정한 법적 의미를 갖는 표시라고 하는 의식이나 인식을 갖는 것'을 의미한다고 정의하는 견해도 있다.[8] 이 외에도 양 개념을 혼용해서 사용하거나,[9] 표시의사에 대한 적극적인 정의를 하지 않고, 표시의사의 문제에 대한 대표적인 사례인 트리어 경매장 사건을 예시하거나[10] 또는 전통적으로 행위의사로 분류되는 개념을 표시의사의 개념으로써 의식적으로 사용하는 견해도 있다.[11]

독일의 경우에는 '자기의 행위가 일정한 법적 의미를 갖는다고 의식하는 것'을 表示意識(Erklärungsbewußtsein)이라고 개념 정립하는 것이 오늘날의 일치된 견해이다.[12] 한편 과거 v. Tuhr는, 우리 민법에서의 다수설처럼, '효과의사를 타인에게 인식시키기 위한 행위를 수행하려는 의사'를 표시의사라고 정의하였다.[13] 또한 일찍이 Enneccerus는 내심에 머물러 있는 효과의사는 법적으로 어떠한 의미도 없기 때문에, 의사주

---

7) 고상룡, 민법총칙, 385면: 곽윤직, 민법총칙, 198면: 김용한, 민법총칙, 278면.
8) 김증한/김학동, 민법총칙, 266면: 백태승, 민법총칙, 314면: 이영준, 민법총칙 103면.
9) 김상용, 민법총칙, 336면.
10) 김준호, 민법총칙, 326-7면.
11) 이은영, 민법총칙, 452(주 13)면.
12) Reinhard Bork, Allgemeiner Teil des BGB, Mohr Siebeck, 1.Aufl. 2001, S. 215; Flume, AT(1992), S. 47; Heinz Hübner, Der Allgemeine Teil des Brgerlichen Gesetzbuches, Walter de Gruyter, 2.Aufl. 1996, S. 299; Karl Larenz/Manfred Wolf, Allgemeiner Teil des Bürgerlichen Rechts, C. H. Beck, 8.Aufl. 1997/9. Aufl. 2004; Dieter Medicus, Allgemeiner Teil des BGB, C. F. Müller, 8.Aufl. 2002, S. 235.
13) Andreas v. Tuhr, Der Allgemeiner Teil des Bürgerlichen Rechts Ⅱ-1, Duncker, u. Humblot, 1914, S. 401.

의에 있어서는 이를 표현하는 의사가 역시 중요하다는 점을 강조하면서, 이러한 의사를 '법률효과를 상대방에게 구속적(결합적)으로 표현하는 의사(Bindungswille)'라고 표현하였는데,14) 이 역시 우리 민법의 다수설에서 설명하는 표시의사와 그 내용이 동일하다.

이러한 표시의사거나 표시의사를 어떻게 개념 구별할 것인가의 여부는 선험적인 것이 아니기 때문에, 어떠한 개념이 보다 타당하다는 판단을 내릴 수는 없을 것이다. 단지 그 개념 구성을 통해서 어떠한 법률문제를 해결할 것인가의 여부가 중요할 뿐이다. 그러나 우리 민법의 다수설 중에서는 표시의사를 효과의사를 표시하려는 의사라고 개념 정립하였음에도 불구하고, 이러한 개념 정립과는 일치될 수 없다고 생각되는 사례를 표시의사의 문제로 예시하는 경우가 있다.

우선 표시의사와 관련해서 주로 많이 예시되는 사례는 Isay에 의해 만들어진 트리어 경매장 사건이다.

> 트리어에 있는 큰 와인 경매장에서, 손을 들 때마다 각 100Mark의 증가 신청이 이루어지는 경매가 진행되고 있었다. 이때 경매인은 각 증가 신청마다 총 합계액을 부르는 방식으로 경매를 진행하였다.
> 한편 손을 드는 것이 경매에서의 신청이라는 것을 모르는 A가 친구를 부르기 위해 손을 흔들었고, 경매인은 이를 경매신청으로 여겼다. 이후 일정한 기간 동안 더 이상의 경매신청이 없었으며, A 역시 자신의 행위가 경매에 참가한 것인지를 의식하지 못해서 어떠한 이의도 제기하지 않았기 때문에, A에 의한 낙찰가로 경락이 이루어졌다.15)

이러한 사례 외에도, 택시 운전사에게 손을 들었지만, 승차의 의사가 없는 경우를 표시의사와 관련된 사례로 예시하는 견해도 있다.16)

---

14) Ludwig Enneccerus, Rechtsgeschäft, Bedingung und Anfangstermin, N. G. Elwert, 1889, S. 61ff.
15) Hermann Isay, Die Willenserklärung im Tatbestande des Rechts−geschäfts, Gustav Fischer, 1899, S. 25(Isay는 이 경우에 A에 의한 표시는 유효하며, 이를 취소할 수 있는지의 여부는 별개의 문제라고 주장한다).

그러나 이상의 사례는 우리 민법의 다수설의 개념 아래서는 표시의사의 문제가 아니라 효과의사의 문제로 취급되어야 할 것으로 생각된다. 왜냐하면 우리 민법의 다수설은 효과의사가 결정된 뒤 이 효과의사를 표시행위와 결합하는 의사를 표시의사라고 정의하는데, 이상의 사례에서는 표시의사 이전에 이미 효과의사자체가 존재하지 않기 때문이다.

이러한 결론은 우리 민법의 다수설이 효과의사를 表示上의 效果意思로 본다고 해서 달라지지는 않는다. 즉 효과의사를 표시상의 효과의사라고 주장하는 경우에는 표의자의 행위를 통해서 효과의사가 나타나 있기 때문에 단지 표시상의 효과의사의 존부만이 문제된다고 주장하는 것이 가능하지만, 효과의사를 표시상의 효과의사로 본다면 표시의사 역시 표시된 행위를 통해 그 존재를 인정할 수 있기 때문에, 효과의사와 표시의사의 개념 자체가 구별될 수 없을 것이다.

이상의 우리 민법의 다수설과는 달리, "자기의 행위가 일정한 법적 의미를 갖는 표시라고 하는 의식이나 인식"을 표시의사라고 정의하는 견해에 따르면, 위에서 예시된 사례는 전형적인 표시의사가 없는 행동의 예가 된다. 이때에 표시의사가 있다는 것은 행위자가 적어도 자기의 행위가 법적으로 의미 있는 행위라고 하는 것을 의식한다는 것을 의미하는데, 위의 사례에서는 단지 행위자가 법 외부적인 행위를 하려는 의사만 있었을 뿐, 스스로의 행위가 법적인 의미로 받아들여질 것이라는 점에서는 의식조차 하지 못했기 때문이다.

본 연구에서는 표시의사를 독일의 통설에 따른 의미로 사용하고자 한다.[17] 이러한 독일의 통설에 따르는 경우, 행위자가 법적 의미의 행

---

16) 곽윤직, 민법총칙, 198면.
17) 表示意識은 하나의 행위가 존재할 때, 그 내용과는 관계없이 그 행위를 통해 法的인 自己決定을 한다는 것을 의식하였는가의 여부에 관한 문제이며, 表示意思로 표현하는 경우에는 그 法的인 自己決定을 의지했느냐의 문제이다. 즉 表示意識은 수동적으로 알았느냐의 여부에 관한 문제라면, 表示意思는 적극적으로 의지했는가의 여부에 관한 문제이다. 만약 의식이 없다면 의욕하지 않았을 것이지만, 의욕하지 않은 경우에도 (하나의 행위가 법적인 의미를 갖게 된다는) 의식은 있을 수 있다. 따라서 법률관계를 포괄적으로 고찰하기 위해서는 표시의사라는 용어보

위를 한다는 의식을 하였지만, 그 구체적인 행위내용에 대해서 어떠한 의식을 갖고 있었는가의 문제는 여기서의 표시의사의 문제가 아니라, 이어지는 효과의사의 문제이다. 즉 행위자의 法的 自己決定 自體가 있었는가의 문제는 표시의사의 문제라고 한다면, 그 法的 自己決定의 內容이 무엇이었는가의 문제는 효과의사의 문제가 된다.

한편 독일에서는 1980년대에 Sparkasse 사건을 통해 표시의사의 법률적 효과에 대한 문제가 다시 크게 문제되었다. Sparkasse 사건의 내용은 다음과 같다.

> 원고는 소외 유한회사에 대해, 물품 인도에 기한 채무를 담보하기 위한, 은행의 보증을 받을 것을 요구하였다. 소외 회사의 이사는 이를 승낙했고, 동 이사는 원고에 의해 1981년 9월 4일 발행된 환어음(259, 046. 83DM)을 소외 회사를 위해 인수하였다. 이후 피고 은행은 원고에게, 피고 은행이 소외 회사를 위해 원고에 대한 150000DM의 연대보증을 해 왔음을(……haben wir gegenüber Ihrer Firma die selbstschuldnerische Bürgerschaft……übernommen) 통지하였다(9월 8일). 이에 원고는 피고 은행에 대해 보증 채무에 대해 감사하다는 인사와 함께, 소외 회사의 채무가 236, 102. 54DM에 달한다고 통지하였다(9월 17일). 이로부터 1주일 후, 피고 은행은 원고에 대해, 피고 은행이 소외 회사를 위해 원고에게 연대보증을 하지 않았음을 통지하였다(9월 24일). 이에 원고가 피고 은행의 9월 8일의 서면 내용과 9월 24일의 서면 내용의 상이점을 지적하자(9월 28일), 피고 은행은 동 은행의 지점에 의한 9월 8일의 통지가 원고가 아닌 다른 회사에 대한 보증이 존재한다는 생각으로부터 기인하는 것이기 때문에, 위의 보증에 대한 승낙은 착오로 인한 것이라고 지적하였다(9월 28일). 이로부터 약 50일 후(11월 17일), 피고 은행은, 신중을 기하기 위해, 원고에 대해 보증 채무에 대한 표시를 取消하였다. 이에 따라 동 어음은 지급인의 지급이 없어 거절되었다.[18)]

다는 표시의식이라는 용어가 보다 타당하다고 생각되지만, 양 용어는 혼용하여 사용되고 있고 그 구별의 의의도 크지는 않다고 생각되기 때문에, 본 연구에서는 이를 혼용해서 사용하고자 한다.

독일연방 재판소는 위의 사건을 착오의 문제가 아니라, 표시의사가 없는 행위의 문제로 다루었다. 왜냐하면 1981년 9월 8일의 편지에서 피고 은행은 원고에게 연대보증을 '해 왔다(haben……übernommen)'고 표현했는데, 이로부터 피고 은행에게 어떤 새로운 연대보증의 의사가 있었던 것이 아니라, 단지 기존의 연대보증이 있었던 것으로 착각하고 이를 단순히 원고에게 확인한 것에 불과하다는 점이 인정되었기 때문이다. 즉 동 사건에서는 피고 은행에게 그의 행위가 어떠한 새로운 법률관계를 형성한다는 의식이 없었다는 점이 인정된 것으로, 달리 말한다면 피고 은행의 法的 自己決定 自體가 없었던 점이 인정된 것이다.

본 연구의 입장인 의사주의에 따르면, 표시의사가 없는 행위는, 착오로 인한 의사표시와 마찬가지로, 무효의 일종인 취소할 수 있는 비정상적인 의사표시로 된다. 왜냐하면 의사주의의 입장에서는 의사표시의 효력을 위해서 표의자의 효과의사를 필수적인 요소로 생각하는데, 표의자에게 행위의사나 표시의사가 없는 경우에는 표시에 상응하는 효과의사마저도 존재할 수 없기 때문이다. 따라서 행위자는 원칙적으로 표시내용의 효력의 형태로는 책임을 지지 않는다.

그러나 그 행위가 무효로 되는 경우, 행위자는 일정한 요건 아래, 상대방에 대해서 손해배상의 의무를 부담한다. 이때의 책임은 표의자의 의사와는 관계없는 행위책임으로서, 본질적으로 불법행위책임에 속한다. 따라서 그 요건도 불법행위책임의 요건과 동일하다. 즉 행위와 결과 사이의 인과관계의 문제로서, 상대방이 행위자의 행위를 신뢰했으며, 이 신뢰를 통해서 손해가 발생했어야 한다. 이 밖에 행위자의 과실이 귀책요건에 포함되는가의 문제가 발생하는데, 우리 민법의 해석으로는 이를 긍정해야 한다고 생각된다(우리 민법 제750조 참조).

한편 표의자는 손해배상의무 대신 표시내용의 효력의 형태로 책임지는 것을 선택할 수도 있다. 왜냐하면 표의자가 그의 행위에 대해서 표

---

18) BGHZ 91, 324,

시의사가 없었다는 것은, 행위자의 무의식에 의해서 의사와 표시가 일치하지 않는다는 것을 의미하며, 이러한 경우에는 착오로 인한 의사표시에 관한 규정이 적용되기 때문이다(우리 민법 제109조). 즉 표시의사가 없는 행위의 법률효과는, 착오에 포함되는 행위로서, 절대적인 무효가 아니라, 행위자 스스로 행위의 효력 여부를 결정할 수 있는 상대적 무효(취소)이다. 따라서 표의자가 그의 행위를 취소하지 않는 한, 그의 행위는 유효한 행위로 되고, 이에 따라 표의자에게 손해배상의무가 발생하지 않게 된다.

이상의 결론은 표시의사가 없는 행위를 착오로 인한 의사표시와 완전히 동일한 법률문제로 이해하는 것일 뿐만 아니라, 착오로 인한 의사표시에서의 취소의 법적 성격을 착오를 한 자의 事後的인 自己決定權을 보장한 것이라는 측면에서 이해하는 것을 전제로 한 것이다.

2) 우리 민법에서의 종래의 다수설에 따른 표시의사의 개념은 표시와의 結合意思(Bindungswille)로 표현될 수도 있다고 생각된다.[19] 이러한 결합의사는 시간적인 간격이 있는 격지자 간의 의사표시에서 주로 문제될 수 있다. 즉 행위자가 내면적으로 일정한 효과의사를 의지했으나 아직 이를 표시하지 않았거나, 그 효과의사의 표시에 대한 결정을 유보하거나 포기한 상태에서, 그 표시내용이 상대방에게 전달된 경우이다. 이에 관해서는 의사표시의 발신과 관련된 다음의 사례가 문제될 수 있다.

표의자는 상대방에게 일정한 내용의 의사표시를 하기 위한 서신을 작성하였다. 그러나 그 편지의 내용에 따른 법률관계의 변동을 진정으로 원할 것인지를 다시 한번 검토하기 위해, 그 편지를 서재의 책상 위에 두었다. 한편 그 편지를 둔 서재를 청소하던 아내는 남편이 편지를 보내려고 하였지만 이를 잊고 있었던 것으로 생각해서 그 편지를 남편을 대

---

19) Enneccerus, Rechtsgeschäft(1889), S. 62, u. 65f.

신해서 송부하였다.

본래 이 사례는 독일민법 제정 당시에 격지자에 대한 의사표시의 효력발생 시기에 대한 독일민법 제130조와 관련해서 문제가 되었던 사례이다.[20] 그러나 동 사례는 본래 일시적으로 효과의사가 존재하고 있었지만, 이후 이러한 효과의사를 표시할 것인지의 여부를 결정하지 않은 상태에서 표시가 발송된 것이기 때문에, 우리 민법의 과거의 통설에 따른 표시의사의 존부에 관한 대표적인 사례가 될 수 있다고 생각된다.

이와 같은 경우에는 그 의사표시 자체가 성립하지 않는다는 견해가 오늘날 우리 민법에서의 통설이다.[21] 다만 이때 외견상의 표의자가 상대방에게 소극적 이익을 배상해야 하는지의 여부에 대해서 언급하는 견해는 발견되지 않는다.

한편 독일민법에서의 학설은 이 사례가 표시의사가 없는 행위와 동일하지는 않지만, 이와 유사한 경우라고 하면서, 이 경우에 대체로 표의자가 상대방에게 소극적 이익을 배상해야 한다는 점을 인정한다.[22]

이 사례와 관련해서 독일민법 제1초안 제74조에 관한 입법이유서는 의사표시가 표의자의 의사에 의해서 상대방에게 도달되어 있어야만 하는 것은 당연(selbstverständlich)하다고 한다.[23] 이러한 제1초안의 기술 내용을 이후의 제2초안의 변경내용과 함께 고려할 때, 입법자는 다음과 같은 내용을 주장하고 있는 것으로 생각된다.

우선 아내가 보낸 편지는 의사표시의 발신이라고 인정될 수 없을 것이고, 이에 따라 그 편지의 내용은 무효로 될 것이다. 다만 동 편지의

---

20) Motive 1, S. 157＝Mugdan 1, S. 439.
21) 김상용, 민법총칙, 517-8면: 김준호, 민법총칙, 369면: 김용한, 민법총칙, 312면: 김증한／김학동, 민법총칙, 372면(주 1): 백태승, 민법총칙, 446면: 이영준, 민법총칙, 403-4면: 이은영, 민법총칙, 556면
22) Bork, AT, 1.Aufl.(2001), S. 225; Flume, AT(1992), S. 226(Fn. 9) u. 449f; Larenz／Wolf, AT, 9.Aufl.(2004), S. 469f; Medicus, AT, 8.Aufl.(2002), S. 109.
23) Motive 1, S. 157＝Mugdan 1, S. 439.

내용에 따른 표의자의 의사의 부존재는 무의식에 의한 것이기 때문에, 제1초안에서는 무효로 되지만, 제2초안 이후로는 독일민법 제119조에 따라서 취소할 수 있는 표시가 된다.

다만 그 편지의 효력이 무효나 취소로 되는 경우에도, 상대방이 편지의 내용에 대해서 신뢰했고 이 신뢰를 기초로 손해가 발생하였다면, 표의자의 행위책임을 기초로 한 소극적 이익의 손해배상책임이 문제될 수 있다. 이와 관련해서 독일민법 제1초안은 행위자의 과실을 손해배상의무의 요건으로 규정하였던 반면(제1초안 제99조 제2항), 제2초안은 행위자의 과실을 요하지 않는 행위자의 손해배상의무를 규정하였다(제2초안 제97조 제1항). 따라서 제1초안에 따르는 경우에는 표의자가 책상 위에 편지를 둔 것이 그의 과실이냐의 여부가 문제될 수 있는데, 이는 긍정될 수 있을 것이라고 생각된다. 한편 제2초안에 따르는 경우에는 표의자의 과실의 유무에 관계없는 손해배상의무가 발생하게 될 것이다.

3. 效果意思

1) 효과의사는 일정한 법률효과를 지향하는 의사로서, 행위자가 자기결정을 통해 달성하고자 하는 法的 自己決定의 內容을 의미한다. 표시의사가 단순히 法的 自己決定이 존재하고 있는가의 여부만을 문제시한다면, 여기에서의 효과의사의 경우에는 그 결정의 구체적 내용이 문제된다.

전통적 의미에서의 의사주의는 이러한 효과의사를 의사표시의 본질적인 부분으로 이해하였으며, 비록 어떠한 표시가 존재하는 경우에도 그 표시내용에 상응하는 효과의사가 존재하지 않는 경우에는 그 표시가 무효로 된다는 견해를 취하였다. 이러한 의사주의의 입장에 따르게 되면, 우리 민법 제107조 이하의 비정상적인 의사표시는 원칙적으로 무효인 의사표시로 되며, 제107조의 비진의표시나 제109조에서의 중과실에 의한 착오의 의사표시에 관한 조항은 예외적인 규정으로 된다. 한편 제109조에서의 착오로 인한 의사표시를 취소할 수 있다는 규정을 우리 민법의 통설은 의사주의와 표시주의의 절충이라고 이해하지만, 본 연구에서는 이를 강화된 의사주의에 따른 법률효과로 이해한다.24)

  2) 한편 우리 민법의 다수설은 효과의사를 내심의 효과의사와 표시상의 효과의사로 구별하면서, 여기서의 효과의사를 表示上의 效果意思로 이해한다.25) 그러나 표시상의 효과의사는 표시행위의 해석을 통한 표시내용과 구별될 수 없다고 생각되며, 효과의사를 표시상의 효과의사로 이해하는 경우에는 우리 민법 제107조 이하의 비정상적인 의사표시가 발생하는 경우는 존재할 수 없다고 생각된다. 표시내용을 객관적으로 해석하고, 또한 효과의사마저 표시상의 효과의사라고 한다면, 모든 행위는 표시상의 행위내용에 따른 의미를 갖게 되기 때문에, 표시와 효과의사가 일치하지 않는 경우란 발생할 수 없기 때문이다.26)

  이러한 우리 민법의 다수설은 표시주의에 따른 주장이지만, 이미 살펴본 바와 같이, 우리 민법이 수용하고 있는 독일민법의 입법과정에서는 표시주의의 주장이 대부분 배척되었거나 극히 부분적으로만 입법에 수용되었기 때문에,27) 표시주의에 따르는 해석론은 입법론적인 타당성을 일단 도외시한다고 하더라도, 실정법의 해석과는 상당한 괴리가 있다. 따라서 효과의사는 단지 내심의 효과의사만을 의미한다고 해석하여야 한다.

---

24) 이에 관해서는 본 연구 217－21면 참조.
25) 곽윤직, 민법총칙, 198면.
26) 이영준, 민법총칙, 107면.
27) 표시주의가 입법에 영향을 미친 점에 관해서는 본 연구 91－3면 참조.

Ⅲ. 意思表示의 本質論과 歸責論

정상적인 의사표시에 있어서의 의사표시의 본질론은 의사표시가 효력을 갖게 되는 근거에 대한 논의이다. 이 경우에 표의자의 의사가 그 의사표시의 효력을 위한 가장 중요한 근거라는 점에 대해서는 별다른 이론이 있을 수 없다.

문제는 비정상적인 의사표시에 있어서의 의사표시의 본질론이다. 이는 사실상 표의자의 의사가 없는 표시가 효력이 있는지의 여부에 대한 문제이기 때문에, 여기서의 의사표시의 본질론은 의사 없는 표시를 표의자에게 귀책시킬 수 있는지에 대한 의사표시의 귀책론이다.

오늘날 독일에서는 이러한 귀책론을 둘러싸고 크게 두 가지의 견해가 대립하고 있다. 그 하나는 표의자의 행위의사만 존재한다면 표시를 행위자에게 귀책시킬 수 있다는 보다 표시주의적인 견해이고, 다른 하나는 적어도 행위자의 표시의사가 존재하는 경우에만 그 표시를 행위자에게 귀책시킬 수 있다는 보다 의사주의적인 견해이다.

한편 우리 민법에서는 표시의사가 의사표시의 효력요소가 아니라는 것이 통설이다. 또한 표시의사가 의사표시의 요소가 될 수 있다고 하는 견해도 이를 규범적 해석에 의해서 인정할 수 있다고 함으로써,[28) 결국 표시의사가 없는 표시의 효력을 인정하는 점에서는 우리 민법의 통설과 차이가 없다. 왜냐하면 의사표시의 귀책론에서 문제되는 표시의사의 요소는 규범적 해석에 의해서 의제되는 표시의사의 존재를 의미하는 것이 아니라, 사실상 표시의사가 존재하였는지의 여부가 문제되기 때문이다.

그러나 오늘날 우리 민법이나 독일민법에서의 의사표시의 귀책론에 대해서 제기될 수 있는 비판은, 비정상적인 의사표시의 경우에 법질서

---

28) 이영준, 민법총칙, 107면.

는 표의자를 단지 소극적 이익의 손해배상의 형태로만 귀책시킬 것을 규정하고 있을 뿐, 표시의 효력의 형태로는 귀책시킬 것을 규정하고 있지는 않다는 점이다.

왜냐하면 우리 민법 제107조 이하는 원칙적으로 비정상적인 의사표시의 법률효과를 무효라고 규정하고 있기 때문이다. 특히 착오로 인한 의사표시의 법률효과가 취소인 것이 결정적이다. 착오를 한 자가 그의 행위를 스스로 무효로 할 수 있는 취소권은 무효의 다른 형태이기 때문이다.

따라서 의사표시에 있어서 의사의 모든 구성요소는 의사표시의 효력을 위한 요소이며, 그 어느 요소가 없는 경우에도 외부로 나타난 표시는 원칙적으로 무효이다.

다만 이 경우에는 소극적 이익의 배상의무의 문제가 발생할 수 있는데, 이는 이상에서의 의사요소와는 전혀 관계가 없는 행위책임의 문제이다. 이 경우에는 표의자의 행위를 통해서 상대방이 일정한 신뢰를 하였고, 그 신뢰에 따라서 손해가 발생하였는지에 대한 객관적인 요건과 이때의 손해를 표의자에게 귀책시키기 위해서 표의자의 과실 등의 주관적인 귀책요건이 있는지의 여부만이 문제되는 것이다.

▶ 제2절 意思表示의 解釋論

Ⅰ. 從來의 解釋論

1. 學 說

1) 우리 민법에 있어서 종래의 다수설은 표의자의 효과의사를 대체로 표시상의 효과의사로 이해하면서, 의사표시의 해석은 당사자의 숨은 진의인 내심적 효과의사가 아니라, 당사자의 의사의 객관적 표현인 표시행위가 가지는 의미를 밝히는 것이라고 주장한다.29) 또한 착오와 같은 비정상적인 의사표시에 있어서의 진의의 고려는 의사표시의 해석의 문제가 아니라 그다음 단계인 법률의 적용 내지 법적 가치판단의 문제라고 한다.

2) 오늘날 점차 널리 인정되는 견해는 표의자의 효과의사를 내심의 효과의사인 진의로 이해하면서, 의사표시의 해석을 이러한 진의를 밝히는 자연적 해석과 상대방의 이해가능성에 따른 규범적 해석으로 구별하면서, 후자의 경우에는 자기책임의 원칙에 의해 규범적 해석에 따른 의사표시의 내용이 효력이 있다고 주장한다.30)

---

29) 곽윤직, 민법총칙, 223면: 김준호, 민법총칙, 326면: 김용한, 민법총칙론, 270면: 김증한 / 김학동, 민법총칙, 269-70면(다만 이 견해는 265면에서 효과의사는 단지 내심의 효과의사를 의미할 뿐이라고 한다): 이은영, 민법총칙, 449면.
30) 김상용, 민법총칙, 336, 425면 이하: 백태승, 민법총칙, 315, 371면 이하: 송덕수, 착오론, 고시원, 1991, 43면 이하: 이영준, 민법총칙, 106-10, 244면 이하.

3) 한편 의사표시에 있어서는 자기결정의 원칙이 본래 타당하지만, 예외적으로 표의자의 표시과실 및 상대방의 자기결정의 보호를 위해 객관적인 표시내용이 효력을 가질 수 있다고 주장하는 견해도 있다.[31] 이 견해는 근본적으로는 두 번째 학설과 유사한 견해이지만, 규범적 해석의 자기책임의 근거를 표의자의 표시과실 및 상대방의 자기결정권의 보호에서 구하려는 점에 특징이 있다.

4) 원칙적으로 표시내용이 아닌 각 당사자의 현실적인 의사가 중요하다는 점을 특히 강조하면서, 각 당사자의 이해가능성을 고려하는 점에 대해 비판을 하는 견해도 있다.[32] 그러나 이 견해 역시 계약에 있어서의 양 당사자의 현실적 의사가 일치하지 않거나, 상대방 있는 단독행위에 있어서 표의자의 현실적 의사와 상대방의 현실적 이해가 일치하지 않는 경우에는 법관이 신의성실 및 거래관행 등의 기준에 따라서 보다 정당한 의사나 이해를 법률행위의 내용으로 해석해야 한다고 주장한다.

2. 檢 討

1) 우선 첫 번째의 학설에 대해서는 다음과 같은 비판이 제기될 수 있다.

첫째로, 동 학설은 의사표시의 해석을 표시상의 효과의사의 내용을 확정하는 문제로 이해함으로써, 의사표시에 있어서 표의자의 사실상의 의사를 고려하지 않는다는 문제점이 발생한다. 즉 이 견해에서의 표시

---

31) 지원림, 법률행위의 효력근거에 관한 연구, 법학박사학위논문, 서울대학교 대학원, 1993, 107면 이하.

32) 엄동섭, 법률행위의 해석에 관한 연구, 법학박사학위논문, 서울대학교 대학원, 1992, 143면 이하.

상의 효과의사라고 하는 것은 사실상 표시의 해석에 다름 아니라고 판단되기 때문에,[33) 의사표시의 해석에 있어서 표시상의 효과의사의 내용을 확정한다는 것은 언제나 표시의 내용만을 확정한다는 의미로 받아들여진다.

둘째로, 이 견해는 의사표시의 해석의 단계가 아닌 법률의 적용 단계에서 표의자의 내심적 의사를 고려할 수 있다고 하지만,[34) 의사표시의 해석의 단계에서 밝혀지지 않은 표의자의 내심적 의사가 어떻게 법률의 적용 단계에서 밝혀질 수 있는지의 문제가 발생한다. 즉 의사와 표시의 불일치가 비진의표시에 의한 것인지, 착오로 인한 것인지, 허위표시에 의한 것인지 또는 사기나 강박에 의한 것인지는 의사표시의 해석의 단계에서 밝혀져야만, 비로소 그 법률의 적용을 할 수 있을 것이다. 그런데 동 학설은 의사표시의 해석을 표시상의 효과의사를 확정하는 문제로 이해함으로써, 어떠한 비정상적인 의사표시가 존재하는지를 의사표시의 해석의 단계에서 확정할 수 없는 것이다.

마지막으로, 이 견해를 지지하는 주장 중에는 우리 민법 제107조가 '眞意 아닌 意思表示'라고 규정하면서 표의자의 의사를 眞意와 表示上의 效果意思로 구별할 뿐만 아니라, 이때의 표시상의 효과의사를 유효라고 하기 때문에, 진의와 구별되는 표시상의 효과의사의 효력을 인정해야 한다는 견해도 있다.[35)

그러나 이 견해는 애초 예외적으로 표시내용의 효력을 인정한 조항을 비정상적인 의사표시의 일반에 적용하려고 한다는 점에서 수긍하기 어려운 주장이라 할 수 있다. 즉 비진의표시는 주관적 요소로서의 내심의 효과의사(진의)와 표시상의 효과의사 및 객관적 요소로서의 표시행위로 구별될 수 있는 것이 아니라, 단지 주관적 요소로서의 내심의 효과의사(진의)와 객관적 요소로서의 표시상의 효과의사(표시행위)로

---

33) 김증한 / 김학동, 민법총칙, 264-5면.
34) 곽윤직, 민법총칙, 223면
35) 이은영, 민법총칙, 449면.

구별될 수 있을 뿐이다. 이때 법질서는 비정상적 의사표시 중에서 비진의표시와 중과실에 의한 착오의 경우에만 예외적으로 내심의 효과의사(진의)와 일치하지 않는 표시상의 효과의사(표시행위)의 효력을 인정한 것이기 때문에, 비진의표시에서 표시상의 효과의사(표시행위)의 효력을 인정한 것을 비정상적 의사표시 일반의 문제로 확대시킬 경우 예외의 일반화라고 하는 문제점이 발생한다.

2) 두 번째 학설의 경우에는 다음과 같이 비판이 제기될 수 있다.

우선 동 학설은 표시내용이 아닌 표의자의 진의를 그 첫 번째의 의사표시의 해석방법으로 설정하였다는 점에서 방법론상으로 문제가 있다고 생각된다. 왜냐하면 표의자의 내심의 진의를 밝힌다는 것은 초과학적인 것이기 때문이다. 본래 의사주의는 하나의 표시내용이 그 내심상의 진의와 일치하는 것이 일반적이라는 이유로 표시내용을 의사표시의 내용으로 추정한 뒤, 이에 상응하는 효과의사가 없는 경우에는 그 표시내용에 반하는 의사를 표의자가 입증할 것을 요구하였다. 이와 같이 의사주의에 의하는 경우에도 그 해석의 첫 대상은 표시이며, 표의자의 사실상의 진의가 아니었다. 표의자의 진의를 첫 해석의 대상으로 삼는 것은 과학적으로 불가능하며, 이는 의사주의에 대한 근거 없는 비판을 야기할 우려가 있다.

둘째로, 동 학설은 표시와 일치하지 않는 의사의 효력을 광범위하게 인정하는 점에서 문제가 발생한다.

예컨대 동 학설은 매매가격이 달러라고만 되어 있어 미국 달러와 홍콩 달러인지 불분명하거나, 매도인이 청약 가격을 65만 원으로 기재하려고 하였지만 56만 원으로 誤記한 경우 등에 있어서, 표의자의 진의가 확인될 수 있다면, 소위 자연적 해석에 의해서 표의자의 내심적 의사에 따른 효과가 발생한다고 주장한다.[36] 그러나 상대방 역시 표의자

---

36) 이영준, 민법총칙, 246 – 7면.

의 진의를 알았던 경우에 이러한 효과가 발생하는 것 외에, 의사와 일치하지 않는 표시내용이 독자적으로 효력을 가질 수 있다는 것은 표의자의 의사를 과도하게 존중하는 것이라고 생각된다.

동 학설이 표의자의 진의가 밝혀질 수 있다면 자연적 해석에 의해서 표시와 일치하지 않는 의사의 효력을 인정할 수 있다고 주장하는 것은, 이를 의사주의의 내용으로 이해한 점으로부터 나온 것으로 생각된다. 왜냐하면 동 학설은 의사주의에 의하는 경우에는 당사자의 내심적 효과의사를 확정하는 것이 의사표시의 해석의 대상이라고 이해하고 있기 때문이다.37)

그러나 의사주의는 표시내용과 일치하지 않는 표의자의 진의가 밝혀진 경우에는 원칙적으로 그 표시내용이 무효로 되어야 한다고 주장하였을 뿐, 표시내용과 상반되는 표의자의 내심적 진의가 효력이 있어야 한다는 것을 주장하지는 않았다. 표시와 상반되는 표의자의 진의에 따라서 의사표시의 효력이 인정된다면, 이는 상대방의 이익을 크게 침해하는 결과로 될 것이다.

마지막으로, 동 학설이 규범적 해석에 의해서 의사와 일치하지 않는 표시내용의 효력을 인정하는 점은 우리 민법 제107조 이하의 비정상적인 의사표시에 관한 규정과 배치된다. 우리 민법 제107조 이하에서는 단지 비진의표시(우리 민법 제107조)와 중과실에 의한 착오(우리 민법 제109조 제1항 단서)의 경우에만 예외적으로 의사와 일치하지 않는 표시내용의 효력을 인정할 뿐, 그 외의 경우에는 상응하는 의사가 존재하지 않는 표시를 무효나 취소할 수 있는 행위로 규정하고 있다. 따라서 규범적 해석에 의해서 표의자의 진의와 일치하지 않는 표시내용은 단지 예외적으로만 효력이 있다.

3) 세 번째 학설과 관련해서는 특히 상대방의 자기결정이라고 하는

---

37) 이영준, 민법총칙, 243면.

요소와 표의자의 표시과실이라고 하는 요소를 표시내용의 효력과 연결시킨 부분에 대해서 비판이 제기될 수 있다고 생각된다.

우선 상대방의 자기결정이라고 하는 요소는 의사표시에서 일반적으로 인정되는 효력요소가 아니라, 계약에서 승낙의 형태로 인정될 뿐이다. 단지 의사표시의 단계에서만 본다면, 상대방의 자기결정 내용은 원칙적으로 법률관계의 효력에 영향을 미치지 않는다고 생각된다. 왜냐하면 표의자의 의사와 표시내용이 일치하기만 하면, 그 의사표시는 효력이 생기기 때문이다.

또한 표의자의 표시과실에 따른 자기책임은 손해배상의무에 영향을 미치는 것이지, 의사표시의 효력에 영향을 미치는 요소가 아니라고 생각된다. 우리 민법은 표의자의 표시과실을 기초로 한 의사표시의 효력 유무에 관한 어떠한 규정도 두고 있지 않다. 본래 표의자의 표시과실에 기초해서 착오의 귀책 유무를 결정하자는 주장은, 원칙적으로 상대방의 이해가능성에 따라서 표시내용이 결정되어야 하지만 표의자의 이해가능성이 없는 경우에는 그 표시내용을 표의자에게 귀책시킬 수 없다는 주장에 기초하는 이론이다.[38] 그리고 표의자의 표시과실을 근거로 의사표시의 효력을 정하려고 하였던 것은 이미 독일민법 제정과정에서 의사주의와 표시주의의 절충을 시도하였던 견해에 의해 주장되었던 이론이기도 하다.[39]

그러나 독일민법과 이에 영향을 받은 우리 민법은 표의자의 의사가 존재하느냐의 여부에 따라서 의사표시의 효력을 정하는 의사주의에 기초하고 있으며, 이때 표시과실의 유무에 따라서 의사표시의 효력을 정

---

[38] Franz Bydlinski, Privatautonomie und objektive Grundlagen des verpflichtenden Rechtsgeschäftes, Springer, 1967, S. 159ff; Larenz, AT, 1.Aufl.(1967), S. 343ff; Alfred Manigk, Irrtum und Auslegung, Franz Vahlen, 1918, S. 250ff.

[39] Heinrich Dernburg, Pandekten Bd. I , H. W. Müller, 1.Aufl. 1884, S. 225; Leo Graeen Piniński, Der Thatbestand des Sachbesitzerwerbs nach gemeinen Recht Bd. II, Duncker u. Humblot, 1888, S. 410ff.
이에 대한 비판으로는 Bernhard Windscheid, Wille und Willenserklärung, AcP 63, 1880, S. 104ff.

하려고 한 일체의 주장은 입법에 의해서 부정되었다.

독일민법 제1초안의 입법이유서는 다음과 같이 말한다.

단지 중과실만이 제95조의[40] 故意(Vorsatz)와 동일한 법률효과가 발생할 수 있다. 따라서 중과실의 영역에 해당하지 않는 과실에 의한 표의자의 행동은 단지 그가 상대방에게 소극적 이익의 배상을 해야만 한다는 효력과 연결된다. 그 의사표시는 무효이다.[41]

독일민법 제2초안은 또한 다음과 같이 기술하고 있다.

착오를 한 자를 표시에 구속하는 것은 상대방에게 손해가 없거나 무상 법률행위 등과 같은 경우에는 부당하다. 따라서 새로운 법의 발전은 상대방이 착오를 통해 손해를 입지 않도록 한다면 충분한 것으로 보았다.[42] …… 다수의견이 제1초안과는 달리 착오를 한 자의 과책에 대한 고려 없이 손해배상의무가 발생하게 하고, 중과실과 그 밖의 과실의 구별을 하지 않는 이유는 이미 제1초안 제97조에[43] 상응하는 규정에 결정적인 근거를 준 다음과 같은 것 때문이다. 사람들은, 착오 때문에 취소될 수 있는 의사표시라는 것을 알지 못하고 그 의사표시의 유효를 신뢰한 자는 그 신뢰를 통해서 損害(Schaden)를 입어서는 안 된다고 하는 것을 선량한 거래질서의 피할 수 없는 요구라고 생각하였다.[44]

4) 네 번째 학설이, 양 당사자의 의사의 일치나 표의자의 의사와 상대방의 인식의 일치가 법률행위의 효력을 위한 조건이라는 점을 강조

---

40) 제1초안 제95조는 비진의표시에 관한 독일민법 제116조의 원형이며, 그 법률효과는 유효였다.

41) Motive 1, S. 194 = Mugdas 1, S. 459.

42) Protokolle Ⅱ-1, S. 223f. = Mugdan 1, S. 715f.

43) 제1차 초안 제97조는 독일민법 제122조에 해당하는 규정으로 제1초안이 중과실과 경과실을 구별해서 각각 표시내용의 효력의 형식과 손해배상의 형식으로 표의자의 귀책을 정하였다면, 제2초안 제97조부터는 과실에 대한 요건이 없이 표의자가 손해배상의 형식으로 책임을 지는 無過失責任으로 개정되었다.

44) Protokolle Ⅱ-1, S. 224 = Mugdan 1, S. 716.

하는 것은, 규범적 해석에 의한 표시내용의 효력을 인정하는 것이 타당하지 않다는 점을 생각할 때, 적극적으로 수긍될 수 있는 부분이다.

그러나 계약에 있어서의 양 당사자의 의사나 단독행위에 있어서의 표의자의 의사와 상대방의 이해가 일치하고 있는가의 여부는, 양 당사자가 그 일치에 대해서 공동으로 인정하지 않는 한, 결국 표시내용의 해석으로부터 출발할 수밖에 없을 것이다. 따라서 동 학설은 지나치게 표시내용의 의미를 경시하는 문제점이 있다고 생각된다.

또한 계약에 있어서 양 당사자의 의사가 일치하지 않는 경우에는 법관이 보다 정당하다고 생각되는 의사를 계약의 내용으로 정할 수 있다고 하는데,45) 이 경우에는 그 계약이 무효로 된다고 보는 것이 타당하다고 생각된다. 양 당사자의 의사가 일치하지 않는 경우에는, 그 원인이 일방 당사자의 중과실이나 비진의표시에 있지 않는 한, 그 계약의 효력을 인정하지 않는 것이 우리 민법의 규정과 일치하기 때문이다. 다만 그 의사의 불일치가 비본질적인 부분과 관련되는 한, 이 범위에서는 보충적 해석이 적용될 수 있기 때문에, 법관에 의한 계약내용의 보충이 가능하다고 생각된다. 그리고 이러한 경우에는 보충적 해석을 위한 여러 가지 기준으로서, 당사자가 기도한 목적, 거래관습, 임의법규나 신의성실의 원칙 등이 고려될 수 있을 것이다.

마지막으로 상대방 있는 단독행위에서, 표의자의 현실적 의사와 상대방의 이해가능성이 일치하지 않는 경우에, 이를 법관이 보다 정당하다고 생각되는 의사나 이해를 효력이 있는 것으로 할 수 있다는 것도 의사표시의 구조와는 일치하지 않는다고 할 수 있다. 왜냐하면 만약 표의자의 현실적 의사와 그 표시의 객관적 표시내용이 일치한다면, 이러한 의사표시는 확정적으로 유효한 의사표시가 되기 때문이다. 이에 반해 표의자의 현실적 의사와 그 표시의 객관적 표시내용이 일치하지 않는다면, 그 의사표시는 무효로 될 뿐이며, 상대방이 이 표시에 대한

---

45) 엄동섭, 법률행위의 해석에 관한 연구, 148면.

정당한 이해가 있었다고 해서 그 표시가 유효로 되는 것은 아니라고 생각한다. 이 경우에 상대방은 단지 표의자의 손해배상을 통해서 보호될 수 있을 뿐이다.

5) 우리 민법의 모든 학설에 대해서 공통적으로 제기될 수 있는 비판은 각 학설들이 의사와 표시가 일치하지 않는 경우에 의사나 표시 중의 어느 한 요소만의 효력을 인정하는 것을 의사표시 해석의 단계에서 고려한다는 점이다.

그러나 본래 의사표시의 해석은 하나의 표시내용을 확정한 뒤, 이에 상응하는 의사가 존재하는지의 여부에 대해서 검토하는 단계라고 생각된다. 또한 이때 그 표시에 상응하는 의사가 존재하지 않는 것이 밝혀지는 경우에는 그 불일치의 원인이 어디에 있는지를 밝힘으로써, 어떠한 비정상적인 의사표시에 관한 규정을 적용할지를 밝히는 단계이다.

3. 意思表示의 解釋 規定

우리 민법 개정안 제106조 제1항은 법률행위의 해석에 있어서는 표현된 문언에 구애받지 아니하고 당사자의 진정한 의사를 밝혀야 한다고 규정함으로써, 독일민법 제133조와 매우 유사한 조항을 입법안으로 규정하였다. 양 규정의 차이는 독일민법 제133조가 意思表示의 解釋(Bei der Auslegung einer Willenserklärung)에 대해 규정한 것에 비해서, 우리 민법 개정안 제106조 제1항은 법률행위의 해석이라고 규정한 점이다.

한편 우리 민법 개정안 제106조 제2항은 법률행위는 당사자가 기도한 목적, 거래관행 그 밖의 사정을 고려해서 신의성실의 원칙에 따라서 해석되어야 한다고 규정한다. 이 역시 契約의 解釋(Auslegung von

Verträgen)에 관한 독일민법 제157조의 주요한 내용을 법률행위의 해석이라는 제목 아래서 입법안으로 한 것이라고 이해된다.

이 경우에 우리 민법 개정안 제106조 제1항과 제2항이 독일민법 제133조 및 제157조와 그 제목을 달리 정한 이유는, 독일민법 제133조가 의사표시의 해석에 관해 규정하고, 또한 동법 제157조가 계약(Vertrag)의 해석에 관해 규정하면서, 상대방 있는 단독행위를 독일민법 제157조에 의해 적용될 수 없게 되는 문제점을 피하려는 의도라고 생각된다. 즉 독일민법 제133조와 제157조의 문리적 해석에 의하면, 상대방 있는 단독행위는 의사표시의 해석에 관해 규정하고 있는 독일민법 제133조에 따라서 해석될 수 있을 뿐, 계약의 해석에 관해 규정하고 있는 독일민법 제157조에 의해서 해석될 수 없다.

독일민법 제133조를 소위 자연적 해석방법의 근거 규정으로 보고, 동법 제157조를 규범적 해석방법의 근거 규정으로 보는 독일의 일반적인 견해에 따르게 된다면, 이 경우에 상대방 있는 단독행위는 상대방이 표의자의 표시로부터 무엇을 알았거나 알 수 있었는가 하는 점에 관계없이, 언제나 표의자의 진의에 따라서 해석해야 한다는 결론에 도달하게 된다. 물론 이러한 결과에 의한다면 상대방의 이익이 크게 침해될 것이다.

따라서 우리 민법 개정안은 독일민법 제133조의 '意思表示'와 제157조의 '契約'이라는 용어 대신에, 그 해당하는 각각의 조문에서 언제나 '法律行爲'라는 용어를 사용함으로써(우리 민법 개정안 제106조 제1항, 제2항 참조), 각 규정이 모두 단독행위나 계약의 해석의 근거조항이 될 수 있는 유연성을 갖출 수 있도록 규정한 것으로 보인다.

이와 같이 우리 민법 개정안이 제106조 제1항과 제2항을 각각 의사표시나 계약이라고 표현하지 않고 법률행위라고 하는 포괄적 용어 아래서 규정한 것은 독일민법 제133조와 제157조에 관한 오늘날의 독일의 학설을 수용한 결과이다.

그러나 오늘날의 독일의 학설들은 법률행위의 해석규정을 독일민법

제133조와 제157조로 분리한 점과 그 각각의 규정에서 담고 있는 내용을 대체로 실패하였다(missglückt; verunglückt)고 평가하는데,[46) 이는 오늘날의 독일의 학설들이 입법자의 의사에 대해서 부정확하게 이해했기 때문에 제기되는 근거 없는 비판일 뿐이다.

이미 살펴본 바와 같이, 독일민법 제133조는 표시를 객관적으로 해석한 뒤, 그 표시내용에 상응하는 의사가 있는지의 여부를 탐구해야 한다는 내용을 규정하고 있는 것이다. 따라서 동 규정은 계약을 포함한 모든 의사표시에 적용될 수 있는 규정이다.[47) 또한 독일민법 제157조는 계약에 있어서 의사표시의 합치(Dissens)가 있는지의 여부에 대한 보충적 해석을 위한 근거 규정이다.[48)

따라서 양 규정은 서로 모순되는 규정이 아니다. 예를 들어 계약의 경우에 독일민법 제133조는 청약의 의사표시와 승낙의 의사표시 각각의 경우에 있어서 그 표시내용과 각각의 당사자 사실상의 효과의사가 일치하는지를 검토해야 한다는 규정이다. 그리고 독일민법 제157조는 청약의 의사표시의 객관적 표시내용과 승낙의 의사표시의 객관적 표시내용이 일치하는지를 검토함에 있어서, 두 의사표시의 비본질적 부분에 대해서 표시내용이 일치하지 않거나 어떠한 표시내용도 없는 경우에, 이를 (신의성실이나 거래관습 등을 고려한) 가능한 범위에서 보충적으로 해석할 수 있다는 것을 의미하는 규정이다.

따라서 우리 민법 제106조 제1항과 제2항은 각각 '意思表示의 解釋'과 '契約의 解釋'이라는 표제를 붙이는 것이 양자 간의 관계를 명확히 할 수 있는 방법이라고 생각된다.

---

46) Bork, AT(2001), S. 186; Medicus, AT(2002), S. 123.
47) 이에 관해서는 본 연구 129−2면 참조.
48) 이에 관해서는 본 연구 133−45면 참조.

Ⅱ. 解釋의 目的과 對象

1. 解釋의 目的

언어나 표현 또는 문자 등을 포함한 의사의 외부적 현상은 그 자체 스스로의 의미를 갖는 것이 아니라, 인간에 의해 부여된 일정한 약속을 기반으로 하고 있다.49) 예를 들어, 우리가 賣買라는 용어를 목적물을 賣渡하고 買受하는 행위라고 이해하는 것은 매매라는 용어 자체가 갖고 있는 본질이 아니라, 인간에 의해서 매매라는 용어에 대해서 이러한 의미가 부여된 결과일 뿐이다. 따라서 의사표시에 있어서의 표시는 객관적인 의미에 따라서 해석될 때에만 그 기능을 올바로 다할 수 있다.

이러한 이유로 표의자가 스스로의 의사를 밝히기 위해서 외부적인 현상으로서 나타나는 일정한 표시를 하였고, 그 표시에 부여된 사회에서의 客觀的인 意味와 표의자의 主觀的인 意味가 서로 일치한다면, 그 의사표시는 유효한 의사표시이다.

한편 사회에서 법률행위상의 표시라고 여겨지는 일정한 행위가 존재함에도 불구하고, 표의자가 그 행위의 객관적인 의미에 반해서 적극적으로 어떤 다른 주관적인 의미를 부여하였거나 또는 소극적으로 어떠한 의미도 부여하지 않은 경우도 발생할 수 있다. 또한 일정한 의사의 표시로서의 외관을 갖는 행위가 존재하지만, 그 행위의 객관적 내용 자체가 불분명한 경우가 있을 수 있다.

이상의 경우들에 있어서, 의사표시의 해석은 그 표시의 객관적인 의미는 무엇이며, 그 표시의 객관적인 의미에 합치하는 표의자의 주관적인 의미는 존재하는가의 여부를 판단함으로써, 의사표시의 효력을 결정

---

49) Karl Larenz, Die Methode der Auslegung des Rechtsgeschäft, Deichert, 1930, S. 70.

하기 위한 판단 자료를 제공하는 임무를 수행한다. 또한 표시의 객관적인 의미에 상응하는 표의자의 주관적인 의미가 존재하지 않을 때, 그 불일치가 발생하게 되는 원인이 무엇인지에 대해서도 의사표시의 해석과정을 통해 밝혀져야만 한다. 이를 통해서 그 표시나 의사의 효력에 대해 적용될 법률규정(우리 민법 제107조 이하)을 정할 수 있기 때문이다.

이상과 같이 意思表示의 解釋의 任務는 객관적인 표시내용을 확정하고, 이에 상응하는 의사가 존재하는지의 유무를 확정하는 것뿐만 아니라, 이를 통해서 그 객관적 표시내용과 주관적 의사가 일치하지 않는 것이 밝혀진 경우에는 그 불일치의 원인이 무엇인지를 밝히는 데 있다.

이에 반해 오늘날의 학설이 주장하는 바와 같이 의사와 표시가 일치하지 않는 경우에 의사가 효력을 발생하는지 또는 표시가 효력을 발생하는지의 여부에 대한 문제(소위 자연적 해석이나 규범적 해석의 문제)는 의사표시의 해석의 문제가 아니라, 비정상적인 의사표시의 법률효과를 결정하는 문제일 뿐이다.[50] 따라서 의사표시의 해석을 통해 의사와 표시가 일치하지 않는다는 점이 확정되었으며, 그 불일치의 원인이 무엇인지 밝혀졌다면, 이때는 단지 우리 민법 제107조 이하의 규정에 따라서 개별적으로 각각의 효력이 정해져야만 한다.

한편 계약에 있어서는 의사표시의 해석 외에 請約의 意思表示와 承諾의 意思表示 사이의 객관적인 표시내용이 서로 일치하는지의 여부가 문제된다. 이는 청약과 승낙에서의 표시의 해석을 통해서 밝혀야 할 문제로서, 의사표시 해석의 임무가 아니라 법률행위 해석의 임무이다.

---

50) Wieling 또한 하나의 표시가 그 탐구된 의미로의 가치를 갖기 위해서 객관적인 표시내용을 탐구하는 것이 아니라, 단지 표시가 의사와 일치하는지의 여부를 확정하기 위해서 필요하다고 한다. 이에 관해서는 Hans Wieling, die Bedeutung der Regal "falsa demonstratio non nocet" im Vertragsrechts, AcP 172, 1972, S. 30 참조.

2. 解釋의 對象

1) 表示의 解釋

의사표시 해석의 대상은 우선 의사표시에 있어서의 표시이다. 이에 관해서는 의사주의, 표시주의 및 효력주의의 구분이 있을 수 없다고 본다. 우리 민법에 있어서 이를 각각의 학설에 따라서 의사주의의 경우에는 표의자의 의사만이 해석의 대상이 되며, 표시주의의 경우에는 표시 그리고 효력주의의 경우에는 효과의사와 표시행위의 일체로서의 의사표시의 규범적 의미를 밝히는 것을 의사표시 해석의 임무 및 그 대상이라고 주장하는 견해가 있으나,51) 이는 타당하지 않다고 생각된다.

우선 표시주의에 의하는 경우에 표시만이 의사표시의 대상이 된다는 점은 당연하다고 할 수 있다. 표시주의는 표의자의 의사의 존재 없이 단지 표시내용에 의한 의사표시의 효력을 정할 것을 주장하기 때문이다.

그러나 의사주의의 입장에서도 의사표시의 해석은 우선 표시내용을 객관적으로 확정하는 것으로부터 시작한다. 왜냐하면 의사주의는 표시내용과 일치하지 않는 표의자의 사실상의 의사에 따라서 意思表示의 효력이 발생해야 한다고 주장한 것은 아니기 때문이다. 오히려 의사주의에 따르면, 우선 표시의 객관적 내용을 의사표시의 내용으로 推定하고, 이후 표의자가 이러한 객관적인 표시내용에 상응하는 의사가 존재하지 않는다는 것을 立證하는 경우에만 그 추정된 표시내용의 무효를 인정한다.52) 따라서 의사주의에 의하는 경우에도 의사표시의 해석의 첫 대상은 표시이다.

한편 효력주의의 경우에는 의사와 표시의 일체로서의 효력표시를 규범적 해석을 통해서 그 객관적 의미를 밝히는 것이 의사표시 해석의 대상이라고 주장하는데, 이는 사실상 표시의 객관적 해석에 다름 아니

---

51) 이영준, 민법총칙, 243면.
52) 이에 관해서는 전술한 Savigny의 不眞正한 錯誤論, Windscheid의 意思表示의 解釋論과 Zitelmann의 意思表示의 解釋論 참조.

라고 생각된다. 따라서 효력주의에 의하는 경우에도 표시는 의사표시 해석의 대상이 된다.

이와 같이 표시가 의사표시 해석의 대상이라는 점은 모든 학설에서 공통적으로 인정하고 있는 것이다.

2) 意思의 解釋

정작 중요한 것은 표시의 해석 이후의 문제이다. 표시의 해석 이후에는 각 학설에 따라서 의사표시의 해석의 대상이 다르게 되기 때문이다. 다만 여기서는 표의자의 의사를 고려하는 점에 대해서 학설의 다툼이 없었던 誤表示無害의 原則이나 相對方이 없는 意思表示의 경우를 제외한 경우만을 고찰해 보기로 한다.[53]

우선 표시주의는 표의자의 내심적 의사와는 관계없이 표시내용에 따른 의사표시의 효력을 주장하기 때문에, 표시내용의 확정만으로 의사표시의 해석은 종료된다. 그러나 우리 민법 제107조 이하에서는 원칙적으로 일치하는 의사가 존재하지 않는 표시를 무효나 취소라고 규정하고 있는 점에 비추어 볼 때, 이러한 해석방법은 우리 민법과 일치될 수 없다.

한편 효력주의 역시 표시의 해석만으로 의사표시의 해석의 문제는 종료되어야만 한다. 왜냐하면 Larenz는 본래 표의자의 의사와는 관계없

---

53) 이들 유형은 의사주의의 입장을 강화시켜 주는 근거로써 많이 활용된다. 그러나 이들 유형을 의사주의의 법리와 일치시키는 경우에는 표시와 일치하지 않는 의사의 효력을 인정하는 것이 의사주의라는 오해로 연결될 수 있다. 또한 전통적인 의사주의의 입장에서도 이들 유형은 중요한 문제가 아니었다. 이들 유형에서 표시와 일치하지 않는 의사의 효력이 인정되는 이유는 다음과 같다. 우선 상대방이 없는 의사표시의 경우에는 표의자에게 대립하는 법적 이익을 갖는 상대방이 없기 때문에 상대방의 이익을 고려하기 위한 표시에 대한 중요성을 인정할 필요가 없다는 점에 있다. 또한 誤表示無害의 原則의 경우에는 의사표시에 있어서 의사는 목적이고 표시는 그 목적의 인식수단인데, 그 수단의 잘못에도 불구하고 양 당사자가 올바른 의사소통을 했다면, 표시는 그 기능을 다했다는 점에서 찾을 수 있다.

이 객관적인 표의자의 이해가능성에 따르는 표시내용이 효력이 있어야만 한다고 주장하였기 때문이다. 그에게서 효력표시가 의사와 표시의 일체라고 하는 주장은 단지 표시가 있다고 하면 그 표시가 효력을 가져야 한다는 의미였고, 이때 표시에 상응하는 의사가 사실상 존재하는지의 여부는 규범적 해석을 통해 정할 수 있다고 함으로써, 표의자의 사실상의 의사의 존재는 효력표시를 위해 중요한 문제가 아니었기 때문이다.[54] 또한 Flume 역시 표의자의 효과의사는 규범적 해석에 의해 대체될 수 있는 성질로 이해했기 때문에, 표의자의 사실상의 효과의사는 해석의 대상이 아니라고 할 수 있다.[55] 다만 그는 의사표시의 효력을 위해서는 표의자에게 효력을 정하는 의사(표시의사)가 필요하다고 주장하였지만, 이 역시 규범적 해석에 의해서 대체될 수 있는 것으로 이해하였기 때문에, 이 역시 사실상의 표시의사가 존재하고 있는가의 여부에 대한 문제는 아니었다.

한편 의사주의에 의하는 경우에는 표시내용에 상응하는 의사의 존재를 밝히는 것이 역시 의사표시의 해석의 임무이며, 따라서 표의자의 사실상의 의사는 해석의 대상이 된다. 객관적인 표시내용은 그 상응하는 의사의 존재 없이는 원칙적으로 효력이 발생할 수 없기 때문이다.

3) 解釋資料

내심적 의사는 현대의 자연과학을 통해서는 感性的으로 知覺될 수 없는 반면, 표시는 감성적으로 지각될 수 있기 때문에, 감성적으로 지각될 수 없는 내심적인 의사를 강조한 의사주의의 견해에 결정적인 문

---

54) 이영준, 민법총칙, 105면 역시 규범적 해석에 의해 표시의사의 존재를 인정할 수 있다고 한다.
55) 다만 이는 Flume의 이론이 그 논리적 일관성이 없기 때문에 나타나는 결과일 뿐이다. 오히려 의사표시의 효력의 본질을 표시의식으로 보는 견해들은 대체로 그 효력을 위해서 규범적 해석으로 대체된 표시의사가 아니라, 사실상의 표시의사가 존재하여야 한다고 주장한다.

제가 있다고 지적하는 견해도 있다.56)

그러나 의사주의 역시 내심에 머무는 의사를 인정하자는 것이 아니다. 의사주의의 입장에서는 단지 표시의 객관적인 의미와는 다른 어떠한 표의자의 의사의 외부적인 現象이 있고, 이를 표의자가 立證했으며, 이 입증된 외부적 현상이 법관의 자유로운 心證에 의할 때 객관적인 표시내용과는 다른 표의자의 내심적 의사가 있었던 것으로 인정된다면, 이제 이 내심적 의사를 고려해야만 한다는 것이다.

이와 같이 의사주의는 표시의 해석 외에도 표의자의 입증할 수 있는 내심적 의사를 해석의 대상으로 하기 때문에, 표시의 해석과 의사의 해석에 있어서 고려되는 판단요소는 달라질 수밖에 없다.

우선 의사주의에서의 표시의 해석의 대상은 단지 상대방에 대한 표시만을 의미하며, 그 표시는 객관적으로 해석해야만 한다. 이러한 표시의 해석을 위한 자료로는 그 표시를 통해 당사자가 기도한 목적이나 거래관습, 임의법규나 신의성실의 원칙 등 그 표시에 부여된 객관적인 의미를 알기 위한 일체의 사정이 고려될 수 있다.

한편 표시에 상응하는 의사의 존부를 확정하기 위한 의사의 해석의 경우에는 의사표시에 있어서의 표의자의 표시뿐만 아니라, 그 表示 前後의 모든 外部的 現象들이 고려될 수 있다. 의사표시에서의 표시의 객관적인 의미와 일치하지 않는 표의자의 다른 의사가 있었음을 입증해 줄 수 있는 자료로서는 표시와 상이한 내용을 담고 있는 어떤 다른 문서나 표시행위 당시나 전후의 목격자, 표의자의 독특한 언어습관이나 표시 전후의 여러 가지 사정 등이 그 예가 될 수 있을 것이다.57)

재판상의 실무에서는 이러한 의사의 입증은 주로 법관에 의한 당사자 審問과 의사와 표시의 불일치를 주장하는 자의 立證에 의해 이루어진다고 한다.58)

---

56) Jan Schapp, Grundfragen des Rechtsgeschäftlehre, Mohr Siebeck, 1986, S. 29.
57) Friedrich Karl v. Savigny, System des heutigen Römischen Rechts, Veit, Bd.III, 1840, S. 258f. 참조.

Ⅲ. 表示 內容의 確定

법률행위가 유효한가에 대해서 판단하기 위해서는 우선 단독행위의 경우에는 하나의 의사표시의 표시내용을 확정한 뒤, 이에 상응하는 의사가 존재하는지의 여부를 살펴보아야 한다.

또한 계약의 경우에는 청약의 표시내용과 승낙의 표시내용을 각각 확정한 뒤, 우선 청약의 표시내용과 승낙의 표시내용이 합치하는지의 여부를 살펴보고, 이후 그 합치의 경우에는 청약의 표시내용과 승낙의 표시내용에 대해서 각각 청약자와 승낙자가 자신의 표시내용에 일치하는 의사를 가지고 있었는지를 살펴보아야 한다.

이와 같은 방법론에 의하는 경우에는 단독행위에 있어서는 표의자의 표시내용 그리고 계약에 있어서는 청약자의 표시내용과 승낙자의 표시내용을 확정해야만 한다. 이는 의사표시의 표시내용을 확정하기 위한 일반적인 기준을 어떻게 정할 것인지에 관한 문제이다.

이러한 기준을 세우기 위해서는 우선 표시내용을 확정할 수 있는 것이 가능한지의 여부가 먼저 검토되어야 하며, 이것이 가능한 경우에 비로소 그 기준을 정하는 방법이 고찰될 수 있다. 따라서 이하에서는 표시내용을 몇 가지의 유형으로 나누어서, 이들의 문제를 개별적으로 살펴보고자 한다.

1. 表示 內容의 多義性

하나의 표시는 매우 다양한 태양으로 존재할 수 있다. 이하에서는 표

---

58) Eberhard Wieser, Wille und Verstndnis bei der Willenserklärung, AcP 189, 1989, S. 112f.

시내용을 확정하는 데 있어 발생할 수 있는 표시 유형을 분류한 뒤, 각각의 경우에 어떠한 법률문제가 발생할 수 있는지를 검토하기로 한다.

1) 明確한 表示

표시가 객관적으로 명확한 내용을 나타내고 있는 경우이다. 예컨대, 일정한 물건을 56만 원에 매수한다는 계약서가 존재한다면, 이때 56만 원이라고 기재된 내용은 객관적으로 명확한 표시라고 할 수 있다.

다수의 독일의 판례는 표시내용이 객관적으로 명확한 경우에는 더 이상 의사표시의 해석을 필요로 하지 않는다는 입장을 견지하고 있다.[59] 그러나 이에 반해 객관적으로 명확한 표시라는 것은 해석을 통해서 비로소 밝혀지는 것이라고 반박하는 판례나 견해들 역시 적지 않다.[60]

특히 문리적으로 명확한 내용을 담고 있는 표시에 당사자가 공통으로 그 표시의 객관적 내용과 상이한 표시내용을 담고 있을 수 있기 때문에, 본래의 표시가 갖는 사회적 의미와 양 당사자가 공통으로 부여한 표시의 의미가 다른 경우가 발생할 수 있다.

계약 당사자가 공통으로 표시의 일반적 의미와는 다른 의미를 의식적으로 부여하는 경우로는 다음과 같은 사례가 예시될 수 있다.

> 매도인과 매수인은 계약서상 「관 10개」에 대한 매매계약을 체결하였다. 이때 「관 10개」는 오토바이의 대리점을 경영하는 매도인이 그 소매점인 매수인에게 오토바이를 판매하면서, 「오토바이」라는 용어 대신 「관」이라고 하는 용어를 사용한 것이었다.[61]

---

59) RGZ 82, 308, 316; BGHZ 25, 318, 319; BGHZ 80, 246, 250; BGH, NJW 1997, 2874, 2875; Lüderitz, Auslegung von Rechtsgeshäften(1966), S. 68, u. 182.

60) RGZ 163, 324, 328f; BGHZ 86, 41, 46; Philipp Heck, Gesetzesauslegung und Interessenjurisprudenz, AcP 112, 1912, S. 45f; Ernst Kramer, Grund−fragen der vertraglichen Einigung, Wilhelm Fink, 1972, 138.

61) 이와 관련해서는 본래 매도인과 매수인이 무기 매매를 위해 피아노라는 용어를 사용한 경우가 주로 예시되는데, 이 경우에는 무기의 밀매매가 강행법규 위반으

이와 같이 양 당사자가 일정한 표시에 그 표시의 일반적인 의미와는 다른 의미를 의식적으로 부여한 경우, 그 내심적 의사에 따른 법률효과가 발생한다고 하는 점에 대해서는 오늘날 이설이 없다.62)

한편 무의식적으로 양 당사자가 잘못된 표시수단을 사용했으나, 그 표시에 부여한 의미가 동일한 경우를 생각할 수 있다. 이에 관한 다음 사례는 誤表示無害의 原則에 관한 대표적인 사례로 인정되고 있다.

1916년 11월 8일 V는 K에게 선박 Jessica호에 선적된 Haakjöringsköd 214통을 매도하였다. 그해 11월 말에 매수인은 선하증권과 보험증서를 인도받는 동시에, 그 매매대금을 매도인에게 지급하였다. 배가 Hamburg 항에 도착했을 때, 매수인으로부터 목적물에 관한 권리를 인수한 Berlin 소재의 합명회사가 동 물건을 인도받았다. Haakjöringsköd는 본래 상어 고기(Haifischfleisch)를 의미하지만, 매수인은 동 물건이 고래 고기(Wal-fischfleisch)로써 매매되었다고 주장하였다. 그러나 매도인은 고래 고기를 인도하지 않고, 상어 고기를 인도하였다. 이때 동 합명회사는 상어 고기의 가격에 따른 낮은 금액을 매수인에게 지불하였다. 이에 매수인은 그가 매도인에게 지급한 가격과 동 합명회사로부터 지급받은 낮은 금액과의 차이인 47515, 90DM에 대한 배상을 매도인에게 요구하였다. 지방법원(Landgericht)에서는 양 당사자가 고래 고기로 매매계약을 체결하였던 점을 확인하였다.63)

이와 같이 표의자와 상대방이 공통으로 표시의 객관적인 의미와 다른 의미를 의식적으로 사용하거나 또는 양 당사자 모두가 이름에 관해 착오를 하였지만 그 착오에 따른 의사내용이 서로 공통한 경우에 있어서, 그 표시의 객관적 내용이 아닌 당사자의 합치된 의사나 공통된 이

로 무효가 되는지의 여부가 문제될 수 있다. 그러나 이는 본 연구의 연구 대상을 벗어나는 문제이기 때문에, 여기에서는 동 사례를 변형하였다.

62) 고상용, 민법총칙, 362-3면: 곽윤직, 민법총칙, 223-4면: 김상용, 민법총칙, 427-8면: 김준호, 민법총칙, 292-3면: 김용한, 민법총칙, 271-2면: 백태승, 민법총칙, 371-2: 이영준, 민법총칙, 248-9면.

63) RG 99, 147.

해의 내용이 의사표시의 내용이 된다.

이와 같은 결과는 오늘날 誤表示無害의 原則이라는 이름으로 인정되고 있다. 다만 이러한 誤表示無害의 原則의 인정 범위와 관련해서, 이를 상대방이 표의자의 진의를 안 경우뿐만 아니라 알 수 있었던 경우에도 적용시키는 견해가 있다.[64] 그러나 표의자가 이미 상응하는 의사가 존재하지 않는 표시를 했으며, 상대방 역시 표의자의 의사를 안 것이 아니라 단지 알 수 있었을 뿐임에도 불구하고, 상대방이 표의자의 의사에 구속되어야 할 이유는 없다고 생각된다. 상대방이 표의자의 진의를 알 수 있었다는 것은 상대방이 표의자의 표시를 신뢰하였지만, 그 신뢰에 과실이 있었다는 것을 의미한다. 따라서 이 경우에는 오히려 표의자의 표시를 신뢰한 상대방이 표의자로부터 그 신뢰에 따른 손해배상을 받을 수 있는지의 여부만이 문제될 뿐(우리 민법 개정안 제109조 2의 제2항), 誤表示無害의 原則에 의해서 상대방이 표의자의 의사에 구속되는 것은 아니라고 생각된다. 다만 상대방 역시 그의 신뢰가 과실에 기초한 것이기 때문에 손해배상액의 산정에 있어서 과실상계가 고려될 수 있을 것이다(우리 민법 제763조 참조).

한편 오표시무해의 원칙이 인정되는 이유는, 의사주의에 의하는 한, 별다른 어려움이 없이 설명될 수 있을 것이다. 즉 의사표시에 있어서 실현되어야 할 목적은 의사의 내용이며 표시는 단지 이러한 의사의 실현을 위한 수단이기 때문에, 명확한 객관적 표시내용에도 불구하고, 양 당사자의 일치된 의사나 이해가 표시내용보다 우위의 효력이 있는 것이다.

다만 여기서 한 가지 검토될 수 있는 것은 명확한 표시내용에 상반되는 양 당사자의 공통된 의사나 이해가 밝혀졌기 때문에 그 일치된 의사나 이해가 우선될 수 있다는 점이다. 그러나 만약 양 당사자의 공통된 주장이 없다면 우선은 표시의 문자적 의미(객관적인 의미)가 의사표시의 내용으로 추정될 수 있다. 따라서 표시의 문자적 의미와 상반

---

64) 김준호, 민법총칙, 292면: 백태승, 민법총칙, 372면.

되는 다른 표시의미가 있는지를 탐구해야 하는 것이 우선 법관의 임무라고 할 수 있지만, 궁극적으로는 이를 주장하는 자에 의해 입증되어야 한다. 이 경우에 법관은, 표시의 문자적 의미와 상반되는 양 당사자가 속한 사회의 특수한 언어관습이 있는지의 여부 및 행위 당시의 사정 등 표시 당시의 제반 사정을 고려할 수 있을 것이다.

2) 多義的인 表示

표시내용이 불명확하거나 다의적이어서 객관적인 표시내용을 확정할 수 없다면, 그 의사표시는 확정할 수 없는 내용으로 인해서 무효이다. 이는 법률행위의 내용의 확정성에 관한 문제이며, 이에 관해서는 이설이 없다.65) 예를 들어 매매의 청약에 가격이나 대상물 등이 표시되어 있지 않은 경우가 이에 속한다.

그러나 표시내용이 다소 불명확하거나 요구되는 표시내용이 없는 경우에도, 해석을 통해서 그 표시내용이 확정될 수 있는 경우가 있다. 예를 들어 매매의 계약서에 가격 등이 기재되어 있지 않다고 하더라도, 매도인과 매수인이 이전의 여러 번의 동일한 매매를 통해서 일정하게 협정된 가격이 존재할 수도 있기 때문이다.

따라서 표시는 반드시 그 용어의 자구해석에 한정되는 것이 아니라, 표시 당시의 여러 사정을 고려해서 합리적이라고 생각되는 의미를 찾아야 한다. 이때에도 당사자가 기도한 목적이나 거래관습, 임의법규나 신의성실의 원칙에 따라서 표시의 의미가 탐구될 수 있다.

다만 불분명한 표시의 해석에 있어서는 원칙적으로 표의자에게 존재했을 사실상의 의사가 무엇이었으며, 그 사실상의 의사가 여러 가지 사정을 고려할 때 상대방에게 인식될 수 있었는지의 관점에서 해석해야 할 것이다. 이러한 점이 불분명함에도 불구하고 표의자의 假想的인

---

65) 고상용, 민법총칙, 317-8면: 곽윤직, 민법총칙, 208면: 김상용, 민법총칙, 379면: 김준호, 민법총칙, 303면: 김용한, 민법총칙, 251면: 이영준. 민법총칙, 242면.

意思에 따라서 모든 표시의 효력을 인정할 수는 없다고 생각된다. 이러한 가상적인 의사에 따른 보충적인 해석은 계약의 본질적 부분에 해당하지 않는 경우에 한정시켜서만 인정되어야 한다. 그렇지 않으면, 경우에 따라서는 표의자가 상대방이 스스로 전혀 원하지 않았던 계약에 구속되는 부당한 결과를 가져올 수 있기 때문이다.

3) 兩義的인 表示

(1) 絶對的으로 兩義的인 表示

표시의 내용이 두 가지의 의미로 이해될 수 있는 경우로서, 그 표시내용이 표의자의 입장에서 객관적으로 이해하는 경우에도 두 가지의 의미로 되며, 상대방의 입장에서 객관적으로 이해하는 경우에도 두 가지의 의미로 되는 경우이다. 이때 표의자나 상대방은 그 표시에 대해서 보통 각각 한 가지의 의미만을 부여하고 있을 수 있다.

> A는 호텔에 「3개의 침대와 방 2개」를 전화로 예약하였다. 이때 A는 더블 침대를 갖춘 방 1개와 싱글 침대를 갖춘 방 1개를 예약하였다고 생각하였다. 한편 호텔 측은 A가 각각 더블과 싱글을 갖춘 방 2개, 즉 총 6개의 침대를 예약한 것으로 이해하였다. A가 호텔에 도착했을 때, A를 위해서 호텔이 예약해 둔 방 2개를 제외하고는 빈방이 더 이상 없었다. A는 그가 생각하였던 3개의 침대에 해당하는 요금을 지불하려고 했고, 호텔 측은 6개의 침대에 해당하는 요금을 요구하였다.[66]

이 사례에 관련해서는, 표의자는 그의 표시의 표현내용에 관해서 착오를 하였고, 상대방 역시 표의자의 표시내용을 착오하였기 때문에, 양 당사자 누구의 이해도 계약의 성립을 위한 기준 내용이 될 수 없다고 하는 견해가 있다.[67]

---

66) Larenz / Wolf, AT, 9.Aufl.(2004), S. 509.

따라서 이 견해는 각 당사자의 책임을 조정할 필요성이 있다고 하는데, 이 경우에 우선 표의자인 A는 상대방의 이해가능성에 따른 표시내용인 침대 6개의 계약에 대해서 책임을 져야 한다고 주장한다. 다만 A는 이때 그의 의사표시의 착오를 이유로 이를 취소할 수 있다고 한다. 그러나 이 견해는 그 취소의 경우에 손해배상의 문제가 어떻게 될 수 있는지에 대해서는 견해를 밝히지 않는다. 생각건대 이 경우에는 상대방이 표의자의 착오를 알거나 알았어야만 하는 경우에는 손해배상의무가 발생하지 않는다는 독일민법 제122조 제2항에 의해 손해배상의무가 발생하지 않는 것으로 이해된다.

한편 A가 침대 6개의 계약을 인정하고 그의 의사표시를 취소하지 않은 경우에는 침대 6개로의 계약이 성립하지만, 이때 호텔이 A에게 요구할 수 있는 요금은 침대 6개의 요금이 아닌 단지 침대 3개에 해당하는 요금이라고 한다. 왜냐하면 호텔 측 역시 표의자인 A에게 그 예약에 대해서 확인할 의무가 있는데 이를 준수하지 않았으며, 이에 따라 호텔 측은 계약체결상의 과실에 기한 책임이 있다는 것이다(독일민법 제311조 제2항). 즉 계약체결상의 과실이 인정되는 경우 독일민법 제249조는 손해배상의무가 있는 자가 배상의무를 발생시키는 사정이 없었다면 존재하였을 상태로 회복시켜야 한다고 규정하고 있는데, 이때 호텔 측이 이를 적시에 확인하였다면 침대 3개로의 계약이 이루어졌을 것이기 때문에, 호텔 측은 단지 침대 3개에 대한 요금만 요구할 수 있다는 것이다.

결국 A는 그의 잘못된 표시에도 불구하고 침대 3개가 아닌 침대 6개를 단지 침대 3개의 요금으로 사용할 수 있다는 결론인데, 이러한 결론이 공감을 얻기는 매우 힘들다고 생각된다.

생각건대, 이와 같은 사례에 있어서는 표의자나 상대방의 의사의 추론은 가능하지만, 객관적인 제3자의 관점에서의 표시내용을 확정할 수는 없다고 생각된다. 즉 동 사례는 표시내용이 다의적이거나 불분명한

---

67) w.o. S. 514.

경우로서 그 객관적인 내용이 확정될 수 없기 때문에, 표의자의 의사표시는 무효라고 할 수 있으며, 표의자의 표시를 기초로 한 상대방의 의사표시 역시 그 내용이 확정될 수 없기 때문에 무효라고 할 수 있다. 따라서 여기서의 계약은 무효로 되는 것이다.

다만 그 계약의 무효에도 불구하고, 한편으로는 A가 다른 숙박업소를 구하지 못함으로써 집으로 귀가하게 된다든지, 다른 호텔에 숙박함으로써 발생하게 되는 증가된 여행비용 그리고 다른 한편으로는 호텔 측에서 그 계약의 무효로 인해 해당 객실의 대여를 통해 받을 수 있었던 요금을 받지 못하게 된 손해(다른 예약이 있었으나 A의 예약으로 인해 거절한 경우)에 대한 전보가 문제될 수 있다. 이러한 경우 그 손해의 전보에 관해서는 양자 모두의 과실을 고려하는 것이 타당하다고 생각되며, 이때 A보다는 숙박업을 전문으로 하는 호텔 측의 과실이 보다 크다는 점을 인정해서 過失相計를 고려한 호텔 측의 손해배상을 인정하는 것이 타당하다고 생각된다.

물론 그 이전에 양 당사자 중의 누군가가 먼저 상대방이 의욕했거나 이해하였던 내용대로 계약이 성립되기를 원한다면, 상대방 역시 자신의 의사에 대해서는 책임져야 한다는 의사의 구속력으로 인해, 그 계약이 성립되고 손해배상의 문제는 발생하지 않게 될 것이다. 즉 A는 호텔 측이 생각하였던 6개의 침대에 대한 요금의 지불과 함께 동 계약을 성립시킬 수 있으며, 호텔 측 역시 3개의 침대에 대한 요금을 지급받고 나머지의 요금에 대해서는 스스로 감수하면서 계약을 성립시킬 수 있을 것이다.

이와 같은 해결은 객관적 제3자의 입장에서 표의자나 상대방 누구를 기준으로 해도 표시내용을 확정할 수 없는 兩義的인 표시에 있어서의 해결 방법이다.

(2) 相對的으로 兩義的인 表示

표시내용이 두 가지의 의미로 해석될 수 있지만, 그 표시는 표의자의 이해가능성과 상대방의 이해가능성에 따라서 각각 하나의 표시내용이 확정될 수 있는 경우이다.

a) 事 例

ⓐ 默示的 意思表示의 경우

표의자가 상대방에게 일정한 행위를 默示的으로 하는 경우, 그 행위의 내용이 무엇인가와 관련해서 두 가지의 객관적인 표시내용으로 해석되지만, 각각의 당사자의 이해가능성에서는 단지 하나의 객관적인 표시내용으로 해석될 수 있는 경우이다.

> 한 법대 학생이 음식점에서 매우 아름다운 모양으로 된 음식 주문서(Speisekarte)를 훔쳤었다. 몇 년 뒤 검사가 된 이 학생은 그의 과거의 행위에 대해 후회했고, 그 음식 주문서를 주인에게 말하지 않은 채, 제자리에 돌려놓았다. 이러한 행위의 직후에 식당의 새로운 손님은 그 오래된 음식 주문서를 보고 음식을 주문해서 식사하였다. 손님이 계산을 하려고 할 때, 그가 본 음식 주문서의 가격표는 과거의 낮은 금액에 따른 것이라는 것이 밝혀졌고, 주인은 현재의 높은 가격을 요구하였다. 손님은 이를 거절하였다.[68]

동 사례에서 손님과 주인은 각각 음식의 가격에 대해서 명확한 의사를 표명하지 않았지만, 적어도 음식 주문서에 기재된 가격에 따른다는 묵시적 합의가 있었던 것으로 볼 수 있다. 그러나 음식의 매매에 기초되었던 음식 주문서가 서로 다르기 때문에 여기에서 합리적인 제3자가 손님을 기준으로 판단할 때와 주인을 기준으로 판단할 때, 각각 다른 표시내용이 도출될 수 있다. 즉 표의자인 손님의 이해가능성을 기준으로 할 때는 낮은 금액이 음식 값이 될 것이고, 상대방인 주인의 이해

---

68) Medicus, AT(2002), S. 125.

가능성을 기준으로 할 때는 높은 금액이 음식 값이 될 것이다.

위에서의 호텔 사건의 경우에는 합리적 제3자가 각각 A의 입장이나 호텔 측의 입장에서 판단한다고 해도 그 표시내용을 도출할 수 없었던 점과는 차이가 있는 부분이다.

ⓑ 明示的 意思表示의 경우

표의자가 상대방에게 명시적으로 의사표시를 하였지만, 그 표시된 것이 각각의 사회에서 다른 의미로 사용되는 경우이다.

> 미국인과 캐나다인이 매매를 하면서, 그 대금의 지급을 달러로 하기로 약정하였다. 이때 미국인은 미국 달러를 생각했으며, 캐나다인은 캐나다 달러를 생각하였다.[69]

여기에서도 미국인의 이해가능성에 따를 때는 미국 달러가 표시내용이 될 것이고, 캐나다인의 이해가능성에 따를 때는 캐나다 달러가 표시내용이 될 수 있다.

또한 이러한 양 당사자의 이해가능성의 차이는 일반적으로 사용되는 용어가 아닌 양 당사자에 의해서만 통용되는 용어가 사용된 경우에, 그 양 당사자가 그 용어에 각각 다른 의미를 부여한 경우에도 있을 수 있다.

> 1902년 4월 16일 뉴욕에 있는 변호사는 피고로부터 6-8톤의 백색합금에 대한 매도를 알선해 달라는 편지를 받았다. 이 편지에는 백색합금의 금속함유율 및 가격조건 등 매매를 위한 자세한 세부사항이 기재되어 있었고, 특히 그 조건 중에는 동 금속의 매매에 따른 품질보증을 지지 않겠다는 점(ohne Garanti)이 기재되어 있었다. 다만 피고는 동 변호사에게 대리권을 부여한 것은 아니었으며, 단지 기회가 닿는 대로(nur gelegentlich)

---

69) Larenz / Wolf, AT, 9.Aufl.(2004), S. 570.

뉴욕에서 매도를 알선해 달라고 부탁한 것이었다. 동 변호사는 (원고의 전 권리자인) P에게 자신이 동 금속의 매도를 위임받았다고 하면서, 동 4월 16일의 편지를 보여주었다. 그러나 동 P와 P의 옆에 있던 증인 E는 독일어에 대한 지식이 없었기 때문에 그 편지의 내용을 알지 못했고, 단지 영어로 번역된 편지의 내용만을 참조하였다. 영어로 된 편지에는 금속의 매매에 대해 매도인이 품질보증(Garanti)을 한다고 기재되어 있었다.

한편 동 4월 16일의 편지에는 동 편지 내용의 판매조건에 동의하는 매수인이 있을 시, 해저전신 용어로서 'Semilodei'라는 용어를 청약에 갈음하여 보내 줄 것이 기재되어 있었다. P는 동년 5월 6일 피고에게 '변호사의 Semilodei를 승낙함(Accept R.'s Semilodei)'이라는 해저전신을 보냈다.

계약은 이루어졌고, 피고는 매매금액의 수령과 함께 동 금속을 P에게 송부했으나, 이후 품질보증의 여부에 대한 것이 문제가 되었고, 이후 원고는 매매금액의 반환을 청구하였다.[70]

위의 사안에서는 매매금액의 반환의 문제와 함께 그 발생한 손해에 대한 보상의 문제가 함께 다루어졌다.

b) 表示價値의 決定의 必要性

ⓐ 問題의 所在

표시내용은 객관적으로 해석되어야만 한다. 만약 표의자의 내심적 의사에 따라서 표시내용을 부여한다면 상대방은 전혀 인식할 수 없었던 표시내용에 구속될 수 있으며, 반대로 상대방의 표시에 대한 사실상의 인식을 표시내용으로 하는 경우에는 표의자가 충분히 상대방이 인식할 수 있는 표시를 했음에도 불구하고 그 의사표시의 효력이 부정되는 결과로 될 수 있기 때문이다. 따라서 법질서는 합리적인 제3자라면 그 표시로부터 무엇을 인식할 수 있었는가의 기준에 따라서 의사표시에 있어서의 표시내용을 정해야만 한다.

---

70) RG 68, 6.

그러나 표시는 그 자체가 독자적인 의미를 갖는 것이 아니라, 인간에 의해 부여된 의미내용을 갖는 것이며, 이때 하나의 표시는 상이한 사회에서 상이한 의미로 사용될 수 있다. 따라서 표시의 의미는 항상 하나의 객관적인 의미만을 갖는 것이 아니라, 상이한 객관적인 의미를 가질 수 있다.

위에서와 같은 사례 이외에도 표시의 객관적인 의미가 상이한 경우는 다양하게 존재할 수 있다. 예를 들어 일반적으로 소고기 1근이 600g으로 이해되는 반면, 경상도의 일부 지역에서는 소고기 1근을 400g으로 이해한다고 한다. 또한 청약자를 위해 청약의 유인으로 제공된 여러 개의 품목이 적혀져 있는 상품 목록표에서 청약자가 몇 개의 상품 앞에 「X」의 표시를 한 경우, 한국에서는 「X」의 표시가 된 해당 상품을 선택하지 않겠다는 의미로 이해될 수 있는 반면, 독일에서는 「X」의 표시가 된 해당 상품을 선택하겠다는 의미로 이해될 수 있다.

이와 같이 하나의 표시는 지역, 국가 간에 있어서 상이한 내용을 가질 수 있으며, 계층 간이나 직업 분야별로도 상이한 내용을 가질 수 있다. 특히 묵시적 의사표시의 경우에는 명시적 의사표시에 비해 보다 상이한 표시의 객관적인 의미가 발생할 수 있다.

비록 오늘날 언론 매체 등을 통해 한 국가 내에서의 언어나 행동 양식이 갖는 의미가 점차 통일되어 가고 있고, 세계적으로도 타 민족이나 타 국가의 언어나 행동 양식에 대한 이해가 점점 깊어져 가고 있기는 하지만, 그럼에도 불구하고 하나의 표시가 상이한 표시내용을 갖는 경우는 아직도 적지 않게 발생할 수 있다.

따라서 하나의 표시가 표의자의 이해가능성과 상대방의 이해가능성에 따라서 상이한 표시내용을 가질 때, 누구의 표시내용을 객관적인 표시내용이라고 할 수 있는가의 문제는 표시의 객관적 가치를 결정하는 데 있어 여전히 중요한 문제라고 할 수 있다.

ⓑ 區別의 實益

표시에 대한 표의자의 이해가능성과 상대방의 이해가능성이 일치할 때에는 어느 당사자의 이해가능성을 표시의 기준으로 하든지 동일한 결론에 도달한다. 즉 절대적인 하나의 객관적 표시내용이 도출될 수 있는 것이다.

또한 상대방을 필요로 하지 않는 의사표시의 경우에나, 오표시무해의 원칙이 적용되는 영역에서도, 표시와는 상관없이 표의자의 진의가 의사표시로서의 가치를 갖기 때문에, 표시내용의 확정을 전제로 하는 표의자의 이해가능성과 상대방의 이해가능성에 대한 구별의 실익이 없다. 다만 오표시무해의 원칙에 있어서도 표시의 해석 이전에 우연히 양 당사자의 의사의 일치가 알려진 경우가 아니라면, 우선 의사표시에서의 표시내용을 확정할 필요가 있기 때문에, 표시내용을 어떻게 정할 것인가의 문제는 발생할 수 있다. 왜냐하면 이러한 표시내용의 효력을 부정하는 자가 그 표시내용과는 다른 양 당사자의 공통된 진의가 있었다는 것을 입증해야 하기 때문에, 표시내용의 확정은 입증책임의 부담을 위한 전제문제로 되기 때문이다.

한편 계약에 있어서 양 당사자의 이해가능성이 다른 경우에는, 어떤 표시내용을 기준으로 하느냐에 따라, 의사표시의 효력 및 비정상적인 의사표시의 범위가 달라질 수 있다. 우선 표의자의 이해가능성을 표시내용의 기준으로 삼는다면, 표의자가 속한 일반인이 인식할 수 있었던 내용이 표시내용이 되기 때문에, 표의자가 그의 진의와 함께 이러한 내용의 표시를 함으로써, 그의 의사표시는 유효하게 된다. 다만 계약이 성립하기 위해서는 양 당사자의 표시내용이 일치(Konsens)해야만 하기 때문에, 무의식적 불합의(Dissens)가 문제될 뿐이다.

반대로 상대방의 이해가능성을 표시내용의 기준으로 삼는 경우, 표의자가 그에게 속한 일반인에게 요구되는 주의의무에 따라서 의사를 표시하였다고 하더라도 상대방이 이를 알았거나 알 수 없었다면, 그 의사표시는 착오로 인한 의사표시로 될 수 있다. 즉 표의자의 의사와 표시가 적어도 그가 속한 사회에서는 일치한다고 볼 수 있는 경우에도, 상대방이 속한 사회에서는 표의자의 표시를 다른 의미로 사용한다면, 이때의 표의자의 의사표시는 착오로 인한 의사표시로 된다.71)

이와 같은 결과는 상대방이 있는 단독행위의 경우에도 동일하게 적용된다. 누구의 이해가능성을 표시내용의 해석기준으로 하는가에 따라서 의사표시의 효력 및 비정상적인 의사표시의 범위가 달라질 수 있는 것이다. 다만 단독행위의 경우에는 단지 하나의 의사표시의 효력만이 문제되기 때문에, 계약에서와 같은 의사표시의 불합치의 문제는 발생하지 않는다는 점이 단독행위와 계약의 차이점으로 된다.

이때 표의자의 이해가능성과 상대방의 이해가능성 중, 어떤 기준이 표시내용의 해석기준으로 더욱 적합한지에 대해서는 이하에서 보다 면밀히 검토할 필요가 있다.

2. 表示價値의 決定基準

1) 學 說

우리 민법의 다수설은 법률행위가 객관적으로 해석되어야만 한다고 할 뿐, 의사표시에 있어서의 표시를 표의자의 이해가능성에 따라서 해석할 것인가 또는 상대방의 이해가능성에 따라서 해석할 것인가에 대해서는 명확한 입장을 밝히지 않는다. 단지 객관적 해석을 위해서는 당사자가 기도한 목적, 사실인 관습, 임의법규나 신의성실의 원칙 등이 기준이 될 수 있다고만 할 뿐이다.72)

---

71) 그리고 개념적으로는 이 경우에도 의사표시의 불합치의 문제가 발생할 수 있지만, 논리적으로 이것이 과연 가능한가에 대해서는 의문이 있는데, 이에 대해서는 이 기준에 대한 비판에서 재검토하기로 한다.

72) 고상용, 민법총칙, 365-80면: 곽윤직, 민법총칙, 223-8면: 김용한, 민법총칙, 269-276

이러한 다수설의 주장 중, 표의자의 이해가능성과 상대방의 이해가 능성이 충돌하는 경우와 관련된 기술은 주로 사실인 관습에 대한 고려에 서 나타난다.[73] 즉 표의자가 속한 사회의 관습과 상대방이 속한 사회의 관습이 다른 경우에 어느 관습이 법률행위의 기준이 될 수 있는가의 문 제이다.

이에 비해 의사표시에 있어서의 규범적 해석을 주장하는 견해는 대 체로 표시내용을 상대방 지평설(Empfängerhorizont)에 따라서 해석해야 한다고 주장한다.[74] 다만 이러한 상대방 지평설을 주장하는 견해 중에 서는 상대방의 이해가능성과 표의자의 이해가능성이 일치하지 않는 위 에서의 음식 주문서 사례(Speisekarte Fall)를 소개하면서, 이를 숨은 불 합의의 문제로 이해하는 경우에는 양자 간의 법률관계를 부당이득에 의해서 규율하게 되는데,[75] 이는 부당하다고 하면서,[76] 이를 영역설의 입장에서 해결하려는 견해도 있다.[77]

또한 상대방의 이해가능성을 주장하는 견해 역시 법률행위의 해석에 있어서는 당사자가 기도한 목적, 사실인 관습, 임의법규나 신의성실의

면: 김준호, 민법총칙, 293, 296 - 300면.

73) 고상용, 민법총칙, 368면: 곽윤직, 민법총칙, 226면: 김용한, 민법총칙, 272 - 3면: 김준호, 민법총칙, 298면.

74) 김상용, 민법총칙, 428면: 백태승, 민법총칙, 372면: 이영준. 민법총칙, 253 - 4면: 이은영, 민법총칙, 425면.

75) 동 견해는 채권행위와 물권행위의 관계에 대한 유인론을 주장하는데, 이에 따르면 동 사례는 소비물의 부당이득 반환의 문제(우리 민법 제741조, 제747조 이하)가 아니라, 소유물반환청구권의 문제(우리 민법 제213조, 제201조 이하)에 따라서 규 율되어야 할 것으로 생각된다.

76) 이때의 부당한 이유에 대한 설명이 없기 때문에 그 내용을 알 수는 없지만, 아마 도 우리 민법 제748조 제1항에 따라서 선의의 수익자는 받은 이익이 현존한 한도 에서 목적물의 반환에 대한 책임을 지게 되는데, 이 사례에서의 목적물은 소비물 이기 때문에 현존한 이익이 없게 되고, 이에 따라 손님의 반환의무가 없게 되는 점을 우려한 것으로 이해된다. 그리고 이러한 문제점은 소유권반환청구권에 따른 제202조 2문에 의하는 경우에도 마찬가지로 발생한다. 다만 소비물을 사용한 경 우에도 점유자나 부당이득을 한 자의 현실적인 이익은 존재하기 때문에, 이를 현 존한 이익의 개념에 포함시킬 수 있다면 이에 대한 가액배상이 가능할 수도 있다 (우리 민법 제747 제1항 참조).

77) 이영준. 민법총칙, 254 - 5면.

원칙 등이 기준이 된다고 하는데,[78] 이때의 사실인 관습과 관련해서 표의자의 이해가능성과 상대방의 이해가능성이 충돌하는 경우를 다루는 것은 다수설과 마찬가지이다.[79]

단지 사실인 관습에 관해서만 고찰하자면, 법률행위에 관해서는 양 당사자에게 공통된 관습만이 고려될 수 있다고 하는 견해가 우리 민법에 있어서의 통설이다.[80] 다만 표의자가 속해 있는 사회에서의 관습을 의사표시의 해석의 기준으로 할 수 있지만, 이를 법률행위의 해석의 기준으로 삼을 수는 없다고 하는 견해도 있다.[81] 이 견해 역시 계약의 경우에는 양 당사자에게 공통되지 않은 관습을 고려하지 않으려는 의미로 이해되기 때문에,[82] 결국 통설의 경우와 동일한 이론인 것으로 보인다.

한편 소수의 견해는 표의자의 관습이 아닌 상대방의 관습만이 고려되어야 한다고 주장한다.[83] 동 견해는 각 당사자는 먼저 그가 사용한 용어 기타 표현방법이 상대방이 속하는 사회에서 적용되고 있는 의미로 풀이된다는 것을 각오하고 행동해야만 하기 때문이라는 것을 그 근거로 한다.

2) 表意者의 理解可能性과 相對方의 理解可能性에 대한 檢討

이하에서는 표의자의 이해가능성과 상대방의 이해가능성 중, 어느 것이 보다 타당한 표시의 해석기준인 것인가를 문리적, 논리적, 역사적 그리고 목적적인 방법을 통해 검토하기로 한다.

---

78) 김상용, 민법총칙, 433－42면: 백태승, 민법총칙, 377－80면: 이영준, 민법총칙, 272－90면: 이은영, 민법총칙, 431－37면.
79) 김상용, 민법총칙, 437－8면: 이영준, 민법총칙, 284면: 이은영, 민법총칙, 433－4면.
80) 곽윤직, 민법총칙, 226면: 김상용, 민법총칙, 437－8면: 김용한, 민법총칙, 272－3면: 김준호, 민법총칙, 298면: 이은영, 민법총칙, 433－4면.
81) 이영준, 민법총칙, 284면.
82) 김상용, 민법총칙, 438면 참조.
83) 고상용, 민법총칙, 368면.

(1) 文理的 解釋

우리 민법에는 표시내용의 규범적 기준으로서, 표의자의 이해가능성이 타당한 것인가 혹은 상대방의 이해가능성이 타당한 것인가에 대해 추론할 만한 규정이 존재하지 않는다. 규범적 해석에 있어서 상대방의 이해가능성을 표시내용의 척도로 해석하고 있는 독일민법에서도, 이러한 상대방의 이해가능성은 법률의 규정으로부터 직접적으로 추론될 수 없다고 한다.[84]

(2) 論理的 解釋

a) 의사표시에 있어서 상대방의 이해가능성을 기준으로 하는 경우에는 동일한 표시를 다수의 상대방에게 한 표의자가 때로는 착오를 한 자로 될 수 있는 반면, 때로는 유효한 의사표시를 한 것으로 인정될 수도 있다.

예를 들어 표의자가 선택한 표시수단이 표의자가 속해 있는 사회와 동일한 표시수단을 사용하는 사회에 소속된 상대방에게 표시된 경우에는 표의자의 의사에 따른 표시가 효력이 있게 되는 반면, 표의자가 속해 있는 사회와 다른 표시수단을 사용하는 사회에 소속된 상대방에게 표시된 경우에는 표의자가 착오를 한 자로 되는 경우가 발생할 수 있는 것이다.

물론 표의자가 상대방이 속한 사회에서 다른 표시수단을 사용한다는 것을 알았다면, 표의자의 일정한 책임을 인정할 수 있지만, 표의자가 이러한 차이를 전혀 알 수 없었던 경우에 있어서조차 표의자를 착오를 한 자로 취급해야 하는 것인지에 대해서는 의문이 발생한다.

한편 표의자의 이해가능성에 따라서 표시내용을 확정하는 경우에는

---

84) Larenz / Wolf, AT, 8.Aufl.(1997), S. 538: 또한 거래관행에 관한 고려와 함께 신의성실이 요구하는 바에 따라서 계약이 해석되어야 한다는 독일민법 제157조(우리 민법 개정안 제106조 제2항 참조)의 규정이 의미론적으로 규범적 해석과 동일한 의미를 가질 수 없다는 견해로는 Andreas Trupp, Die Bedeutung des § 133 BGB für die Auslegung von Willenserklärungen, NJW 1990, S. 1346 참조.

이러한 문제가 발생하지 않는다. 표의자는 그의 사회에서 일반적으로 통용되는 의미로 그의 의사를 표시하면, 그 의사표시는 유효하기 때문이다. 이때 그 표시가 상대방이 속한 사회에서는 다른 의미로 사용된다면, 이는 계약의 경우에 의사표시의 불합치가 문제될 뿐이다.

다만 표의자가 상대방에게 속한 사회에서 그의 표시를 다른 표시의미로 사용한다는 것을 알았다면, 이때는 비진의표시의 규정(우리 민법 제107조)이 적용되어 상대방이 이해할 수 있었던 표시내용이 효력을 가지게 될 수 있다. 한편 표의자가 단지 상대방이 속한 사회에서 다른 표시수단을 사용한다는 점을 알 수 있었을 뿐이라면, 이 경우에는 의사표시의 불합치에 의해 계약을 무효로 하고, 그 의사표시의 불합치가 발생하게 된 점에 대한 과실을 인정해서 표의자의 손해배상의무를 인정하는 것이 보다 타당할 것이다. 이러한 결과는 상대방이 표의자가 속한 사회에서 자신이 속한 사회와 다른 표시의미를 사용한다는 점을 알았거나 알 수 있었던 경우에도 동일하게 적용될 수 있다.

b) 독일민법에서의 다수의 견해는 하나의 표시를 상대방의 이해가능성에 따라서 해석한 뒤, 이에 대한 표의자의 이해가능성이 없으면 이를 표의자에게 귀책시킬 수 없다고 한다. 또한 이에 기초해서 계약에 있어서는 의사표시의 불합치를 인정한다. 그러나 이것이 논리적으로 가능한 것인지에 대해서는 의심이 든다.

왜냐하면 상대방의 이해가능성을 표시내용의 척도로 할 때에는 각각의 표시내용이 각각의 상대방을 위해 유리하게 해석되기 때문에, 양자 모두가 원하는 계약에 대해 불합의를 인정하는 근거가 무엇인가에 대한 의문이 제기될 수 있기 때문이다.[85] 이를 명확하게 하기 위해서 위에서의 음식 주문서 사건의 예를 통해서 이를 살펴보면, 독일의 다수의 견해는 다음과 같은 내용으로 된다.

---

85) Medicus, AT(2002), S. 126 참조.

우선 여기서의 청약자를 손님으로 본다면, 청약의 표시는 주인이 이해할 수 있었던 높은 가격으로 해석된다. 한편 승낙자인 주인의 표시는 청약자인 손님이 이해할 수 있었던 낮은 가격으로 해석된다. 즉 손님에 의한 청약의 의사표시는 승낙자인 주인이 원하는 대로 해석되고, 주인에 의한 승낙의 의사표시는 청약자인 손님이 원하는 대로 해석되는 것이다.

이때 물론 양 표시내용은 일치하지 않는다. 그러나 청약의 표시에 대해 승낙자가 그 효력의 발생을 원하고, 승낙의 표시에 대해서도 역시 청약자가 그 효력의 발생을 원함에도 불구하고, 어느 의사표시도 효력이 발생하지 않는다는 모순이 발생한다. 적어도 표의자의 표시내용에 대해서 상대방이 그 효력을 인정한다면 이러한 의사표시는 효력이 발생해야 하기 때문이다.

이에 반해 표의자의 이해가능성을 기준으로 표시를 해석하는 경우에는 이러한 문제점이 발생하지 않는다. 이 기준에 따르면, 우선 청약자인 손님의 표시내용은 청약자가 원하는 낮은 가격이다. 또한 승낙자인 주인의 표시내용은 그가 원하는 높은 가격이다. 따라서 각 청약자와 승낙자는 단지 자신의 의사표시의 효력의 발생만을 원하고 있다. 그러나 이러한 각각의 의사표시의 내용은 상대방의 의사표시와는 일치하지 않기 때문에, 계약에 있어서의 의사표시의 불합치의 문제가 발생하게 된다.

c) 독일민법의 소수의 견해는 독일민법 제122조가 의사와 표시가 일치하지 않는 경우에 표의자의 과실 유무에 관계없이 그의 손해배상책임을 인정하기 때문에, 언제나 상대방의 이해가능성의 기준에 따라서 규범적 해석을 해야 한다고 주장한다.

그러나 표의자의 이해가능성과 상대방의 이해가능성이 일치하지 않는 경우, 이를 표의자의 이해가능성에 따라서 해석하게 되면, 계약에 있어서는 단지 의사표시의 불합치의 문제만이 발생할 수 있다. 따라서 이는 하나의 의사표시에 있어서의 의사와 표시의 불일치에 대해 규율하는 독일민법 제122조가 적용되는 영역이 아니다. 이러한 이유로 독일민법 소수의 견해의 문제제기는 타당성을 유지할 수 없다고 생각된다.

(3) 歷史的 解釋

상대방의 이해가능성에 따라서 표시내용이 결정되어야 한다는 이론은 이미 Jhering에 의해 주장된 바 있다. 그러나 이러한 Jering의 이론은 독일민법 제1초안의 입법자에 의해, 그의 이름이 거명됨이 없이,[86] 유지될 수 없는 것으로서(unhaltbar) 거절되었다.[87]

다만 제1초안의 제73조(독일민법 제133조: 우리 민법 개정안 제106조 제1항 참조)에서의 입법이유서(Motiv)에 따르면, 표의자의 표시의 사정거리가 상대방의 이해에 의존한다는 점은 인정될 수 있다고 한다.[88] 이때 상대방의 이해란 표의자의 표시로부터 상대방이 이해한 내용이 상대방의 의사표시에 있어서의 상대방의 의사를 형성한다는 의미로 이해된다.[89]

이러한 해석에 따른다면, 표의자의 표시는 표의자의 이해가능성에 따라서 해석되고, 다만 표의자의 표시로부터 상대방이 인식한 내용은 그의 의사가 되어 그의 표시로 나타난다고 해석될 수 있다.

다만 독일민법 제133조(우리 민법 개정안 제106조 제1항)의 입법이유서에는 표시내용의 결정 기준에 관해 명확한 언급을 하고 있는 것이 아니기 때문에,[90] 역사적 해석(Historische Auslegung)의 관점에서 볼

---

86) Alexander Lüderitz, Auslegung von Rechtsgeschäften, C. F. Müller, 1966, S. 278; Vogenauer / Historisch−kritischer Kommentar zum BGB I, 1.Aufl. 2003, §§ 133, 157 BGB, Rn. 38; Windscheid / Kipp, Pandekten 1, 9.Aufl.(1906), S. 447(Fn. 11); Windscheid, Wille(1880), S. 106f. 참조.

87) Motive I, S. 155＝Mugdan I, S. 437; Windscheid / Kipp, Pandekten 1, 9.Aufl.(1906), S. 446ff. 참조.

88) Motive I, S. 155＝Mugdan I, S. 438.

89) 이에 관해서는 Windscheid / Kipp, Pandekten1, 9.Aufl.(1906), S. 394f. 비교.

90) Windscheid 역시 '표시는 일정한 법률효과가 발생해야 한다'고 기술하고 있을 뿐,

때, 양 당사자의 이해가능성의 차이가 있을 때 무엇을 객관적 기준으로 설정할 것인가에 대한 입법자의 근본적 결단을 확실하게 확정하기는 어렵다고 생각된다.

(4) 目的論的 解釋

마지막으로 검토되어야 할 점은, 어느 당사자의 이해가능성을 객관적 표시내용으로 설정했을 때 합목적적 결과가 도출될 수 있는가 하는 점이다(Teleologiesche Auslegung).

상대방의 이해가능성의 척도에 따르면, 상대방의 이해가능성에 따른 표시내용과 표의자의 진의가 일치하지 않을 때, 의사표시의 하자가 존재한다. 이 경우에 표의자가 그가 속한 사회의 평균인의 관점에 따른 내용으로 표시를 했고, 또한 이러한 표시가 표의자의 진의와 일치하는 경우에도 이러한 표의자는 착오를 한 자로 될 수 있다.

본래 착오는 과실 개념과는 달리, 그의 주의의무와는 관계없이 객관적 가치에 대한 不知의 여부가 결정적이기 때문에, 이러한 주의의무를 다한 표의자가 착오를 한 자로 될 수 있을 여지가 있다. 그러나 묵시적 의사표시와 같은 경우에 흔히 나타나는 바와 같이, 객관적 가치가 무엇인가에 대한 명확한 기준이 설정될 수 없는 경우에는 결국 양 당사자의 이해가능성이 기준이 될 수밖에 없고, 이 경우에 있어서 주의의무를 다한 표의자가 착오를 한 자로 될 수 있다는 것은 받아들여지기 어렵다고 생각된다.

또한 착오를 한 자의 과실의 유무에 관계없이 상대방의 정당한 신뢰 여부에 따라서 손해배상을 인정한 독일민법(동법 제122조 참조)과 같은 경우에는, 이러한 표시과실조차 없는 표의자가 상대방에 대해 손해배상의무를 지게 되는 결과가 된다.[91]

이때의 표시를 어떤 기준에 따라서 확정할 것인지에 대해서는 기술하고 있지 않다.

91) 우리 민법 개정안 제109조 2의 제1항에 따르면, 의사표시의 取消의 경우, 착오를 한 자가 그의 착오를 알 수 있었던 경우에 손해배상의무가 발생한다고 함으로써,

독일의 학설은 이러한 결과가 인정되는 근거를 일반적으로 다음과 같이 설명한다. 즉 표시의 상대방은 표시의 작성과 전달에 관해 어떠한 영향도 미칠 수 없는 수동적 참가자인 반면에, 표의자는 그 스스로 표시를 퍼뜨렸고, 그 때문에 표시를 상대방에 의해 이해될 수 있도록 작성하고 전달할 가능성이 높다.92) 따라서 양 당사자에게 책임이 없는(schuldlos) 경우에, 상대적으로 상대방이 표의자보다 더 작은 책임(noch unschuldiger)이 있다고 한다.93) 이에 따라서 독일의 학설은 과실의 유무에 관계없는 표의자의 책임(verschuldensunabhängige Verantwortlichkeit)을 인정한다.94)

그러나 이와 같은 경우에, 표의자가 상대방보다 더 큰 책임이 있다고 말할 수 있는지에 대해서는 의문이다. 왜냐하면 법질서는, 거래질서에서 요구되는 주의의무를 기울인 자는 손해배상의무를 두려워할 필요가 없다는 고려에 따라, 일반적으로 과실책임의 원칙을(Verschuldensprinzip) 인정하기 때문이다.95) 이러한 과실책임의 원칙은 불법행위법에서의 책임뿐만 아니라(우리 민법 제750조: 독일민법 제823조 참조), 계약법상의 책임에서도(우리 민법 제390조 2문: 독일민법 제276조 참조) 공통적으로 인정되고 있다. 그럼에도 불구하고, 오직 양 법률제도의 중간 위치에 있는96) 착오의 영역에서만 표의자에게 표시과실이 없음에도

착오를 한 자에게 과실이 있는 경우에 손해배상책임이 발생함을 명시하였다. 따라서 독일민법에서와 같이 표시과실 없는 표의자의 배상의무는 발생하지 않는다. 따라서 여기서의 검토는 단지 비교법적으로 독일민법의 문제점을 밝힘으로써, 우리 민법 개정안의 개정 방향에 대한 타당성을 개진하려고 한다.

92) Enneccerus / Nipperdey, AT Bd.II(1960), S. 1057f; Rolf Ostheim, Probleme bei Vertretung durch Geschäftsunfähige, AcP 169, 1969, S. 209; Eberhard Wieser, Zurechenbarkeit des Rechtsgeschäfts?, AcP 184, 1984, S. 41.

93) Otto Bähr, Über Irrungen beim Contrahieren, Jher.Jb. 14, 1875, S. 407; Otto v. Gierke, Der Entwurf eines bürgerlichen Gesetzbuches und das deutsche Recht, Duncker u. Humblot, 1889, S. 167.

94) Flume, AT(1992), S. 420; Larenz / Wolf, AT, 8.Aufl.(1997), S. 691; Medicus, AT(2002), S. 125.

95) Dieter Medicus, Schuldrecht I Allgemeiner Teil, C. H. Beck, 13.Aufl. 2002, S. 148.

96) 우리 민법 제535조의 계약체결상의 과실책임에 관한 규정이 불법행위법과 계약법

불구하고 그 손해배상을 인정해야 한다는 것은 납득이 되지 않는다. 왜냐하면 불법행위법과 계약법에 있어서도 피해자나 채권자는 단지 수동적인 상대방일 뿐이며, 가해자나 채무자가 상대방의 법적 이익을 보호할 가능성을 갖고 있기 때문이다.

따라서 착오로 인한 의사표시에 있어서 표시과실이 없는 표의자의 손해배상의무를 인정하기 위해서는, 먼저 착오를 한 자가 불법행위법에 있어서의 가해자나 계약법에서의 채무자와 다르게 취급되는 근거를 제시해야만 할 것이다.

(5) 小 結

사견은 표의자의 이해가능성을 의사표시에 있어서의 표시의 해석의 기준으로 이해한다. 다만 계약의 경우에 각각 청약과 승낙에 있어서의 표의자의 이해가능성에 따른 표시내용이 일치하지 않는 경우에는 그 의사표시의 불합치 때문에 계약이 무효로 된다고 이해한다.

3) 單獨行爲의 경우

단독행위의 경우 역시 표의자의 이해가능성에 따라서 표시가 해석되어야 한다. 다만 이 경우에는 의사표시의 불합치의 문제조차 발생하지 않는다.

이와 같은 주장에 대해서는 특히 상대방이 있는 단독행위의 경우에 표의자의 표시에 대한 이해가능성이 없었던 상대방이 그 표시내용에 구속될 수 있어서 부당하다는 의문이 제기될 수 있다.[97]

그러나 단독행위에 있어 표의자의 이해가능성을 표시내용의 결정기

상의 중간적 영역을 전면적으로 인정한 예시적 규정인가 또는 원시적 불능인 계약에만 적용되는 열거적 조항에 해당하는가와 관련해서는 많은 학설의 다툼이 있다. 이에 관해서는 김대정, 계약체결상의 과실책임, 성균관 법학 제11호(1999), 4면 이하 참조.

97) Wieser, Zurechenbarkeit(1984), S. 41.

준으로 한다고 해서, 상대방이 표의자의 표시에 대해서 이해할 수 없는 경우가 발생할 수 있는지에 대해서는 의문이다.

왜냐하면 우선 단독행위는 일반적으로 그 의사표시 이전의 양 당사자 간에 존재하는 법률행위를 기초로 해서 인정되기 때문이다. 즉 相計, 追認, 取消, 解除, 解止 등은 각각 일정한 법률행위의 성립 내지 법률행위의 체결 단계를 기초로 해서 인정되기 때문에, 상대방이 어떠한 법률관계가 문제되는지 알 수 없는 경우가 발생하기 어렵다.

또한 단독행위는 상대방의 권리에 대해서 일방적으로 직접적인 영향을 미치기 때문에, 조건과 기한을 붙일 수 없다는 점에 학설이 일치하고 있다. 따라서 상대방에게 예측하지 못할 법률관계의 내용이 발생하기도 어렵다.

특히 단독행위에서는 追認, 取消 등의 특정된 용어를 사용하게 되며, 단독행위의 종류 역시 법률로 규정된 경우에 한해서 인정된다. 이러한 점은 표의자의 이해가능성과 상대방의 이해가능성의 차이가 존재하기 어려운 부분이다.

마지막으로 단독행위는 표의자의 권리를 상대방보다 강하게 보호할 필요성 때문에 법질서가 인정하고 있는 제도이다. 조금 더 구체적으로 보자면, 의사표시 자체가 상대방보다는 표의자의 의사에 따른 자유로운 권리관계의 형성을 도모하기 위한 목적으로 고안된 제도이다. 따라서 하나의 의사표시만으로 법률행위를 구성하는 단독행위의 경우에는 표의자의 권리가 상대방의 권리보다 더욱 보호될 필요성이 있다. 이에 비해 법률관계의 변동과 관련한 양 당사자의 평등은 단지 계약의 단계에서 실현된다고 할 수 있다. 즉 양 당사자 모두가 그의 의사에 반한 법률관계에 구속되지 않는 것은 단지 계약에서만 절대적으로 보장되는 것이다. 하나의 의사표시만으로 법률관계의 변동이 이루어지는 단독행위의 경우와는 달리, 법질서가 계약의 경우에는 청약과 승낙의 객관적인 표시내용이 일치해야 한다는 의사표시의 합치(Konsens)를 계약의 성립요건으로 하는 이유도 여기에 있다고 할 수 있다.

이와 같이 단독행위의 경우에는 표의자의 이해가능성과 상대방의 이해가능성의 차이가 나는 경우가 현실적으로 거의 발생하지 않는다. 또한 만에 하나 그러한 경우가 존재한다면 이는 오히려 표의자가 보호되어야 하는 것이 단독행위라는 제도가 인정되는 취지에 부합한다. 이 경우에 상대방이 그가 인식할 수 없었던 표시내용에 구속되지 않는 것은 단지 계약의 경우에만 절대적으로 보장되며, 계약에 있어서 의사표시의 합치(Konsens)가 요구되는 것은 이러한 보장을 위해서 중심적인 역할을 한다. 따라서 단독행위의 경우에도 표시내용의 객관적인 해석은 표의자의 이해가능성을 기준으로 해서 판단되어야만 한다.

Ⅳ. 意思의 探究

이미 주장한 바와도 같이, 표시내용이 결정되면 여기에 상응하는 의사가 존재하는지의 여부가 검토되어야 한다. 만약 의사와 표시가 일치한다면, 그 의사표시의 효력은 인정된다. 다만 계약의 경우에는 표의자의 표시내용과 상대방의 표시내용이 일치하는 경우에만 계약이 성립한다.

한편 객관적인 표시내용에 상응하는 의사가 존재하지 않았다는 점은 궁극적으로 표의자의 입증을 통해서 고려된다. 이때 표의자의 입증내용이 표시내용의 추정적 효력을 부정할 수 있는 것인가의 여부는 법관의 자유심증에 따라서 결정된다.

또한 표시내용과 일치하지 않는 의사의 입증 과정에서 반드시 밝혀져야 할 것은 표시와 의사의 불일치가 발생하게 되는 원인이 어디에 있었는가에 대한 점이다. 이것이 밝혀져야지만, 민법 제107조 이하 중에서 어떠한 비정상적인 의사표시에 관한 규정을 적용할 수 있는지가

정해질 수 있기 때문이다.

이와 같이 표시의 객관적인 내용에 상응하지 않는 의사의 존재가 인정되고, 이러한 의사와 표시의 불일치가 발생하게 되는 원인이 밝혀진다면, 이제 상응하는 의사가 존재하지 않는 표시의 효력은 비정상적인 의사표시의 효력에 관한 우리 민법 제107조 이하의 규정에 의해서 개별적으로 정해진다.

▶ 제3절 錯誤로 인한 意思表示

Ⅰ. 錯誤의 意味

1. 錯誤의 槪念

착오라 함은 인식의 주체가 인식 대상에 대해서 잘못된 표상을 하고 있는 의식의 상태를 의미한다.[98] 이는 협의의 의미에서의 착오의 개념이라고 할 수 있다. 오늘날의 우리 민법의 일부 학설은 이러한 협의의 의미에서의 착오의 의미에 대해서 정의한다.[99] 그러나 민법의 발달 과정을 보면, 착오의 범위에는 인식의 주체가 인식 대상에 관해서 어떠한 표상도 없는 의식의 상태인 不知가 포함되어 있다.[100] 따라서 양 개념

---

98) Savigny, System Ⅲ(1840), S. 111, u. 326.
99) 곽윤직, 민법총칙, 237면: 김상용, 민법총칙, 475면: 백태승, 민법총칙, 410면.

을 포함한 넓은 의미의 착오의 개념은 인식의 주체에게 인식 대상에 대한 올바른 표상이 존재하지 않는 의식의 상태라고 정의할 수 있다.

2. 錯誤와 錯誤로 인한 意思表示

1) 學 說

우리 민법에서 착오로 인한 의사표시의 개념에 대해서는 다양한 견해가 주장된다.

우선 다수설은 착오로 인한 의사표시를 표시내용(表示上의 效果意思)과 사실상의 의사(內心의 效果意思)가 일치하지 않는 의사표시로서, 그 불일치를 표의자가 알지 못하는 경우라고 정의한다.[101]

이에 대해서 소수설은 착오로 인한 의사표시에 대한 다수설의 정의가 동기의 착오를 포함할 수 없다고 주장한다. 이에 따라 소수설은 표의자가 의사표시에 이르는 과정 또는 의사표시 자체에 있어서 스스로가 모르고 사실과 일치되지 않는 인식 또는 판단을 하고, 이에 의거해서 의사표시를 하는 경우를 착오로 인한 의사표시라고 정의한다.[102]

양 견해의 절충설은 다시 2가지의 견해로 나누어 고찰할 수 있는데, 그중 하나는 착오로 인한 의사표시를 진의와 표시의 불일치라고 정의하면서, 이때의 진의는 표의자가 진정으로 꾀하였던 의사로서, 착오가

---

100) Savigny, System Ⅲ(1840), S. 111, u. 326: 한편 이영준, 민법총칙, 338면은 착오를 모르고 잘못한 의사표시라고 정의하는데, 이러한 개념 정의가 不知만을 의미하는 것인지 또는 착오와 부지의 개념을 포괄하는 의미로 사용된 것인지의 여부는 명확하지 않다.

101) 김기선, 한국민법총칙, 법문사, 1985, 272면: 김주수, 민법총칙, 삼영사, 1982, 273면: 김증한 / 김학동, 민법총칙, 339면: 김현태, 민법총칙, 교문사, 1984, 298면.

102) 고상룡, 민법총칙, 415면: 김용한, 민법총칙, 295면: 김형배, 민법학연구, 박영사, 제2판 1989, 94면: 장경학, 민법총칙, 법문사, 제3판 1990, 483면: 황적인, 현대민법론 I, 박영사, 1985, 177면.

없었더라면 가졌을 것으로 생각되는 의사라고 한다.[103] 다른 견해는 민법에서의 착오는 내심적 효과의사와 표시행위와의 불일치만을 의미하는 것이지만, 동기에 의한 착오의 경우에도 거래상 중요한 동기의 착오에 관해서는 민법 제109조를 유추적용해야 한다고 주장한다.[104]

한편 우리 민법 개정안 제109조 제2항은 "당사자, 물건의 성상 그 밖의 법률행위의 동기에 착오가 있는 때에도 그 착오가 표의자의 의사표시에 거래상 본질적인 사정에 관한 것인 경우에는 착오에 관한 규정을 준용한다"고 규정하는데, 이는 절충설의 마지막 견해에 따른 입법으로 보인다. 그리고 이는 또한 독일민법 제119조 제2항의 규정과 매우 유사한 내용을 포함하고 있다.

2) 判 例

우리 민법의 판례는, 다수설과 마찬가지로, 착오의 개념을 표시의 내용과 표의자의 사실상의 의사가 일치하지 않는 경우라고 정의하는 경우도 있다.

> 착오라는 것은 의사표시의 내용과 내심의 의사가 일치하지 않는 것을 표시자가 모르는 것이므로, 단순히 내심적 효과의사의 형성과정에서 착오가 발생한 이른바 연유의 착오 또는 동기의 착오는 내심적 효과의사와 참뜻 사이에 착오가 있음에 그치고, 이 내심적 효과의사와 표시와의 사이에는 그 불일치가 없다고 할 것이다.[105]

한편 판례 중에는, 소수설과 마찬가지로, 착오의 개념에 표의자의 의사가 형성되는 과정에서의 인식을 포함하고 있는 경우도 있다.

---

103) 곽윤직, 민법총칙, 237면.
104) 김상용, 민법총칙, 476-7면: 백태승, 민법총칙, 411면: 이영준, 민법총칙, 340-1면.
105) 대판 1985.4.23, 84다카890.

의사표시에 착오가 있다고 하려면 법률행위를 할 당시에 실제로 없는 사실을 있는 사실 또는 실제로 있는 사실을 없는 것으로 잘못 생각하듯이 표의자의 인식과 대조사실이 어긋나는 경우라야 할 터이므로, 판결선고 전에 이미 그 선고결과를 예상하고 법률행위를 하였으나 실제로 선고된 판결이 그 예상과 다르다 하더라도, 이 표의자의 심리상태에 인식과 대조사실에 불일치가 있다고는 할 수 없어 착오로 다룰 수는 없다.[106]

3) 檢 討

(1) 우리 민법의 다수설이 착오로 인한 의사표시를 의사와 표시가 일치하지 않는 의사표시로 이해하는 것은 의사표시의 효력에 영향을 미치는 착오만을 착오의 개념에 포함시키는 한편, 그 효력에 영향을 미치지 않는 동기의 착오를 개별적으로 고찰하기 위함이다.

그러나 우리 민법은 독일민법 제1초안에서의 동기의 착오와 관련된 개별 규정들을 모두 포함하고 있는 것은 아니며, 특히 Windscheid의 前提條件論과 관련한 여러 규정들을 두고 있지도 않다. 이는 동기의 착오에 관한 법규정이 충분하지 않다는 것을 의미한다. 따라서 동 견해가 취소할 수 있는 착오(우리 민법 제109조)의 개념에 동기의 착오를 포함하지 않는 점에 대해서는 그 타당성을 인정할 수 있다고 해도, 동기의 착오에 대한 민법 규정의 흠결의 문제를 어떻게 해결할 것인가에 대해서는 보다 설득력 있는 이론이 보충되어야만 할 것이다.

(2) 한편 소수설이 동기의 착오를 착오의 개념에 포함시킴으로써, 동기의 착오를 규율하기 위한 법적 근거를 마련하고자 하였다는 점에 대해서는 그 의미를 부여할 수 있다. 그러나 본래 구분되어야 할 의사와 표시가 불일치하는 근거로서의 착오와 동기의 착오를 하나의 착오의 개념 아래서 이론 구성하려고 한 점은 동기의 착오를 규율하기 위한

---

106) 대판 1972.3.28, 71다2193.

올바른 방법론이 아니라고 보인다. 왜냐하면 의사와 표시의 불일치라는 개념 구성 자체가 본래적 의미의 착오(眞正한 錯誤)의 독자적 효력을 정할 수 없다는 한계에 따라서, 동기의 착오 등 원칙적으로 의사표시의 효력에 영향을 미치지 않는 착오를 배제하기 위해서 만들어진 개념이기 때문이다.

(3) 착오를 의사와 표시의 불일치로 이해하면서, 동기의 착오에 관해서는 착오의 규정을 유추적용하려고 한 절충설의 견해가 타당한 방법론이라고 생각된다. 우리 민법 제109조는 명백히 동기의 착오를 제외한 의사와 표시의 불일치에 있어서의 착오만을 규정하고 있다고 판단되기 때문이다.

그러나 동 견해 역시 의사와 표시의 불일치로서의 착오의 효과에 관한 규정(우리 민법 제109조)을 구체적으로 어떠한 요건 아래서 동기의 착오에 유추적용할 것인가에 대해서는 논란이 있을 수밖에 없다. 이는 동기의 착오를 어떠한 경우에 고려할 것인가의 문제이다.

이와 관련해서 특히 우리 민법 개정안 제109조 제2항은 당사자, 물건의 성질 그 밖의 법률행위의 동기에 착오가 있는 경우에도 그 착오가 거래의 본질적 사정에 관한 것인 때에는 착오에 관한 우리 민법 제109조를 준용한다고 함으로써, 동기의 착오에 관한 독자적인 규정을 입법안으로 예고하였다. 이는 본래 의사와 표시의 불일치의 문제로서 발달한 不眞正한 錯誤의 문제와 구별되는 동기의 착오에 관한 적극적인 규정을 두었다는 점에서 의의가 있다고 하겠다. 다만 그 규정내용의 타당성에 대해서는 의문스러운 점이 없지 않다. 이는 동기의 착오와 관련해서 살펴보기로 한다.

3. 錯誤의 類型

우리 민법은 독일민법의 영향을 받아 착오를 표시의 착오, 내용의 착오 및 동기의 착오로 구별한다. 이러한 개념의 분류는 독일에서 표의자의 심리적 요소를 기준으로 표의자의 의사를 구별한 心理的 意思表示論의 결과이다. 이하에서는 이에 관해 살펴보기로 한다.

1) 表示의 錯誤

(1) 표시의 착오는 표의자가 표시에 표현된 의사내용을 의욕하지 않았을 뿐만 아니라, 그 표시행위(발생한 행위) 자체마저도 의욕하지 않은 경우이다. 즉 표의자가 일정한 행위를 의지하였지만, 그 표시로 나타난 행위는 의욕하지 않은 경우로서, 의사가 운동신경에 대해 부여한 명령이 잘못 실행된 경우이다. 표의자가 誤記하거나 誤談한 경우가 이러한 표시의 착오에 해당한다.

표시의 착오의 경우에는 발생한 행위에 관해서 표의자에게 어떠한 표상도 존재하지 않았기 때문에, 일정한 표상을 전제로 하는 동기의 착오와는 개념상 명확하게 구분될 수 있다. 즉 표의자가 일정한 목적물을 65만 원으로 매도한다고 의지했으나 이를 56만 원으로 기재한 경우, 표의자에게는 그 표시된 56만 원에 관해서 어떠한 표상도 존재하지 않았다. 따라서 그 표시된 56만 원에 관해서는 어떠한 동기도 존재하지 않았으며, 단지 56만 원에 대한 표시의 착오만이 문제되는 것이다.

(2) 표시의 착오와 관련해서는 표시의사가 없는 행위를 표시의 착오에 포함시킬 수 있는지가 문제로 검토된다. 이와 관련해서는 표시의사가 없는 행위를 표시의 착오의 문제로 이해하는 견해도 있고,[107] 내용

---

107) Flume, AT(1992), S. 449.

의 착오의 문제로 이해하는 견해도[108) 있다.

생각건대 표시의사가 없는 행위는 본질적으로 착오와 구별할 문제는 아니라고 생각된다. 왜냐하면 표의자의 法的 自己決定 自體가 없었건 또는 표의자에게 法的 自己決定은 있었지만 그 具體的 內容에 대해서 표시의 객관적 내용과 다른 의사를 가졌건, 양자 모두의 경우에 그 표시에 상응하는 효과의사는 존재하지 않으므로, 그 표시는 취소할 수 있는 행위라고 해야 하기 때문이다.

또한 책임의 문제에 있어서도 표의자의 책임은 표시행위에 기초한 손해배상책임만이 문제되는데, 양 경우에 있어서 표의자가 스스로 일정한 행위를 하였다는 점에 대해서는 차이가 없기 때문에, 두 경우 모두에 있어서 표의자의 손해배상책임을 인정해야만 하기 때문이다.

결국 표시의사가 없는 행위는 착오의 문제에 포함시킬 수 있는데, 이는 표시의 착오에 포함시켜야 한다고 생각된다. 왜냐하면 표시의사가 없는 행위의 경우에는 외부에 객관적으로 나타나는 표시내용에 대해서 표의자에게 어떠한 의식도 없었기 때문이다. 이는 내용의 착오의 경우에는 표의자가 적어도 외부에 객관적으로 나타나는 표시내용 자체는 의식하고 있었다는 점과 구별된다.

2) 內容의 錯誤

내용의 착오는 표의자가 그 表示行爲 자체는 의지하였지만 표시에 표현된 의사내용을 의욕하지 않은 경우이다. 예컨대 표의자가 소고기 1kg에서의 kg의 의미를 소고기 1근에서의 근의 개념으로 혼동하고, 6kg(10근)을 매수할 의사로 10kg을 주문한 경우이다. 이때 표의자는 적어도 자기가 10kg이라는 표현을 하고 있다는 점에 대해서는 의식하고 있었으나, 그 10kg에 대해서 6kg의 의미를 부여하고 있었을 뿐이다.

---

108) Larenz / Wolf, AT, 9.Aufl.(2004), S. 657f.

　이러한 내용의 착오는 과연 동기의 착오와 어떻게 구별할 수 있는지의 문제가 발생한다.

3) 動機의 錯誤

(1) 概　念

　동기의 착오는 행위자의 의사결정의 원인에 착오가 있는 것을 의미한다.[109] 그러나 동기의 착오는 구체적으로 내용의 착오와 구별이 매우 힘들다. 왜냐하면 내용의 착오의 경우에는 표의자가 자신의 행위의 결과에 대해서 일정한 표상을 하게 되는데, 이러한 표상은 그가 행위를 하게 되는 내용이 될 뿐만 아니라 동기로도 작용할 수 있기 때문이다.

　물론 동기의 착오가 내용의 착오와 명확하게 구별되는 경우도 있다. 예컨대 상대방이 자신의 목숨을 구해 주었기 때문에 그 감사하는 마음으로 표의자가 일정한 금액을 상대방에게 증여하는 경우, 이때의 감사하는 마음은 선물을 하는 행위의 동기가 된다. 이러한 순수한 감정으로서의 동기는 일정한 목적물을 증여하는 의사와 명확히 구별할 수 있다.

　그러나 특히 법률상 문제되는 것은 목적물이나 상대방 자체에 관한 착오(Identitätsirrtum)와 성질의 착오(Eigenschaftsirrtum)의 구별이다. 예컨대 표의자가 금반지라고 믿고서 금으로 도금된 구리반지를 매수한 경우, 목적물이 금반지라고 하는 표상은 표의자가 그 반지를 매수하게 되는 동기가 된다. 한편 표의자의 表示行爲는 도금된 구리 반지의 매수로서 나타나지만, 표의자는 도금된 구리 반지를 금반지로 이해하고 있었기 때문에, 그에게는 표시에 표현된 내용과는 다른 의사내용이 존재하였다.

　이와 같이 내용의 착오와 동기의 착오는 특히 동일성에 관한 착오와 성질의 착오의 구별과 관련해서 매우 복잡한 법률문제를 야기한다.

---

109) Zitelmann, Irrtum(1879), S. 108.

(2) 學 說

동기의 착오를 어떠한 경우에 고려할 수 있는가에 대해서는 다음과 같은 견해가 대립한다.

제1설은 동기가 표시되어 상대방이 그 동기를 알고 있는 경우에는 그 동기가 의사표시의 내용이 되어 그 동기의 착오를 이유로 의사표시를 취소할 수 있다고 한다.[110] 이 견해는 거래의 안전을 위해 상대방이 알 수 있었던 동기의 착오만을 고려해야 한다는 점을 그 근거로 제시한다.

제2설은 동기의 착오를 다른 착오와 마찬가지로 그 동기가 중요부분에 있었는가의 여부에 따라, 중요부분에 관한 동기의 착오는 취소할 수 있다고 한다.[111] 이 견해는 실제로 법률상 주로 문제되는 것은 동기의 착오의 경우인데, 동기의 착오를 취소의 대상에서 제외하는 것은 착오제도 자체를 사실상 부정하는 결과가 된다는 점을 그 근거로 한다. 특히 이 견해는 동기의 착오나 내용의 착오는 모두 표의자의 심리적 요소에 해당하기 때문에, 내용의 착오를 인정하면서 동기의 착오를 배제할 필요는 없다는 점을 강조한다.

제3설은 동기의 착오와 성질의 착오를 구별하면서, 동기의 착오로 인한 의사표시는 취소할 수 있는 의사표시가 아니지만, 동기의 착오 중 거래에 있어서 중요한 사람 또는 물건의 성질에 관한 착오 및 이에 준하는 착오는 표시의 착오나 내용의 착오와 동등한 가치를 갖는다고 한다.[112] 이에 따라 이 견해는 후자에 해당하는 착오의 경우에는 우리 민법 제109조를 유추적용하는 것이 타당하다고 한다.

한편 우리 민법 개정안 제109조 제2항은 이 견해와 동일한 내용을

---

110) 곽윤직, 민법총칙, 239면: 김기선, 민법총칙, 272면: 김증한 / 김학동, 민법총칙, 339
　　면: 김현태, 민법총칙, 298면: 황적인, 현대민법론 I, 167면.
111) 고상룡, 민법총칙, 415면: 김상용, 민법총칙, 483−4면: 김주수, 민법총칙, 273면:
　　김용한, 민법총칙, 297면: 김형배, 민법학연구, 94면: 이은영, 민법총칙, 519면:
　　장경학, 민법총칙, 489면.
112) 백태승, 민법총칙, 415−6면: 이영준, 민법총칙, 347−8면.

규정한다.

(3) 判 例

판례는 대체로 제1설과 같이, 동기가 표시된 경우에 한해 고려될 수
있다는 점을 명확히 하고 있다.

> 동기의 착오가 법률행위 내용의 중요부분의 착오에 해당함을 이유로
> 표의자가 법률행위를 취소하려면, 그 동기를 당해 의사표시의 내용으로
> 삼을 것을 상대방에게 표시하고 의사표시의 해석상 법률행위의 내용으로
> 되어 있다고 인정되면 충분하고, 당사자들 사이에 별도로 그 동기를 의
> 사표시의 내용으로 삼기로 하는 합의까지 이루어질 필요는 없지만, 그
> 법률행위 내용의 착오는 보통 일반인이 표의자의 입장에 섰더라면 그와
> 같은 의사표시를 하지 아니하였으리라고 여길 정도로 그 착오가 중요한
> 부분에 관한 것이어야 한다.[113]

(4) 檢 討

a) 우선 제1설에 따라서 표시된 동기를 고려하는 경우에는 이 견해
의 주된 논거가 되는 거래의 안전이 오히려 침해될 수 있다는 점에서
동의하기가 어렵다. 왜냐하면 어떠한 행위의 동기가 되는 요인은 매우
많기 때문에, 이 모든 동기가 표시되었다는 이유만으로 취소할 수 있
는 대상이 될 수는 없기 때문이다.

예컨대 매수인이 수도 이전에 대한 기대하에 수도 이전 예정지를 매
수하면서, 그 가격의 상승 요인이 매수의 동기임을 표시하였으나, 이후
수도 이전이 백지화된 경우, 그 동기가 표시되었다는 이유만으로 매수
인이 매매를 취소할 수는 없다고 할 것이다.

따라서 이 견해에 의하는 경우에는 표시된 수많은 동기 중, 어떠한

---

113) 대판 2000. 5. 12, 2000다12259.
　　이 외에도 대판 1995. 11. 21, 95다5516: 대판 1996. 3. 26, 93다55487: 대판
　　1997. 9. 30, 97다26210: 대판 1998. 2. 10, 97다44737 참조.

동기에 의한 의사표시가 취소할 수 있는지의 여부를 새로이 검토해야
만 할 것이다.

b) 제2설은 중요부분에 관한 동기의 착오로 인한 의사표시가 취소할
수 있는 의사표시라고 한다. 그러나 이 경우에는 중요부분의 개념이
무엇인가를 확정하는 점에 있어서 어려운 문제가 발생한다.

사실 역사적으로 볼 때, Savigny는 중요부분을 단지 법률행위의 종류
에 관한 착오, 상대방에 관한 착오 및 권리관계의 객체에 관한 착오에
한정하였다. 이 외에 성질에 관한 착오가 거래관념에 따라서 목적물
자체의 착오와 동일시될 수 있는 경우에는 이를 예외적으로 본질적 부
분에 관한 착오로 인정하였다. 이러한 개념 구성에 따르는 경우에는
중요부분의 개념 안에 위의 법률행위의 종류 등의 3가지 부분 외에 일
정한 요건을 갖춘 성질의 착오만이 포함될 수 있기 때문에, 동 견해는
제3설과 동일한 내용이 될 수 있다.

그러나 중요한 부분에 관한 착오를 내용의 착오와 표시의 착오로 한
정해서, 그 착오의 주관적·객관적 인과관계에 따라서 결정하는 경우에
는, 동기의 착오 중 중요한 부분이 어떠한 것인지를 다시 결정해야 한
다는 문제가 발생한다. 즉 내용의 착오와 표시의 착오 외에 중요한 부
분으로서의 동기의 착오가 어떠한 경우인가의 문제이다.

본래 주관적·객관적 인과관계라는 기준이 불확정적인 개념이기 때
문에, 독일민법 제1초안 제98조는 Savigny가 주장하였던 객관적으로 중
요한 요소를 의심스러운 경우에는 본질적 요소로 간주했으며, 독일민법
제2초안 제94조는 표시의 착오와 내용의 착오에 한정에서 주관적·객
관적 인과관계에 따라서 취소할 수 있는 착오의 범위를 정하였다.

따라서 이 견해가 주장하는 것처럼, 동기의 착오마저 다시 중요부분
의 개념에 따라서 고려하는 경우에는 구체적으로 고려될 수 있는 동기
의 착오를 보다 명확히 할 필요가 있다고 생각된다.

c) 제3설은 독일민법의 규정과 유사한 견해이다. 즉 독일민법 제2초안은 Windscheid의 前提條件論에 기초해서 광범위하게 동기의 착오를 고려하였던 제1초안 제742조를 삭제하는 대신, 동기의 착오 중 일정한 요건을 갖춘 성질의 착오에 관해서만 제94조(독일민법 제119조)에 의해서 고려할 수 있는 착오의 종류로 정하였다.

그러나 이 견해에 대해서는 내용의 착오와 동일시할 수 있는 거래에 있어서의 중요한 성질의 착오를 구체적인 경우에 결정할 수 있는가에 대한 의문이 제기될 수 있다. 왜냐하면 목적물의 同一性과 性質의 구별은 독일민법에서도 포기한 부분이며, 우리 민법에서도 그 구별이 결코 쉽지는 않을 것이라는 판단 때문이다.

즉 독일민법은 과거 채무불이행의 문제였던 다른 물건의 인도(Identitätsaliud)와 하자담보책임의 문제였던 성질상의 하자(Substanzabweichung)의 구별을 포기하고, 이를 채권법 개정을 통해서 모두 하자담보법에서 규율하도록 하였다(독일민법 제434조 제3항). 이는 비록 계약의 성립에 관한 문제가 아니라 이행에 관한 문제이기는 하지만, 그 개정 이유는 목적물의 동일성과 성질의 구별이 더 이상 가능하지 않다는 판단 아래, 양자를 모두 동일하게 취급하려는 목적에서 비롯된 것이었다.[114]

따라서 이 견해 역시 성질의 착오와 동일성의 착오의 구별 및 어떠한 성질의 착오를 거래에서의 본질적인 성질로 볼 것인가를 구별하는 문제를 명확하게 밝히지 않는 한, 완전히 만족할 만한 견해는 아니라고 생각된다.

d) 어떠한 동기의 착오를 어떠한 요건 아래서 고려할 것인가의 문제는 현재의 법학에서는 아직 해결하지 못한 문제로 남아 있다고 할 수 있다. 또한 이 결정은 先驗的으로 올바른 기준이 제시될 수 있는 것도 아니라고 생각된다.

---

114) Claus−Wilhelm Canaris, Schuldrechtsmodernisierung 2002, C. H. Beck, 2002, S. XXIIff.

애초 Savigny는 본래의 眞正한 錯誤의 개념 대신 不眞正한 錯誤의 개념 아래서, 객관적인 표시내용을 확정한 뒤, 그 상응하는 의사가 존재하는지의 여부에 따라서 의사표시의 효력을 정하려고 했으며, 이때의 의사조차 법률행위의 종류 등의 객관적 기준에 따라서 정하려고 하였다. 그의 이러한 이론은 사실 동기의 착오가 언제 얼마만큼 보호될 수 있는지를 결정할 수 없다는 한계에서 비롯된 것이라고 할 수 있다. 따라서 그는 법적으로 중요하다고 인정될 수 있는 일정한 경우를 의사의 내용에 포함시키고, 이를 본질적 착오라는 개념을 통해서, 제한적인 범위에서 표의자를 보호하려고 한 것으로 이해될 수 있다.

그러나 법 사회의 발전이 보다 표의자의 의사를 존중하는 방향으로 발전한다면, 그 본질적 착오로 인정되는 범위는 넓어질 수 있을 것이다. 결국 그 본질적 착오의 범위는 시대의 요구에 따른 판례의 결정이나 입법에 의해서 결정될 수밖에 없는 문제라고 생각된다.

다만 오늘날의 학설에 한해서만 고찰한다면, 동기의 착오로 인한 의사표시의 취소를 광범위하게 인정할 수 있는 제1설과 제2설은 수용하기가 어렵다고 생각된다. 따라서 비록 성질의 착오와 내용의 착오의 구별이 어렵기는 하지만, 거래상의 본질적 부분에 관한 성질의 착오만을 고려하는 제3설에 찬성한다. 특히 이 견해에 따르는 경우에는, 비록 거래상의 본질적 부분이라는 불확정한 개념을 사용하게 되지만, 오히려 동기의 착오를 인정하는 범위는 시대에 따라서 판례가 유연하게 정할 수 있도록 하는 것이 타당하다고 생각되기 때문에, 그 불확정한 개념의 사용이 불가피하다고 생각된다.

Ⅱ. 取消의 要件

1. 重要部分의 錯誤

1) 學說과 判例

우리 민법 제109조는 취소할 수 있는 착오는 법률행위의 내용의 重要部分에 관해 착오가 있는 경우라고 규정한다.

이때의 법률행위 내용의 중요부분이 무엇을 의미하는가에 대해서 학설과 판례는 주관적·객관적 인과관계의 표준에 따라서 이를 정하려고 한다. 여기서의 주관적·객관적 인과관계란 표의자에게 그 부분에 관한 착오가 없었다면 그 의사표시를 하지 않았을 것이라고 인정될 정도로 중요한 것이며, 보통 일반인도 표의자의 입장이라면 그러한 의사표시를 하지 않았을 것이라고 인정될 정도로 중요한 것이어야 한다는 것을 의미한다.[115]

판례는 이러한 표준에 기초해서 구체적으로 어떠한 행위가 법률행위의 중요한 부분인가의 여부를 개별적인 행위 유형에 따라서 검토한다. 우선 법률행위의 중요한 부분에 대한 착오로는 i) 토지의 현황·경계에 관한 착오,[116] ii) 상해의 정도·결과 및 치료 기간 등을 잘못 알고 한 합의,[117] iii) 근저당권설정계약상의 채무자의 동일성에 관한 물상보증인의 착오,[118] iv) 보증·보험 계약의 기초사실에 관한 착오[119] 등이 이에 속한다.

---

115) 대판 1985. 4. 23, 84다카890: 대판 1996. 3. 26, 93다55487.
116) 대판 1974. 4. 23, 74다54: 대판 1993. 9. 28, 93다31634.
117) 대판 1981. 4. 14, 80다2452.
118) 대판 1995. 12. 22, 95다37087.
119) 대판 2002. 7. 26, 2001다36450: 대판 1998. 9. 22, 98다23706.

이에 반해 법률행위의 중요부분에 속하지 않는 착오로는 i) 특정한 지번의 토지 전부를 매수하였지만 그 지적이 실제 면적보다 적은 경우,[120] ii) 법률행위의 목적물이 누구에게 속하는가의 여부,[121] iii) 매매목적물의 시가,[122] iv) 법률행위의 목적물이 누구에게 속하는가의 여부에 관한 착오[123] 등이 이에 속한다.

2) 獨逸民法의 形成過程

이미 살펴본 바와 같이, Savigny는 의사와 표시의 불일치에 있어서의 의사의 개념을 적극적으로 규정하지는 않았다. 단지 어떠한 착오가 의사의 부존재로 인정되는 착오인가에 대해서만 기술했을 뿐이다. 이때 의사의 부존재로 인정되는 본질적 부분에 대한 착오에는 법률행위의 종류에 관한 착오, 상대방에 관한 착오 및 권리관계의 객체에 관한 착오가 속해 있었다.

그러나 이러한 착오의 대상에 따른 구별에도 불구하고, 각 착오의 경우에 언제나 의사표시가 무효가 되는가의 여부 및 착오의 대상에 속하는 착오의 종류가 충분한 것인지의 여부가 문제되었다. 왜냐하면 착오에도 불구하고 표의자가 그 착오를 중요하지 않게 생각할 수도 있으며, 또한 착오의 대상의 종류에 포함되지 않는 중요한 착오가 있을 수도 있기 때문이다. 이에 따라 이미 독일민법 제1초안의 입법과정에서는 무효로써 인정될 수 있는 착오(相當한 錯誤)가 어떠한 것인지에 대한 논의가 활발하였다.

이러한 논의 과정을 거쳐서 독일민법 제1초안 제98조는 표의자가 진실한 사실을 알았다면 그 의사표시를 하지 않았을 것이라는 것이 인정

---

120) 대판 1969. 5. 13, 69다196: 대판 2000. 5. 12, 2000다12259.
121) 대판 1975. 1. 28, 74다2069.
122) 대판 1984. 4. 10, 81다239.
123) 대판 1999. 2. 23, 98다47924.

될 수 있는지의 여부에 따라서 의사표시의 중요한 부분을 결정하려고 하였다. 다만 법률행위의 종류에 관한 착오, 상대방에 관한 착오 및 권리관계의 객체에 관한 착오는 의심스러운 경우에 본질적 착오가 되는 것으로 인정되었다.

한편 독일민법 제2초안 제94조에서는, 표의자가 표시의 착오나 내용의 착오를 하였다는 점을 알고, 그 사정을 합리적으로 판단한 경우에는 의사표시를 하지 않았을 것이라고 인정되는 경우에, 그 착오가 본질적인 착오로 인정되었다. 이와 같이 제2초안에서는 법률행위의 종류에 관한 착오, 상대방에 관한 착오 및 권리관계의 객체에 관한 착오의 규정을 완전히 삭제하는 대신, 이를 대신해서 표시의 착오와 내용의 착오에 해당하는 경우에 그 표의자의 주관적·객관적 인과관계를 기준으로 착오를 고려하였다는 특징이 있다.

이러한 독일민법 제2초안 제94조는 오늘날의 독일민법 제119조에 변화된 내용 없이 수용되었다.

3) 檢 討

우리 민법의 중요부분이라는 표현은 불확정적인 개념이다. 따라서 중요부분이라는 표현을 어떻게 개념 구성할 것인가의 여부는 학설 및 판례에 일임되어 있다고 할 수 있다. 또한 표의자의 착오를 어떠한 범위에서 인정할 것인가의 문제 역시 시대의 변화에 따라서 달리 인정될 수 있는 부분이다.

이러한 이유에서 우리 민법의 판례와 학설이 표의자에게 그 부분에 관한 착오가 없었다면 그 의사표시를 하지 않았을 것이라고 인정될 정도로 중요한 것이며, 보통 일반인도 표의자의 입장이라면 그러한 의사표시를 하지 않았을 것이라고 인정될 정도로 중요한 것을 중요부분의 착오라고 개념 정립함으로써, 중요한 부분의 착오에 해당할 수 있는 내용을 객관적으로 명확하게 규정하지 않은 점은 이해할 수 있는 부분이다.

다만 동 개념 규정은 구체적인 경우에 무엇이 중요한 부분인가의 여부를 결정하는 데 있어 명확한 기준이 될 수는 없기 때문에, 그 절대적 기준은 아니라고 할지라도 어떠한 표준이 필요하다고 하겠다.

이러한 표준으로는 법률행위의 종류와 그 법률행위에 있어서의 본질적 구성부분이 기준으로 될 수 있다고 생각된다.

예컨대 매매의 의사표시를 착오로 증여라고 표시하였다면, 이는 중요한 부분에 대한 착오가 될 것이다. 또한 각 법률행위의 종류에서 본질적 구성부분에 해당하는 것으로서, 예컨대 매매에 있어서의 목적물 자체와 대금의 문제는 의사표시의 중요한 부분이라고 할 수 있다. 이때 상대방의 동일성에 관한 문제는 매매에 있어서 특별히 상대방이 중요한 요소로 고려되어야 할 필요가 없는 경우에는 의사표시의 중요한 부분이 아니라고 할 것이다.

2. 表意者의 重過失

우리 민법 제109조 제1항 단서는 독일민법 제1초안 제99조 제1항과 마찬가지로 중과실에 기한 착오의 의사표시를 유효한 의사표시로 규정한다. 즉 중과실에 의한 착오의 의사표시는 취소할 수 없다.

경과실에 의한 착오의 경우에는 표의자가 그의 착오로 인한 의사표시를 취소할 수 있는 반면, 중과실에 의한 착오의 경우에는 그 착오로 인한 표시가 효력을 갖게 되는 이유는 중과실에 의한 착오(lata culpa)가 표의자의 악의(dolus)와 동일시될 수 있다는 점에 있었다. 즉 표의자의 중과실에 의한 착오는 표의자가 표시와 상응하는 의사의 부존재를 중대한 태만에 의해 초래했으며, 그 태만은 표의자의 직업, 행위의 종류, 행위의 목적 등에 비추어 일반인이라면 당연히 행했을 주의의무를 현저하게 결여한 경우이다.

판례가 중과실에 의한 착오로 인정한 경우로는, 공장을 설립할 목적으로 토지를 매수하는 자가 먼저 토지상에 공장을 건축할 수 있는지의 여부를 관할관청에 알아보지 않은 경우,[124] 부동산 매매에 있어서 현장조사를 하지 않은 경우, 주식 매매를 영업으로 하는 자가 주식의 양도제한을 하고 있는 회사의 정관을 조사하지 않은 경우 등이 있다.

한편 중과실에 관한 착오와 관련해서는 상대방이 표의자의 중과실을 알면서 이를 이용한 경우에도 그 착오로 인한 표시가 효력이 있는가의 여부가 논의된다. 이 경우에 학설[125]과 판례[126]는 중과실에 의한 착오에도 불구하고 그 의사표시는 취소할 수 있다고 한다. 상대방이 표의자의 중대한 착오를 알고 이를 이용한 경우에는, 상대방의 악의(dolus)가 인정될 수 있기 때문에, 이는 타당하다고 생각된다.

3. 取消期間

우리 민법 제146조는 "취소권은 追認할 수 있는 날로부터 3년 내에, 법률행위를 한 날로부터 10년 내에 행사해야 한다"고 규정한다.

이 중에서 '취소권은 추인할 수 있는 날로부터 3년 내에 행사해야 한다'는 규정은 取消權의 主觀的 法定期間을 규정한 것으로 해석될 수 있다. 왜냐하면 追認은 취소의 원인이 종료한 후에 하여야 효력이 있는데(우리 민법 제144조 제1항), 착오로 인한 의사표시의 경우에는 취소의 원인이 착오이며, 이때 착오가 종료한 후라는 것은 착오를 한 자가 취소의 원인인 착오를 안 날로 해석될 수 있기 때문이다. 따라서

---

124) 대판 1993. 6. 29, 다38881.
125) 김상용, 민법총칙, 495면: 김준호, 민법총칙, 354면: 백태승, 민법총칙, 424면: 이영준, 민법총칙, 363면: 이은영, 민법총칙, 524면.
126) 대판 1995. 11. 10, 4288민상321.

착오의 의사표시의 경우에 착오를 한 자는 그의 착오를 안 날로부터 3년 내에 취소권을 행사해야 한다고 해석될 수 있다. 우리 민법이 이러한 규정을 둔 이유는 착오를 한 자가 의사 없는 표시(착오로 인한 표시)에 대해서 事後的으로 그의 효과의사를 보충할 것인가의 여부를 결정하기 전에는 그 취소권이 소멸되지 않도록 하기 위한 규정인 것으로 이해된다.

한편 우리 민법은 '취소권은 법률행위를 한 날로부터 10년 내에 행사해야 한다'고 규정하고 있기 때문에, 이 경우에는 착오를 한 자가 그의 착오를 알았는가의 여부와는 관계없이, 법률행위를 한 날로부터 10년이 경과하면 착오로 인한 의사표시를 취소할 수 없다. 이는 취소권의 객관적인 법정기간을 정한 것이다. 이러한 객관적인 법정기간이 적용되는 경우에는 착오를 한 자가 그의 착오를 알지 못한 경우에도 취소권은 소멸한다. 따라서 이 경우에는 착오를 한 자가 그의 착오로 인한 의사표시를 취소하지 않았다는 사실로부터 착오를 한 자가 사후적으로 착오로 인한 의사표시의 효력을 인정한 것이라는 결론을 도출할 수 없다는 문제점이 발생할 수 있다.

그러나 법률행위를 한 후 10년이라고 하는 기간은 착오를 한 자가 그의 착오를 알 수 있는 충분한 기간이라고 볼 수 있으며, 또한 이러한 장기간의 기간 후에는 그 다툼이 되는 법률문제에 대한 양 당사자의 법적 이익이 지극히 적어진다고 볼 수 있다. 따라서 이러한 객관적 법정기간을 정한 것이 착오를 한 자의 권리를 특별히 침해하는 것이라고는 생각되지 않는다.

나아가 착오로 인한 의사표시의 상대방은 그 의사표시의 취소 여부가 결정되기 전에는 법률적으로 매우 불안정한 지위에 있기 때문에, 이러한 불안정한 법적 지위를 일정한 시점을 기준으로 해소시켜야 할 필요성이 있다. 다만 이 경우에는 착오를 한 표의자의 이익도 함께 고려해야 하기 때문에, 법질서는 객관적인 법정기간을 법적으로 고려될 수 있는 주관적인 법정기간의 최장기간과 일치하도록 정하는 것이 일반적이다.127) 따라서 법질서가 객관적인 법정기간을 정하였다는 것이 곧 착오를 한 자의 사후적인 자기결정권을 부당하게 침해하는 것이라고는 생각되지 않는다.

이와 같이 우리 민법은 주관적 법정기간과 객관적 법정기간을 혼용해서 규정함으로써, 착오를 한 자의 이익을 우선적으로 보호하면서도 상대방의 이익을 아울러 고려하고 있다. 즉 착오에 있어서의 취소가능성은 착오를 한 자의 事後的 自己決定權을 보장하기 위한 법률효과이기 때문에, 착오를 한 자가 그의 착오를 안 뒤로부터 일정한 기간이 경과한 경우에만 그 법정기간이 만료하는 것이 원칙이다. 다만 시간적인 제한이 없는 주관적 법정기간에만 의하는 경우에는 불안정한 법률관계가 장기간 지속될 수 있기 때문에, 우리 민법은 표의자의 주관적 법정기간을 충분히 고려하였다고 인정되는 10년의 객관적 법정기간을 정함으로써, 이 기간이 경과한 뒤에는 착오를 한 자가 그의 착오를 알았는가의 여부와 관계없이 착오로 인한 의사표시가 유효로 되는 것으로 의제하는 것이다.

Ⅲ. 錯誤의 效果

1. 取消하지 않는 경우

1) 原 則

착오를 한 자가 일정한 법정기간 내에 그 착오로 인한 의사표시를

---

127) Detlef Leenen, Die Neugestaltung des Verjärungsrechts durch das Schuldrechtsmo-dernisierungfgesetz, DStR 1−2 2002, S. 42.

취소하지 않는 경우에는 종국적으로 의사표시의 효력이 발생한다. 이때 착오를 한 자가 그 착오로 인한 의사표시를 취소하지 않는 것은 착오에 의해 발생한 의사 없는 표시에 대해서 사후적으로 의사를 보충한 것으로 해석된다. 따라서 그 표시된 내용이 종국적으로 의사표시로서의 효력을 갖게 된다.

2) 共通의 錯誤

착오를 한 자가 그 착오로 인한 의사표시를 취소하지 않은 경우에는 원칙적으로 그 객관적인 표시내용이 효력이 있는 의사표시의 내용으로 되지만, 이러한 원칙이 적용될 수 있는지의 여부가 문제되는 경우가 있다. 이러한 문제는 共通의 錯誤(beiderseitige Irrtum)의 경우에 발생한다. 즉 표의자가 그의 의사표시를 함에 있어서 착오를 하였을 뿐만 아니라, 상대방 역시 표의자의 표시를 잘못 인식하거나(단독행위의 경우) 착오를 하였다면(계약의 경우), 이 경우에 착오를 한 자가 취소하지 않은 표시는 종국적으로 유효한 의사표시로 될 수 있는지의 여부가 문제될 수 있는 것이다.

(1) 論點의 對象

양자가 착오한 내용이 우연히 일치하는 경우에는 誤表示無害의 原則이 적용되며, 이는 여기에서의 고찰 대상이 아니다. 또한 계약에 있어서 착오뿐만 아니라 意思表示의 不合致이 있는 경우에도, 그 계약이 무효가 되기 때문에 여기에서의 고찰 대상이 아니다. 왜냐하면 계약의 해석 경우에는 의사표시의 일치(양 의사표시에 있어서 표시내용의 일치)를 전제로 각각의 의사표시에 있어서 의사와 표시가 일치하는지의 여부를 검토하게 되는데, 의사표시의 불합치가 있다면 각각의 의사표시의 착오를 검토하기 전에 의사표시의 불합치에 의해서 계약이 무효로 된다고 판단되기 때문이다.

따라서 문제는 의사표시의 표시내용은 일치하지만, 그 일치하는 객관적인 표시내용에 대해서 양 당사자 모두가 서로 다른 의사나 인식을 갖는 경우에 발생한다.

(2) 檢 討

유효로 될 수 있는 의사표시의 내용으로는 표의자의 진의, 객관적인 표시내용과 상대방의 진의(계약의 경우)나 인식(단독행위)이 검토될 수 있다.

이 중에서 단독행위의 경우에는 표의자만이 그의 의사표시를 취소할 수 있으며, 계약의 경우에는 양 당사자 모두가 각각 자신의 의사표시에 대해 취소할 수 있는데, 이때 취소권을 행사하는 자의 진의는 유효한 의사표시의 내용으로 될 수 없다. 착오로 인한 의사표시를 취소할 수 있다는 것은 원칙적으로 그의 표시내용이 효력이 없다는 것과 동시에 표의자의 진의 역시 효력이 없다는 것을 의미하기 때문이다.

따라서 단지 객관적인 표시내용 또는 취소권자의 상대방의 진의나 인식만이 효력이 있는 의사표시의 내용으로 검토된다.

이에 관해서는 객관적인 표시내용이 의사표시의 내용이 된다고 하는 견해가 있다.[128] 그러나 이는 착오의 의사표시를 무효에서 취소할 수 있는 의사표시로 개정한 입법취지와 부합하지 않는다.

본래 착오로 인한 의사표시를 취소할 수 있도록 한 이유는, 예컨대 착오를 한 자가 그 착오로 인한 의사표시의 무효에 따른 손해배상의무 대신 그 표시의 효력을 인정하는 것이 유리한 경우와 같이, 착오를 한 자가 그 착오로 인한 의사표시의 효력의 발생을 원하는 경우에 이를 인정하기 위함이었다. 이와 같이 표의자를 과도하게 보호하는 이유는 그 착오로 인한 의사표시가 효력을 갖는 경우에는 상대방이 애초에 신

---

128) Flume, AT(1992), S. 472.

뢰하였던 표시내용이 실현되기 때문에 상대방 역시 특별히 불리한 점은 없다는 점이 고려되었기 때문이다. 그런데 공통의 착오의 경우에 그 객관적인 표시내용에 따라서 의사표시의 효력이 인정된다면, 이는 상대방에게는 매우 부당한 결과가 된다. 이때의 표시내용은 상대방이 본래 신뢰하였던 내용이 아니기 때문이다. 따라서 공통의 착오의 경우에는 단지 상대방의 진의나 인식하였던 내용에 따라서만 의사표시의 효력이 인정되어야 할 것이다.

만약 착오를 한 자가 객관적인 표시내용의 효력만을 원했을 뿐, 상대방의 진의에 따른 의사표시의 효력을 원한 것이 아니라면, 그 의사표시는 종국적으로 무효로 되어야 한다. 이 경우에는 양 당사자의 의사가 일치하지 않기 때문이다.

2. 取消하는 경우

1) 意思表示의 遡及的 無效

착오를 한 자가 착오로 인한 의사표시를 취소하는 경우에 그 의사표시는 遡及的으로 소멸한다(우리 민법 제141조 본문). 즉 그 취소로 인해 착오로 인한 의사표시는 의사표시를 한 시점서부터 존재하지 않았던 것으로 의제된다. 다만 그 취소는 선의의 제3자에게 대항할 수 없다(우리 민법 제119조 제2항).

2) 損害賠償責任

(1) 認定根據
착오의 의사표시를 취소한 자에게 과실이 있는 경우, 그 취소를 한 자가 손해배상의무를 부담하는지의 여부가 문제된다.

이에 관해서는 우리 민법이 이에 대해 명문의 규정을 두고 있지 않은 것으로 이해하는 것이 일반적이다. 다만 이를 契約締結上의 過失責任理論이나 不法行爲의 規定을 유추해서 인정하자는 견해가 주장될 뿐이다.

한편 우리 민법 개정안 제109조의 2에서는 과실로 착오를 한 자가 그 착오로 인한 의사표시를 취소한 경우에는 소극적 이익에 대한 손해배상의무가 발생한다는 점을 규정하였다. 따라서 이 문제는 앞으로 입법적으로 해결될 전망이다.

다만 여기서 검토해야 할 것은 과연 현행 우리 민법이 과실로 착오를 한 자의 손해배상의무를 규정하지 않았다는 시각이 타당한가의 여부이다. 이는 착오를 한 자의 손해배상의무의 법적 성질과도 관련되는 문제이다.

생각건대, 착오로 인한 의사표시를 취소한 자의 손해배상의무는 우리 민법 제750조 이하의 규정에 의해 인정된다고 할 수 있다.

본래 독일민법 제1초안 제99조 제2항은 Jhering에 의한 계약체결상의 과실책임이론을 기초로129) 착오로 인한 의사표시에 관한 특별한 손해배상규정을 둔 것이다. 이때 Jhering이 계약체결상의 과실책임을 주장한 배경에는 당시의 法源이었던 로마법상의 불법행위에 관한 lex Aquilia가 일반적인 불법행위법이 아니라 개별적 행위 유형에 대해서만 규정하고 있으므로, 표의자의 과실을 기초로 한 일반적인 책임을 인정할 필요가 있었기 때문이다. 이에 반해 일반적인 불법행위법을 규정하고 있는 우리 민법에 있어서는 계약체결상의 과실책임이론과는 관계없이 불법행위법에 의해서 착오를 한 자의 손해배상의무를 인정할 수 있다고 생각된다.

이와 관련해서 착오를 한 자의 손해배상의무를 착오와 관련해서 따로

---

129) Motive 1, S. 195 = Mugdan 1, S. 460.

규정하지 않은 일본민법의 입법이유를 살펴볼 필요가 있다. 즉 日本民法 修正案 理由書에 따르면, 착오를 한 자의 과실에 의해 상대방에게 손해가 발생한 경우 착오를 한 자가 이를 배상해야 하는 것은 손해배상의 원칙에 따라서 당연하기 때문에, 이를 위해 특별한 규정을 둘 필요가 없다고 하였다.130) 그리고 이때의 손해배상의 원칙은 불법행위법상의 손해배상의무를 의미하는 것으로 해석된다. 즉 우리 민법의 직접적인 모법이라고 할 수 있는 일본민법도 착오를 한 자의 손해배상의무를 불법행위법상의 손해배상의 문제로 이해했기 때문에, 착오에 관한 규정에서 별도로 그 손해배상에 관한 규정을 두지 않은 것이라고 볼 수 있다.

그리고 이러한 결론은 우리 민법에도 마찬가지로 적용되어야 한다고 생각된다. 왜냐하면 우리 민법 제750조는 과실책임의 원칙을 정하고 있기 때문이다. 즉 자신의 과실에 의한 행위로 상대방에게 손해를 입힌 자는 그 손해를 전보해야 하는 것은 원칙이다. 따라서 특별한 예외적 사유나 예외 조항이 없는 한, 이 원칙이 적용되어야만 할 것이다. 만약 우리 민법이 착오를 한 자의 손해배상의무를 배제할 목적이었다면, 오히려 불법행위에 기한 손해배상의무(우리 민법 제750조)를 배제하는 특별한 규정을 두어야만 하기 때문이다.

(2) 要 件

a) 過失에 의한 行爲

ⓐ 注意義務

과실이란 사회생활에서 요구되는 주의를 기울였다면 일정한 결과의

---

130) 廣中俊雄, 民法修正案(前三編)의 理由書, 1987, 148면: 다만 我妻 榮은 일본민법이 과실 있는 착오를 한 자의 손해배상의무를 인정하지 않고 있는 것으로 이해하면서 독일민법 제1초안 99조가 그 손해배상의무를 인정한 것을 타당한 입법이라고 평가했는데, 이는 이후 우리 민법에 많은 영향을 미친 것으로 생각된다. 이에 관해서는 我妻 榮, 民法總則, 巖波書店 1933, 321면.

발생을 알 수 있었거나 그러한 결과를 회피할 수 있었음에도 불구하고, 그 주의를 다하지 않음으로 인해 그 결과가 발생하였다는 것을 비난하는 규범적 요소이다. 따라서 과실은 주의의무를 전제로 한다.

이때의 주의의무와 관련해서는 표의자가 구체적으로 무엇에 대해서 주의를 기울여야 하는지에 대해 검토할 필요성이 있다. 왜냐하면 계약의 이행이 문제될 때의 주의의무와 신뢰이익이 문제될 때의 주의의무는 명확히 구별할 필요가 있기 때문이다.

한 회사의 부장 A가 다른 회사에 근무하는 B에 대해 스카우트를 제의하면서, B에게 그가 다니던 회사를 그만둘 것을 종용하였다고, B는 A의 말을 믿고 다니던 회사를 사직하였지만, A가 소속된 회사의 사정으로 스카우트 자체가 취소되었다.

이 경우에 B가 A가 소속된 회사에 대해 고용계약의 이행이나 이행이익을 청구한다면, 이는 인정될 수 없다고 생각된다. 왜냐하면 A 회사와 B 사이에는 아직 유효한 고용계약이 체결되지 않았고(의사의 부존재), 따라서 A 회사는 그 고용계약이나 이행이익(B가 A가 소속된 회사에 취직된 경우에 받을 수 있었던 급여)을 배상할 의무가 없기 때문이다.

이에 반해 소극적 이익에 있어서의 주의의무는 법률행위의 성립에 대한 상대방의 신뢰와 이로 인한 손해의 발생을 방지해야 할 의무이다.131) 즉 그 주의의무는 의사표시의 성립의 여부와는 관계없는 것이다. 따라서 위의 사례에서 B는 그가 본래 다니던 회사에서 받을 수 있었던 급여에 대해서는 손해배상을 청구할 수 있다고 할 것이다.

한편 우리 민법의 판례는 여기에서 주장되는 내용과는 다른 입장을 취한다. 이와 관련된 사건의 개요는 다음과 같다.

---

131) Motive 1, S. 195f.＝Mugdan 1, S. 460; Protokolle I-1, S. 186ff.＝Beratung I, S. 596f.

건설업법에 의한 도급한도액이 금 500,000,000원인 소외 회사는 아파트 공사에서 도급금액이 금 1,052,400,000원에 해당하는 공사를 수급하였다. 이 경우에 원고와 소외 회사는 금 52,400,000원을 현금으로 납입한 뒤, 나머지 금 1,000,000,000원은 피고 발행의 계약보증서를 교부하는 것으로 대체하기로 합의하였다.

소외 회사는 피고에게 계약보증서의 발급을 신청하면서 도급금액이 금 1,052,400,000원임에도 계약보증신청서에 도급금액을 금 500,000,000원으로 기재하였다. 이에 따라 피고는 소외 회사가 수급할 공사의 도급금액이 금 500,000,000원인 것으로 잘못 알고서, 도급금액을 금 500,000,000원으로 기재한 계약보증서를 소외 회사에게 발급하였다.

한편 소외 회사는 원고와 도급계약을 체결하면서 원고에게 그 계약보증서를 교부하였는데, 그 후 원고는 소외 회사로부터 도급계약상의 수급인의 지위를 포기한다는 통보를 받았고, 그 도급계약은 해지되었다.

이와 관련해서 피고는, 소외 회사가 수급할 공사의 실제 도급금액이 소외 회사의 도급한도액을 초과한 금 1,052,400,000원이라는 점을 알았더라면 소외 회사에 계약보증서를 발급하지 않았을 것이라는 것을 이유로, 그의 보증계약이 착오로 인한 의사표시라는 점을 주장하였고, 이는 원심법원에 의해서 받아들여졌다.

이 경우에 원심은, 피고가 계약보증서를 발급함에 앞서 소외 회사로부터 입찰결과통보서 등을 제출받거나 원고에게 도급금액 등을 조회하여 도급금액이 소외 회사의 도급한도액 범위 내인지 여부를 확인하는 것을 게을리 하여, 소외 회사가 제출한 계약보증신청서만 믿고서 계약보증서를 발급한 것이, 피고의 중대한 과실에 해당하지는 않는다고 판시하였다.

다만 원심은, 피고의 이와 같은 과실로 인하여, 원고는 소외 회사와 도급계약을 체결하면서 피고가 발행한 계약보증서만 믿은 나머지 계약보증금 전액을 현금으로 납부받거나 그 이상의 담보를 제공받지 아니하였다가 피고의 계약 취소로 금 100,000,000원 상당의 계약보증금을 지급받지 못함으로써 그 금액 상당의 손해를 입게 되었으므로, 피고는 불법행위로 인한 손해배상으로서 원고에게 그 손해를 배상할 책임이 있다고 판단하였다.

이에 대해서 대법원은 피고가 중요한 부분에 대해서 착오하였으며, 그 착오에 중대한 과실이 없다는 점을 인정하였다. 나아가 여기에서 문제되는 소극적 이익의 손해배상의무에 대해서 다음과 같이 판단하였다.

> 불법행위로 인한 손해배상책임이 성립하기 위해서는 가해자의 고의 또는 과실 이외에 행위의 위법성이 요구된다 할 것인바, 피고가 계약보증서를 발급하면서 소외 회사가 수급할 공사의 실제 도급금액을 확인하지 아니한 과실이 있다고 하더라도, 민법 제109조에서 중과실이 없는 착오자의 착오를 이유로 한 의사표시의 취소를 허용하고 있는 이상, 피고가 과실로 인하여 착오에 빠져 계약보증서를 발급한 것이나 그 착오를 이유로 보증계약을 취소한 것이 위법하다고 할 수는 없다.[132]

이와 같이 판례가 착오를 한 자의 손해배상의무를 부정하는 주된 근거는, 경과실이 있는 착오자가 그 착오로 인한 의사표시를 취소하는 것을 우리 민법이 허용하기 때문에, 이는 위법한 행위가 아니라는 점에 있다.

그러나 착오로 인한 의사표시를 취소할 수 있다는 것이, 곧 표의자의 손해배상의무를 부정하는 근거로 될 수는 없다. 우선 착오로 인한 의사표시가 무효로 되는 것은 그 의사표시의 효력을 위한 결정적인 근거인 의사가 존재하지 않기 때문에 당연한 결과이다.

그러나 소극적 이익의 배상의무는 이러한 의사표시의 효력의 문제와는 전혀 다르다. 이를 위해서는 단지 표의자의 행위로 인해서 상대방이 손해를 입었는지의 여부와 그 행위에 과실이 있는지의 여부만이 검토되어야 할 문제이다.

나아가 이러한 요건이 갖추어지는 경우에는 특별한 위법성 조각사유가 없는 한, 그 위법성이 인정되어야 한다. 착오로 인한 의사표시를 취소할 수 있다는 민법 제109조의 의미는 착오를 한 자가 어떠한 법적

---

132) 대판 1997. 8. 22. 선고 97다13023.

책임으로부터도 면책될 수 있다는 것을 의미하는 것이 아니라, 단지 의사표시의 효력의 형태로의 귀책으로부터만 면책될 수 있다는 의미로 새겨야 할 것이고, 이를 근거로 과실이 있는 표의자의 행위에 대한 손해배상의 의무마저도 면책될 수 있는 것은 아니라고 판단된다.

ⓑ 過責主義와 誘因主義

독일민법 제122조는 착오를 한 자의 과실 여부와는 관계없이 상대방의 신뢰를 기초로 한 착오를 한 자의 손해배상의무를 인정한다. 한편 우리 민법 개정안 제109조의 2는 착오를 한 자의 과실에 기초한 손해배상의무를 인정한다.

이와 관련해서 착오를 한 자의 과실을 손해배상의 요건으로 하는 것이 타당한가의 문제가 제기된다.

본래 독일민법 제122조가 착오를 한 자의 과실을 손해배상의 요건으로 하지 않은 이유는 電報事件과 관련한 논쟁의 결과이다. 즉 전달상의 착오로 인한 의사표시는 무효로 될 뿐만 아니라, 표의자의 과실이 인정되지 않는 경우에는 상대방이 손해조차 배상받을 수 없는 결과가 나타날 수 있는데, 이것이 과연 타당한가에 대한 문제가 제기되었던 것이다. 이 문제는 의사주의와 표시주의가 대립하는 직접적인 원인이 되었는데, 독일민법 제2초안 제97조는 의사주의의 입장에서 표시주의의 입장을 일부 수용한 Eisele 등의 이론을 받아들여, 착오를 한 자의 과실을 요건으로 하지 않는 손해배상의무를 인정하였다.

그러나 상대방의 신뢰를 보호하기 위해서, 표의자의 과실 여부를 묻지 않고 그의 일정한 행위와 상대방의 손해의 인과관계만으로 표의자를 귀책시키는 것이 과연 타당한지에 대해서는 많은 의문이 든다.[133] 왜냐하면 불법행위법과 계약법 모두에서 인정되고 있는 과실책임의 원칙이 착오로 인한 의사표시에 있어서만 배제될 이유는 없다고 생각되

---

133) 표의자의 인과관계 책임을 비판한 견해로는 Canaris, Vertrauenshaftung(1971), S. 474f. 참조,

기 때문이다.

그러나 보다 근본적인 이유는 과실책임의 원칙이 오히려 오늘날의 현대적 사회에 더욱 적합한 책임구조라고 판단되기 때문이다. 즉 계약의 경우 청약과 승낙에 있어 각 당사자의 과실을 손해배상의 요건으로 하는 경우에는, 현대적 의미에 맞는 주의의무를 설정하고 각 당사자에게 그 주의의무를 준수할 것을 요구함으로써, 법적 의사소통의 장애가 발생하는 것을 감소하도록 유도할 수 있을 것이다.

예를 들어 계약에 있어서의 승낙자에 대한 확인의무를 요구하는 것을 생각해 볼 수 있다. 즉 오늘날의 교통, 통신이나 특히 인터넷, 핸드폰 등의 발달은, 큰 비용이나 수고 없이, 승낙자가 청약자에 대해서 청약을 받았다는 것과 그 청약의 주요한 내용이 무엇이라는 것을 확인시킬 수 있을 것이다. 승낙자에게 이러한 현대적 의미에 맞는 새로운 의무를 부과한다면,[134] 아마도 하자 있는 전달이나 표시의 착오 등의 발생은 많이 줄어들 수 있을 것이다. 이때 승낙자가 그 의무를 해태한 경우에는 과실이 있는 착오를 한 자의 손해배상에 대한 일정한 비율을 과실상계할 수 있을 것이다.

이러한 이유로 우리 민법 개정안 제109조의 2에서 착오를 한 자의 과실에 기한 손해배상 조항을 규정한 것은 이를 요건으로 하지 않는 독일민법 제122조에 비해 타당한 입법방향이라고 생각된다.

ⓒ 故意의 排除

착오로 인한 의사표시는 무의식적으로 의사와 표시의 불일치가 하는 행위를 의미하기 때문에, 고의에 의한 착오는 개념상 존재할 수 없다. 고의로 일치하는 의사가 존재하지 않는 표시를 한 경우에는 단지 비진

---

134) 그러나 이러한 의무의 해태는 단지 하자 있는 의사표시가 발생한 경우에 손해배상의 인정 여부에만 관련되는 것을 목적으로 하는 것이지, 유효한 계약이 이루어졌음에도 불구하고 계약 성립의 장애요소나 손해배상의무의 발생근거로써 고려되어야 한다는 것을 주장하는 것은 아니다.

의표시나 허위표시의 문제 등이 발생할 수 있기 때문이다.

b) 違法性

착오에 있어서 착오를 한 자의 위법성은 법률행위가 성립하지 않았다는 점에 있는 것이 아니라 허용되지 않는 표시를 함으로써, 상대방에게 손해를 입혔다는 점에 있다.[135] 즉 표의자가 일반인에게 요구되는 주의의무를 다하였다면, 그 표시행위를 하지 않았을 것이고, 이에 따라 상대방에게 손해가 발생하지 않았을 것이다. 따라서 착오를 한 자에게 과실이 인정되는 경우에는 그 착오를 한 자에게 행위불법이 인정된다.

c) 損害의 發生

착오를 한 자의 손해배상의무가 인정되기 위해서는 착오를 한 자의 착오로 인해 상대방이 손해를 입었어야 한다. 따라서 착오로 인해 무상증여의 의사표시를 한 자가 그의 행위를 취소하는 경우에는 손해배상의 문제가 발생하지 않는다. 상대방은 표의자의 착오로 인해 입은 손해가 없기 때문이다.[136]

또한 상대방이 없는 단독행위의 경우에도 법률상으로 손해가 인정될 수 있는 상대방이 없기 때문에 손해배상의 문제는 발생하지 않는다고 할 것이다.

d) 因果關係

행위자가 손해배상의무를 부담하기 위해서는 그의 행위를 상대방이 신뢰했으며, 이 신뢰를 통해 손해가 발생해야 한다.

이때 행위자의 행위를 상대방이 신뢰함으로써, 상대방의 권리가 침해되는 것을 제1차적 인과관계(haftungsbegründende Kauslität)라고 한다면, 이 권리의 침해를 통해 현실적으로 손해가 발생하는 것을 제2차적

---

135) Motive 1, S. 195 = Mugdan 1, S. 460.
136) Protokolle II−1, S. 223 = Mugdan 1, S. 715.

인과관계(haftungsausfüllende Kausalität)라고 표현할 수 있다.[137]

한편 우리 민법 개정안 제109조 2의 제2항은 상대방이 표의자의 착오를 알았거나 알 수 있었을 경우에는 착오를 한 자에게 손해배상의무가 없다고 규정한다.

이 중에서 상대방이 표의자의 착오를 알았던 경우에는 상대방이 표의자의 표시를 신뢰하지 않았기 때문에, 표의자의 표시와 상대방의 신뢰 간에 인과관계가 존재하지 않는다. 따라서 상대방이 그 손해배상을 받을 수 없다는 점은 당연하다고 생각된다.

그러나 상대방이 표의자의 착오를 알 수 있었던 경우에는 상대방이 표의자의 표시를 신뢰하였지만, 그 신뢰에 과실이 있었다는 것을 의미한다. 즉 표의자의 표시와 상대방의 신뢰 사이에 인과관계는 존재한다. 따라서 이 경우에는 우리 민법 제763조의 과실상계의 규정을 적용함으로써, 표의자의 과실과 상대방의 과실의 비율에 따라서 상대방이 일정 부분의 손해배상을 받을 수 있다고 해석하는 것이 합리적일 것이다.

(3) 損害賠償責任의 範圍

과실로 착오를 한 자가 그 표시를 취소하는 경우에는 단지 소극적 이익에 관해서만 손해배상의무가 발생한다. 이때의 소극적 배상의무는 행위자의 행위책임이다.

또한 이와 같은 소극적 배상의무는 불법행위법상의 손해배상의무와

---

137) 행위자의 행위를 통해 상대방의 권리가 침해되었다는 것이 곧 상대방에게 손해가 생겼다는 것을 의미하지는 않는다. 예를 들어 행위자가 돌을 던져 상대방의 집의 유리창을 파손하였다면, 상대방의 권리는 침해되었다. 그러나 만약 그 집이 행위를 한 다음날 철거될 예정이었다면, 상대방의 권리가 침해되었음에도 불구하고 손해가 있다고 보기는 어려울 것이다.
이러한 점은 상점에서의 매매에서도 흔히 발생할 수 있다. 예컨대 손님이 가게에서 물건을 선택하고 계산을 한 뒤 불과 몇 분 후, 그 물건이 자신이 원하는 물건이 아니었다는 것을 알게 되어서 물건을 반환하는 경우, 손님의 행위에 대해서 비록 상대방이 신뢰하였다고 해도 그 신뢰를 통해 가게 주인에게 손해가 생기는 것은 아니다.

동일한 성질을 갖는다고 생각된다. 왜냐하면 불법행위에 의한 손해배상 의무나 착오에 있어서의 손해배상의무는 행위자의 행위가 없었다면 본래 피해자나 상대방이 있게 되었을 상태로 전보하는 것을 목적으로 하기 때문이다. 따라서 이때에는 현실적으로 발생한 손해 및 일실이익(착오로 인한 의사표시에 있어서는 상대방이 착오의 의사표시로 인해 현실적으로 얻을 수 있었던 기회비용) 등만이 손해배상의 내용으로 된다.

이에 반해 의사주의의 입장에서는 행위자에게 이행이익의 배상의무가 발생할 여지는 없다. 왜냐하면 이행이익의 배상의 범위에는 상대방의 이윤이 포함되어 있기 때문이다. 즉 의사주의는 한 당사자가 상대방과의 관계를 통해 이윤을 얻을 수 있는 근거를 그 상대방의 유효한 의사의 동의에서 구했기 때문에, 이윤을 포함하고 있는 이행이익은 유효한 법률행위가 성립한 이후에만 손해배상의 내용으로 될 수 있다.

다만 신뢰이익이 이행이익을 넘는 경우에는 그 손해배상은 이행이익의 범위로 제한된다. 이행이익을 배상한다는 것은 하자 있는 의사표시의 효력을 인정하는 것(착오로 인한 표시를 취소하지 않는 것)과 동일한 의미를 갖기 때문에, 더 이상의 손해배상의무가 발생할 여지가 없기 때문이다.

結　論

의사표시는 자유민주주의 국가의 私的 基本秩序인 私的自治의 原則을 법적으로 구현하는 기본요소이다. 따라서 의사표시의 법리를 어떻게 이해하고 이를 구성하는가의 문제는 우리 사회의 사적 생활관계 전체와 관련되는 중요한 문제라고 할 수 있다.

이를 위해 본 연구에서는 의사표시에 관한 법리를 처음으로 확립한 Savigny 이후부터의 의사표시론을 法史學的으로 고찰한 뒤, 우리 민법의 의사표시론을 비판적으로 고찰하였다.

이상의 연구를 통해서 밝혀진 중요한 결과는 다음과 같다.

1. 제2장에서는 독일민법 제정 이전의 의사표시론을 의사주의와 표시주의로 구별해서 고찰하였다.

1) Savigny의 의사표시론은 의사주의를 창시하였다는 점에서 커다란 의의가 있다. 그는 의사표시의 효력요소를 의사, 표시 및 의사와 표시의 일치로 구성하였지만, 이 중에서 가장 중요한 요소는 의사였다. 이러한 표의자의 의사에 대한 강조는 결국 부진정한 착오론에서 의사도그마이론으로 연결된다. 이 경우에 의사도그마이론은 우선 일정한 객관적 표시가치를 확정한 뒤, 그 표시에 상응하는 의사가 존재하는지의 여부에 따라서 법률효과를 결정하는 방법이다. Savigny는, 이러한 방법론을 통해서, 개인의 의사 없이는 법률관계가 변동될 수 없다는 개인의 소극적 자유를 확립시켰다.

한편 Jhering은 의사도그마에 의해서 의사표시가 무효로 되는 경우, 의사표시의 상대방이 의사표시의 효력을 믿음으로 인해서 발생한 손해를 과실이 있는 표의자가 배상해야 한다는 계약체결상의 과실책임이론을 주장하였다. 이러한 계약체결상의 과실책임이론은 오늘날 표시주의의 이론으로 이해되는 경우도 있다. 그러나 Jhering은 착오로 인한 의사표시가 무효여야 한다는 점을 명확하게 밝히고 있을 뿐만 아니라, 표시주의 자체가 주로 Jhering의 계약체결상의 과실책임이론에 의하는 경우에는 상대방의 보호에 미흡하다는 비판을 하면서 발생하였기 때문에, Jhering의 이론은 의사주의의 입장에서 상대방의 이익을 보호하는 방법론으로 이해되어야 한다.

또한 독일민법 제1차 초안을 위한 제1차 위원회의 중심적인 인물이었던 Windscheid는 상응하는 의사가 없는 표시는 무효이지만, 그 표시를 한 자는 상대방에게 소극적 이익을 배상하여야 한다는 점을 확고히 하였다. 특히 그는 면책적 착오론을 통해서 착오가 아니라 과실이 표의자의 귀책의 근거라는 점을 분명히 하였다. 이 경우에 표의자가 중대한 과실로 착오를 한 경우에는 표시의 효력을 인정하였으며, 표의자가 경과실로 착오를 한 경우에는 상대방에게 소극적 이익에 대한 손해배상의무를 부담해야 한다고 주장하였다. 이와 관련해서 Windscheid는 중과실에 의한 착오의 경우뿐만 아니라 비진의표시의 경우에도 그 표시가 효력이 있다고 함으로써, 의사도그마의 예외를 인정하였다. 그 예외를 인정하는 이유는 비진의표시나 중과실에 의한 착오의 경우에는 표의자가 비윤리적으로 의사를 형성하였으므로, 이러한 비윤리적 행위자는 비난을 받아서 마땅하다고 생각하였기 때문이다.

이러한 의사주의에 대한 고찰을 통해서, 일반적으로 인식되고 있는 것과는 다른, 의사주의의 몇 가지 특징을 확인할 수 있었다.

첫째, 의사주의는 방법론상 표시내용을 우선 객관적으로 확정한 뒤, 그 표시에 상응하는 의사의 존재 여부에 따라서 의사표시의 효력을 결정하였다는 점이다. 이러한 방법론은 의사주의에 따르게 되면 표의자의 의사만을 의사표시의 해석의 대상으로 하여야 한다는 사고와 완전히 배치되는 것이다.

둘째, 의사주의는 우선 표시를 객관적으로 해석한 후, 그 표시에 상응하는 의사가 존재하지 않는 경우에는, 그 의사의 부존재를 이유로 표시가 무효로 된다고 주장하였던 견해이다. 그러나 의사주의는 표시와 일치하지 않는 의사가 효력이 있어야 한다고 주장하지는 않았다. 특히 Windscheid는 표시와 일치하지 않는 의사 역시 효력이 없다는 점을 명확히 하였다.

셋째, 의사주의는 일정한 요건 아래서 상대방이 신뢰한 소극적 이익의 범위 안에서 표의자의 손해배상의무를 인정함으로써, 이 범위에서 상대방의 이익을 보호하는 것을 원칙으로 하였다. 따라서 의사주의에 의하는 경우에는 언제나 표의자만이 보호된다는 관점은 정확한 것이 아니다.

마지막으로, 비진의표시나 중과실에 의한 착오의 의사표시의 법률효과가 유효인 것은 의사주의자들이 의사도그마의 예외를 인정한 결과이다.

이러한 예외를 인정하는 이유는 비진의표시나 중과실에 의한 착오의 경우에는 표의자의 의사형성의 非倫理性에 대해서 비난하기 위함이다. 따라서 의사주의에 의하는 경우에는 비진의표시가 유효로 되는 이유를 설명할 수 없다는 주장은 예외 없는 원칙이 언제나 고수되어야 한다는 주장에 다름없다. 그러나 원칙은 합리적이고 충분한 이유가 있을 경우에는 예외를 허용할 수 있다.

2) 표시주의는 Savigny 이후 독일의 지배적 견해가 되었던 의사주의에 대항하면서, 일치하는 의사가 존재하지 않는 표시에 대한 상대방의 신뢰를 소극적 이익의 형태가 아닌, 표시의 효력의 형태로 보호하려고 하였던 일련의 주장이다.

이러한 표시주의의 주장을 따르는 경우에는 의사가 존재하지 않는 표시내용이 유효한 의사표시로 된다.

그러나 독일민법은, 비진의표시나 착오로 인한 의사표시가 중과실에 의한 경우를 제외하고는, 비정상적인 의사표시의 효력을 무효로 정함으로써, 표시주의의 이론은 근본적으로 입법에 영향을 미치지 않았다.

2. 제3장에서는 독일민법 제정 당시의 의사표시론이 각각 제1초안과 제2초안의 성립에 있어서 어떠한 영향을 미쳤는지를 고찰함으로써, 의사표시에 관한 독일민법 규정의 의미를 새롭게 조명하였다.

1) 특히 제1초안과 관련해서는 Windscheid의 이론과의 관련성이 주로 검토되었다. 이 과정에서 얻은 중요한 연구 성과의 하나는 의사표시의 해석에 관한 독일민법 제133조를 재조명할 수 있었다는 점이다. 이 규정은 지금까지 표의자의 주관적인 의사만을 탐구해야 하는 규정으로 이해되고 있었지만, 이러한 시각은 이 규정에 대한 올바른 해석이 아니다. 본 연구에서는 Windscheid의 문헌을 통해서 이해된 올바른 의사주의의 시각에서 이 규정의 의미를 새롭게 해석하였다. 이러한 새로운 해석에 의하면, 동 규정은 표시의 문자적인 의미에'만' 구애될 것이 아니라, 그 표시에 상응하는 표의자의 사실상의 의사 '역시' 탐구해야 한다는 규정으로 이해된다. 이는 Savigny의 부진정한 착오론에 기초한 의사도그마와도 일치하는 해석이다. 왜냐하면 부진정한 착오론 역시 표시의 객관적인 의미를 우선 확정한 뒤, 그 표시내용에 상응하는 의사가 존재하는지의 여부에 따라서 표시의 효력을 결정하는 방법이기 때문이다.

2) 독일민법 제2초안과 관련해서는 동 초안이 독일민법 제1초안과 비교해서 어떠한 변화가 있었는지의 여부가 중점적으로 검토되었다.

이와 관련해서는 우선 착오로 인한 의사표시의 취소가능성의 의미를 새롭게 조명하였다. 이때의 취소가능성의 의미는 착오를 한 자의 자기책임의 원칙이나 상대방의 신뢰보호의 원칙과는 별다른 관련성이 없는 법률효과이다. 오히려 착오의 법률효과가 무효에서 취소로 전환되는 근본적인 이유는, Unger나 Zitelmann 등의 문헌에서도 명확하게 나타나 있는 것처럼, 의사 없는 표시에 대해서 표의자가 사후적으로 의사를 보충함으로써, 무효인 표시를 사후적으로 유효하게 할 수 있는 사후적인 자기결정의 원칙이 구현된 결과이다. 따라서 착오로 인한 의사표시를 취소하지 않는 경우에 그 의사표시가 유효로 되는 것은 의사주의의 의사도그마와 일치하는 법률효과이다.

이 외에도 독일민법 제157조의 의미를 새롭게 해석하였다. 문제의식의 시발점은 독일민법 제133조가 표시의 객관적인 해석을 전제로 그에 상응하는 주관적 의사의 존재를 탐구해야 한다는 규정이기 때문에, 독일민법 제157조 역시 오늘날 널리 이해되는 표시가치의 결정을 위한 일반조항이 될 수는 없다는 점에 있었다. 독일민법의 입법자료 역시 동 규정은, 단지 계약에 있어서 청약과 승낙의 표시가치가 서로 일치하고 있는지의 여부를 확정하기 위한, 계약의 보충적 해석을 위한 근거 규정이라는 점을 밝히고 있다.

여기에서 밝혀진 내용들은 효력주의가 그 이론의 출발점으로 삼았던 여러 근거들이 입법자의 의사에 대한 올바른 판단이 없는 상태에서 전개되었다는 것을 입증하고 있는 것이다.

3. 제4장에서는 오늘날의 의사표시론에 가장 커다란 영향을 미치고 있는 효력주의이론이 비판적으로 검토되었다.

우선 Larenz의 이론은 존재하지 않았던 의사주의를 문제의 시발점으로 삼았고, 이러한 인식은 독일민법 제133조의 의미를 왜곡하는 데에 결정적인 영향을 미치게 된다. 그는 의사주의에 의하면 의사와 표시가 불일치하는 경우에 의사의 효력을 인정해야 한다는 사고를 가지고 있었다. 의사주의에 의하면, 착오의 문제가 발생할 수 없다는 것도 이러한 기본인식이 작용한 결과이며, 무엇보다도 독일민법 제133조를 표의자의 사실상의 의사만을 탐구해야 하는 규정으로 이해하는 것도 이러한 기본인식이 작용한 결과이다. 그러나 의사주의는 우선 표시를 객관적으로 해석한 뒤, 이에 상응하는 의사가 존재하는지의 여부에 따라서 그 법률효과를 결정하기 때문에, Larenz의 인식은 의사주의의 의미 및 독일민법 제133조의 규범내용과 일치하지 않는다.

한편 Flume는 Larenz의 잘못된 인식을 지적하였음에도 불구하고, 독일민법 제133조의 의미에 대해서는 Larenz와 동일한 인식에 머물러 있었다. 또한 착오로 인한 의사표시의 법률효과로서의 취소가능성의 의미를 자기책임의 문제로 이해함으로써, 본래 상응하는 의사의 존재 없이는 표시의 효력을 인정하지 않으려는 입법자의 의사는 부정되었고, 무효보다도 착오를 한 자의 이익을 더욱 보호하려고 하였던 취소가능성의 의미는 크게 퇴색되었다.

특히 그는 의사표시의 본질을 표의자의 효과의사가 아닌 자의적으로 효력을 정하는 의사로 봄으로써, 이제 표의자는 법적 자기결정의 구체적 내용이 아닌 법적 자기결정 자체만으로, 표시에 구속될 수밖에 없었다. 그러나 Flume와 같이 표의자의 법적 자기결정 자체만을 의사표시의 본질론으로 보는 견해에 의하게 되면, 착오로 인한 의사표시는 유효한 의사표시로 되고, 표시의사가 없는 의사표시는 무효인 의사표시로 되기 때문에, 후자의 경우에는 그 적용할 규정이 없게 되는 문제점이 발생한다. 이러한 견해들이 대체로 '법상으로 중요한 행동' 등과 같은 특별한 제도를 만들 수밖에 없는 이유이기도 하다. 그러나 전통적 의사주의에 의하는 경우에는 착오로 인한 의사표시나 표시의사가 없는 의사표시의 경우는 모두 표의자가 무의식적으로 효과의사 없이 한 행위이기 때문에, 그 법률효과는 양자 모두 무효로 된다.

마지막으로 Larenz와 Flume의 의사표시론의 근본적인 문제점은 의사와 표시의 일원론을 의사와 표시가 불일치하는 경우에도 유지하려고 하는 점이다. 그러나 애초에 입법자의 의사는 의사와 표시가 일치하지 않는 경우에, 그 표시를 무효로 하는 대신 표의자의 손해배상의무를 인정함으로써, 상대방을 소극적 이익의 범위에서 보호하려고 하였다.

이와 같이 상응하는 의사가 존재하지 않는 표시의 효력은 부정되는 반면, 소극적 이익의 배상의무는 긍정되는 법률효과이기 때문에, 양자의 책임의 근거는 전혀 다르다. 특히 소극적 이익의 배상의무는 표의자의 의사와는 전혀 관련 없는 자신의 표시행위에 대한 책임이다. 효력주의는 이에 대한 명확한 구별을 하지 못함으로 인해서, 의사표시의 해석론에서는 상응하는 의사가 존재하지 않는 표시의 효력을 인정한 뒤, 그 효력이 취소에 의해서 부정되는 경우에는 표의자에게 단지 소극적 이익의 배상의무만을 인정하였다. 그러나 이러한 소극적 이익의 배상의무는 애초에 의사주의가 표의자와 상대방의 이익을 조정하기 위해서 고안한 방법이다. 따라서 효력주의의 의사표시의 해석론에서 규범적 해석을 통해서 상응하는 의사가 존재하지 않는 표시의 효력을 인정하는 것은 어떠한 실익도 없는 것이다.

4. 제5장은 우리 민법에서의 의사표시론을 고찰하였다.

여기에서는 현대의 독일민법에서의 의사표시론에 대한 비판적인 고찰을 통해서 얻어진 결론을 우리 민법의 의사표시론에 올바로 적용하기 위한 방법이 모색되었다.

1) 우선 의사표시의 효력요소는 의사와 표시 및 그 양자가 일치해야 한다는 것이다. 전통적인 의사주의에 따르면, 이 중에서 의사표시의 가장 중요한 효력요소는 표의자의 의사이다. 왜냐하면 표의자의 의사에 따른 법률관계의 변동은 법질서가 의사표시 제도를 인정하는 이유이기 때문이다.

이러한 의사는 행위의사, 표시의사와 효과의사로 구별할 수 있다. 전통적인 의사주의에 의하면, 효과의사가 존재하는 표시만이 원칙적으로 효력이 있다. 그런데 표의자에게 표시에 상응하는 효과의사가 존재한다는 것은 표의자에게 행위의사와 표시의사도 존재한다는 것을 의미한다. 따라서 의사주의가 의사표시의 효력을 위해서 효과의사의 존재를 요건으로 하는 것은 모든 의사의 구성요소가 존재하는 표시의 효력만을 인정한다는 의미이다.

2) 우리 민법의 학설은 주어진 의사와 표시의 불일치를 전제로 해서, 어느 요소가 효력이 있는지의 문제를 의사표시 해석론의 단계에서 검토한다. 그러나 비정상적인 의사표시의 효력은 단지 우리 민법 제107조 이하의 규정에 따라서 개별적으로 결정할 문제이다. 오히려 의사표시의 해석론에서는 표시의 객관적인 내용을 확정한 뒤, 이에 상응하는 의사가 존재하고 있는지를 검토함으로써, 외부적으로 나타난 표시가 유효한 의사표시인지 또는 비정상적인 의사표시인지를 확정하는 것이 그 본래의 임무이다. 또한 이 과정에서는 비정상적인 의사표시가 어떠한 이유로 발생하게 되었는지의 문제가 밝혀질 수 있다.

이러한 이유로 의사표시의 해석론에서는 우선 표시내용을 어떻게 객관적으로 확정할 수 있는지를 살펴보았다. 이 경우에 표시는 명확한 표시, 多義的인 표시와 兩義的인 표시로 구별될 수 있다. 이 중에서 다의적인 표시는 표시내용이 다양한 의미로 해석될 수 있기 때문에, 그 객관적인 내용을 확정할 수 없는 반면에, 양의적인 표시는 그 표시의 의미가 두 가지로 해석될 수 있는 경우이다. 이러한 양의적인 표시는 각각의 당사자가 속한 사회에서도 두 가지의 의미로 해석되는 경우에는 다의적인 표시와 마찬가지로 그 객관적인 의미를 확정할 수 없다.

그러나 양의적인 의사표시 중에서는, 각각의 당사자가 속한 사회에서는 단지 하나의 의미로만 해석되는 표시가 일방 당사자가 속한 사회와 타방 당사자가 속한 사회에서 서로 다르게 해석되기 때문에, 하나의 객관적인 표시내용을 확정할 수 없는 경우가 발생할 수 있다. 이러한 경우에 기존의 학설은 이를 규범적 해석을 통해서 해결하려는 경향이 있지만, 이는 계약에 있어서 의사표시가 불합치하는 전형적인 경우이다.

의사주의의 입장에서는 이상의 과정을 통해서 확정된 표시내용은 다시 그 상응하는 의사가 존재하는지의 여부를 역시 고려해야만 한다. 표시는 상응하는 의사가 존재하지 않으면, 원칙적으로 그 효력이 부정되기 때문이다.

3) 비정상적인 의사표시의 여부 및 그 종류가 결정되면, 그 비정상적인 의사표시의 효력은 우리 민법 제107조 이하의 규정에 의해서 개별적으로 정해진다. 본 연구에서는 비정상적인 의사표시 중에서 착오의 규정만을 해석하였다. 그 이유는 의사표시론에 있어 착오를 한 자의 取消可能性의 의미를 밝힘으로써, 비정상적인 의사표시 전체에 관한 우리 민법 규정의 기본적 성격을 파악할 수 있기 때문이다.

착오로 인한 의사표시의 법률효과에 관해서는 착오를 한 자가 그 의사표시를 취소하지 않은 경우와 취소한 경우로 구별하였다.

특히 후자의 경우에는 손해배상책임의 문제가 발생한다. 이와 관련해서, 우리 민법 개정안 제109조의 2는 독일민법 제122조와는 달리 표의자에게 과실이 있는 경우에만 그 손해배상의무를 인정하기 때문에, 어떠한 입법이 보다 타당한지 문제된다.

현대의 법학은 손해배상제도와 관련해서 과실책임을 원칙으로 한다. 이는 스스로 충분한 주의의무를 준수하면서 행위를 한 자는 손해배상에 대해서 두려워할 필요가 없다는 행위자의 자유를 그 근본적 이념으로 하는 책임 원칙이다. 그리고 이는 계약법과 불법행위법에서도 인정되는 원칙이다. 따라서 계약체결상의 과정에서도 이 원칙은 준수되어야 한다. 이러한 이유로 표의자의 과실을 요건으로 하는 우리 민법 규정이 과실을 요건으로 하지 않는 독일민법 규정보다 전체 법체계에 합치한다.

다만 과실의 범위 안에는 현대적 의미에서의 주의의무를 확대 인정함으로써, 비정상적인 의사표시가 발생하는 것 자체를 예방할 필요가 있다. 그 예로는 승낙자가 청약자의 청약을 받은 후, 그 수령한 내용에 대해서 청약자에게 확인해 줄 주의의무를 생각해 볼 수 있다. 오늘날

과 같이 교통, 통신이 발달한 사회에서는 승낙자가 그 청약을 받은 내
용을 큰 어려움 없이 청약자에게 확인시킬 수 있으며, 이를 통해 표의
자와 상대방의 의사가 일치하지 않는 경우는 많이 줄어들 수 있을 것
으로 예상된다. 따라서 비정상적인 의사표시의 손해배상의 문제에 대해
서는 표의자의 과실뿐만 아니라 상대방의 과실 역시 고려함으로써, 양
당사자에게 동일한 정도의 주의의무를 부과하고, 비정상적인 의사표시
가 발생하는 경우에는 過失相計에 따라서 양 당사자의 이익을 조정할
필요가 있을 것이다.

▶ 參考文獻

― 國內文獻 ―

〈國內書〉

高翔龍, 民法總則, 法文社, 第3版 2003.

郭潤直, 民法總則, 博英社, 第7版 2005.

金基善, 韓國民法總則, 法文社, 三改訂增補版 1985.

金相容, 民法總則, 法文社, 全訂版 增補 2003.

金容漢, 民法總則論, 博英社, 再全訂版 1987.

金俊鎬, 民法總則, 法文社, 新版 2004.

金曾漢 / 金學東, 民法總則, 博英社, 第9版 2001.

金亨倍, 民法學研究, 博英社, 第2版 1989.

白泰昇, 民法總則, 法文社, 初版 2000.

宋德洙, 錯誤論, 考試院, 1991.

李英俊, 韓國民法論[總則編], 博英社, 修訂版 2004.

李銀榮, 民法總則, 博英社, 第3版 2004.

李太載, 民法總則, 法文社, 1981.

張庚鶴, 民法總則, 法文社, 第3版 1990.

崔秉祚, 로마法研究(I), 서울大學校 出版部, 1995.

黃迪仁, 現代民法論Ⅰ, 博英社, 增補版 1985.

玄勝種 / 曺圭昌, 로마法, 法文社, 初版 1997.

〈國內 論文〉

金旭坤, 契約의 拘束力의 根據에 관한 研究, 成均館法學 創刊號, 1987.

金旭坤 / 金大貞, 法律行爲의 錯誤에 관한 一考察 (上), 成均館法學 第3號, 1990.

金旭坤 / 金大貞, 法律行爲의 錯誤에 관한 一考察 (中), 成均館法學 第4號, 1991.

金大貞, 契約締結上의 過失責任, 成均館法學 第11號, 1999.

金相容, 法律行爲論에 관한 法制史的 考察, 法學論叢 第4輯, 漢陽大學校 法學研究所, 1987.

金學東, Savigny의 法思想 ─그의 概念法學的 要素를 중심으로 하여─, 民事法學 第6號, 1986.

金亨培, 동기의 착오, 民法學 研究, 博英社, 第2版 1989.

白泰昇, 法律行爲에 관한 民法改正의 立法論的 研究, 法曹 通卷 527號, 2000 / 8.

宋德洙, 錯誤論의 歷史的 發展: 李好珽 敎授 華甲記念論文集, 法律行爲論의 史的展開와 課題, 博英社, 1998.

梁彰洙, 契約締結上의 過失, 民法研究 第1券, 博英社, 1998.

梁彰洙, 獨逸民法典 制定過程에서의 法律行爲規定에 대한 論議 意思欠缺에 관한 規定을 중심으로: 李好珽 敎授 華甲記念論文集, 法律行爲論의 史的展開와 課題, 博英社, 1998.

嚴東燮, 法律行爲의 解釋에 관한 研究, 法學博士學位論文, 서울大學校 大學院, 1992.

嚴東燮, 現代 獨逸의 法律行爲論 ─BGHZ 91, 324 판결을 둘러싼 논의를 중심으로: 李好珽 敎授 華甲記念論文集, 法律行爲論의 史的展開와 課題, 博英社, 1998.

李英俊, 契約締結上의 過失責任의 法的 性質에 관한 研究, 民事判例研究 第2輯, 1980 / 5.

李英俊, 民法의 指導原理로서의 私的自治 ─民法改正草案에 言及하여,
法曹 通卷 527號, 2000 / 8.

池元林, 法律行爲의 效力根據에 관한 研究, 法學博士學位論文, 서울大學校 大學院, 1993.

池元林, 사비니의 法律行爲論과 그 影響: 李好珽 敎授 華甲記念論文集, 法律行爲論의 史的展開와 課題, 博英社, 1998.

崔秉祚, 사비니 以前의 法律行爲論 ─"法律行爲" 및 "意思表示" 槪念의 發達史를 중심으로: 李好珽 敎授 華甲記念論文集, 法律行爲論의 史的展開와 課題, 博英社, 1998.

崔興燮, 契約 以前 段階에서의 責任(소위 契約締結上의 過失責任)과 民法 535조의 意味 ─특히 獨逸判例를 중심으로 한 比較法的 考察: 然藍 裵慶

淑 敎授 華甲念 論文集, 韓國 民事法學의 現代的 展開, 1991.

〈國內 立法資料〉

民法(財産編) 改正 資料集, 法務部, 2004.

民法案審議錄, 民議院 / 法制司法委員會 / 民法案審議小委員會, 1957.

民法案硏究會, 民法案意見書, 一潮閣, 1957.

―外國文獻―

〈日本書〉

廣中俊雄, 民法修正案(前三編)の理由書, 有斐閣, 1987.

我妻 榮, 民法總則, 巖波書店, 1933.

〈獨逸書〉

Beilas, Demetrios, Das Problem der Vertragsschliessung und der Vertragsbegründende Akt, Otto Schwartz, 1962. (zit. Vertragsschliessung)

Bickel, Dietrich, Die Methoden der Auslegung rechtsgeschäftlicher Erklärung, N. G. Elwert, 1976. (zit. Auslegung)

Bork, Reinhard, Allgemeiner Teil des BGB, Mohr Siebeck, 1.Aufl. 2001.

Brinz, Alois, Lehrbuch der Pandekten Ⅳ, Andre. Deicherf, 2.Aufl. 1892.

Brox, Hans, Allgemeiner Teil des BGB, Carl Heymanns, 26.Aufl. 2002.

Brox, Die Einschränkung der Irrtumsanfechtung, C. F. Müller, 1960. (zit. Einschränkung)

Bydlinski, Franz, Privatautonomie und objektive Grundlagen des verpflichtenden Rechtsgeschäftes, Springer, 1967. (zit. Privatautonomie)

Canaris, Claus－Wilhelm, Die Vertrauenshaftung in deutschen Privatrecht, C. H. Beck, 1971. (zit. Vertrauenshaftung)

Canaris, Schuldrechtsmodernisierung 2002, C. H. Beck, 2002. (zit. SrM.)

Choe, Byoung－Jo, Culpa in contrahendo bei Rudolph von Jhering, Otto Schwartz, 1988. (zit. culpa)

Coing, Helmut, Europäisches Privatrecht Bd. Ⅱ, C. H. Beck, 1989. (zit. Privatrecht)

Coing, in: Staudinger Kommentar zum Bürgerlichen Gesetzbuch Bd.I, 10 / 11. Aufl. 1957.

Craushaar, Götz, Der Einfluss des Vertrauens auf die Privatrechtsbildung, C. H. Beck, 1969. (zit. Einfluss)

Danz, Erich, Die Auslegung der Rechtsgeschäfte, Gustav Fischer, 3.Aufl. 1911. (zit. Auslegung)

Dernburg, Heinrich, Pandekten Bd. I, H. W. Müller, 1.Aufl. 1884.

Dilcher, Herrmann, in: Staudinger Kommentar zum Bürgerlichen Gesetzbuch Bd.1, 12.Aufl. 1980.

Eisenhart, Ulrich, Deutsche Rechtsgeschichte, C. H. Beck, 3.Aufl. 1999. (zit. Rechtsgeschichte)

Enneccerus, Ludwig, Lehrbuch des Bürgerlichen Rechts Bd. I, N. G. Elwert, 4 - 5.Aufl. 1908 / 12.Aufl. 1928.

Enneccerus, Rechtsgeschäft, Bedingung und Anfangstermin, N. G. Elwert, 1889. (zit. Rechtsgeschäft)

Enneccerus, Ludwig / Nipperdey, Hans Carl, Allgemeiner Teil des Bürgerlichen Rechts Bd. Ⅱ, Mohr Siebeck, 14.Aufl. 1955 / 15.Aufl. 1960.

Fikentscher, Wolfgang, Die Geschäftsgrundlage als Frage des Vertragsrisikos, C. H. Beck, 1971. (zit. Geschäftsgrundlage)

Flume, Werner, Allgemeiner Teil des Bürgerlichen Rechts II - das Rechtsgeschäft, Springer, 4.Aufl. 1992.

v. Gierke, Otto, Der Entwurf eines bürgerlichen Gesetzbuches und das deutsche Recht, Duncker, u. Humblot, 1889(Nachdruck, Keip, 1997). (zit. Entwurf)

Hammen, Horst, Die Bedeutung F. C. v. Savignys für die allgemeinen dogmatischen Grundlagen des Deutschen Bürgerlichen Gesetzsbuches, Duncker, u. Humblot, 1983. (zit. Bedeutung)

Haupt, Peter, Die Entwicklung der Lehre vom Irrtum beim Rechtsgeschäft seit der Rezeption, Böhlau, 1941. (zit. Irrtum)

Hausmann, Heinrich, Der Irrtum im alten und im neuen Recht, W. Kohlhammer, 1907. (zit. Irrtum)

Henle, Rudolf, Lehrbuch des Bürgerlichen Rechts Bd. I, Franz Vahlen, 1926.

Henle, Vorstellungs＝und Willenstheorie, A. Deichert, 1910. (zit. Vorstellungstheorie)

Herbert, Schnädelbach, Philosophie in Deutscheland 1831－1933, Suhrkamp, 6.Aufl. 1999.

Himmelschein, Jury, Beiträge zu der Lehre vom Rechtsgeschäft, J. Bensheimer, 1930. (zit. Rechtsgeschäft)

Hölder, Eduard, Pandekten－Allgemeine Lehren, Mohr, 1891(Nachdruck, Keip, 1999).

Honsell, Heinrich, Römisches Recht, Springer, 4.Aufl. 1997.

Hübner, Heinz, Der Allgemeine Teil des Brgerlichen Gesetzbuches, Walter de Gruyter, 2.Aufl. 1996.

Isay, Hermann, Die Willenserklärung im Tatbestande des Rechts－geschäfts, Gustav Fischer, 1899. (zit. Willenserklärung)

Jakobs, Horst Heinrich / Schubert, Werner(Hrsg.), Die Beratung des Bürgerlichen Gesetzbuches, Bd. I, Tb.1, Walter de Gruyter, 1985. (zit. Beratung I－1)

v. Jhering, Rudolf, Das Schuldmoment in römischen Privatrecht, Emil Roth, 1867. (zit. Schuldmoment)

Kant, Imanuel, Grundlegung zur Metaphysik der Sitten(Hrsg., Kraft Bernd / Schönecker, Dieter), Felix Meiner, 1999. (zit. Sitten)

Kant, Kritik der praktischen Vernunft(Hrsg., Brandt, Horst / Klemme, Heiner), Felix Meiner, 2003. (zit. praktischen)

Kant, Kritik der reinen Vernunft(Hrsg., Timmermann, Jens), Felix Meiner, 2003. (zit. reinen)

Kant, Metaphysische Anfangsgründe der Rechtslehre(Hrsg., Ludwig, Werner), Felix Meiner, 1998. (zit. Rechtslehre)

Kelsen, Hans, Reine Rechtslehre, Deuticke, 1.Aufl. 1934(Nachdruck, Scientia, 1994). (zit. Rechtslehre)

Kroeschell, Karl, Rechtsgeschichte Deutschlands im 20. Jahrhunderte, Vandenhoeck, u. Ruprecht, 9.Aufl. 2001. (zit. Rechtsgeschichte)

Kramer, Ernst, Grundfragen der vertraglichen Einigung, Wilhelm Fink, 1972. (zit. Einigung)

Kramer, in: Münchener Kommentar BGB Bd.1, 3.Aufl.

Kroeschell, Karl, Rechtsgeschichte Deutschlands im 20. Jahrhundert, Vandenhoeck, u. Ruprecht, 1992. (zit. Rechtsgeschichte)

Larenz, Karl, Allgemeiner Teil des Bürgerlichen Rechts, C. H. Beck, 1.Aufl. 1967 / 2.Aufl. 1972 / 6.Aufl. 1983 / 7.Aufl. 1989.

Larenz, Die Methode der Auslegung des Rechtsgeschäft, Deichert, 1930(Nachdruck, Alfred Metzner, 1966). (zit. Auslegung)

Larenz, Geschäftsgrundlage und Vertragserfüllung, C. H. Beck, 3.Aufl. 1963. (zit. Geschäftsgrundlage)

Larenz, Karl / Wolf, Manfred, Allgemeiner Teil des Bürgerlichen Rechts, C. H. Beck, 8.Aufl. 1997 / 9.Aufl. 2004.

Lehmann, Heinrich, Allgemeiner Teil des Bürgerlichen Gesetzbuches, Walter de Gruyter, 2.Aufl. 1922.

Leonhard, Rudolf, Der Irrtum bei nichtigen Verträgen nach römischen Rechte, Ferd. Dümmeler, 1883. (zit. Irrtum)

Leonhard, Gutachten, in: Schriftführer−Amt der ständigen Deputation(Hrsg.), Verhandlungen des Zwanzigsten Deutschen Juristentags Bd.Ⅲ, Commissions−Verlag von J. Guttentag, 1889. (zit. Gutachten, in: 20.DJT Ⅲ)

Lorenz, Stephan, Der Schutz vor dem unerwünschten Vertrag, C. H. Beck, 1997. (zit. Schutz)

Lüderitz, Alexander, Auslegung von Rechtsgeschäften, C. F. Müller, 1966. (zit. Auslegung)

Manigk, Alfred, Irrtum und Auslegung, Franz Vahlen, 1918. (zit. Irrtum)

Mayer−Maly, Theo, Privatautonomie und Selbstverantwortung, in: Lampe, Ernst−Joachim(Hrsg.), Verantwortlichkeit und Recht, Westdeutscher, 1989. (zit. Privatautonomie)

Medicus, Dieter, Allgemeiner Teil des BGB, C. F. Müller, 8.Aufl. 2002.

Medicus, Id Quod Interest, Böhlau, 1962. (zit. Interest)

Medicus, Schuldrecht Ⅰ Allgemeiner Teil, C. H. Beck, 13.Aufl. 2002.

Menger, Anton, Das Bürgerliche Recht und die besitzlosen Volksklassen, Laupp, 2.u.3. Taus. 1890. (zit. Volksklassen)

Möller, Helmut, Irrtum und Wille in der Rechtswissenschaft des 19. Jahrhunderts,

Rührnschopf, u. Rupprecht, 1936. (zit. Wille)

Mommsen, Friedrich, Die Unmöglichkeit der Leistung in ihrem Einfluß auf obligatorische Verhältnisse, in: Beiträge zum Obligationenrecht Bd. I, C. A. Schwetschke 1853. (zit. Unmöglichkeit)

Mommsen, Über die Haftung der Contrahenten bei der Abschließung von Schuldverträgen, in: Erörterungen aus dem Obiligationenrecht Bd. II, C. A. Schwetschke, 1879(Nachdruck, Scientia, 1997). (zit. Haftung)

Mugdan, Benno(Hrsg.), Die gesamten Materialien zum des Bürgerlichen Gesetzbuch für das Deutschen Reich, Bd. I / II, R. v. Decker, 1899(Nachdruck, Scientia, 1979). (zit. Mugdan)

Oebike, Burkhard, Wille und Erklärung beim Irrtum in der Dogmengeschichte der beiden letzten Jahrhunderte, Heinr., u. J. Lechte, 1935. (zit. Wille)

Oertmann, Paul, Allgemeiner Teil, in: Kommentar zum BGB, 3.Aufl. 1927.

Peters, Hans−Jürgen, Vertrag und Einigung bei den Spätpandektisten, Kamp Lintport, 1967. (zit. Vertrag)

Piniński, Leo Graeen, Der Thatbestand des Sachbesitzerwerbs nach gemeinen Recht Bd. II, Duncker, u. Humblot, 1888. (zit. Thatbestand)

Regelsberger, Ferdinand, Pandekten 1, Duncker, u. Humblot, 1893.

Regenborgen, Armin / Meyer, Uwe, Wörterbuch der philosorhischen Begriffe, Felix Meiner, 1998.

Reichsjustizamt(Hrsg.), Zusammenstellung der gutachtlichen Aeußerungen zu dem Entwurf eines Bürgerlichen Gesetzbuches, Bd. I 1890 / Bd.IV, 1891(Nachdruck, Otto Zeller, 1967). (zit. Zusammenstellung)

Reinach, Adolf, Zur Phänomenologie des Rechts, Kösel, 1953. (zit. Phänomenologie)

Reycher, (unbekannt Vorname), Das Telegraphenrecht, insbesondere die Haftpflicht aus unrichtiger oder verspäteter Telegraphirung, ZDR 19, 1859, S. 456−477. (zit. Telegraphenrecht)

Rhode, Heinz, Die Willenserlärung und der Pflichtgedanke im Rechtsverkehr, Junker, u. Dünnhaupt, 1938. (zit. Willenserlärung)

Röver, Wilhelm, Ueber die Bedeutung des Willens bei Willenserklärung, Hermann Koch, 1874(Nachdruck, Keip, 1970). (zit. Bedeutung)

v. Savigny, Friedrich Karl, Das Obligationenrecht als Theil des heutigen römischen Rechts Bd.Ⅱ, Veit, 1853. (zit. Obligationenrecht Ⅱ)

v. Savigny, Pandektenvorlesung 1824 / 25 (Hrsg., Hammen, Horst), Vittorio Klostermann, 1993. (zit. Pandektenvorlesung)

v. Savigny, System des heutigen Römischen Rechts, Veit, Bd. Ⅰ, 1840 / Bd.Ⅲ, 1840 / Bd.Ⅴ, 1841(Nachdruck, Scientia, 1973). (zit. System Ⅰ / Ⅲ / Ⅴ)

Schapp, Jan, Grundfragen des Rechtsgeschäftlehre, Mohr Siebeck, 1986. (zit. Rechtsgeschäftlehre)

Schermaier, Martin Josef, Die Bestimmung des wesentlichen Irrtums von den Glossatoren bis zum BGB, Böhlau, 2000. (zit. Bestimmung)

Schermaier, Historisch−kritischer Kommentar zum BGB Ⅰ, 1.Aufl. 2003.

Schlosser, Hans, Grundzüge der neuren Privatrechtsgeschichte, C. F. Müller, 9.Aufl. 2001. (zit. Privatrechtsgeschichte)

Schlossmann, Siegmund, Der Vertrag, Breitkopf, u. Härtel, 1876. (zit. Vertrag)

Schriftführer−Amt der ständigen Deputation(Hrsg.), Verhandlungen des Zwanzigsten Deutschen Juristentags Bd.Ⅳ, Commissions Verlag von J. Guttentag, 1889. (zit. 20.DJT Ⅳ)

Schubert, Werner, Materialien zur Entstehungsgeschichte des BGB, Walter de Gruyter, 1978. (zit. Materialien)

Schubert, Werner(Hrsg.), Vorlagen der Redaktoren für die erste Kommission zur Ausarbeitung des Entwurfs eines Bürgerlichen Gesetzbuches, Allgemeiner Teil 2, Walter de Gruyter, 1981, (zit. Vorentwürfe Ⅰ−2)

Seuffert, Johann Adam, Pandektenrecht Bd. Ⅰ, Stahel, 1852.

Singer, Reinhard, Selbstbestimmung und Verkehrsschutz im Recht der Willenserklärung, C. H. Beck, 1995. (zit. Selbstbestimmung)

v. Tuhr, Andreas, Der Allgemeiner Teil des Bürgerlichen Rechts Ⅱ−1, Duncker, u. Humblot, 1914.

Vogenauer, Stefan, Historisch−kritischer Kommentar zum BGB I, 1.Aufl. 2003.

Westermann, Harm Peter, Die causa im französischen und deutschen Zivilrecht, Walter de Gruyter, 1967. (zit. causa)

Wieacker, Franz, Privatrechtsgeschichte der Neuzeit, Vandenhoeck, u. Ruprecht, 2.Aufl. 1996. (zit. Privatrechtsgeschichte)

Windscheid, Bernhard, Die Lehre des römischen Rechts von der Voraussetzung, Jurius Buddeus, 1850(Nachdruck, Gruber, 1998). (zit. Voraussetzung)

Windscheid, Lehrbuch des Pandektenrechts Bd.I, Jurius Buddeus, 3.Aufl. 1870 / 4. Aufl. 1875 / 5.Aufl. 1879 / 6.Aufl. 1887.

Windscheid, Lehrbuch des Pandektenrechts Bd.Ⅱ-1, Jurius Buddeus, 1.Aufl. 1865.

Windscheid, Lehrbuch des Pandektenrechts Bd.Ⅱ, Jurius Buddeus, 6.Aufl. 1887.

Windscheid, Bernhard / Kipp, Theodor, Lehrbuch des Pandektenrechts Bd.Ⅰ, Jurius Buddeus, 9.Aufl. 1906(2. Nachdruck, Scientia, 1984).

Windscheid, Lehrbuch des Pandektenrechts Bd.Ⅱ, Jurius Buddeus, 9.Aufl. 1906(2. Nachdruck, Scientia, 1984).

Wollschläger, Christian, Die Entstehung der Unmöglichkeitslehre, Böhlau, 1970. (zit. Unmöglichkeitslehre)

Zitelmann, Ernst, Irrtum und Rechtsgeschäft, Duncker, u. Humblot, 1879. (zit. Irrtum)

Zitelmann, Die Rechtsgeschäfte im Entwurf eines bürgerlichen Gesetzbuches für das Deutschen Reich, in: Bekker / Fischer(Hrsg.), Beiträge zur Eräluterung und Beurtheilung des Entwurfes eines bürgerlichen Gesetzbuches für das Deutschen Reich, Bd.I 9.Heft, 1889 / 10.Heft 1890(Nachdruck, Detlev Auvermann K. G, 1974). (zit. Entwurf)

〈獨逸 論文〉

Bähr, Otto, Über Irrungen beim Contrahieren, Jher.Jb. 14, 1875, S. 393-427. (zit. Irrungen)

Bartholomeyczik, Horst, Die subjektiven Merkmalen der Willenserklärung, in: FS. für Hans G. Ficker zum 70 Geburgstag, Alfred Metzner, 1967, S. 51-77. (zit. Merkmalen)

Bekker, Ernst Immanuel, Einfluß von Zwang und Irrtum, KritVj.3, 1861, S. 180-206. (zit. Einfluß)

Brehmer, Nikolaus, Willenserklärung und Erklärungsbewußtsein-91, 324, JuS 1986, S. 440-445. (zit. Willenserklärung)

Bydlinski, Franz, Erklärungsbewußtsein und Rechtsgeschäft, JZ 1975, S. 1-6. (zit. Erklärungsbewußtsein)

Craushaar, Götz, Bedeutung der Rechtsgeschäftslehre für die Problematik der Scheinvollmacht, AcP 174, 1974, S. 2−25. (zit. Rechtsgeschäftslehre)

Deutsch, Erwin, Zurechnungszusammenhang, Rechtswidrigkeit und Verschulden. in: FS. für Dieter Medicus zum 70. Geburtstag, Carl Heymanns, 1999. (zit. Verschulden)

Dulckeit, Gerhard, Zur Lehre vom Rechtsgeschäft im klassischen römischen Recht, in: FS. für Fritz Schulz Bd. I, Böhlau, 1951, S. 148−190. (zit. Rechtsgeschäft)

Eisele, Fridolin, Ueber Nichtigkeit obligatorischer Verträge wegen Mangels an Willensübereinstimmung der Contrahenten, Jher.Jb. 25, 1887, S. 414−508. (zit. Nichtigkeit)

Eisenhart, Ulrich, Zum subjektiven Tatbestand der Willenserklärung, JZ 1986, S. 875−881. (zit. Tatbestand)

Flume, Werner, Das Rechtsgeschäft und rechlich relevante Verhalten, AcP 161, 1961, S. 52−76. (zit. Rechtsgeschäft)

Frege, Gottlob, Über Sinn und Bedeutung, 1892, in: Textor, Mark(Hrsg.), Funktion−Begriff−Bedeutung, Vandenhoeck, u. Ruprecht, 2002, S. 23−46. (zit. Sinn)

Gudian, Gunter, Fehlen des Erklärungsbewußtsein, AcP 169, 1969, S. 232−236. (zit. Erklärungsbewußtsein)

Hanau, Peter, Objektive Elemente der Willenserklärung, AcP 165, 1965, S. 220−284. (zit. Elemente)

Hartmann, Gustav, Wort und Wille im Rechtsverkehr, Jher.Jb. 20, 1882, S. 1−43. (zit. Wort)

Heck, Philipp, Gesetzesauslegung und Interessenjurisprudenz, AcP 112, 1912, S. 1−318. (zit. Gesetzesauslegung)

Hölder, Eduard, Die Lehre vom error, KritVj.14, 1872, S. 561−583. (zit. error)

Hübner, Heinz, Zurechnung statt Fiktion einer Willenserklärung, in: FS. für Hans Carl Nipperdey zum 70 Geburtstag, C. H. Beck, 1965, S. 373−400. (zit. Zurechnung)

v. Jhering, Rudolf, Culpa in contrahendo, Jher.Jb. 4, 1861, S. 1−112. (zit. culpa)

Kellmann, Christof, Grundprobleme der Willenserklärung, JuS 1971, S. 609−617. (zit. Grundprobleme)

Koeppen, Albert, Der obligatorische Vertrag unter Abwesenden, Jher.Jb. 11, 1871, S. 139−398. (zit. Vertrag)

Kohler, Josef, Noch einmal über Mentalreservation und Simulation, Jher.Jb. 16, 1878, S. 325−356. (zit. Simulation)

Kohler, Studien über Mentalreservation und Simulation, Jher.Jb. 16, 1878, S. 91−158. (zit. Mentalreservation)

Kötz, Hein, Vertragsauslegung, in: FS. für Albrecht Zeuner zum siebzigsten Geburtstag, Mohr Siebeck, 1994, S. 219−241.

Kramer, Ernst, Das Prinzip der objekiven Zurechnung im Delikits und Vertragsrecht, AcP 171, 1971, S. 422−439. (zit. Zurechnung)

Leenen, Detlef, Die Neugestaltung des Verjärungsrechts durch das Schuldrechtsmodernisierungfgesetz, DStR 1−2 2002, S. 34−43. (zit. Verjärungsrechts)

Lenel, Otto, Parteiabsicht und Rechtserfolg, Jher.Jb. 19, 1881, S. 154−253. (zit. Parteiabsicht)

Leonhard, Rudolf, Ein Beitrag zur Irrtumslehre, AcP 72, 1888, S. 42−48. (zit. Irrtumslehre)

Luig, Klaus, Savignys Irrtumslehre, Ius Commune VII, 1979, S. 36−59. (zit. Irrtumslehre)

Mitteis, Ludwig, Zur Lehre von der Ungiltigkeit der Rechtsgeschäfte, Jher.Jb. 28, 1889, S. 85−165. (zit. Rechtsgeschäfte)

Noda, Ryuichi, Zur Entstehung der Irrtumslehre Savignys, Ius Commune XVI, 1989, S. 81−130. (zit. Irrtumslehre)

Ostheim, Rolf, Probleme bei Vertretung durch Geschäftsunfähige, AcP 169, 1969, S. 193−231. (zit. Vertretung)

Plank, Gottfried, Zur Kritik des Entwurfs eines bürgerlichen Gesetzbuches für das Deutsche Reich, AcP 75, 1889, S. 327−429. (zit. Kritik)

Schermaier, Martin Josef, Europäische Geistergeschichte am Beispiel des Irrtumsrechts, ZEuP. 6, 1998, S. 60−83. (zit. Geistergeschichte)

Schimmel, Roland, Zur Auslegung von Willenserklärung, JA 1998, S. 979−987. (zit. Auslegung)

Singer, Reinhard, Geltungsgrund und Rechtsfolgen der fehlerhaften Willenserklärung, JZ 1989, S. 1030−1039. (zit. Geltungsgrund)

Stathopoulos, Michael, Zur Methode der Auslegung der Willenserklärung, in: FS. für Karl Larenz zum 70. Geburtstag, C. H. Beck, S. 357−372. (zit. Auslegung)

Trupp, Andreas, Die Bedeutung des § 133 BGB für die Auslegung von Willenserklärungen, NJW 1990, S. 1346－1347. (zit. Bedeutung)

Unger, Joseph, Über die legislative Behandlung des wesentlichen Irrthums bei obligatorischen Verträgen, GrünhutsZ. 15, 1888, S. 673－689. (zit. Behandlung)

Wieacker, Franz, Die Methode der Auslegung des Rechtsgeschäfts, JZ 1967, S. 385－391. (zit. Auslegung)

Wieling, Hans, die Bedeutung der Regal "falsa demonstratio non nocet" im Vertragsrechts, AcP 172, 1972, S. 297－316. (zit. falsa)

Wieser, Eberhard, Zurechenbarkeit des Rechtsgeschäfts?, AcP 184, 1984, S. 40－44. (zit. Zurechenbarkeit)

Wieser, Wille und Verstndnis bei der Willenserklärung, AcP 189, 1989, S. 112－121. (zit. Wille)

Windscheid, Bernhard, Wille und Willenserklärung, AcP 63, 1880, S. 72－112. (zit. Wille)

Zitelmann, Ernst, Die jhristische Willenserklärung, Jher.Jb. 16, 1878, S. 357－436. (zit. Willenserklärung)

〈獨逸 立法資料〉

Schubert, Werner(Hrsg.), Vorlagen der Redaktoren für die erste Kommission zur Ausarbeitung des Entwurfs eines Bürgerlichen Gesetzbuches, Allgemeiner Teil 2, Walter de Gruyter, 1981.
이 자료는 일명 부분초안(Teil Entwürfe)으로 불리며, 5인의 위원이 민법의 각 한 부분씩을 분담하여 입법안을 준비한 내용을 담고 있는, 제1초안을 위한 사전초안(Vorentwürfe)이다. 이 중에서 민법총칙 부분은 Gebhard, Albert에 의해 편찬되었다.

Jakobs, Horst Heinrich / Schbert, Werner(Hrsg.), Die Beratung des Bürgerlichen Gesetzbuches, Bd.1, Tb.1, Walter de Gruyter, 1985.
이 자료는 일명 심의록(Beratung)이라고 불리며, 여기에는 다음의 5가지 입법자료가 수록되어 있다.
A: 제1초안을 위한 제1차 위원회의 각종 입법안(Anträge) 및 의사록(Protokolle I),
B: 제2초안 이전의 帝國 法務部 事前委員會(Vorkommidssion des Reichsju-

stizamts)의 각종 입법안(Anträge) 및 의사록(Protokolle RJA),

C: 제2초안을 위한 제2차 위원회의 각종 입법안(Anträge) 및 의사록(Protokolle Ⅱ),

D: 연방 참의회(Bundesrat)의 법무위원회(Justizausschuß)에서의 연방정부의 입법안 및 그 심의록(Beratung),

E: 제국 민의회(Reichstag)에서의 제12차 위원회의 의사록과 의원총회(Plenum)의 심의록(Beratung).

Mugdan, Benno(Hrsg.), Die gesamten Materialien zum des Bürgerlichen Gesetzbuch für das Deutschen Reich, Bd. Ⅰ / Ⅱ, R. v. Decker, 1899(Nachdruck, Scientia, 1979).

이 자료는 제1초안의 입법이유서(Motive)와 제2초안의 의사록 (Protokolle Ⅱ) 및 그 밖의 입법자료를 수록하고 있는데, 이 자료는 국내에 자세히 알려져 있는 관계로 상세한 소개를 생략하고자 한다.

Reichsjustizamt(Hrsg.), Zusammenstellung der gutachtlichen Aeußerungen zu dem Entwurf eines Bürgerlichen Gesetzbuches, Bd. Ⅰ 1890 / Bd. Ⅳ 1891(Nachdruck, Otto Zeller, 1967).

이 자료는 독일민법 제1초안이 제정된 이후 독일민법 제2초안이 제정되기까지의 기간 동안, 당시 독일의 각 주정부의 입법안과 당시의 저명한 학자를 포함한 법조인의 주장을 정리해서, 제국 법무부가 발행한 자료이다.

Schriftführer－Amt der ständigen Deputation(Hrsg.), Verhandlungen des Zwanzigsten Deutschen Juristentags Bd. Ⅲ / Ⅳ, Commissions Verlag von J. Guttentag, 1889.

이 자료는 매해 거행되고 있는 독일 법률가 대회(Deutschen Juristentag) 중, 제20회 독일 법률가 대회에서 발표된 논문(Bd. Ⅰ－Ⅲ)과 그 대회에서의 회의내용(Bd. Ⅳ)을 수록한 자료이다. 특히 제20회 독일 법률가 대회에서는 독일민법 제1초안에 대해서 각 분과별로 그 타당성을 검토한 뒤, 동 대회에서 제안하는 제2초안을 위한 입법안을 의결하였다. 이 대회에는 제2초안을 위한 제2차 위원회의 위원들도 회원으로 참가하였기 때문에, 이 대회에서의 결의내용은 독일민법 제2초안의 성립에 매우 많은 영향을 주었다고 할 수 있다. 참고로 의사표시에 관한 분과 회의에서는 Zitelmann의 입법안을 원칙으로 한 뒤, Enneccerus의 입법안을 부분적으로 반영할 것을 의결하였다.

임형택

건국대학교 법과대학 졸업

건국대학교 일반대학원 법학과 법학석사

독일 Trier대학교 법과대학 LL.M.

건국대학교 일반대학원 법학과 법학박사

성균관대학교 법과대학 BK21 박사후연구원

건국대학교 법학연구소 전임연구원

건국대학교 법과대학 시간강사

한국외국어대학교 법과대학 시간강사

의사표시론

- 초판 인쇄　2007년 9월 5일
- 초판 발행　2007년 9월 5일

- 지 은 이　임형택
- 펴 낸 이　채종준
- 펴 낸 곳　한국학술정보㈜
　　　　　　경기도 파주시 교하읍 문발리 526-2
　　　　　　파주출판문화정보산업단지
　　　　　　전화　031) 908-3181(대표)·팩스　031) 908-3189
　　　　　　홈페이지　http://www.kstudy.com
　　　　　　e-mail(출판사업팀사업부)　publish@kstudy.com
- 등　　록　제일산-115호(2000. 6. 19)
- 가　　격　22,000원

ISBN　　978-89-534-7507-6 93360 (Paper Book)
　　　　　978-89-534-7508-3 98360 (e-Book)